# 备考

## 高频考点冲刺

小艾寄语

如果想象不足，能量就不足，能量不足，那你在备考半路可能就枯竭了，所以，备考不仅要有理性，还要有感性，要有感性的故事

2022

看小说，学会计，轻松通过初级职称考试

第3版

# 小艾上班记9

## 初级会计实务

上册

陈艳红 著

东北财经大学出版社
Dongbei University of Finance & Economics Press
大连

**图书在版编目（CIP）数据**

小艾上班记9·初级会计实务 / 陈艳红著. —3版. —大连：东北财经大学出版社，2022.5

ISBN 978-7-5654-4482-1

Ⅰ. 小… Ⅱ. 陈… Ⅲ. 会计实务 Ⅳ. F23

中国版本图书馆CIP数据核字（2022）第041228号

东北财经大学出版社出版

（大连市黑石礁尖山街217号 邮政编码 116025）

网 址：http://www.dufep.cn

读者信箱：dufep@dufe.edu.cn

大连市东晟印刷有限公司印刷 东北财经大学出版社发行

幅面尺寸：170mm×240mm 字数：474千字 印张：26

2022年5月第3版 2022年5月第1次印刷

责任编辑：章北蓓 责任校对：曲以欢 周 慧

封面设计：冀贵收 版式设计：原 皓

定价：58.00元（上下册）

教学支持 售后服务 联系电话：（0411）84710309



如有印装质量问题，请联系营销部：（0411）84710711

# 第3版前言

## 剖析2022年初级会计实务教材四大关键变化

2022年初级会计实务教材变动40%，很多同学又惊又怕，但是把变化的相关点看完后，又没有什么感觉，就只知道它变了。（后附2022年《初级会计实务》教材变动表）

那我们来剖析一下，看这些变化对我们今年考试的实质影响到底有多大。

### 第一大变化：原来教材的第一章拆成了两章

前面两节作为第一章，后面四节作为第二章。

在新的第一章最后增加了两节，第四节会计职业道德和第五节内部控制基础。

在新的第二章最后增加了两节，第六节成本与管理会计基础和第七节政府会计基础。

| | |
|---|---|
| 旧教材　第一章　会计概述<br>第一节　会计概念、职能和目标<br>第二节　会计基本假设、会计基础和会计信息质量要求 | 新教材　第一章　概述<br>第一节　会计概念、职能和目标<br>第二节　会计基本假设和会计基础<br>第三节　会计信息质量要求<br>第四节　会计职业道德<br>第五节　内部控制基础 |
| 第三节　会计要素及其确认与计量<br>第四节　会计科目和借贷记账法<br>第五节　会计凭证、会计账簿与账务处理程序<br>第六节　财产清查 | 新教材　第二章　会计基础<br>第一节　会计要素及其确认与计量<br>第二节　会计科目和借贷记账法<br>第三节　会计凭证和会计账簿<br>第四节　财产清查<br>第五节　会计账务处理程序<br>第六节　成本与管理会计基础<br>第七节　政府会计基础 |

#### 1.新增：第一章第四节会计职业道德

会计职业道德这一节内容基本上讲的就是爱岗敬业、诚实守信等等，总而言之一句话，就是你要做一个好人。

因此从考试的角度来说，没有什么太多的考点，即便考，分值应该也不

多，属于死记硬背类型。

不过，话说回来，对于道德这个问题，我还真的思考过。

什么是道德？什么是人性？什么是法律？

人性的基本诉求是生存、繁衍。

比如那个母亲为了自己的孩子付出了一切，这是什么？人性，为了繁衍嘛！

那个男人总是有意无意炫耀自己富有，这是什么？人性，为了吸引异性，争取繁衍的机会！

那个女人总是把自己打扮得非常性感，这是什么？人性，为了吸引异性，繁衍！

除了繁衍，还有生存。

比如人类在原始社会时期，遵循丛林法则，杀人是不犯法的，因为人也是食物的一种，为了生存连同类都吃，据说非洲现在还有所谓的食人部落，让人一想起就毛骨悚然。

在非洲大草原上，豹子经常抓羚羊，狮子很强壮，它就经常不劳而获，专门打劫豹子的劳动成果，豹子看到狮子就跑，羚羊也不要了，保命要紧，“留得青山在，不愁没‘羊’吃”。当然，也有死心眼的豹子就是不愿意放弃自己的羚羊，于是被狮子咬死了。



人类还是比较有智慧的，这样你杀我，我杀你，你抢我，我抢你，最后大家全死了，还不如抱团生存。

于是，慢慢地我们就进化成了部落、城市、国家。我们约定俗成，形成一系列规范，比如我们提倡宽容善良、互帮互助、团结友爱，这些都是道德。

道德的存在是为了促进群体的繁荣，群体繁荣昌盛，我们大家跟着一起过好日子，群体不存在，我们单独在大草原上生存，早晚会遭遇不测，所谓“皮之不存，毛将焉附”。

那法律是什么？法律是低保，是群体存在的低保。

没有道德，群体不繁荣，没有法律，群体将不存在。

假设现在有两个社会，一个A社会和一个B社会。

A社会被一个残酷的黑帮统治，他们征收繁重的保护费，同时还立下了严苛的规矩，你要是敢偷盗，我就砍断你的四肢，你要是敢杀人，我就处死你们全家。

B社会则无人统治，没有政府，没有组织，没有规矩，人们有最大的自由，你想干嘛就干嘛，你可以为所欲为，不用承担任何责任。

请问，你愿意生活在哪个社会？A社会还是B社会？

我相信大家都会选A社会，A社会虽然很残忍，但是只要我守规矩，我还是可以保命的。B社会，每个人都可能抢劫，每个人都可能杀人，每个人都可能是魔鬼，我都不知道我下一秒还能不能活着。

宁为太平犬，不为乱世人！

因此，法律是低保，是底线，然后在此基础上，我们再提倡道德，比如与人为善、宽容友爱、爱岗敬业等等。

因此道德是法律的上线，法律是道德的底线（如图1所示）。

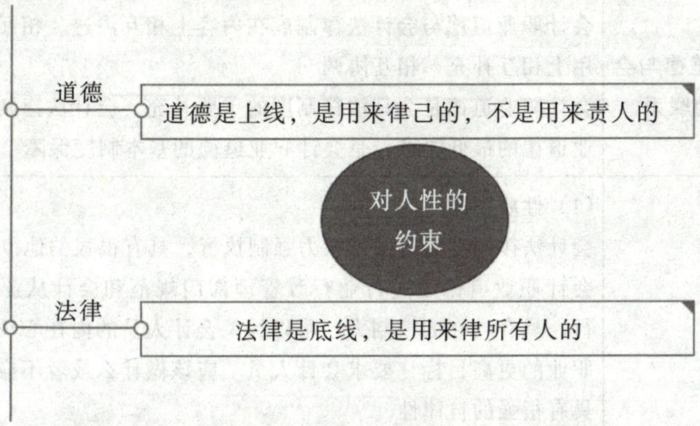


图1　道德是法律的上线，法律是道德的底线

法律是规范所有人的，所有人都必须遵循，因为这是底线，但凡有人触犯，必将受到惩罚。

道德是用来要求自己的，所以我们只是提倡，但不能强迫。

我们不能用圣人的标准衡量他人，然后用贱人的标准要求自己。或者总是站在道德的制高点，对他人的生活指手画脚，对待自己却宽容有礼。

当然，如果你有德，你为群体的繁荣贡献了一份力量，群体在适当的时候，也会回报你，这叫福报。

一提到福报，可能有人会说，这是迷信，你看，我这几天天天都在行善，怎么没人来回报我啊？这其实是个概率问题，就好比投资，你投资了10家公司，可能9家公司打水漂，最后活了一家公司，这家公司突然成长起来了，不但帮你把所有的投资成本收回来，还帮你赚了一倍甚至几倍的投入。

那么你投资10个人，可能9个人都不给你回报，剩下的那1个人，说要给你回报，最后也没报在你身上，却突然某一天报在你的后代子孙身上。

就好比看故事，你儿子遇难了，一筹莫展，困境中却突然遇到了贵人，帮他脱险，只因为你曾给那贵人的爹施过粥。

因此，有投资人说，没做好亏一亿元心理准备的玩家，建议早些离场，根据“诈金花”（一种民间的多人纸牌游戏）的经验，只有子弹充足才有底气“诈”到最后。

所以，投资盈利的游戏是属于有钱人的，人家压根只是在玩；同理，福报是属于善良人的，人家压根就没想过要回报，只是突然有一天莫名其妙地回报到他家了。

这就是概率论，夜路走多了会遇到鬼，善事做多了，也可能会遇到神仙。①

教材中也讲了会计职业道德与会计法律制度的联系和区别（见表1）。

表1　会计职业道德与会计法律制度的联系和区别

<table>
<tr><td>1.会计职业道德与会计法律制度的联系</td><td>会计职业道德与会计法律制度在内容上相互渗透、相互吸收；在作用上相互补充、相互协调<br>会计职业道德是会计法律制度的重要补充，会计法律制度是会计职业道德的最低要求，是会计职业道德的基本制度保障</td></tr>
<tr><td rowspan="3">2.会计职业道德与会计法律制度的区别</td><td>(1) 性质不同<br>会计法律制度通过国家权力强制执行，具有很强的他律性<br>会计职业道德通过行业行政管理部门规范和会计从业人员自觉执行，具有内在的控制力，可以约束会计人员的内在心理活动，具有职业的更高目标，要求会计人员“应该做什么或者不应该做什么”，具有很强的自律性</td></tr>
<tr><td>(2) 作用范围不同<br>会计法律侧重于调整会计人员的外在行为和结果的合法化，具有较强的客观性；会计职业道德不仅调整会计人员的外在行为，还调整会计人员内在的精神世界，作用范围更加广泛</td></tr>
<tr><td>(3) 表现形式不同<br>会计法律制度是通过一定的程序由国家立法部门或行政管理部门制定、颁布的，其表现形式是具体的、明确的、正式形成文字的成文规定<br>会计职业道德出自会计人员的职业生活和职业实践，其表现形式既有成文的规范，也有不成文的规范</td></tr>
</table>

大家可以根据自己做人的经验稍微思考一下，然后考前再背一背就可以了，因此本节内容新增对考试影响不大。

## 2.新增：第一章第五节内部控制基础

什么是内控？内控其实就是企业日常管理的防火墙。

随着经济的发展，企业越做越大，以前可能是一个夫妻店，一天就3~5笔订单，现在好了，一天几千笔，甚至上万笔订单，而且业务越来越复杂，所需要的专业知识越来越多，于是，企业所有者不得不请人帮忙打理企业。因此，以前只是个体户，现在摇身一变，成了企业集团。

① 一种比喻的说法，没有科学依据。

如果帮你干活的人，都具有超高的道德水平，那也就没有内控什么事了，问题是，金无足赤，人无完人，人类历史一遍一遍地提醒我们：人类在道德上，不管是过去还是现在，都远不是那么“在线”。

于是，内控出场了，企业设计一套内控流程，让那些道德水平不是很高的人也不敢轻易做坏事，从而确保企业有效健康地运转。

提到内控，就不得不提COSO框架。当然教材没有提，我在这里提一下。

COSO，The Committee of Sponsoring Organizations of the Treadway Commission，全美反舞弊性财务报告委员会发起组织，简称COSO委员会。

它在1992年9月发布了《内部控制整体框架》，我们叫COSO框架（如图2所示）。

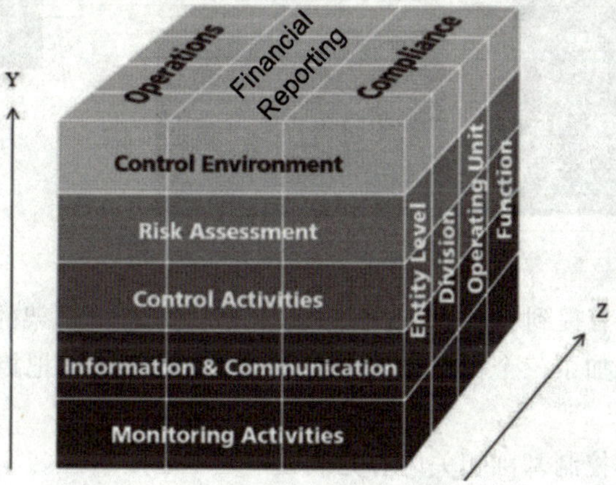


图2　COSO框架

这个COSO框架就好比医院里的视力表，你的眼睛视力怎么样啊？来，测一下。然后就比对，看E，看你能看到哪一行，5.0还是4.0。

那么企业的内控水平怎么样呢？我们拿COSO框架比对一下，然后评估企业的内控水平。

这个COSO框架，有三大目标，五大维度（如图3所示）。

**三大目标：**

1.营运（Operations）；

2.财务报告（Financial Reporting）；

3.合规性（Compliance）。

**五大维度：**

1.控制环境（Control Environment）；

2.风险评估（Risk Assessment）；

3.控制活动（Control Activities）；

4. 信息和沟通（Information and Communication）；

5. 监督（Monitoring Activities）。

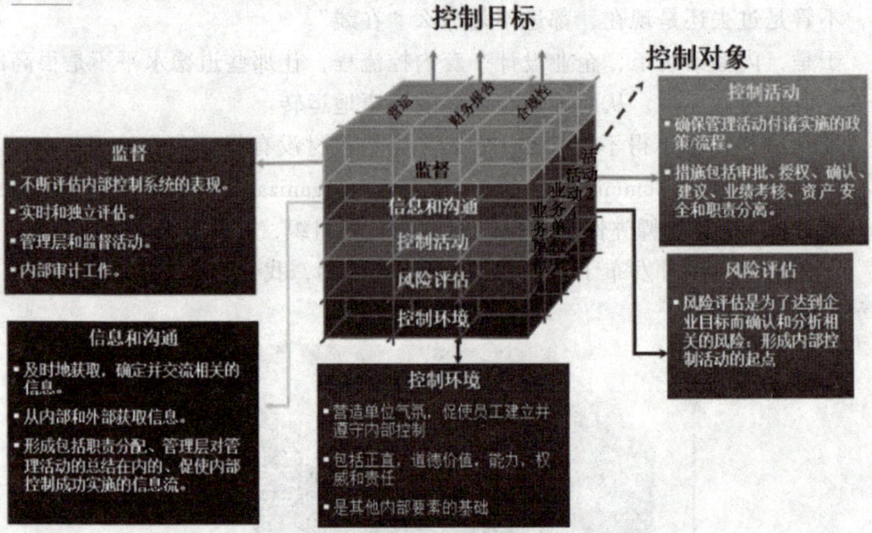


图3　五大维度



教材中并没有提到上述的COSO框架，只是把COSO框架的三大目标，改成了五大目标，并加了三个作用；五个维度没有变，不过，把控制环境写成了内部环境。

第五节内部控制基础相关内容见表2：

表2　　内部控制基础相关内容

| | |
|---|---|
| 内控的概念 | 内部控制，是指由企业董事会、监事会、经理层和全体员工实施的、旨在实现控制目标的过程 |
| 内控的作用 | 1. 有利于提高会计信息质量<br>2. 有利于合理保证企业合法合规经营管理<br>3. 有助于提高企业生产经营效率和经济效益 |
| 内控的目标 | 1. 合理保证企业经营管理合法合规<br>2. 资产安全完整<br>3. 财务报告及相关信息真实完整<br>4. 提高经营效率和效果<br>5. 促进企业实现发展战略 |
| 内控5要素 | 1. 内部环境<br>2. 风险评估<br>3. 控制活动<br>4. 信息与沟通<br>5. 内部监督 |

我们考试的时候，以教材为准，因为初级会计职称面对的是初级考生，所以它只要求你简单地背一下内控的相关概念，知道有内部控制这个东西就可以了，并没打算让你成为内控专家。

因此，本节新增对考试影响不大，考前突击背诵一下即可。

### 3.新增：第二章第六节成本与管理会计基础

这一节的内容其实就是旧教材第七章的内容，第七章的内容主要是成本核算，但是考初级的同学都是刚接触会计，成本核算又是一个难点，怎么学都学不懂，所以教材就想将其删除，但是它又舍不得全部删除，想来，让大家知道几个概念也是好的，所以它删了90%，剩下10%的内容，压缩成1节。

因此，从考试的角度来讲，只要临考前死记硬背几个概念就行，相当于减负了。

### 4.新增：第二章第七节政府会计基础

这一节的内容其实就是旧教材第八章的内容，政府会计准则是一整套“游戏规则”，应该用一本书来讲，就像我们学企业会计准则一样，以前是用一章的内容来讲，很多同学都弄不明白，这是一个难点，所以，教材干脆删了90%的内容，剩下10%的内容压缩成这1节，想来，它根本没打算让大家彻底弄明白，只是让考初级的同学知道几个概念，知道有这么回事就行。

因此，从考试的角度来讲，只要临考前死记硬背几个概念就行，再一次给大家减负。

## 第二大变化：原来教材第二章拆分为第三章和第四章

| | |
|---|---|
| 旧教材　第二章　资产 | 新教材　第三章　流动资产 |
| 第一节　货币资金 | 第一节　货币资金 |
| 第二节　应收及预付款项 | 第二节　应收及预付款项 |
| 第三节　交易性金融资产 | 第三节　交易性金融资产 |
| 第四节　存货 | 第四节　存货 |
| 第五节　固定资产 | 新教材　第四章　非流动资产 |
| 第六节　无形资产和长期待摊费用 | 第一节　长期投资 |
| | 第二节　投资性房地产 |
| | 第三节　固定资产 |
| | 第四节　生产性生物资产 |
| | 第五节　无形资产和长期待摊费用 |

前面四节作为第三章流动资产，后面两节再加上新增的三节，作为第四章非流动资产。

会计是一门语言，一门商业语言，只要掌握了这个语言工具，不管什么经济业务，我们都可以用借贷分录表述出来。就好比，你掌握了汉语，你就能把

你周围发生的事情描述出来。因此，一个经济业务，你能用汉语说得清，就能用会计语表述，它们之间是可以直接翻译的，只要你熟悉这门语言。

长期投资和投资性房地产，中级也考，考的难度大于初级，初级新增的是最基础的内容，因此不用害怕，只要按部就班地去学习，一般不会有太大问题。

比较“坑”的是生产性生物资产，这个连中级都不考，居然让初级考生来考。

那什么是生产性生物资产呢？

其实也不难，比如你养一只鸡，等着它长大吃肉，那这只鸡就是消耗性生物资产，等着它以后下蛋，那它就是生产性生物资产。

再比如，你养牛，用来吃肉的牛就是消耗性生物资产，用来产奶的牛就是生产性生物资产。

还有猪，用来配种的猪，就是生产性生物资产，用来吃肉的猪，就是消耗性生物资产。

还有树，比如苹果树，你等着它结苹果，它就是生产性生物资产，你砍了它当柴烧，它就是消耗性生物资产。

如果育肥猪，本来是用来吃肉的，后来改变用途，改为配种，那猪就是消耗性生物资产转为生产性生物资产。



用会计分录表示就是：

借：生产性生物资产——种猪

　　贷：消耗性生物资产——育肥猪

资产增加记借方，资产减少记贷方。

**第三大变化：原来教材的第三章负债改为第五章，并且增加了一节：非流动负债**

主要是长期借款和长期应付款，这两个科目的账务处理很简单，比资产的账务处理简单多了，因此对考试影响不是特别大。

**第四大变化：财务报告这一章增加了现金流量表**

**这才是今年变化最难的点，而且绝对考。**

现金流量表很难，以前的初级教材讲了一点，但是初级同学听不太明白，于是，初级教材就把它删了，想把这个点甩给中级，可是中级又不重视，长期股权投资、合并报表、金融资产、递延所得税这些难点才是中级要着重考核的，一个现金流量表，能难到哪里去？算了吧，于是，今年初级教材又把现金流量表加回来了，而且不是加一点点，加了好多，那感觉就是，考初级的学员们，你们必须给我学会编现金流量表。

第二个可能是跟实践环境的变化有关，以前小企业报税的时候，都不用编现金流量表，因为大家都不会编嘛，但是现在税务局上传报表的时候，要求上传三表——资产负债表、利润表和现金流量表都要上传，因为从现金流量表可以看出很多问题。

当然，我们学的是“四表一注”，还有一张是所有者权益变动表，最后就是会计报表附注和信息披露。

但是，你也不用被吓着，会计其实并没有大家想的那么难，你想，学来学去不就是几张Excel表格嘛。

**陈艳红**

2022年2月28日

# 第2版前言

看小说，学会计，乐在其中。

到目前为止，小艾系列书籍已经有10本了，主要分为三个子系列：

（1）备考日记系列，它是以主人公日记的形式写自己如何考证，目前主要是有关初级和中级会计职称考试的；

（2）会计实操系列，它是以讲故事的形式进行会计专项训练，比如入门实操、纳税实操等；

（3）财经小说系列，它是以故事进展作为主线，描写有关财务、企业管理和爱情等主题的职场综合实践成长小说。

这三个子系列都是以讲故事的形式来撰写的，但是故事成分所占比例不一样，财经小说>会计实操>备考日记。财经小说是实践综合，会计实操是实战专项，备考日记是考证训练。

## 1.备考也要有一点想象的空间

小艾系列书籍最大的特点就是里面有故事、有情节，为什么连这种枯燥的考试书籍里面都要讲一点小故事呢？除了我喜欢故事之外，还有一个原因就是我们需要故事，故事能激发人的想象力。从古代的《搜神记》到现在的影视娱乐节目，人类对故事如饥似渴，不管是看电视电影，还是看小说微博，不管是经营管理，还是企业上市，都要讲故事。

人类出于生存的需要，进化出了想象的能力。人类开始明白如何根据过去的经验，给出一个假设的前提，然后推断未来会带来什么样的结果。这个能力给了人类非常大的进化优势，于是便被保留下来。

拥有了想象力的人类，便不再被这个世界所束缚。人们可以轻易地在头脑中游览无数可能的世界。而故事，便是通向这些世界的大门。

如果有无数的可能在等着你，你还会心甘情愿地被困在这个小小的世界里吗？

备考也一样，也需要故事，故事能激发你对考试的想象，能为你的心灵提供能量，有了足够的能量，你才能积极备考，勇往直前。如果想象不足，能量就缺乏，能量不足，那你在备考半路可能就枯竭了。所以，备考不仅要有理性还要有感性，要有感性的故事。

这个世界上没有两片相同的叶子，每一本书都是独一无二的，一千个人眼

中有一千个哈姆雷特，哪怕他们讲的是同一个主题。比如，小艾备考日记系列与会计职称考试教材，虽然主旨都是助力备考，但是，它们是有区别的。书与书之间的不同，取决于下面三种内容的比例不同：理性输入内容、感性输入内容和无效内容。

对于读者来说，会计职称考试教材主要由两部分组成：理性输入内容和无效内容；而小艾备考日记由三部分组成：理性输入内容、感性输入内容和无效内容。

其中，对无效内容的界定带有主观性，你认为无效的，他可能认为有效。对于编写教材的专家来说，他写的每一个字都是有效的，如果无效，他自己早就删除了。但是，对于我们来说，教材中有很多内容是无效的，因为我们的目的是应试，不是纯理论研究。

理性输入内容的重要性是完全不必强调的，但是感性输入内容的重要性却很容易被忽略。

理性输入内容就是教你具体怎样做，考点都一一帮你归纳总结好，然后你直接理解记忆就行了；而感性输入内容就是谁谁谁，他是怎么做的，这样做了以后，成功地提高了自己的效率，有故事、有细节、有情景，然后你看了还有点小激动。



理性输入内容要求我们必须有意识地理清思路，甚至有时候还需要在纸上写写画画，记笔记。感性输入内容不用记下来，甚至不需要刻意地去理清思路。只要读到了，我们的潜意识就会自然而然地吸收，这些内容就开始起作用了。

所以，仅仅有理性输入内容是不够的，即便你理性上认为作者的所有前提与推论都是无懈可击的，但是因为没有感性输入内容，你的潜意识是不会被说服的。

知道教材为什么那么难读吗？就因为全是理性内容，信息密度太大了。知道小说为什么那么好看吗？那是因为全是感性内容。当然，有的人会说，有的小说也挺无聊的，之所以无聊，那是因为主题不是自己想要的，一点内涵都没有，学不到什么东西，信息密度太低，几乎为零，相当于无效内容，自然就无聊。

总之，理性很好，感性很美，“贪心”的我们，何不兼而有之呢？

### 2.小艾四轮复习法（点、线、面、体）

| 科目 | 初级会计实务 | 经济法基础 |
|---|---|---|
| 第1轮（点） | 重点突破会计分录，会计分录会做了，初级会计实务基本就过关了 | 着重是理解，比如你认为法律这样规定合不合理、公不公平 |
| 第2轮（线） | 通过内在联系把各章节的考点串联起来，大题训练突破考点的串联运用 | 通过案例分析进一步理解法条，一个案例通常涉及多个法条 |
| 第3轮（面） | 快速背诵考点 | 快速背诵考点 |
| 第4轮（体） | 模考反馈 | 模考反馈 |

小艾四轮复习法：

**第一轮复习，主要是以点为主**

第一轮，在全面复习每个考点的同时，结合本科目的特点，给自己定个小目标，比如初级会计实务，重点突破会计分录，会计分录会了，初级会计实务基本就过关了。在理解背诵会计分录的时候，要多抄多写。

在这里给大家讲一点记忆的规律。

我们都知道记忆分为短时记忆和长时记忆，短时记忆是长时记忆的必经之路，也就是记一个东西的时候，我们刚记下来，没过多久就忘了，然后又记、又忘，就这么反反复复，几经折腾、折磨，最后才进入我们的长时记忆。

但是有一个记忆规律有些人可能不知道，那就是短时记忆又分为感觉记忆和短时工作记忆。短时工作记忆，比如我问同事一个电话号码，他告诉我，我当时记住了，但是没多久就忘了，这就是短时工作记忆；还有一个就是感觉记忆，就是如果你曾经经历过某种感觉，你就忘不了。最典型的就是恋爱，如果曾经你经历过一段刻骨铭心的爱情，你想忘都忘不了，为什么呢？因为感觉记忆可以直接进入长时记忆。

感觉记忆虽然是一个短时记忆，但是它不会反复，只要那感觉在心中出现过，就会直接进入长时记忆。

而多抄多写就是一个找感觉的过程，这个分录你想都没想就写下来了，那你基本上就记住了。

还有一个就是内隐记忆，也很有趣。比如学跳舞，老师说“把手提起来，放下去，提起来，放下去”，很简单的一个动作，但是你做得就是特别难看。于是老师就跟你讲发力点、肌肉控制，如果你光听不动手，老师就是讲一万遍，你还是不会做。你只有一遍一遍地重复这个动作，直到你找到了感觉，这个时候，你就会了。一旦你会了，你说要忘掉，要回到以前那种难看的提手动作，不好意思，回不去了；你现在就是好看，故意做得难看，也比那些新手好看。为什么呢？这就是内隐记忆，你的手伸出去，就是比别人优美。而备考的时候也有同样的感觉，分录写多了，提起笔就写出来了。比如，你问我，某某经济业务的分录怎么写，我用嘴巴跟你说，要边想边说，有时候还会出现口误，但是，如果此时手头有纸笔，我提起笔就写出来了，不用想，非常流畅。

所以，在学习的过程中，不要一头栽进去死记硬背，要一边学一边停下来，抄写整理，写写画画，同时思索找感觉。

**第二轮复习，主要是以线为主**

第一轮复习完后，有的同学就会发现，我怎么看了后面的忘了前面的，这很正常，我们的记忆就像个沙漏，你一边把考点往里面倒，它一边又把这些内容全部漏出去。针对这种情况，只有两种办法可以解决，一种是加快速度，也

就是我倒考点的速度快于它漏出去的速度；它漏出去了，我又往里倒，而且倒的速度越来越快，让它来不及漏。这样，考点就停留下来了。所以，那些三天打鱼两天晒网，看书听课走神，速度很慢的同学，就很痛苦了，好不容易看了一点，结果全漏了。还有一种方法，就是把这些考点全部串联起来，就像我们串珠子一样，这样的话，它就跑不掉了。

串珠子训练主要是做大题，因为一个大题就是把好几个相关联的考点，串在一起考。那做完一个大题，我就知道这几个珠子该如何串了，它们的内在联系也就掌握了，难点也就突破了。

**第三轮复习，主要是以面为主**

第二轮复习完后，我们突破了跨章节习题，找出了章节与章节之间的本质联系，并且学会了根据内在联系把它们串联成一个面，然后再把所有的考点回顾一遍，同时开始实施捡分攻略，该如何突破不定项选择题、多选题、单选题和判断题，怎样把能捡到的分都捡到，这需要训练。训练完后，基本上能知道自己大概能捡多少分了。不是考完后才估分的，而是考前就开始估分了。一般考试正常发挥，不出意外，估分的标准差，不超过10分。比如，你估分为80分，那你的考试成绩，在70~90分。同时，你也知道自己的提分区了，可以重点再突破一下，让自己的分数再提高一个档次，从而降低自己考试通不过的风险。



**第四轮复习，整体把握**

很多同学，到了考试前几天，就开始焦虑，有的还有考试焦虑症，最典型的表现就是一到考前就开始到处乱翻书，从第一页翻到最后一页，从最后一页翻到第一页，翻过来翻过去，也不知道他到底看进去了多少。那情景，让人想起一句古诗“清风不识字，何故乱翻书”。还有的就是，到了要考试时才发现自己还有好多东西没看，一听别人说，这个地方可能会考，赶紧看一下这个地方，那个地方可能会考，又赶紧看一下那个地方，就这样东一头、西一头乱撞，毫无章法。其实，到了考前最重要的是整体把握，把以前复习的巩固一下，顺便查缺补漏。再就是练习操作一下机考系统，熟悉一下考试环境，模拟一下考试现场，确保自己正常发挥。

3.小艾系列图书找茬有奖活动

鉴于本人才疏学浅，书中难免有错误，感谢东北财经大学出版社编辑的辛苦工作，也感谢东北财经大学出版社质检部门的严格把关，最后能使合格的成品书新鲜出炉，面向大众，迎接读者的审视和检测。群众的眼睛永远是雪亮的，在读者的火眼金睛下，错误自然无处遁形。

面对审视，“小艾”虽然紧张，但还是欢迎大家找茬挑刺，我们一定虚心接受，哪怕是回炉重造。如果你的建议被采纳，作为回馈，你还可以获得最新版小艾系列书籍中的任意一本。

你可以发邮件至编辑邮箱：xiaoaibj@qq.com。

格式分为7部分：书名、印次、页码及行数、问题、建议、你希望获得的书和你的真实姓名、邮寄地址及联系电话。

例如：

1.书名：《小艾上班记——企业纳税真账实操》；

2.印次：第1次印刷（相关信息在版权页可以找到）；

3.页码及行数：第11页顺数第7行；

4.问题："何总"联系上下文应该是"王总"（手机拍照附图更佳）；

5.建议："何总"二字改成"王总"二字；

6.你希望获得的书；

7.真实姓名、邮寄地址及联系电话。

编辑收到邮件后，会及时查证、更改错误并邮寄你想要的书籍。欢迎大家广提建议。

如您在学习考试或在会计实践中有疑问，可以扫描下面的二维码留言提出，我将筛选频率高的疑问，然后以视频的形式给大家讲解。

如需要会计考试方面的服务，也可以扫一扫下面的二维码，关注小艾会计职称考试服务号（xiaoaikj）。扫码后直接输入：初级题库，可自动跳出账号及密码。

小艾会计职称考试服务号（xiaoaikj）

如想订阅最新财税资讯文章，也可以扫一扫下面的二维码，关注小艾财税俱乐部微信公众号（xiaoaicoco）。

小艾财税俱乐部微信公众号（xiaoaicoco）

由于本人才疏学浅，书中难免会有错误，读书本是相互交流，欢迎大家批评指正！

陈艳红

2019 年 11 月 10 日

# 目录

（上册）

# 第一章 概 述

本章思维导图（如图1-1所示）：

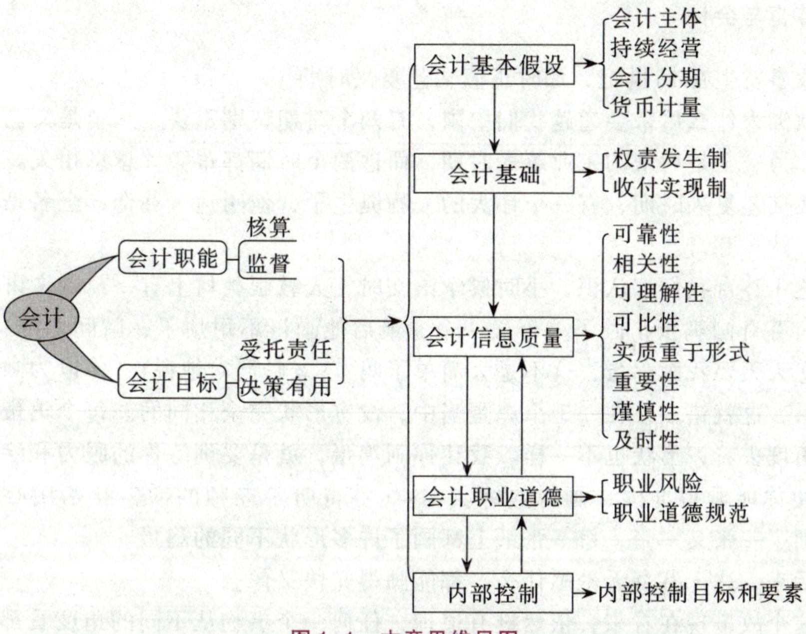


图1-1 本章思维导图

《概述》这一章是对整个会计的一个总括，是会计处理的基本原则，如果碰到特别新的经济业务，会计准则或其他相关法律法规都还没来得及规定的时候，我们就依据基本原则处理问题。会计原理考初级的人要学，考中级的人也要学，考注会的人还是要学，可见它的重要性。

“可是我觉得《初级会计实务》好难，打开第一页，我就觉得好吃力！小艾你说呢？”

“反正所有的教材第一章都是原理，很枯燥，到时候慢慢背吧。”

“我是零基础，想转行考注册会计师，能行吗？”

当然行，会计基本原理其实很有趣，不要一听到原理，就觉得生无可恋，崩溃至极；如果你觉得它很枯燥，那是因为你对它了解得太少。

不要以为有人考过了CPA，就觉得他对会计原理了解得很透彻，会计博大精深、趣味横生，岂是一本CPA教材所能囊括的？我今天给大家讲一个故事，保证你们学完后，对会计原理恍然大悟，让很多老会计，还有那些注册会计师以及考试中一次过6科的考生，都自叹不如！

“真的吗？”

“真的吗？”

“真的吗？”

当然是真的！我们就从一个故事开始吧！

## 达·芬奇与会计

故事发生在15世纪，那时正值文艺复兴时期。

欧洲为什么后来会超越我们中国，有两个时期特别重要，一个是文艺复兴时期，另一个是后来的工业革命时期，而这两个时期都跟会计息息相关。

在文艺复兴时期，有一个伟大的人物诞生了，他叫达·芬奇，全名是列奥纳多·达·芬奇。



达·芬奇我们都认识，小时候学语文时，人教版教材上有一篇课文讲的就是达·芬奇画鸡蛋，画了一个又一个，最后他画得不耐烦了，就问老师：“老师，您天天要我画鸡蛋，这不是太简单了吗？”老师严肃地说：“你以为画鸡蛋很容易，这就错了！在一千个鸡蛋当中，没有形状完全相同的。每个鸡蛋从不同的角度去看，形状也不一样。我让你画鸡蛋，就是要训练你的眼力和绘画技巧，使你能看得准确，画得熟练。”达·芬奇听了老师的话，开始用心画鸡蛋，画了一张又一张，每一张纸上都画了许多形状不同的鸡蛋。

后来，达·芬奇无论画什么，都能画得又快又像。

这个故事现在看来，依然挺有道理，任何一个事物从不同的角度看都有不同的形状，哪怕简单如一个鸡蛋。那会计呢？博大精深的会计呢？如果我们换个角度来看它，又会是个什么形状呢？

可能有人会说，达·芬奇是画画的，跟我们学会计有什么关系？

有关系！达·芬奇的父亲皮耶罗·达·芬奇，是一个有名的公证人，而且年轻有为，25岁就在佛罗伦萨开创了自己的事业。知道什么叫公证人吗？公证人，就是当时为协助客户家族财产继承等签下协议或买卖约定，留下记录，以给予承诺和保障的职业。当时的惯例是，所有的约定和合同，都要以文书形式记录下来，每一笔买卖都要记录，以防止纠纷发生。因此，公证人的职责相当于今天会计师加上律师的职责总和。

所以，公证人其实就是会计师和律师的前身。只是随着社会经济的发展，公证人职业演变为会计师和律师两个职业，而会计师又分了好多岗位，什么总账会计、报表会计、往来会计等，越分越细，最后我们就只见树木，不见森林了。

从这里我们也明白了，为什么考初级、中级、注会，都要考很多法律，包括税法、公司法、金融法、劳动法等。只要跟经济相关的法律我们都会学习，我们对这些法律的熟悉程度甚至超过很多律师，比如有些律师专门打离婚官司，那他对公司相关的法律可能就不那么熟悉。

当时随着意大利商品经济的发展，公证人在起草商业合同、土地买卖协议、遗嘱及其他拉丁文法律文件方面发挥着越来越重要的作用，他们也因此积累了丰富的历史知识和文化知识。

当时，公证人的社会地位非常高，他们的名字前面可以被冠以赛尔（Ser）的尊称，列奥纳多·达·芬奇的父亲皮耶罗，全称就是塞尔·皮耶罗·达·芬奇。看到这里，很多小会计的心可能要碎了，我们的社会地位现在是王小二过年，一年不如一年，分工越细，见识越少（这里说的是见识，不是知识；在这个信息量爆炸的社会，大家不缺知识，缺见识），社会地位越低，因为你会成为会计流水线上的一枚小螺丝钉，螺丝钉起的社会作用自然有限，这也要求我们不仅要学习知识，更要提升见识。

虎父无犬子，那为什么列奥纳多·达·芬奇没有成为一名公证人，而是成了一名画家？毕竟他们家族祖祖辈辈都是公证人，在14世纪早期，他的曾曾曾祖父就在芬奇镇上做公证人。而且公证人的社会地位很高，是很多孩子们向往的职业，还可以世袭。

其实，原因就在于，列奥纳多·达·芬奇是一个私生子，他的父亲跟他的母亲有一段短暂的恋爱，然后有了他，而当时他父亲已有婚约，对方也是一名公证人家族里的年轻女子，所谓门当户对。

列奥纳多·达·芬奇并未给我们留下他对于自己出身的任何看法，但是在他的笔记中有一段耐人寻味的暗示，他认为大自然会偏爱“因爱出生”的孩子。

他写道：“男人若在行房之时充满攻击性和不安，会生出脾气急躁、不值得信任的孩子。如果双方都带着深切的爱和欲望，那么孕育出的孩子将会聪慧伶俐，活泼可爱。”因此，他认为或者至少希望自己属于后者。

其实，当时私生子比较普遍，而且并不是公众眼中的耻辱。19世纪文化历史学家雅各布·布克哈特甚至将文艺复兴时期的意大利称为“私生子的黄金时代”。特别是在统治阶级和贵族阶层，私生子的身份并无任何障碍。很多行业协会也接受私生子成员，但法官和公证人行会则不行，这个行会成立于1197年，列奥纳多·达·芬奇的父亲皮耶罗·达·芬奇就是其中的一员。

托马斯·库恩在《文艺复兴时期佛罗伦萨的私生子现象》中写道："公证人是经过认证的见证者和记录者，他的信誉必须无可指摘。他的言行必须完全符合社会规范。"

看见没？就算天下大乱，咱会计人士也要坐怀不乱，社会对会计人士的道德要求很高，同时需要认证。

所以，如果你选择会计这个行业，你就要内外兼修，把别人喝咖啡的时间用来学习，别人在那里玩，你不能玩，你应该默默地去背诵教材第一章第四节会计职业道德（见表1-8）。

然后深呼吸三分钟，做几个考试题。

1.【单选题】下列各项中，体现"爱岗敬业"这一会计职业道德的是（　　）。

A.为保证公司年度财务会计报告准确及时地对外报出，会计人员赵某加班加点对数据认真核对

B.会计人员孙某理万金而分文不沾

C.中国现代会计学之父潘序伦先生倡导"信以立志，信以守身，信以处事，信以待人，毋忘'立信'，当必有成"

D.会计人员高某认为会计工作无非就是记账、算账，公司的经营管理与自己无关

2.【多选题】甲股份有限公司会计艾娟努力钻研会计电算化业务，利用业余时间学习采用现代信息技术手段加强经营管理的课程。"非典"期间向公司总经理建议，开辟网上业务洽谈，并实行优惠的折扣政策。公司采纳了艾娟的建议，当期销售额克服"非典"影响快速增长。艾娟的行为体现出的会计职业道德有（　　）。

A.参与管理　　B.强化服务

C.提高技能　　D.坚持准则

---

1.【答案】A

【解析】选项A，体现了"爱岗敬业"中的"安心工作，任劳任怨；严肃认真，一丝不苟；忠于职守，尽职尽责"；选项B，体现了"廉洁自律"；选项C，体现了"诚实守信"；选项D，违背了"参与管理"。

2.【答案】AC

【解析】选项A，"参与管理"要求会计人员主动提出"合理化"建议，本题中艾娟提出的建议合法且合理；选项C，"提高技能"要求会计人员具有不

断提高会计专业技能的意识和愿望，具有勤学苦练的精神和科学的学习方法，本题中，会计艾娟努力钻研会计电算化业务，利用业余时间学习，充分体现了“想提高”和“努力学”的两项基本要求。

【案例分析】甲公司2020年工作中存在以下情况：

（1）财务部经理张某抓住公司经营管理中的薄弱环节，提出以强化成本核算和管理为突破口，将成本逐层分解至各部门并实行过程控制的建议，大大降低了成本，提高了经济效益。

（2）为帮助各部门及时反映成本费用，落实成本控制指标，会计人员徐某精心设计核算表格，并对相关人员进行核算业务指导，提高了该项工作的质量。

（3）公司处理一批报废汽车收入15 000元，公司领导要求不在公司收入账上反映，指定会计人员李某另行保管，以便经理室应酬所用。会计人员李某遵照办理。

（4）新兴公司财务经理找到甲公司会计人员王某，以给5 000元好处费为诱饵，希望王某促成甲公司为新兴公司银行贷款作担保，遭到王某拒绝。

要求：根据上述情况，不考虑其他因素，分析回答下列小题。

1.【单选题】张某的行为体现的会计职业道德要求是（　　）。

A.廉洁自律　　B.坚持准则

C.提高技能　　D.参与管理

2.【单选题】徐某的行为体现的会计职业道德要求是（　　）。

A.参与管理　　B.客观公正

C.强化服务　　D.坚持准则

3.【多选题】李某的行为违反的会计职业道德要求有（　　）。

A.客观公正　　B.诚实守信

C.坚持准则　　D.提高技能

4.【单选题】王某的行为体现的会计职业道德要求有（　　）。

A.廉洁自律　　B.坚持准则

C.提高技能　　D.客观公正

---

1.【答案】D

【解析】主动提出合理化建议，是“参与管理”的基本要求。

2.【答案】C

【解析】提高工作的质量，是“强化服务”的基本要求。

3.【答案】ABC

【解析】选项A，未实事求是，如实反映，违反了“客观公正”的基本要求；选项B，未做到做老实人、说老实话、办老实事、不弄虚作假，违反了“诚实守信”的基本要求；选项C，未始终“坚持”按法律、法规和国家统一的会计制度的要求进行会计核算，违反了“坚持准则”的基本要求；选项D，提高技能属于技能要求。

4.【答案】A

【解析】公私分明，不贪不占，是“廉洁自律”的基本要求。

一代一代会计人这么培训下来，潜移默化，因此会计人的总体道德水平比其他行业是要高那么一点点的，其他的不说，这勤奋好学，大家是有目共睹的，这么多证需要我们去考，哪有时间让你到处“浪”。

因为佛罗伦萨公证人行会禁止非婚生子加入，列奥纳多·达·芬奇只能把他那记笔记的才能用在绘画中。列奥纳多非常善于记录，是一个笔记狂魔，后人发现他留存下来的手稿就多达三万多页，而爱因斯坦也这样评价达·芬奇：“如果当时的欧洲将所有与达·芬奇相关的文献和发明公开的话，那么人类文明至少会提前50年。”这种记录的能力也许就来源于达·芬奇家族世世代代传承的“所有东西都要留下记录”的公证人特质。



如果他不是私生子，而是把这种记录的才能用于会计，那么不知道今天的会计还是不是现在这个样子。因为会计的基本职能就是核算和监督，其中核算是最基本的职能（如图1-2所示）。

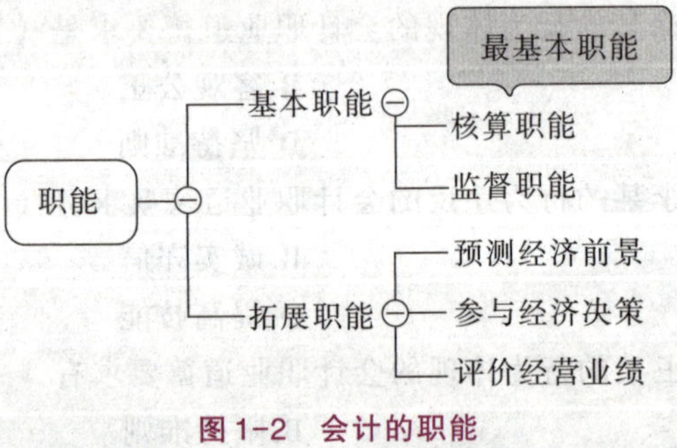


图1-2 会计的职能

初级教材的定义是这样写的：会计核算职能，是指会计以货币为主要计量单位，对特定主体的经济活动进行确认、计量、记录和报告。

其实本质就是记录，只是在记录之前你要先进行分类确认，然后量化，才能记录下来，记录后，还要报告。

而会计的监督职能，是指对特定主体经济活动和相关会计核算的真实性、合法性和合理性进行审查。

我们先要记录，然后再审查，没有记录，你查什么？审查是为了保证记录的质量，尽量使其没有错误。因此会计核算是会计监督的基础，没有核算，监督就没有依据，会计监督是会计核算的质量保障，这是两者之间的关系。

至于预测经济前景、参与经济决策和评价经营业绩都是在此基础上拓展的职能。

## 莎士比亚作品里的资产负债表

历史总是风水轮流转，现在很多人总是觉得西方发达，外国的月亮比中国圆，艳羡他们，模仿他们，紧跟他们的步伐。然而在15—16世纪，情形恰恰相反，在中世纪的欧洲大陆，那里的人们对神秘的东方世界有着憧憬与痴迷。

噢，古老神秘的东方大国，那里遍地黄金，飘香四溢，我们要去那片香料丛生的土地，去收获胡椒和肉桂。

在大航海时代之前，欧洲既没有土豆、玉米，也没有西红柿，人们不知道咖啡、红茶的存在，更别说砂糖，唯一的甜味剂就是蜂蜜。

胡椒和香料一入欧洲，就给人们的饮食生活带来无限惊喜，但是价格高昂，老百姓难以企及，因此这些香料是奢侈品。

在这样的时代背景下，去东方“乐园”获取丰富的物资，成了西欧人的迫切愿望，于是商业革命开始了。

之后，多种多样的食材进入了意大利，据说意大利面就是从中国经丝绸之路传入的。有一部讲述世界史的日本动漫里写道：“意大利面起源于中国，事实上所有面类食物都起源于中国。”所以，以后吃意大利面或者日式拉面的时候一定要狠狠地敲一下盘子，告诉自己，这是咱中国的面条。

在列奥纳多·达·芬奇诞生的时代，欧洲经济的中心是意大利。意大利控制了地中海贸易，当时东西方贸易主要通过海上的丝绸之路，这条通道是由中国开始，经过南海，由东南亚到印度，再通过印度洋向西经过阿拉伯海、红海到达北非和中东，在这里中转再经过地中海运达欧洲各地，而其中运往西欧的货物都是先送到意大利再分发到其他诸国，意大利各城邦像威尼斯、热那亚、米兰、佛罗伦萨都是因为地中海贸易而繁荣起来，一个个都是富得冒油。

因此，复式借贷记账法产生于意大利，也就不奇怪了，意大利商人的活跃为金融和会计的诞生打下了基础。

航海做生意，有很大的风险，一个是风浪，另一个是海盗。如果一个风浪打来，船翻了，或者是被海盗抢了，那就血本无归了。商人们一边赚取高额利润，一边又胆战心惊。

莎士比亚写过一篇喜剧，叫《威尼斯商人》，就描写了这种情形。

安东尼奥就是威尼斯商人，萨拉里诺和萨莱尼奥是他的好友。

### 威尼斯的街道

安东尼奥、萨拉里诺及萨莱尼奥上场。

安东尼奥

真的，我不知道我为什么这样闷闷不乐。你们说你们见我这样子，心里觉得很厌烦，其实我自己也觉得很厌烦呢；我是怎样让忧愁沾上身，这种忧愁究竟是怎么一种东西，它是从什么地方产生的，我却全不知道；忧愁已经使我变成了一个傻子，我简直有点自己都不了解自己了。

萨拉里诺

您的心是跟着您那些扯着满帆的大船在海洋上颠荡着呢；它们就像水上的达官富绅，炫示着它们的豪华，那些小商船向它们点头敬礼，它们却睬也不睬，扬帆直驶。

萨莱尼奥

相信我，老兄，要是我也有这么一笔买卖在外洋，我一定要用大部分的心思牵挂它；我一定常常拔草观测风吹的方向，在地图上查看港口码头的名字；凡是足以使我担心那些货物的命运的一切事情，不用说都会叫我忧愁。

萨拉里诺

我一想到海面上的一阵暴风将会造成怎样一场灾祸，吹凉我的粥的一口气，也会吹痛我的心。我一看见沙漏的时计，就会想起海边的沙滩，仿佛看见我那艘满载货物的商船倒插在沙里，船底朝天，它的高高的桅樯吻着它的葬身之地。要是我到教堂里去，看见那用石块筑成的神圣的殿堂，我怎么会不立刻想起那些危险的礁石，它们只要略微碰一碰我那艘好船的船舷，就会把满船的香料倾泻在水里，让汹涌的波涛披戴着我的绸缎绫罗——方才还是价值连城的，一转瞬间尽归乌有。要是我想到了这种情形，我怎么会不担心这种情形也许会发生，从而发起愁来呢？不用对我说，我知道安东尼奥是因为担心他的货物而忧愁。

为了降低贸易风险，于是，商人们就造更大、更坚固的船。那时威尼斯的造船技术和航海技术水准非常高，而且在不断地提升和优化。他们不再造帆船，而是造由许多船桨划动的桨帆船，这种船不但可以用来运货，还可以用来战斗，桨帆船尖锐的船头能够刺穿敌船，划桨的人可以瞬间变成手握弓箭的士兵，与海盗战斗。

再加上航海图和指南针，那时的威尼斯商人一跃成为地中海贸易的主人。

可是造大船需要很多钱，自己的本金不够，于是他们就借钱。最先开始的时候，自己做点买卖，都是自己的钱，记账与否，其实也没那么重要，可是你借了别人的钱，你不记账，怎么行？

自己投入的钱就是所有者权益，借别人的钱叫负债，那么资产负债表右边其实就是资金的筹措，左边就是资金的运用——要用这些钱去造一艘大船，进货各种香料，当然身上还得带点儿现金。左边就是资产，资产就是资金的使用，也是资金的去向（如图1-3所示）。

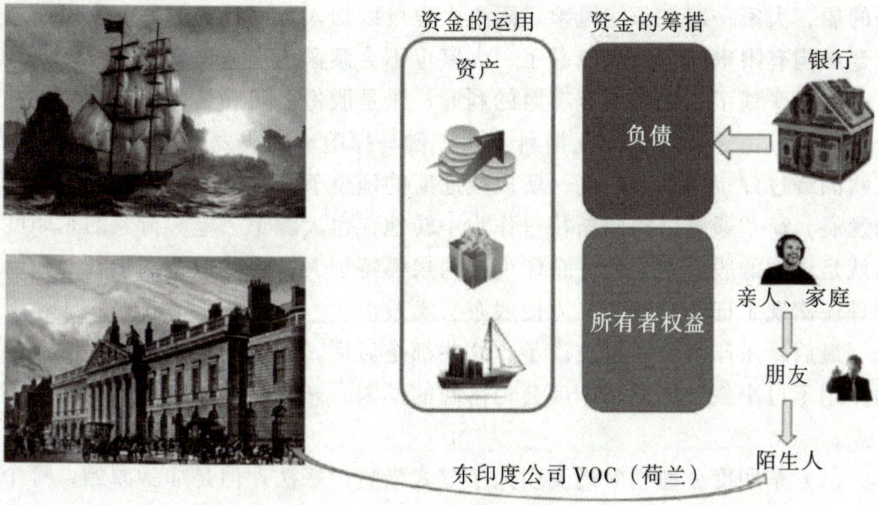


图1-3　威尼斯商人的故事图例

右边是资金的来源，左边是资金的去向，一来一去肯定相等，因此左边等于右边，也就是资产=负债+所有者权益，这就是会计恒等式。

相等就是平衡，资产负债表在英文中叫“Balance sheet”，“Balance sheet”的重点是“Balance”，只是翻译的时候，翻译成了资产负债表。

如果我买卖成功，左边资产会增加，右边所有者权益也会增加，表示我赚了；如果买卖失败，左边资产减少，右边所有者权益也会减少，表示我亏了（如图1-4所示）。

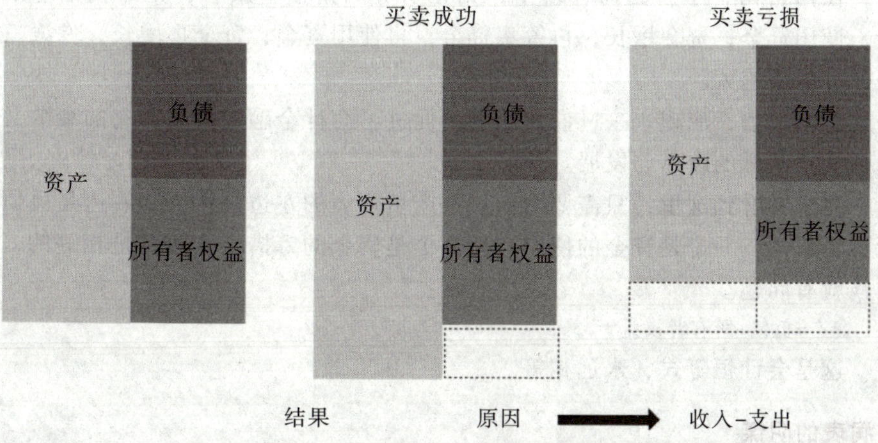


图1-4　买卖成功与买卖亏损图例

最先开始主要是由亲人、家族经营，然后就是朋友合伙，最后拓展到陌生人，因为航海的风险实在是太大了，但是利润又非常高，所以我们需要造最坚固的船，大家一起来承担风险。陌生人也可以加入，而且我们每个人以投入的资金承担有限责任。如果船翻了，大家也不会倾家荡产，顶多就是投入的钱没了；如果赚钱了，大家都有丰厚的利润，于是股份公司登场了。

后来，由于葡萄牙的瓦斯科·达·伽马探险成功，发现了新的贸易航线，从欧洲绕过好望角直通印度，所以威尼斯的地位下降了。再后来随着贸易进程的发展，荷兰通过以阿姆斯特丹作为中转地，也大赚了一笔。荷兰的东印度公司就是典型的股份制公司，东印度公司规模特别大，当然也特别猖狂。阿姆斯特丹还出现了证券交易所，方便股东买卖股份。

最后，东印度公司也破产了，这些都是后话。不过，在这个过程中，会计的作用不可小觑。比如东印度公司落魄的原因，站在会计的角度分析就有如下几点：

（1）东印度公司当时确实引入了复式借贷记账法，但是非常原始，哪个商品赚了，哪个商品赔了，不知道，算不清楚，同时也没有监管，投钱的股东非常愤怒。

（2）东印度公司每隔几年就结算一次，大家一起分钱，恨不得全都分了，公司内部保留严重不足；本金不足，就只能依赖借款。



（3）没有内控，各种偷盗行为经常发生。

粗糙的会计经营和漏洞百出的内控，最后使东印度公司丢失了股东的信任，走向破产。

东印度公司筹集了大量的资金，但是却没有运用资金使其增长的能力。

任何公司，不管做何种营生，站在财务的角度上来看，无非就是筹集资金，使用资金；资金增长，再筹集资金，再使用资金；资金再增长，像滚雪球一样，越滚越大。

总结过去，展望未来，商业的繁荣促进了会计金融的诞生，它的衰败又促进了会计金融的改革与发展。

初学者看到这里，只需要明白，资产负债表的左边是资产，右边是负债和所有者权益，一个是资金的使用，另一个是资金的筹措，这两者是相等的，否则钱就有问题。

资产=负债+所有者权益

这是会计恒等式，永远相等。

## 利润表的阴谋

一说起财务报表，我们就会很自然地想到三表——资产负债表、利润表和现金流量表。可是你知道，从资产负债表到利润表的出现，中间经过了多少年吗？200年。

不是一开始就有利润表的。

利润表要从什么时候开始说起呢？

我们就从1666年英国的伦敦大火开始说起吧。

1666年，伦敦布丁巷（Pudding Lane）有一间面包铺失火。一阵大风将火焰很快吹过几条全是木屋的狭窄街道，然后又进入了泰晤士河北岸的一些仓库里。

大火燃烧了整个城市，连续烧了4天，包括87间教堂、44家公司以及13 000间民房尽被焚毁，伦敦很多地方都变成了焦炭。

666这三个数字，在西方特别不吉利，很多西方人对“666”是很忌讳或者说很恐惧的。比如美国总统夫妇南希·里根和罗纳德·里根，在1979年搬家到洛杉矶时，他们的地址圣云路666号被改为圣云路668号。

再比如美国新墨西哥州将境内一段190里长的原名为666号高速公路——有人称之为“恶魔的公路”——重新编号，改为比较不是那么不吉祥的491号公路。

CPU制造商英特尔于1999年推出核心时速为666.666MHz的Pentium Ⅲ时，他们将其命名为“Pentium Ⅲ 667”，而不按照惯例叫“Pentium Ⅲ 666”。

在伦敦大火的前一年（1665年），欧洲鼠疫流行，仅伦敦地区就死亡6万人以上。1665年6—9月，伦敦的人口减少了1/10。

那时的英国可真是苦啊，可是大难不死，必有后福！

伦敦被烧了，就只能重建。重建需要大量的木材，再加上取暖、煮饭等，到处都需要木材，英国本来就没多大，再加上森林覆盖率低，木材严重奇缺，同时英国也颁布了砍伐树木的禁令。

木材不足，对炼铁、金属、玻璃等产业有很大的影响，因为这些产业需要大量的燃料。

于是人们开始用砖头建房子，同时迫切需要新的能源燃料来替代木材，紧接着煤炭进入了人们的视野，煤炭在当时被称为“黑色钻石”。

然后大家都开始挖煤，有需求自然有供给，市场火热，挖煤赚钱啊。

但是在挖煤的过程中又出问题了，这个问题就是永无止境涌出来的地下水，于是人们又开始忙着排水，最先开始用马来汲水，但是效率太低，接着出现了划时代的排水泵。

排水泵在使用的过程中，又不断地被改良，有一个叫詹姆斯·瓦特的人，改良得最好，把排水泵变成了蒸汽机。于是，我们学历史的时候，说瓦特发明了蒸汽机，其实在他之前，就有蒸汽机出现了，只是他改良得最好。

木材不足，煤炭替代，排水出问题，出现了蒸汽机，英国工业革命就这么开始了。

工业革命为什么没有发生在咱中国呢？唉，谁叫咱中国地大物博呢。因此，我们也不要总是怨老祖宗不思进取，人都是逼出来的嘛，福兮祸之所倚，祸兮福之所伏。

当然有些专家学者会给出一大堆理由来说明这个问题，从政治环境、科举制度、科技发展、竞争环境、金融市场等方面列举一系列弊端，来说明工业革命为什么没有发生在中国。在我看来，都是马后炮。我们可以吸取教训，但是没有必要谴责前人，人有命运，国有国运，未来的事情，谁算得准？

蒸汽机确实是个好东西，于是人们就想，要是装几个轮子让它跑起来，那就更好了！于是，就有了蒸汽机车，其中有个叫乔治·史蒂文森的家伙，改良得最好，于是被誉为“蒸汽机车之父。”

有了蒸汽机车，于是开始修建铁轨，铁路公司诞生了。

紧接着，利物浦—曼彻斯特这条铁路开通了。利物浦是个港口城市，人们思想比较开放，修建铁路需要筹资，于是很多人都成了股东。曼彻斯特的人比较保守，没有投资。结果，利物浦的很多人都发财了。



人们突然发现，哇，投资铁路好赚钱噢！

大家都疯狂地投资铁路，其中有个人叫乔治·哈德森，他支配了英国四分之一的铁路线路，成了“铁路之王”。修建铁路需要大量的资金，于是他向人们筹集资金，并许诺高分红。

铁路虽然赚钱，可是刚开始是不赚钱的，刚开始需要大量支出，等到运营以后，钱才能慢慢收回来。于是，这个乔治·哈德森为了能让自己筹集更多的资金，他就一边筹资，一边分红，把第二条路线的筹资给第一条路线的股东分红，第三条路线的筹资，给前面第一、第二条路线的股东分红，以此类推，典型的庞氏骗局。

最后股东们发现了，于是，乔治·哈德森身败名裂了。

怎么办呢？

铁路刚开始运营的时候确实是不赚钱的，不赚钱，怎么分红？

可是，股东们的热情高涨，人人都说投资铁路赚钱，你要是说你不赚钱，大家还会投你吗？

那怎么应对股东的期待呢？

于是，铁路公司心生一计，决定制定新的游戏规则，这个游戏规则叫折旧（如图1-5所示）。

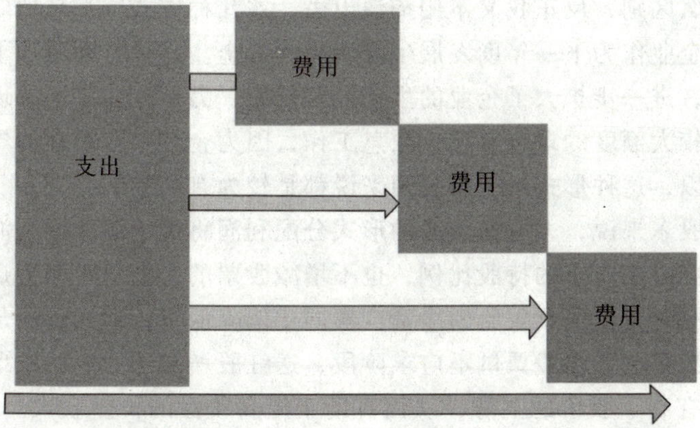


图 1-5　折旧示意图

修铁路的总支出，先计入固定资产，然后通过折旧，分摊到后面的年份。

于是，每一年的收入减去对应的费用，就是当年的利润。

收入−费用=利润

啊！伟大的利润表诞生了！权责发生制也应运而生了！

以前只有收付实现制，比如我花了30亿元，修建一条铁路，可使用30年。假设正式运营后，从第1年开始每年能收3亿元，那我从第11年开始，才能算赚钱，因为前面10年收的钱要弥补本金。

但是有了折旧就不一样了，我每年的折旧费用是1亿元（30÷30），相当于把这30亿元的支出平摊到每一年。（假设采取平均年限法计提折旧，不考虑其他因素）

第一年收入3亿元，折旧1亿元，即费用1亿元，剩下的29亿元没折旧完的，就是固定资产。

当年利润=收入−费用=3−1=2（亿元）

历经了200年，我们进化出来利润这个词，以前只有收支，收到多少钱，支出多少钱，还剩下多少钱。

现在，虽然收到的钱远远小于支出的钱，我还是可以对外公布，今年我们公司实现利润2亿元。

既然有利润，那么可以给股东分红了吗？可以，只不过，不给你现金，可以给你红股。

红股是上市公司中期或年度盈利分派送予股东的股份。投资者可将红股视为股息的一部分。

在上市公司分红时，我国股民普遍都偏好红股。其实对上市公司来说，在给股东分红时采取送红股的方式，与完全不分红、将利润滚存至下一年度等方式并没有什么区别，反正我又不用掏钱出去。这几种方式，都是把应分给股东的利润留在企业作为下一年度发展生产所用的资金。它一方面增强了上市公司的经营实力，进一步扩大了企业的生产经营规模，另一方面它不像现金分红那样需要拿出较大额度的现金来应付派息工作，因为企业一般留存的现金都是不太多的。所以，这种形式对上市公司来说都是较为有利的。

而对于股东来说，采取送红股的形式分配利润将优于不分配利润。这几种方式虽都不会改变股东的持股比例，也不增减股票的含金量，因为送红股在将股票拆分的同时也使股票每股的净资产额同比例降低了，但送红股却能直接提高股民的经济效益。在股票供不应求阶段，送红股增加了股东的股票数量，在市场炒作下有利于股价的上涨，从而有助于提高股民的价差收入。也就是说，你可以在二级市场上兑换现金，俗称炒股。

从此财务也有了可操作的空间。

因为这个支出总共30亿元，我分摊到30年，可以平摊，每年摊1亿元，我也可以按其他的方案摊。平摊的方法，我们叫平均年限法，除了平均年限法，还有双倍余额递减法、年数总和法等。不同的分配方案，费用的数字就不一样，那当年的利润数字也不一样（如图1–6所示）。其实本质就相当于把支出30亿元往后移，至于怎么个移法，那就有学问了，我可以通过移动方案的不同，从而改变各年利润的数字。



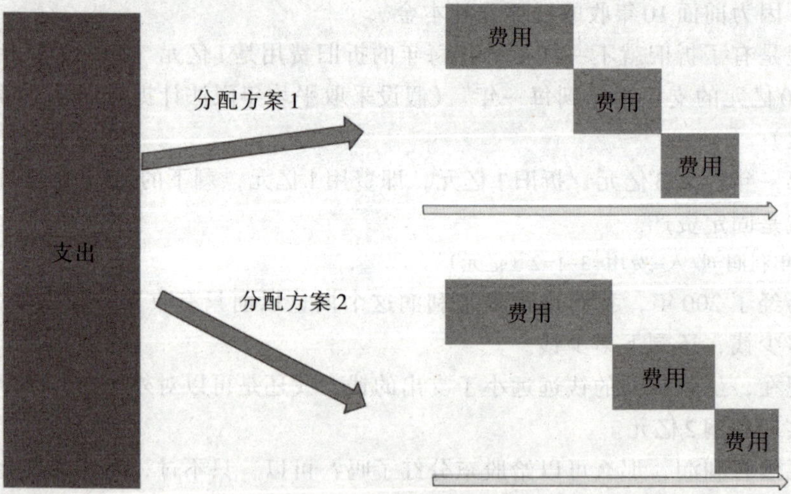


图1–6　两种不同分配方案的示意图

既然可以往后移动，那可不可以往前移动呢？也是可以的，比如计提各种减值准备，其实就是相当于把费用往前移动。仓库里的存货，还没卖出去，但我预计可能不怎么值钱了，于是我计提存货跌价准备。本来是应该等到以后卖出去才能计入费用的，现在我把损失的这一部分提前计入了。

既然费用可以前后移动，那收入可不可以呢？可以。提前确认或者延后确认，货物卖出去，还没收到钱，但是我也可以确认收入。有时候收到钱了，我也不确认收入，预收嘛，这就是权责发生制，跟收付实现制不一样。收付实现制是你要确认收入，得收到钱；你收到钱了，就要确认收入。

如果你前后移动，是出于客观公正，那么是没有问题的；但如果你前后移动，是为了造假，实现某种不可告人的目的，那么问题就严重了。于是我们需要规范它，对什么时候确认收入，什么时候确认费用，出了很多会计准则，会计越变越复杂了——这种情况该怎么处理，那种情况又该怎么处理，同时，还有各种各样的争议。

固定资产的折旧方法一般有如下几种（如图1-7所示）：

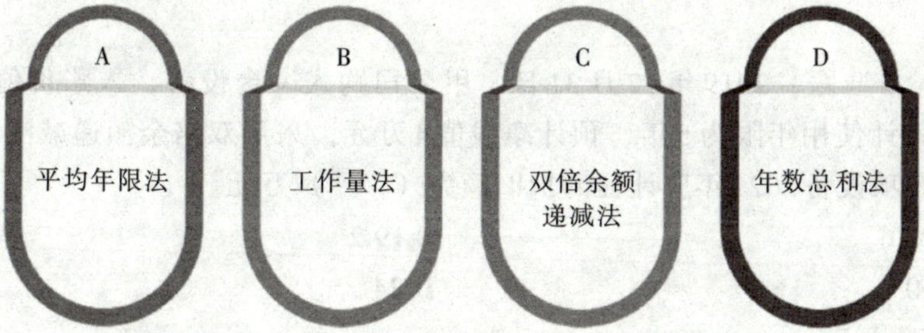


图1-7　固定资产折旧方法

不同的折旧方法算出来的费用不一样，那当年的利润也不一样。

此处可以结合第四章第三节固定资产一起看。

比如：艾米公司有一辆运输汽车，原价为1 400 000元，预计使用年限为5年，预计残值64 000元，预计行驶总里程为800 000公里。

我们现在按这四种方法算一下，看每年应该计入的折旧费用是多少。

平均年限法（直线法）：

1 400 000−64 000=1 336 000（元）

每年折旧额=1 336 000÷5=267 200（元）

工作量法：

1 400 000−64 000=1 336 000（元）

1 336 000÷800 000=1.67（元/公里）

某年行驶了60 000公里：

这月的折旧额=1.67×60 000=100 200（元）

双倍余额递减法：倒数第二年改直线法，先不考虑残值，在最后的两年内才考虑残值

第一年折旧额=1 400 000×（2÷5）=560 000（元）

第二年折旧额=（1 400 000−560 000）×（2÷5）=336 000（元）

第三年折旧额=（1 400 000−560 000−336 000）×（2÷5）=201 600（元）

最后两年每年的折旧额=（1 400 000–560 000–336 000–201 600–64 000）÷2=119 200（元）

年数总和法（年限合计法）：

1 400 000–64 000=1 336 000（元）

年数和=1+2+3+4+5=15（年）

第一年折旧额=1 336 000×（5÷15）=445 333.33（元）

第二年折旧额=1 336 000×（4÷15）=356 266.67（元）

第三年折旧额=1 336 000×（3÷15）=267 200（元）

第四年折旧额=1 336 000×（2÷15）=178 133.33（元）

第五年折旧额=1 336 000×（1÷15）=89 066.67（元）

固定资产的折旧逻辑弄明白了，那无形资产的摊销逻辑其实是一样的。

考试的时候，一般会考这几种折旧方法的计算。

1.【单选题】2019年12月31日，甲公司购入一台设备，入账价值为100万元，预计使用年限为5年，预计净残值4万元，采用双倍余额递减法计算折旧，则该项设备2021年应计提的折旧额为（　　）万元。

A.25.6　　B.19.2

C.40　　D.24

【答案】D

【解析】2020年折旧额＝100×2÷5＝40（万元），2021年折旧额＝（100-40）×2÷5＝24（万元）。

2.【多选题】下列各项中，关于企业固定资产折旧方法的表述正确的有（　　）。

A.年限平均法需要考虑固定资产的预计净残值

B.年数总和法计算的固定资产折旧额逐年递减

C.双倍余额递减法不需要考虑固定资产的预计净残值

D.年数总和法不需要考虑固定资产的预计净残值

【答案】AB

【解析】年数总和法下，需要考虑预计净残值。



## 本章考点笔记精华

### 【考点1.1】会计定义及基本特征（见表1-1）

表1-1　会计定义及基本特征

| | |
|---|---|
| 定义 | 现代会计是以货币为主要计量单位，采用专门方法和程序，对企业和行政、事业单位的经济活动过程及其结果进行准确完整、连续系统的核算和监督，以如实反映受托责任履行情况和提供有用经济信息为主要目的的经济管理活动 |
| 基本特征 | （1）以货币为主要计量单位<br>（2）准确完整性、连续系统性 |

【考点1.2】会计职能（如图1-8所示）

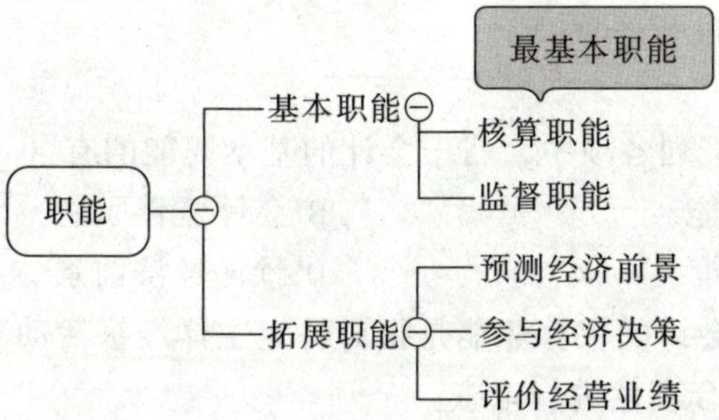


图1-8 会计职能[①]

会计核算与监督及其关系见表1-2：

表1-2　　会计核算与监督及其关系

| | |
|---|---|
| 会计核算 | 会计的核算职能，是指会计以货币为主要计量单位，对特定主体的经济活动进行确认、计量、记录和报告。会计核算贯穿于经济活动的全过程，是会计最基本的职能<br>会计核算的内容主要包括：（1）款项和有价证券的收付；（2）财物的收发、增减和使用；（3）债权、债务的发生和结算；（4）资本、基金的增减；（5）收入、支出、费用、成本的计算；（6）财务成果的计算和处理；（7）需要办理会计手续、进行会计核算的其他事项 |
| 会计监督 | 会计的监督职能，是指会计机构、会计人员对其特定主体经济活动和相关会计核算的真实性、完整性、合法性和合理性进行审查，使之达到预期经济活动和会计核算目标的功能 |
| 关系 | 会计核算与会计监督是相辅相成、辩证统一的。会计核算是会计监督的基础，没有核算提供的各种系统性会计资料，监督就失去了依据；会计监督又是会计核算质量的保障，只有核算没有监督，就难以保证核算提供信息的质量 |

1.【单选题】下列关于会计基本职能的说法中，不正确的是（　　）。

A.即使没有会计监督，会计核算也可以提供高质量的会计信息

B.会计核算是会计监督的基础

C.会计监督是会计核算的质量保障

D.没有核算提供的各种信息，监督就失去了依据

2.【多选题】下列各项中，属于会计核算的内容的有（　　）。

A.对真实性、合法性和合规性进行审查

① 与图1-2重复，此处重申会计职能考点。

B.收入、支出、成本、费用的计算

C.对经济效益进行评价

D.资本的增减

3.【多选题】下列各项中，属于会计的基本职能的有（　　）。

A.会计核算职能　　B.会计监督职能

C.参与经济决策　　D.预测经济前景

4.【判断题】会计的核算职能是指对特定主体经济活动和相关会计核算的真实性、合法性和合理性进行审查。（　　）

5.【多选题】下列各项中，关于会计职能关系表述正确的有（　　）。

A.会计核算职能是会计的首要职能

B.会计监督是会计核算职能的基础

C.会计拓展职能只包括预测经济前景

D.会计监督是会计核算的保障

---

1.【答案】A

【解析】会计核算与会计监督是相辅相成、辩证统一的。会计核算是会计监督的基础，没有核算提供的各种信息，监督就失去了依据；会计监督又是会计核算质量的保障，只有核算没有监督，就难以保证核算提供信息的质量。



2.【答案】BD

【解析】会计核算的内容主要包括：(1) 款项和有价证券的收付；(2) 财物的收发、增减和使用；(3) 债权、债务的发生和结算；(4) 资本、基金的增减；(5) 收入、支出、费用、成本的计算；(6) 财务成果的计算和处理；(7) 需要办理会计手续、进行会计核算的其他事项。选项A属于会计的监督职能；选项C属于会计的拓展职能。

3.【答案】AB

【解析】会计具有核算和监督两项基本职能，具有预测经济前景、参与经济决策、评价经营业绩等拓展职能。

4.【答案】×

【解析】会计的核算职能是指以货币为主要计量单位，对特定主体的经济活动进行确认、计量和报告。

5.【答案】AD

【解析】选项B，会计核算是会计监督的基础；选项C，会计拓展职能包括预测经济前景、参与经济决策和评价经营业绩。

## 【考点1.3】会计目标（见表1-3）

表1-3　　会计目标

| | |
|---|---|
| 会计目标的概念 | 会计目标，是要求会计工作完成的任务或达到的标准。会计的基本目标是：<br>(1) 向财务报告使用者提供企业财务状况、经营成果和现金流量等有关的会计资料和信息<br>(2) 反映企业管理层受托责任履行情况，有助于财务报告使用者作出经济决策<br>(3) 达到不断提高企业事业单位乃至经济社会整体的经济效益和效率的目的和要求 |
| 相关考点理解 | (1) 财务报告外部使用者主要包括投资者、债权人、政府及其有关部门和社会公众等<br>(2) 满足投资者的信息需要是企业财务报告编制的首要出发点，企业编制财务报告、提供会计信息必须与投资者的决策密切相关<br>(3) 由于投资者是企业资本的主要提供者，如果财务报告能够满足这一群体的会计信息需求，通常情况下也可以满足其他使用者的大部分信息需求 |

【提示】在财产所有权和经营权相分离的情况下，会计的根本目标是反映企业管理层受托责任履行情况。

【单选题】如果财务报告能够满足（　）的会计信息需求，通常情况下也可以满足其他使用者的大部分信息需求。

A.投资者　　B.债权人

C.政府及其有关部门　　D.社会公众

---

【答案】A

【解析】由于投资者是企业资本的主要提供者，如果财务报告能够满足这一群体的会计信息需求，通常情况下也可以满足其他使用者的大部分信息需求。

## 【考点1.4】会计基本假设（见表1-4）

表1-4　　会计基本假设

| | |
|---|---|
| 会计主体 | (1) 会计主体，是指会计工作服务的特定对象，是企业会计确认、计量、记录和报告的空间范围<br>(2) 会计核算应当集中反映某一特定企业的经济活动，并将其与其他经济实体区别开来<br>(3) 如果企业所有者的经济交易或事项是属于企业所有者主体所发生的，则不应纳入企业会计核算的范围<br>(4) 如果企业所有者向企业投入资本或企业向投资者分配利润，则属于企业会计主体的核算范围<br>(5) 会计主体与法律主体（法人）并非对等的概念，法人必然是会计主体，但会计主体不一定是法人（分公司、企业集团） |

续表

| | |
|---|---|
| 持续经营 | (1) 在可以预见的未来，企业将会按当前的规模和状态继续经营下去，不会停业，也不会大规模削减业务<br>(2) 在持续经营假设下，会计确认、计量、记录和报告应当以企业持续、正常的生产经营活动为前提 |
| 会计分期 | (1) 会计期间分为年度和中期；中期是指短于一个完整的会计年度的报告期间<br>(2) 会计期间分为年度、半年度、季度和月度。年度、半年度、季度和月度均按公历起讫日期确定<br>(3) 由于会计分期，才产生了本期与非本期的差别，从而形成了权责发生制和收付实现制的区别 |
| 货币计量 | (1) 我国的会计核算应以人民币为记账本位币<br>(2) 业务收支以外币为主的企业，也可以选择某种外币作为记账本位币，但编制的财务会计报告应当折算为人民币<br>(3) 在境外设立的中国企业向国内报送的财务会计报告，应当折算为人民币 |

1.【单选题】关于会计基本假设的表述不正确的是（　　）。

A.会计主体假设界定了开展会计核算工作的空间范围



B.固定资产采用历史成本计量是以会计分期为前提的

C.由于会计分期，会计处理可以运用预收、预付、应收等方法

D.货币计量是企业会计确认、计量和报告的基本手段

2.【单选题】下列各项中，（　　）是企业会计确认、计量和报告的前提。

A.会计分期　　B.持续经营

C.会计主体　　D.会计基本假设

3.【多选题】下列关于会计基本假设的相关说法中正确的有（　　）。

A.货币是商品的一般等价物，是衡量一般商品价值的共同尺度

B.会计主体是企业会计确认、计量、记录和报告的空间范围

C.持续经营是指在可以预见的将来，企业将会按照当前的规模和状态继续经营下去，不会停业，也不会大规模削减业务

D.会计基本假设包括会计主体、持续经营、会计信息质量要求和货币计量

4.【多选题】会计基本假设包括（　　）。

A.会计基础　　B.持续经营

C.会计分期　　D.货币计量

5.【多选题】会计主体是指会计确认、计量、记录和报告的空间范围，下

列各项中可以作为会计主体的有（　　）。

A.合伙企业　　　　　　　　　　B.独立核算的分支机构

C.个体工商户　　　　　　　　　D.独资公司

---

1.【答案】B

【解析】固定资产采用历史成本计量是以持续经营为前提的。

2.【答案】D

【解析】会计基本假设是对会计核算所处时间、空间环境等所做的合理假定，是企业会计确认、计量和报告的前提。

3.【答案】ABC

【解析】会计基本假设包括会计主体、持续经营、会计分期和货币计量。

4.【答案】BCD

【解析】会计基本假设包括会计主体、持续经营、会计分期和货币计量。

5.【答案】ABCD

### 【考点1.5】会计基础（见表1-5）

表1-5　　　　　　　　　　会计基础

| | |
|---|---|
| 权责发生制 | （1）是指以取得收取款项的权利或支付款项的义务为标志来确定本期收入和费用的会计核算基础<br>（2）在我国，企业会计核算采用权责发生制 |
| | （1）凡属于本期已经实现的收入、已经发生和应当负担的费用，无论款项是否收付，均应作为当期的收入与费用<br>（2）凡不属于本期的收入和费用，即使款项已经收付，也不应作为当期的收入与费用 |
| 收付实现制 | 以收到或支付现金作为确认收入和费用的标准，与权责发生制相对应的一种会计基础 |

1.【单选题】下列各项中，关于会计基础的说法不正确的是（　　）。

A.凡是当期已经实现的收入和已经发生或者应当负担的费用，无论款项是否收付，都应当作为当期的收入和费用，记入利润表，属于权责发生制

B.凡是不属于当期的收入和费用，即使款项已在当期收付，也不应当作为当期的收入和费用，属于权责发生制

C.企业可以选择按权责发生制或收付实现制进行会计核算，一经确定，不得变更

D.事业单位会计核算一般采用收付实现制

2.【多选题】下列关于会计基础的相关表述中，正确的有（　　）。

A.实务中，企业交易或者事项的发生时间与相关货币收支时间完全一致

B.企业应当以权责发生制为基础进行会计确认、计量和报告

C.权责发生制要求凡是当期已经实现的收入和已经发生或者应当负担的费用，无论款项是否收付，都应当作为当期的收入和费用，记入利润表

D.收付实现制是指收入、费用的确认应当以收入和费用的实际发生而非实际收支作为确认的标准

3.【判断题】在我国，政府会计采用收付实现制。（　　）

4.【判断题】收付实现制要求凡是不属于当期的收入和费用，即使款项已经在当期收付也不应当作为当期的收入和费用。（　　）

5.【判断题】实务中，企业交易或者事项的发生时间与相关货币收支时间完全一致。（　　）

---

1.【答案】C

【解析】企业会计的确认、计量和报告应当以权责发生制为基础。

2.【答案】BC

【解析】在实务中，企业交易或者事项的发生时间与相关货币收支时间有时并不完全一致。例如，款项已经收到，但销售并未实现而不能确认为本期的收入；或者款项已经支付，但与本期的生产经营活动无关而不能确认为本期的费用，选项A不正确。收付实现制，是指以实际收到或支付现金作为确认收入和费用的标准，选项D不正确。

3.【答案】×

【解析】在我国，政府会计由预算会计和财务会计构成。其中，预算会计采用收付实现制，国务院另有规定的，依照其规定；财务会计采用权责发生制。

4.【答案】×

【解析】根据权责发生制，凡是当期已经实现的收入和已经发生或者应当负担的费用，无论款项是否收付，都应当作为当期的收入和费用，记入利润表；凡是不属于当期的收入和费用，即使款项已经在当期收付，也不应当作为当期的收入和费用。

5.【答案】×

【解析】在实务中，企业交易或者事项的发生时间与相关货币收支时间有时并不完全一致。

## 【考点1.6】会计信息质量要求（见表1-6）

表1-6　会计信息质量要求

| | |
|---|---|
| 可靠性 | （1）以实际发生的交易或者事项为依据进行确认、计量、记录和报告<br>（2）保证会计信息真实可靠、内容完整（完整性） |
| 相关性 | 与财务报告使用者的经济决策需要相关 |
| 可理解性 | 提供的会计信息应当清晰明了、简明扼要 |
| 可比性 | （1）提供的会计信息应当相互可比<br>（2）相同或者相似的交易或者事项：同一企业不同时期，应采用一致的会计政策，不得随意变更<br>但是，如果按照规定或者在会计政策变更后能够提供更可靠、更相关的会计信息，企业可以变更会计政策<br>有关会计政策变更的情况，应当在附注中予以说明<br>（3）不同企业相同会计期间，采用规定的会计政策，确保会计信息口径一致、相互可比 |
| 实质重于形式 | 按照交易或者事项的经济实质进行会计确认、计量、记录和报告，不应仅以交易或者事项的法律形式为依据<br>应用：企业租入的资产（短期租赁和低价值资产租赁除外）视为企业资产核算 |
| 重要性 | 要求企业提供的会计信息应当反映与企业财务状况、经营成果和现金流量有关的所有重要交易或者事项。<br>重要性的应用需要依赖职业判断，企业应当根据其所处环境和实际情况，从项目的功能、性质和金额大小多方面加以判断<br>应用：企业发生的某些支出金额较小，从支出的受益期来看，可能需要在若干会计期间进行分摊，但根据重要性要求，可以一次性计入当期损益 |
| 谨慎性 | 定义：<br>（1）要求企业对交易或者事项进行会计确认、计量、记录和报告应当保持应有的谨慎，不应高估资产或者收益、低估负债或者费用<br>（2）不确定因素的情况下作出职业判断，充分估计到各种风险和损失，既不高估资产或者收益，也不低估负债或者费用<br>应用：<br>可能发生保修义务确认预计负债<br>可能承担环保责任确认预计负债<br>计提各种资产的减值准备 |
| 及时性 | 不得提前或者延后 |

1.【单选题】下列关于会计信息质量要求的相关说法中不正确的是（　　）。

A.可比性不仅要求同一企业不同时期可比，而且要求不同企业相同会计

期间可比

B.可理解性要求企业提供的会计信息清晰明了，它是高质量会计信息的重要基础和关键所在

C.以融资租赁方式租入的资产视同自有资产计提折旧体现的是实质重于形式

D.既不高估资产或收益，也不低估负债或费用体现的是谨慎性

2.【多选题】下列各项中属于会计信息质量要求的有（ ）。

A.及时性　　B.重要性

C.可辨认性　　D.相关性

3.【判断题】重要性的应用需要依赖职业判断，企业应当根据其所处环境和实际情况，从项目的金额大小加以判断。（ ）

4.【单选题】企业对存货计提存货跌价准备体现了会计信息质量要求中的（ ）要求。

A.实质重于形式　　B.谨慎性

C.重要性　　D.及时性

---

1.【答案】B

【解析】可靠性是高质量会计信息的重要基础和关键所在。



2.【答案】ABD

【解析】会计信息质量要求主要包括可靠性、相关性、可理解性、可比性、实质重于形式、重要性、谨慎性、及时性等。

3.【答案】×

【解析】重要性的应用需要依赖职业判断，企业应当根据其所处环境和实际情况，从项目的功能、性质和金额大小多方面加以判断。

4.【答案】B

【解析】谨慎性要求企业对交易或者事项进行会计确认、计量、记录和报告应当保持应有的谨慎，不应高估资产或者收益、低估负债或者费用。

## 【考点1.7】会计职业道德与会计法律制度的联系和区别（见表1-7）

表1-7　会计职业道德与会计法律制度的联系和区别

| | |
|---|---|
| 1.会计职业道德与会计法律制度的联系 | 会计职业道德与会计法律制度在内容上相互渗透、相互吸收；在作用上相互补充、相互协调<br>会计职业道德是会计法律制度的重要补充，会计法律制度是会计职业道德的最低要求，是会计职业道德的基本制度保障 |

续表

| | |
|---|---|
| 2.会计职业道德与会计法律制度的区别 | （1）性质不同<br>会计法律制度通过国家权力强制执行，具有很强的他律性<br>会计职业道德通过行业行政管理部门规范和会计从业人员自觉执行，具有内在的控制力，可以约束会计人员的内在心理活动，具有职业的更高目标，要求会计人员“应该做什么或者不应该做什么”，具有很强的自律性 |
| | （2）作用范围不同<br>会计法律侧重于调整会计人员的外在行为和结果的合法化，具有较强的客观性；会计职业道德不仅调整会计人员的外在行为，还调整会计人员内在的精神世界，作用范围更加广泛 |
| | （3）表现形式不同<br>会计法律制度是通过一定的程序由国家立法部门或行政管理部门制定、颁布的，其表现形式是具体的、明确的、正式形成文字的成文规定<br>会计职业道德出自会计人员的职业生活和职业实践，其表现形式既有成文的规范，也有不成文的规范 |

## 【考点1.8】会计职业道德的主要内容（见表1-8）

表1-8　**会计职业道德的主要内容**

| | |
|---|---|
| 八条规范：爱岗敬业、诚实守信、廉洁自律、客观公正、坚持准则、提高技能、参与管理和强化服务 | |
| 1.“爱岗敬业”的基本要求 | （1）树立良好的职业品质、严谨的工作作风；（2）热爱会计工作，敬重会计职业；（3）安心工作，任劳任怨；（4）严肃认真，一丝不苟；（5）忠于职守，尽职尽责 |
| 2.“诚实守信”的基本要求 | （1）做老实人，说老实话，办老实事，不弄虚作假；（2）保密守信，不为利益所诱惑；（3）执业谨慎，信誉至上 |
| 3.“廉洁自律”的基本要求 | （1）树立正确的人生观和价值观；（2）公私分明，不贪不占；（3）遵纪守法，一身正气<br>【注意】自律的核心：用道德观念自觉抵制自己的不良欲望 |
| 4.“客观公正”的基本要求 | （1）端正态度、依法办事；（2）实事求是，不偏不倚；（3）公正处理企业利益相关者和社会公众的利益关系，保持应有的独立性 |

续表

| | |
|---|---|
| 5."坚持准则"的基本要求 | (1)熟悉国家法律、法规和国家统一的会计制度<br>(2)始终坚持按法律、法规和国家统一的会计制度的要求进行会计核算，实施会计监督<br>(3)坚持会计准则，发生道德冲突时，应以客观公正原则和法律、法规及国家统一的会计制度的要求、精神，作出合理公正的职业判断，以维护国家利益、社会公众利益和正常的经济秩序 |
| 6."提高技能"的基本要求 | (1)具有不断提高会计专业技能的意识和愿望<br>(2)具有勤学苦练的精神和科学的学习方法 |
| 7."参与管理"的基本要求 | (1)会计人员应当广泛宣传财经法律、法规、规章和国家统一会计制度<br>(2)充分发挥会计在企业经营管理中的职能作用，努力钻研相关业务，全面熟悉本单位经营活动和业务流程，建立健全企业内部控制、促进完善企业规章制度和业务流程，保障企业生产经营活动合法合规<br>(3)主动提出合理化建议，充分发挥决策支持的功能作用，积极参与管理，促进企业可持续高质量健康发展 |
| 8."强化服务"的基本要求 | (1)树立服务意识；(2)提高服务质量；(3)努力维护和提升会计职业的良好社会形象 |



【多选题】甲股份有限公司会计艾娟努力钻研会计电算化业务，利用业余时间学习采用现代信息技术手段加强经营管理的课程。"非典"期间向公司总经理建议，开辟网上业务洽谈，并实行优惠的折扣政策。公司采纳了艾娟的建议，当期销售额克服"非典"影响快速增长。艾娟的行为体现出的会计职业道德有（　　）。

A.参与管理　　B.强化服务

C.提高技能　　D.坚持准则

【答案】AC

【解析】选项A，"参与管理"要求会计人员主动提出"合理化"建议，本题中艾娟提出的建议合法且合理；选项C，"提高技能"要求会计人员具有不断提高会计专业技能的意识和愿望，具有勤学苦练的精神和科学的学习方法，本题中，会计艾娟努力钻研会计电算化业务，利用业余时间学习，充分体现了

“想提高”和“努力学”的两项基本要求。




## 【考点1.9】会计职业道德管理（见表1-9）

表1-9　　会计职业道德管理

| | | |
|---|---|---|
| 会计职业道德管理 | 1.增强会计人员诚信意识 | （1）强化会计职业道德意识<br>（2）加强会计诚信教育 |
| | 2.建设会计人员信用档案 | （1）建立严重失信会计人员“黑名单”制度。纳入全国信用信息共享平台，依法通过“信用中国”网站等途径，向社会公开披露相关信息<br>（2）建立会计人员信用信息管理制度<br>（3）完善会计人员信用信息管理系统 |
| | 3.会计职业道德管理的组织实施 | （1）组织领导<br>（2）广泛宣传<br>（3）褒奖守信会计人员 |
| | 4.建立健全会计职业联合惩戒机制 | 联合惩戒措施主要有：<br>（1）罚款、限制从事会计工作、追究刑事责任等惩戒措施<br>（2）记入会计从业人员信用档案<br>（3）将会计领域违法失信当事人信息通过财政部网站、“信用中国”网站予以发布，同时协调相关互联网新闻信息服务单位向社会公布<br>（4）实行行业惩戒<br>（5）限制取得相关从业任职资格，限制获得认证证书<br>（6）依法限制参与评先、评优或取得荣誉称号<br>（7）依法限制担任金融机构董事、监事、高级管理人员<br>（8）依法限制其担任国有企业法定代表人、董事、监事<br>（9）限制登记为事业单位法定代表人<br>（10）作为招录（聘）为公务员或事业单位工作人员以及业绩考核、干部选任的参考 |

## 【考点1.10】内部控制（见表1-10）

表1-10 内部控制

| | |
|---|---|
| 内控的概念 | 内部控制，是指由企业董事会、监事会、经理层和全体员工实施的、旨在实现控制目标的过程 |
| 内控的作用 | 1.有利于提高会计信息质量<br>2.有利于合理保证企业合法合规经营管理<br>3.有助于提高企业生产经营效率和经济效益 |
| 内控的目标 | 1.合理保证企业经营管理合法合规<br>2.资产安全完整<br>3.财务报告及相关信息真实完整<br>4.提高经营效率和效果<br>5.促进企业实现发展战略 |
| 内控5要素 | 1.内部环境<br>内部环境主要包括治理结构、组织机构设置与权责分配、企业文化、人力资源政策、内部审计机构设置、反舞弊机制等<br>2.风险评估<br>风险评估主要包括风险目标设定、风险识别、风险分析和风险应对<br>3.控制活动<br>控制措施应结合企业具体业务和事项的特点与要求制定，主要包括职责分工控制、授权控制、审核批准控制、预算控制、财产保护控制、会计系统控制、内部报告控制、经济活动分析控制、绩效考评控制、信息技术控制等<br>4.信息与沟通<br>信息与沟通主要包括信息的收集机制及在企业内部和与企业外部有关方面的沟通机制等<br>企业各有关层级之间以及企业与其外部的市场、监管机构等的信息不对称是企业经营管理及其效率面临的关键性基础问题，降低信息不对称化程度是整个内部控制系统的生命线<br>5.内部监督<br>内部监督分为持续性的日常监督和专项监督<br>内部控制缺陷按其成因分为设计缺陷和运行缺陷<br>设计缺陷，是指内部控制的设计存在漏洞、不能有效防范错误与舞弊<br>运行缺陷，是指内部控制的运行存在弱点和偏差、不能及时发现并纠正错误与舞弊的情形<br>内部控制缺陷按缺陷的影响程度分为重大缺陷、重要缺陷和一般缺陷<br>如某公司及子公司未制定对账制度，对应收账项的多个往来科目未定期与对方公司核对，导致企业财务报表中应收账款、应付账款和其他应收款、其他应付款等科目存在真实准确性的认定风险，进而导致资产安全完整和财务报告及相关信息真实完整等控制目标难以实现，属于重大缺陷 |
| | 内部控制要素间的关系<br>（1）内部环境作为五要素之首，是整个内部控制体系的基础和环境条件<br>（2）风险评估是实施内部控制的重要环节，是实施控制的对象内容<br>（3）控制活动是实施内部控制的具体方式方法和手段<br>（4）信息与沟通是实施内部控制的重要条件，贯穿于风险评估、控制活动和内部监督各要素之间<br>（5）内部监督是实施内部控制的重要保证 |

# 第2章

# 会计基础

本章思维导图（如图2-1所示）：

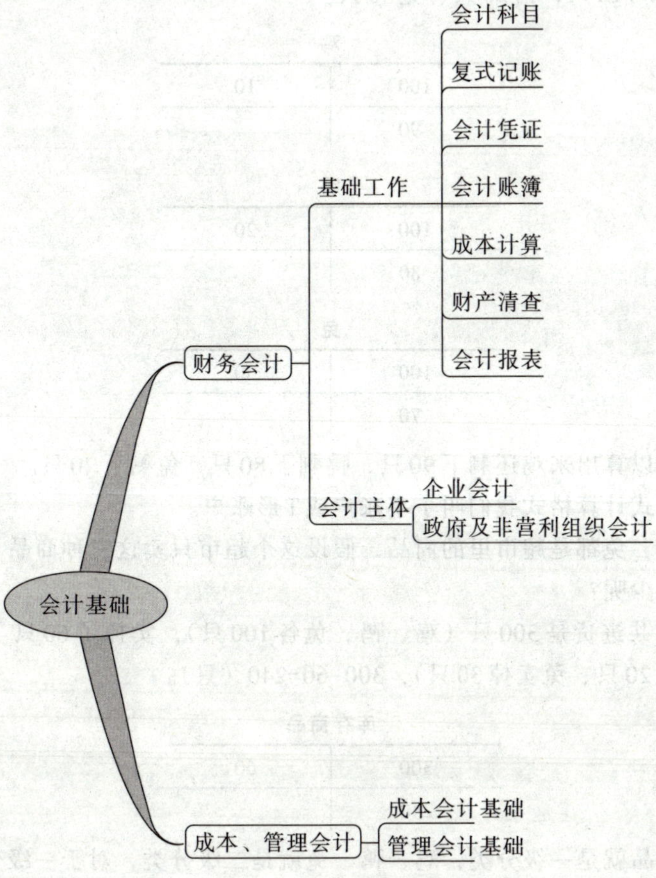


图2-1　本章思维导图

## 结绳记事

人类最开始是没有文字的，在文字出现以前，人们采用结绳记事。比如原始人打猎，打到一个猎物就在绳子上打一个结，打到两个猎物就在绳子上打两个结，吃掉了一个就解开一个结，看最后还剩几个结，就知道还有几个猎物。

## 会计是分类的艺术

后来猎物越打越多，于是人们开始对其进行分类，比如鸡、鸭、兔。割下它们的头，每个头上系一根绳子，然后在各自的绳子上打结，这样就知道鸡、鸭、兔还有多少。

我们会计上的分类账户也是这样的，比如超市进货鸡、鸭、兔各100只，这个月卖了鸡10只、鸭20只、兔30只。

**鸡**

| | |
|---|---|
| 100 | 10 |
| 90 | |

**鸭**

| | |
|---|---|
| 100 | 20 |
| 80 | |

**兔**

| | |
|---|---|
| 100 | 30 |
| 70 | |

我们可以算出来鸡还剩下90只，鸭剩下80只，兔剩下70只。

这个竖式计算格式我们叫丁字账户或T形账户。

鸡、鸭、兔都是超市里的商品，假设这个超市只卖这三种商品，那最后商品结余是多少呢？

商品总共进货是300只（鸡、鸭、兔各100只），卖掉了60只（鸡卖掉10只、鸭卖掉20只、兔卖掉30只），300-60=240（只）。

**库存商品**

| | |
|---|---|
| 300 | 60 |
| 240 | |

库存商品就是一级分类，鸡、鸭、兔就是二级分类，对于一级分类我们叫总账科目，这些分类的名称是由国家统一命名的，库存商品就只能叫库存商品，你不能写成商品，银行存款就只能叫银行存款，你不能写成银存，库存现

金只能写库存现金，你不能写成现金，这个命名是规范的。

而二级分类，也叫明细分类，它是可以随意命名的，比如“库存商品——鸡”，你也可以写成“库存商品——山地鸡”，“银行存款——中国工商银行”，也可以写成“银行存款——工行”，我们还会有三级分类甚至四级分类，企业根据自己的业务经营需要设置，比如“银行存款——工行——美元”，因此会计的本质其实就是分类的艺术。

## 账本就是把竖式计算表格化

我们现在把上面的竖式计算格式稍微变复杂点，变成一个表格，把时间、地点、数量、金额等相关信息补上去，鸡、鸭、兔是明细科目，因此这个表格就叫明细账（见表2-1、表2-2和表2-3）。

表2-1　　库存商品明细分类账（鸡）

会计科目：库存商品

类别：鸡　　品名及规格：山地鸡　　计量单位：只　　存放地点：2号仓库

| 2020年 | | 凭证号码 | 摘要 | 收入 | | | 发出 | | | 结存 | | |
|---|---|---|---|---|---|---|---|---|---|---|---|---|
| 月 | 日 | | | 数量 | 单价 | 金额 | 数量 | 单价 | 金额 | 数量 | 单价 | 金额 |
| 6 | 1 | | 月初库存 | | | | | | | | | |
| 6 | 2 | | 购入 | 100 | 100 | 10 000 | | | | 100 | 100 | 10 000 |
| 6 | 3 | | 销售 | | | | 10 | 100 | 1 000 | 90 | 100 | 9 000 |

表2-2　　库存商品明细分类账（鸭）

会计科目：库存商品

类别：鸭　　品名及规格：法国鸭　　计量单位：只　　存放地点：2号仓库

| 2020年 | | 凭证号码 | 摘要 | 收入 | | | 发出 | | | 结存 | | |
|---|---|---|---|---|---|---|---|---|---|---|---|---|
| 月 | 日 | | | 数量 | 单价 | 金额 | 数量 | 单价 | 金额 | 数量 | 单价 | 金额 |
| 6 | 1 | | 月初库存 | | | | | | | | | |
| 6 | 2 | | 购入 | 100 | 200 | 20 000 | | | | 100 | 200 | 20 000 |
| 6 | 3 | | 销售 | | | | 20 | 200 | 4 000 | 80 | 200 | 16 000 |

表2-3　　库存商品明细分类账（兔）

会计科目：库存商品

类别：兔　　品名及规格：德国兔　　计量单位：只　　存放地点：2号仓库

| 2020年 | | 凭证号码 | 摘要 | 收入 | | | 发出 | | | 结存 | | |
|---|---|---|---|---|---|---|---|---|---|---|---|---|
| 月 | 日 | | | 数量 | 单价 | 金额 | 数量 | 单价 | 金额 | 数量 | 单价 | 金额 |
| 6 | 1 | | 月初库存 | | | | | | | | | |
| 6 | 2 | | 购入 | 100 | 300 | 30 000 | | | | 100 | 300 | 30 000 |
| 6 | 3 | | 发出 | | | | 30 | 300 | 9 000 | 70 | 300 | 21 000 |

库存商品是国家统一命名的总账科目，它的竖式计算也可以设计成一个表格，我们叫总账。

一般总账只设置三栏，不记录数量单价，只记录金额。

本期购入鸡100只，单价100元/只，鸭100只，单价200元/只，兔100只，单价300元/只，金额合计60 000元，卖出鸡10只，鸭20只，兔30只，库存鸡90只、鸭80只、兔70只，库存金额90×100+80×200+70×300=46 000（元），发出金额合计14 000元。

**库存商品**

| | |
|---|---|
| 60 000 | 14 000 |
| 46 000 | |

总分类账详见表2-4。

表2-4 **总分类账**

会计科目：库存商品

| 2020年 | | 凭证号码 | 摘要 | 借方 | 贷方 | 借或贷 | 余额 |
|---|---|---|---|---|---|---|---|
| 月 | 日 | | | | | | |
| 6 | 1 | | 月初余额 | | | 平 | |
| 6 | 2 | | 购入 | 60 000 | | 借 | 60 000 |
| 6 | 3 | | 发出 | | 14 000 | 借 | 46 000 |



由上述可以看出，不管是明细账还是总账，我们都是为了把竖式计算表格化，用一个表格来反映计算的过程，因为表格可以为我们记录更多的信息。

## 借钱做生意

古代人做生意很少借款，更不要说什么金融运作，因此他们的记账法也非常简单。比如我国秦汉时期采用的是三柱记账法，收入–支出=结余；唐宋时期，国家越来越繁荣，每年的结余越来越多，本期的结余还有一部分是上年剩下的，于是采用四柱记账法。

上期结余+本期收入–本期支出=本期结余

这种记账思维我们保留至今，收入–费用=利润。

收入增加，会让你的财富（资产）增加；费用增加，会让你的财富（资产）减少；利润增加，会让你的财富（资产）增加。

随着时代的发展，人们发现借款做生意实在是太美妙了。比如有一位钱先生开了家银行，一位姓庄的先生是做建筑装修承包的，刚刚完成一个大项目，赚了100万元。他把这100万元存进了钱先生的银行。于是，钱先生的银行就有100万元现金了。

有一位叫甜甜的小姐，发现了一个大好商机，自己所在的城市竟然还没有甜品店。她想着自己做甜品的手艺不错，如果开一家甜品店的话，肯定有钱赚，于是萌发创业的想法。现在问题是缺乏创业资金，没有钱买相关的设备，比如榨汁机、烤箱、锅碗瓢盆等等。于是，她就到银行跟钱先生提出了自己的商业计划，钱先生经过斟酌，觉得项目可行，确实有钱赚，于是，用转账的方式，给甜甜小姐转账了100万元，这100万元就进了甜甜小姐的账户，她的账面上有了100万元的资金。

甜甜小姐找到庄先生，说要建造一个甜品店，经过谈判，价格刚好也是100万元，于是她开了张支票给庄先生，庄先生拿去存银行，这时庄先生的银行账户里就有200万元了。

而实际上，银行保险柜里的现金其实只有100万元。

2个月后，甜品店盖到一半时，庄先生跟甜甜小姐说，由于出现了很多无法预期的问题和费用，甜品店的建筑费用得要200万元，甜甜小姐很不高兴，但是没有办法，已经盖了一半了，停不了了，于是她只好又到银行去借钱，好说歹说，钱先生又贷给了她100万元。

钱先生把那100万元转到甜甜小姐的账户，然后她再转账到庄先生的账户。

这样，庄先生的户头里就有300万元了，而实际银行只有100万元，一直都是100万元，这100万元从来就没有出过银行。

当然，国家对于这种作业的重复是有一定限制的，比如10次，也就是说，银行保险柜里自始至终只有100万元，但庄先生的银行户头最后可以达到1 000万元。银行每真正持有1元，就可以放款10元，换而言之，我们银行户头上的钱，有超过90%其实是数字，没有实体的货币。如果银行的所有储户都要提现，银行就会立马倒闭。

听起来就像一个巨大的骗局，但如果你认为这是一个骗局，那整个现代经济就是一场骗局。而事实上，这不是诈骗，这个900万元的差额来源于信任，不管是钱先生，还是甜甜小姐都相信这家甜品店会带来巨大利润，等到甜甜小姐赚到了钱，连本带利还清贷款，那个时候，庄先生再去银行提现，钱先生是拿得出1 000万元的，同时钱先生还可以获得贷款利息，当然甜甜小姐也可以获得属于自己的利润。

一切源于信用，钱先生和甜甜小姐相信甜品店一定会赚钱，庄先生相信银行一定会付得起他钱。

整个经济在信用的催化下，快速发展，如火如荼。

## 公司让股东规避风险

我们知道如果借钱做生意，万一经营失败，债主一直追债，投资者就有可能倾家荡产，连饭都吃不上。

在这种情况下，我们就不敢从事高风险活动。

比如哥伦布，远洋探险，发现美洲新大陆，掠夺黄金和香料，开辟新的贸易航线。

开辟新的贸易道路有很大的风险，但是却也能为敢于进行买卖的商人提供巨大的获利机遇。后来，事实证明，机会远远大于风险。

但是在刚开始的时候，人们还是惧怕这种未知的风险。于是市场上出现了一种特许公司，这种公司可以在公开市场上发售股份和有限责任，也就是你承担的责任就是你的出资，不会让你倾家荡产，你能承担多大的风险，你就出资多少。

因此，我们现在创办企业的时候有以下几种形式，一种形式是公司，包括有限责任公司和股份有限公司，它们的责任是有限的，以出资额为限。还有个人独资企业、合伙企业等等，这些组织承担的就是无限责任。因此，我们可以看出，企业的概念大于公司。



公司具有独立法人资格，体现在公司拥有独立的法人财产，有独立的组织机构并能够独立承担民事责任。意思就是说，法人也是一个人，只不过这个人是法定的，它的出生与死亡都是由法律来定的，注册即诞生，注销即死亡。与法人相对的就是自然人，我们自然人是自然出生的，当然死亡也是自然死亡。

自然人的权利能力始于出生，终于死亡；法人的权利能力也是始于产生，终于消灭。

这样从事高风险贸易活动，我们可以由这个法人去从事，相当于找了个替死鬼，比如1602年成立的荷兰东印度公司就是典范，它会明确地告诉投资者，你们享有有限责任。

如果你相信这个公司，你就投资，如果你觉得这个公司可以赚到钱，你就借款给它。如果这个法人公司赚到钱了，贷款的人可以获得利息，投资者可以获得利润。

这个法人实在是太好了，如果它破产了，死亡了，那就死了好了，反正死的又不是我们，顶多就是当初的那部分投资打水漂了，对我们的生活没有太大的影响；如果它盈利了，赚的钱全归我们，毕竟它只是个法人，又不要穿衣吃饭，也不要额外的消费。

公司是法人型企业，像个人独资企业、合伙企业是非法人型企业，于是有人就有疑问：法人型企业可以规避风险，那为什么还会有人那么傻，去成立非法人型企业呢？那是因为风险总是跟利益并存的，法人型企业要交企业所得税，分红后，股东还要缴纳个人所得税；而非法人型企业只要缴纳个人所得税。谁叫你是两个人呢？肯定要交两道税。

这个法人刚开始的时候，是没有财产的，而是由投资人和债权人出资，然后开始置办资产。因此法人所有的资产都来源于债权人和股东，我们盘点一下这个法人的所有财产，然后列个清单放到左边，叫资产，然后把借的款项列于右上角，叫负债，把股东投入的资金列于右下角，叫所有者权益（见表2-5）。

表2-5　资产负债表

| | |
|---|---|
| 资产 | 负债 |
| | 所有者权益 |

【注】股份有限公司叫股东权益，有限责任公司叫所有者权益。

表2-5叫资产负债表，右边是资金的来源，左边是资金的去向，一来一去肯定相等，这就是会计恒等式，资产=负债+所有者权益。

## 有借必有贷，借贷必相等

学会计的时候，老师会告诉我们，借和贷就是两个记账符号，没有什么意义。但是如果我们认真想想，其实它还是有一定意义的。

我们知道公司也是一个人，叫法人，它所有的财产对于它来说，其实都是债务，生不带来，死不带去，那为什么债权人愿意借钱给它，投资人愿意投资它呢？因为信用，相信它将来会赚大钱。

因此我们可以从表2-5看出右边的负债和所有者权益，是资金来源，之所以愿意注资给这个公司，是出于信用，信用的英文单词叫credit，左边所有的资产都是用债权人和投资人的资金置办的，对于这个法人来说其实相当于债务，如果公司停止运营了，是要全部归还给债权人和投资人的，而债务的英文单词叫debit。

Debit翻译成中文，叫借方。

Credit翻译成中文，叫贷方。

资产增加记借方，负债和所有者权益增加记贷方，这是我们的记账规则。

资产=负债+所有者权益（1），因此负债增加会引起资产增加，因为债权人给它钱了，可以置办更多的资产，所有者权益增加也会引起资产增加，因为所有者注资，有了更多的资金，当然就可以置办更多的资产。

前面我们说过，收入-费用=利润（2）。

收入增加，会让你的财富（资产）增加，费用增加，会让你的财富（资产）减少，利润增加，会让你的财富（资产）增加。

我们可以把（1）和（2）两个等式合并，资产、负债、所有者权益、收入、费用、利润就是我们会计的六大要素。

资产=负债+所有者权益+利润

资产=负债+所有者权益+收入-费用

资产+费用=负债+所有者权益+收入

费用其实就是耗费，费用跟成本的区别在于，成本是有对象的耗费，比如说甲产品的成本，有一个明确的对象，而没有对象的耗费，我们一般叫期间费用，比如这个月的管理费用，它是以时间为限的，因此费用的概念大于成本，它包括成本与期间费用。

资产其实也是耗费，只不过是未来的耗费，我们只有通过耗费资产才能获得利润。也就是你想获得什么，你得付出相应的代价。比如固定资产是资产，它会慢慢磨损，通过折旧变成费用，从而生产出产品；库存商品是资产，它会慢慢卖出去，变成成本，从而获得收入，比如100元的库存商品，售价150元，那么我们会取得150元的收入，同时这100元的库存商品就变成了我们的成本，收入减去成本，150-100=50（元），获得利润50元。在没有耗费之前，它是资产，耗费了之后，就变成了成本。

因此资产与费用的联系在于，资产是未来的耗费，我们也可以说，费用是耗费了的资产，它们俩的性质是一样的。



资产增加记借方，那费用增加肯定也记借方。

如果一家公司的收入增长非常可观，利润也很可观，那我们是不是会更加信任这家公司，信用就是credit，那收入增加、利润增加都记贷方。

总结一句话：资产、成本费用类科目增加记借方，负债、所有者权益、收入、利润类科目增加记贷方；如果减少，那就相反。

比如库存商品是资产科目：1月1日进货1 000元，1月10日进货2 000元，1月25日销售发出1 500元。

库存商品是资产类科目，期初没有余额，增加记入借方，减少就记入贷方，通过竖式计算，可以算出期末结存的余额。

| 借方 | 库存商品 | | 贷方 |
|---|---|---|---|
| 期初余额 | 0 | | |
| | 1 000 | | 1 500 |
| | 2 000 | | |
| 本期借方发生额合计 | 3 000 | 本期贷方发生额合计 | 1 500 |
| 期末余额 | 1 500 | | |

假设进货商品的钱没有付，相当于欠供应商的钱增加，欠供应商的钱我们叫应付账款，应付账款是负债类科目，增加记贷方，减少相反。

| 借方 | 应付账款 | | 贷方 |
|---|---|---|---|
| | | 期初余额 | 0 |
| | | | 1 000 |
| | | | 2 000 |
| 本期借方发生额合计 | | 本期贷方发生额合计 | 3 000 |
| | | 期末余额 | 3 000 |

那购买库存商品的分录我们可以这样写：

借：库存商品　　1 000

　贷：应付账款　　1 000

借：库存商品　　2 000

　贷：应付账款　　2 000

因此我们可以把分录看成竖式计算的另一种表达，我们也可以这样理解，竖式计算是一种数学语言，而分录是会计语言，也叫商业语言，它们俩是可以互译的。

我们常用的一级会计科目（总账科目）见表2-6、表2-7、表2-8、表2-9和表2-10，它们的名称都是国家统一规定的。

表2-6　　**一级会计科目——资产类**

| 项目 | 类别 | 会计科目名称 | 类别 | 会计科目名称 |
|---|---|---|---|---|
| 资产类 | 流动资产 | 库存现金 | 非流动资产 | 固定资产 |
| | | 银行存款 | | |
| | | 应收账款 | | 在建工程 |
| | | 预付账款 | | |
| | | 其他应收款 | | 无形资产 |
| | | 原材料 | | 投资性房地产 |
| | | 库存商品 | | |

资产类科目，增加记借方，减少相反。

表2-7　　**一级会计科目——负债类**

| | | |
|---|---|---|
| 负债类 | 流动负债 | 短期借款 |
| | | 应付票据 |
| | | 应付账款 |
| | | 预收账款 |
| | | 应付职工薪酬 |
| | | 应交税费 |
| | | 应付股利 |
| | | 其他应付款 |
| | 非流动负债 | 长期借款 |
| | | 长期应付款 |
| | | 应付债券 |

负债类科目增加记贷方，减少相反。

表 2-8　　一级会计科目——所有者权益类和成本类

| 类别 | 会计科目名称 | 类别 | 会计科目名称 |
|---|---|---|---|
| 所有者权益类 | 实收资本 | 成本类 | 生产成本 |
| | 资本公积 | | 制造费用 |
| | 盈余公积 | | 劳务成本 |
| | 本年利润 | | 研发支出 |

所有者权益类科目增加记贷方，减少相反，成本类科目增加记借方，减少相反。

表 2-9　　一级会计科目——收益类

| 类别 | 会计科目名称 |
|---|---|
| 收益类 | 主营业务收入 |
| | 其他业务收入 |
| | 公允价值变动损益 |
| | 投资收益 |
| | 营业外收入 |



收益类科目增加记贷方，减少相反。

表 2-10　　一级会计科目——成本费用类

| 类别 | 会计科目名称 |
|---|---|
| 成本费用类 | 主营业务成本 |
| | 其他业务成本 |
| | 税金及附加 |
| | 销售费用 |
| | 管理费用 |
| | 财务费用 |
| | 资产减值损失 |
| | 营业外支出 |
| | 所得税费用 |

成本费用类科目增加记借方，减少相反。

## 复式借贷记账法

复式借贷记账法其实是一个技术，什么技术呢？是一个汇总技术。企业里发生了各种各样的经济业务，我应该如何把它们汇总成资产负债表和利润表呢？

比如，3月1日，出纳去银行取款20 000元。

库存现金增加20 000元，银行存款减少20 000元。

于是，我们会计这样表示：

借：库存现金　　20 000

　贷：银行存款　　20 000

很多人会纠结借与贷是什么意思，中国汉字博大精深，这两个字也让人产生很多歧义，很多老师上课的时候也没法解释清楚，于是就说，就两个符号，没啥意思，你们就这样写就是了。

这两个字确实没什么意思，最先开始在意大利的时候，人家会这样写：

PER：库存现金　　20 000

　A：银行存款　　20 000

当然，人家的现金肯定也不叫库存现金，人家的语言也不是汉语，那个时候，他们连阿拉伯数字都没有，因为阿拉伯数字是从印度经阿拉伯传入欧洲的，人家用的是罗马数字，知道罗马数字多烦吗？

777写成罗马数字是DCCLXXVII，更不要说什么四则混合运算，也没有加减乘除的概念，就用两个符号表示一个事物的两个方面，这个事物的两个方面其实就是来龙去脉。

这种表示方法，经过很多年的流传，从西方传到东方，从日本传到中国，反正最后就变成了借和贷。

曾经有一个英文版本，翻译成“to，from”，还挺有意思的。

to：库存现金　　20 000

　from：银行存款　　20 000

库存现金20 000元是怎么来的啊？

答：“from”银行存款，从银行取出来的。

当然，现在英文记账的借和贷，是用“debit”和“credit”表示。

如果我们把企业里的每一笔资金、每一项经济业务都用借和贷表示出来，最后就汇总到资产负债表和利润表上去了。

有人问：怎么汇总啊？

如果你有财务软件，把借贷分录全部录入进去，它就自动汇总了。

如果你想时光倒流，就是不用软件，只想用手工。

教材第2章简单介绍了手工汇总的程序（如图2-2所示）。

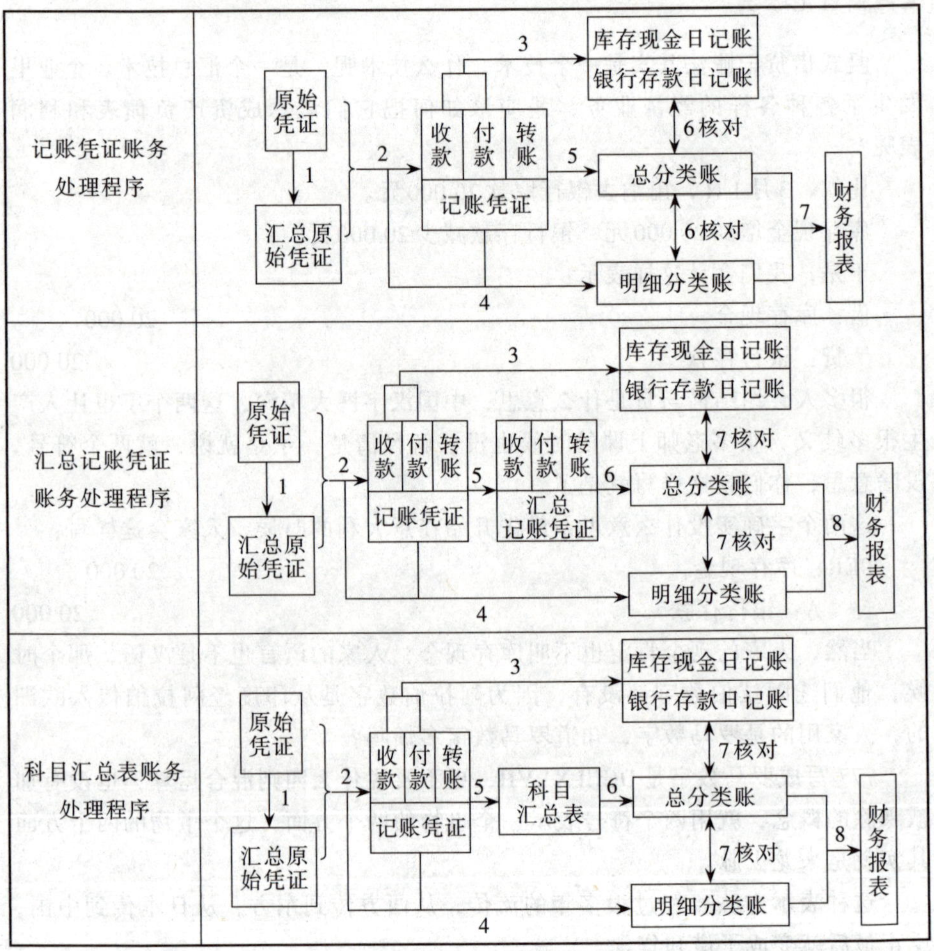


图2-2　三种手工汇总的程序



这三种汇总程序你可以任选一种，其实随着我们数据处理技术的进步，就算手工，我们也不用这么复杂的。

## 记账流程

1.原始凭证

原始凭证也叫原始单据，它是经济业务发生的证明，比如我们平时买东西的时候，会有增值税发票、出差报销的时候，会有飞机票、火车票等等。

考试出题的时候，一般不会给我们原始单据，而是直接告诉我们经济业务，比如：2019年6月1日，公司收到上月向丙公司销售M产品的货款共

11 600元（含增值税），存入了中国银行。

实践中不会这样直白地告诉我们，而是直接给我们相关的原始单据，我们会收到支票，然后填制进账单等相应的资料，通过阅读这些单据才明白，原来上个月销售给丙公司的货款到账了。

这个经济业务涉及的会计科目有两个，银行存款和应收账款，银行存款增加了11 600元，应收账款减少了11 600元，银行存款是资产类科目，增加记借方，减少记贷方，那会计分录如下：

借：银行存款　　　　11 600

　贷：应收账款　　　　11 600

2.填制记账凭证（见表2-11）

表2-11　　记账凭证

20××-06-01　　记字11号

| 摘要 | 总账科目 | 明细科目 | √ | 借方金额 | | | | | | | | | | | √ | 贷方金额 | | | | | | | | | | | |
|---|---|---|---|---|---|---|---|---|---|---|---|---|---|---|---|---|---|---|---|---|---|---|---|---|---|---|---|
| | | | | 亿 | 千 | 百 | 十 | 万 | 千 | 百 | 十 | 元 | 角 | 分 | | 亿 | 千 | 百 | 十 | 万 | 千 | 百 | 十 | 元 | 角 | 分 | |
| 收回货款 | 银行存款 | 中国银行 | | | | | | 1 | 1 | 6 | 0 | 0 | 0 | 0 | | | | | | | | | | | | | 附单据2张 |
| 收回货款 | 应收账款 | 丙公司 | | | | | | | | | | | | | | | | | | 1 | 1 | 6 | 0 | 0 | 0 | 0 | |
| | | | | | | | | | | | | | | | | | | | | | | | | | | | |
| | | | | | | | | | | | | | | | | | | | | | | | | | | | |
| | | | | | | | | | | | | | | | | | | | | | | | | | | | |
| 合计 | | | | | | | ¥ | 1 | 1 | 6 | 0 | 0 | 0 | 0 | | | | | ¥ | 1 | 1 | 6 | 0 | 0 | 0 | 0 | |

会计主管：　　记账：　　出纳：　　审核：　　制单：

考试的时候，直接给出经济业务，然后要求把分录写在考试卷上，初级会计职称考试比较简单，全部都是选择题，因此你只要写在草稿纸上即可，如果对分录非常熟悉，你心里知道就可以了，但是在实践中，我们的分录都是写在记账凭证模板上的。

在记账模板上我们不但要写总账科目，还要写明细科目，银行存款到账了，是到账到中国银行，应收账款收回了，收回的是丙公司的。还要写摘要、日期，还有记字11号，表示这个是20××年6月份的第11笔业务。

同时数一下后面附的原始单据有几张，有进账单，有支票存根，附单据2张。

记账凭证有收款凭证、付款凭证和转账凭证，但是在实践中，目前都统一使用通用记账凭证。收款凭证、付款凭证和转账凭证，相当于把所有的记账凭证分成了三类，在以前没有电脑的时代，这样区分，登账的时候，会方便很多，但是随着电脑应用的普及，经济业务特繁杂的企业一般都使用软件记账

了。如果这样区分，反而变得复杂。

经济业务简单的企业，不管是手工账，还是电脑账，直接使用通用记账凭证更简单。

3.登记明细账和日记账

根据记账凭证登记明细账和总账。

银行存款科目要登记“银行存款——中国银行”日记账，应收账款登记“应收账款——丙公司”明细账。

找到对应的账页，按照账页格式把记账凭证上面的相关信息逐笔抄过去，也可以直接理解为抄账，相当于把凭证上面的信息再抄一遍。

4.登记总账

就是把总账科目相同的凭证放到一起，然后把金额汇总后，按照账页上面的格式，把相关信息再抄一遍，只不过，这个金额是汇总的金额。

也就是每个科目都有一个汇总的借方金额和贷方金额，比如应收账款，这个月收回了很多客户的应收账款，那最后本期回款总金额是多少，把记账凭证汇总一下，做一张表，叫科目汇总表。然后根据科目汇总表把相关的信息抄到总账上面。

这种登记总账的方法叫科目汇总表账务处理程序。



最后总账和明细账、日记账要核对相符。

我们可以设想一下，明细账是由同事A逐笔根据记账凭证抄过去的，抄过去后，再汇总，而总账是由我们自己先汇总，然后再抄过去的，最后拿我们的总账跟对应的明细账一核对，发现汇总的金额不相符，这说明肯定是有个人抄错了，或者是汇总错了。因为你是先抄，再汇总，我是先汇总，然后再抄。这其实是手工账的一种相互监督程序，当然软件账基本上不会出现这种问题。

手工账下还有另一种程序，叫汇总记账凭证账务处理程序。科目汇总表账务处理程序，是根据记账凭证上的科目进行汇总，然后列出一张表，叫科目汇总表，再把相关的汇总金额抄到总账上。汇总记账凭证，是按记账凭证汇总，然后再抄，比如1日—15日记账凭证汇总金额是多少，填制汇总记账凭证1，16日—30日凭证汇总金额是多少，填制对应的汇总记账凭证2，然后根据汇总记账凭证登记总账。

记账凭证账务处理程序，就更简单了，明细账会计根据记账凭证逐笔抄一遍，总账会计根据记账凭证再逐笔抄一遍，最后金额分别汇总，明细账会计跟总账会计再一核对，如果金额相符，说明两个人都没抄错。

我们实践中常用的是科目汇总表账务处理程序。

5.编制财务报告

找到财务报告的标准模板，然后根据总账和明细账等相关信息填表。

比如短期借款这个项目，就找到短期借款总账，看总账上面的余额是多少，直接填上去。

货币资金这个项目，就找到库存现金、银行存款、其他货币资金这三个总账科目，把它们的合计金额填上去。

考试的时候不考手工操作流程，因此这个考点你了解即可，顶多考个选择题。

如果你想体验一下手工的逻辑，同时类比电脑处理数据的逻辑，你可以关注小艾相关会计实操书籍和课程，里面有真账实操讲解，包括手工账和电脑账。

了解了会计的基本原理后，接下来，就是认真地学习每一笔经济业务。

任何一个经济业务发生在企业，我们都要给它们分类，首先分成6大类，资产、负债、所有者权益、收入、费用和利润，这就是会计六大要素。（如图2-3所示）

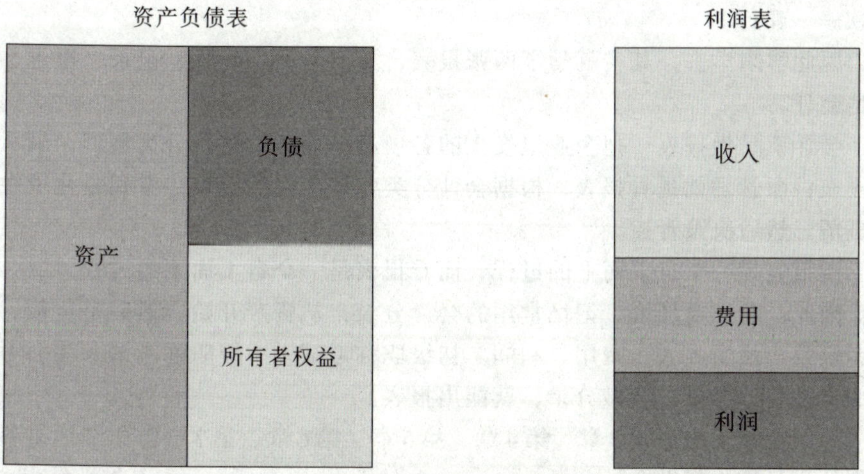


图2-3　会计的六大要素

而教材的章节结构体系就是按这个分类来讲解的。

第1章，概述；

第2章，会计基础；

第3章，流动资产；

第4章，非流动资产；

第5章，负债；

第6章，所有者权益；

第7章，收入、费用、利润；

第8章，财务报告。

然后我们再将六大类，继续细分成小类，比如资产会有很多项目，不管是香料，还是大船，这些都是资产。不过，对报表项目，国家有统一的命名方式，比如对香料等物品，我们叫存货，对船等我们叫固定资产。

一般我们常见的资产项目有货币资金、存货、固定资产、无形资产等等，这就是报表项目。

报表项目还可以继续往下分，比如货币资金，可以分为库存现金、银行存款、其他货币资金，这就是总账科目。因此我们可以看出，总账科目其实是报表项目的进一步细分，像固定资产、无形资产这些报表项目没有再细分，因此它们既是报表项目，又是总账科目。

总账科目还可以进一步细分，比如银行存款，可以分为中国工商银行、中国建设银行、招商银行等等，这就是二级明细科目。

对总账科目的命名，国家是有统一规范的，但是对二级明细科目，国家一般没有规范，那我们就可以自定义，比如：银行存款——工行，银行存款——建行。



因此学来学去，其实就学了两张报表，如何分类、确认、记录、报告，这就是会计。

会计就是做报表，把企业里发生的各项经济业务，进行分类整理，最后得出报表；而管理就是看报表，根据会计分类整理出来的报表，看到企业里发生的事情，然后决策管控。

做报表是一个自下而上的过程，而看报表是一个自上而下的过程。

因此，我们要理解、记忆常用的会计分录，从资产开始，然后是负债、所有者权益，最后收入、费用、利润。初级职称考试、中级职称考试和注会考试考的全是会计分录，会做分录，就能出报表。

那么在接下来的第3章、第4章、第5章、第6章、第7章会详细地讲各个类别的科目该如何做会计分录。

本章考点笔记精华

【考点2.1】会计要素（如图2-4所示）及其确认条件

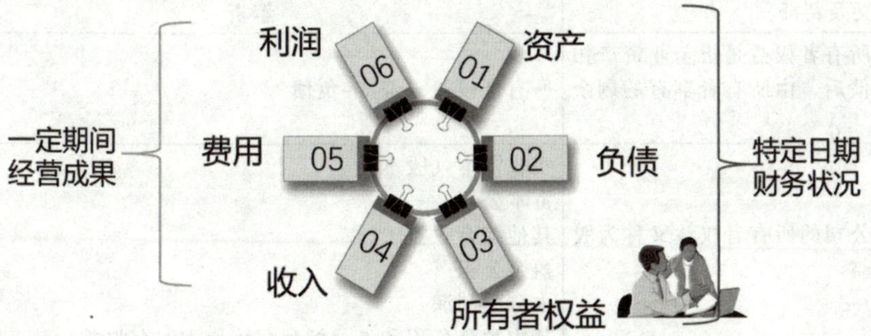


图2-4 会计6大要素

（一）资产

资产定义、特征及解析见表2-12：

表2-12 资产定义、特征及解析

| 1.定义及特征 | 解析 |
|---|---|
| (1) 资产是由企业过去的交易或者事项形成的 | 预期在未来发生的交易或者事项不形成资产 |
| (2) 资产应为企业拥有或者控制的资源 | 具体是指企业享有某项资源的所有权，或者虽然不享有某项资源的所有权，但该资源能被企业所控制 |
| (3) 资产预期会给企业带来经济利益 | 指资产直接或者间接导致现金和现金等价物流入企业的潜力 |
| 2.确认条件 | 与该资源有关的经济利益很可能流入企业；该资源的成本或者价值能够可靠地计量 |

（二）负债

负债定义、特征及解析见表2-13：

表2-13 负债定义、特征及解析

| 1.定义及特征 | 解析 |
|---|---|
| (1) 负债是由过去的交易或者事项形成的 | 将在未来发生的承诺签订的合同，不形成负债 |
| (2) 企业承担的现时义务 | 未来发生的交易或事项形成的义务不属于现时义务 |
| (3) 预期会导致经济利益流出企业 | |
| 2.确认条件 | (1) 与该义务有关的经济利益很可能流出企业<br>(2) 未来流出的经济利益的金额能够可靠地计量 |

（三）所有者权益

所有者权益定义、特征及解析见表2-14：

表2-14　　所有者权益定义、特征及解析

| 1.定义及特征 | 解析 |
|---|---|
| （1）所有者权益是指企业资产扣除负债后，由所有者享有的剩余权益 | 所有者权益＝资产－负债 |
| （2）公司的所有者权益又称为股东权益 | 实收资本（股本）<br>资本公积<br>其他综合收益<br>盈余公积<br>未分配利润<br>其中盈余公积和未分配利润统称为留存收益 |
| 2.确认条件 | 所有者权益的确认和计量主要依赖于资产和负债的确认和计量<br>资产＝负债＋所有者权益 |

（四）收入

收入定义、特征及解析见表2-15：

表2-15　　收入定义、特征及解析



| 1.定义及特征 | 解析 |
|---|---|
| 收入是指企业在日常活动中形成的、会导致所有者权益增加的、与所有者投入资本无关的经济利益的总流入 | ①收入是企业在日常活动中形成的<br>非日常活动→利得（如：接受捐赠）<br>②收入是经济利益的总流入（10万元买、12万元卖）<br>③收入会导致所有者权益的增加、与所有者投入资本无关 |
| 2.确认条件 | 收入这一章细讲 |

（五）费用

费用定义、特征及解析见表2-16：

表2-16　　费用定义、特征及解析

| 1.定义及特征 | 解析 |
|---|---|
| 费用是指企业在日常活动中发生的、会导致所有者权益减少的、与向所有者分配利润无关的经济利益的总流出 | （1）费用是企业在日常活动中形成的<br>非日常活动→损失（如捐赠支出）<br>（2）费用是经济利益的总流出<br>（3）费用会导致所有者权益的减少、与向所有者分配利润无关<br>例如：偿还债务、分配股利不属于费用（该经济利益的流出属于所有者权益的抵减项目） |
| 2.确认条件 | 费用的确认除了应当符合其定义外，还至少应当符合以下条件：<br>（1）与费用相关的经济利益应当很可能流出企业<br>（2）经济利益流出企业的结果会导致资产的减少或者负债的增加<br>（3）经济利益的流出额能够可靠计量 |

（六）利润

利润定义、特征及解析见表2-17：

表2-17　利润定义、特征及解析

| 定义及特征 | 解析 |
|---|---|
| 利润是指企业在一定会计期间的经营成果 | （1）通常情况下，如果企业实现了利润，表明企业的所有者权益将增加，业绩得到了提升<br>反之，如果企业发生了亏损（即利润为负数），表明企业的所有者权益将减少，业绩下降<br>（2）利润包括收入减去费用后的净额、直接计入当期利润（当期损益）的利得和损失 |

利得损失的计入规则如图2-5所示：

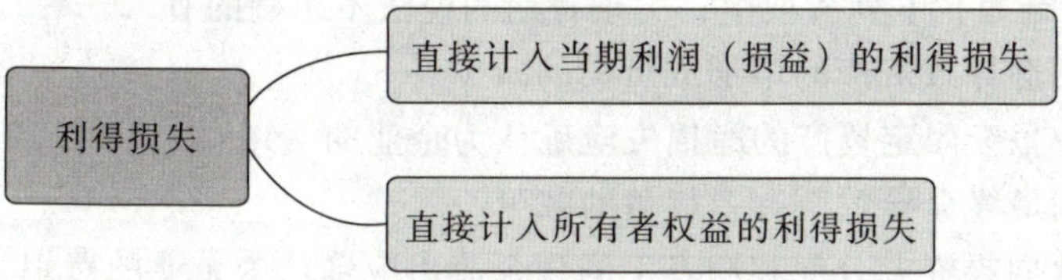


图2-5　利得损失的计入规则

1.【单选题】下列各项关于会计要素的相关说法中，不正确的是（　　）。

A.会计要素包括资产、负债、所有者权益、成本、损益和共同六大类

B.会计要素是根据交易或者事项的经济特征所确定的财务会计对象和基本分类

C.资产、负债和所有者权益属于反映企业特定时点财务状况的静态要素

D.收入、费用和利润要素侧重于反映企业的经营成果

2.【单选题】下列各项中应确认为企业资产的是（　　）。

A.计划明年采购的大型设备　　B.腐烂变质的存货

C.融资租出的固定资产　　D.经营出租的固定资产

3.【多选题】下列各项中属于资产的确认条件的有（　　）。

A.由企业拥有或者控制的资源

B.过去的交易或事项形成的

C.与该资源有关的经济利益很可能流入企业

D.该资源的成本或者价值能够可靠地计量

4.【多选题】下列各项关于会计要素的相关说法中，不正确的有（　　）。

A.收入是企业在日常活动中形成的，体现的是经济利益的净流入

B.费用是企业在日常活动中形成的，体现的是经济利益的净流出

C.利得是指企业在非日常活动中形成的，会导致所有者权益增加的，与所

有者投入资本无关的经济利益的流入

D.损失是指企业在非日常活动中形成的，会导致所有者权益减少的，与向所有者分配利润无关的经济利益的流入

5.【多选题】下列各项中属于费用发生的表现形式的有（　　）。

A.现金或现金等价物的流出　　B.存货的流出

C.固定资产、无形资产的消耗　　D.向所有者分配利润

6.【多选题】企业的资产最初来源包括（　　）。

A.企业所有者投入　　B.企业向债权人借入

C.企业生产和销售产品　　D.企业购入固定资产等

7.【判断题】费用的发生应当会导致经济利益流出企业，从而导致资产的增加或者负债的减少。（　　）

8.【多选题】下列各项中，关于费用的说法不正确的有（　　）。

A.费用会导致资产的增加或负债的减少

B.企业报废固定资产的净损失应确认为企业的费用

C.费用最终会导致所有者权益的减少

D.企业向投资者分配利润发生的现金流出应确认为企业的费用

---



1.【答案】A

【解析】会计要素包括资产、负债、所有者权益、收入、费用和利润六大类，所以选项A不正确。

2.【答案】D

【解析】选项A，不符合过去发生的交易或事项，不正确；选项B，不会给企业带来经济利益，不正确；选项C，融资租出，承租人拥有该固定资产的实际控制权，出租人不确认其为企业的资产，不正确；选项D，属于企业的资产，满足资产的确认条件。

3.【答案】CD

【解析】注意资产的特征和资产的确认条件的区别。

资产具有以下三方面特征：

（1）资产应为企业拥有或者控制的资源；

（2）资产预期会给企业带来经济利益；

（3）资产是由企业过去的交易或者事项形成的。

将一项资源确认为资产，需要符合资产的定义，还应同时满足以下两个条件：

（1）与该资源有关的经济利益很可能流入企业；

（2）该资源的成本或者价值能够可靠地计量。

4.【答案】ABD

【解析】收入和费用都是企业在日常活动中形成的，收入体现的是经济利益的总流入，选项A不正确；费用体现的是经济利益的总流出，选项B不正确；损失体现的是企业在非日常活动中形成的，会导致所有者权益减少的，与向所有者分配利润无关的经济利益的流出，选项D不正确。

5.【答案】ABC

【解析】费用的发生应当会导致经济利益的流出，从而导致资产的减少或者负债的增加，其表现形式包括现金或者现金等价物的流出，存货、固定资产和无形资产等的流出或者消耗等。企业向所有者分配利润也会导致经济利益的流出，而该经济利益的流出属于所有者权益的抵减项目，不属于费用发生的表现形式。

6.【答案】AB

【解析】企业的资产最初来源于两个方面：一是由企业所有者投入，二是由企业向债权人借入。

7.【答案】×

【解析】费用的发生应当会导致经济利益的流出，从而导致资产的减少或者负债的增加。

8.【答案】ABD

【解析】选项A，费用会导致资产的减少或负债的增加；选项B，报废固定资产的净损失属于企业非日常活动产生的损失，不属于企业的费用；选项D，向投资者分配利润发生的现金流出不属于企业的费用。

### 【考点2.2】会计计量属性及其应用（见表2-18）

表2-18 会计计量属性及其应用

| 计量属性 | 概念 | 主要应用 |
| --- | --- | --- |
| 历史成本 | 又称为实际成本，是指为取得或制造某项财产物资时所实际支付的现金或其他等价物 | 企业在对会计要素进行计量时，一般应当采用历史成本 |
| 重置成本 | 又称现行成本，是指按照当前市场条件，重新取得同项资产所需支付的现金或者现金等价物金额 | 盘盈固定资产的计量 |
| 可变现净值 | 指在正常的生产经营过程中，以预计售价减去进一步加工成本和销售所必需的预计税金、费用后的净值 | 存货的期末计量（减值测试） |
| 现值 | 指对未来现金流量以恰当的折现率进行折现后的价值，是考虑货币时间价值因素等的一种计量属性 | 购入固定资产具有融资性质的成本以购买价款的现值为基础确定 |
| 公允价值 | 指市场参与者在计量日发生的有序交易中，出售一项资产所能收到或者转移一项负债所需支付的价格 | 交易性金融资产计量 |

企业在对会计要素进行计量时，一般应当采用历史成本；采用重置成本、可变现净值、现值和公允价值计量的，应当保证所确定的会计要素金额能够取得并可靠计量。

1.【判断题】采用重置成本计量时，资产应当按照现在购买相同或者相似资产所需支付的现金或者现金等价物的金额计量。（　　）

2.【多选题】会计的计量属性主要包括（　　）和公允价值。

A.历史成本　　B.重置成本

C.可变现净值　　D.现值

3.【单选题】下列各项中，可能采用可变现净值进行计量的是（　　）。

A.期末存货　　B.期末固定资产

C.期末无形资产　　D.期末应收账款

4.【单选题】下列各项中，不属于政府资产的计量属性的是（　　）。

A.历史成本　　B.名义金额

C.可变现净值　　D.现值

---

1.【答案】√

2.【答案】ABCD

【解析】会计计量属性主要包括历史成本、重置成本、可变现净值、现值和公允价值等。

3.【答案】A

【解析】存货期末应按成本与可变现净值孰低计量。

4.【答案】C

【解析】政府资产的计量属性主要包括历史成本、重置成本、现值、公允价值和名义金额。



## 【考点2.3】会计等式

会计等式，又称会计恒等式、会计方程式或会计平衡公式，是表明会计要素之间基本关系的等式（如图2-6所示）。

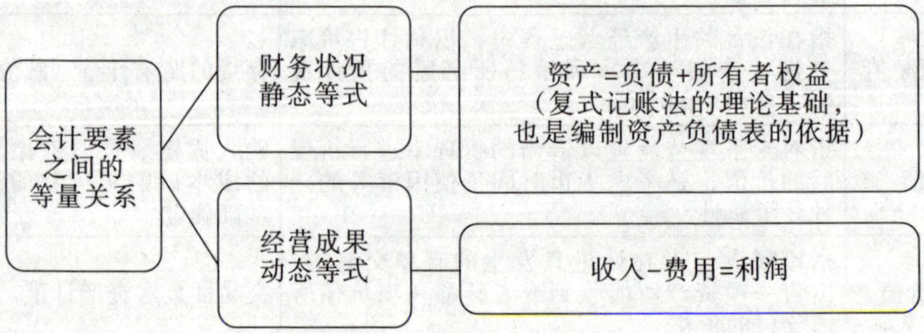


图2-6　会计等式

1.会计等式的表现形式

（1）财务状况等式

资产=权益

资产=债权人的权益+投资者的权益

资产=负债+所有者权益

（2）经营成果等式

收入-费用=利润

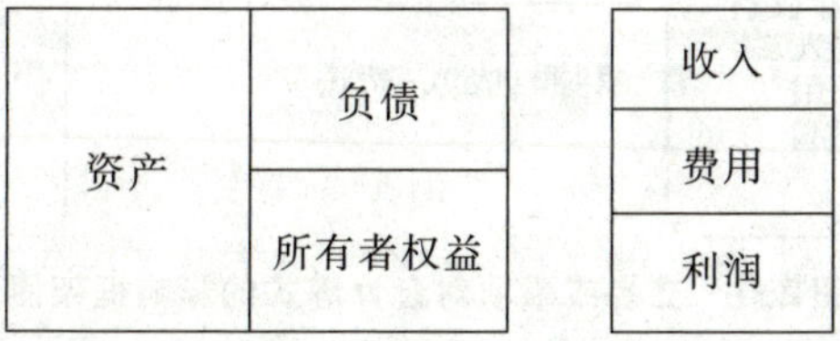


动静结合的等式：资产=负债+所有者权益+利润

资产=负债+所有者权益+收入-费用

费用+资产=负债+所有者权益+收入

【单选题】下列各项中，说法不正确的是（　　）。

A.资产=负债+所有者权益　　B.收入=费用+利润

C.权益=所有者权益　　D.资产=权益

【答案】C

【解析】资产=权益=债权人权益+所有者权益，因此选项C不正确。

2.交易或事项对会计等式的影响

根据企业经济业务对财务状况等式的影响不同，可以分为以下九种基本类型（见表2-19）：

表2-19　九种基本类型

| 经济业务 | 类型 | 资产总额 |
|---|---|---|
| （1）一项资产增加、一项负债等额增加的经济业务 | 同增 | 增加 |
| （2）一项资产增加、一项所有者权益等额增加的经济业务 | | |
| （3）一项资产减少、一项负债等额减少的经济业务 | 同减 | 减少 |
| （4）一项资产减少、一项所有者权益等额减少的经济业务 | | |
| （5）一项资产增加、另一项资产等额减少的经济业务 | 左增减 | 不变 |
| （6）一项负债增加、另一项负债等额减少的经济业务 | 右增减 | 不变 |
| （7）一项所有者权益增加、另一项所有者权益等额减少的经济业务 | | |
| （8）一项所有者权益增加、一项负债等额减少的经济业务 | | |
| （9）一项负债增加、一项所有者权益等额减少的经济业务 | | |

总结：

交易或事项对会计等式的影响框架图如图2-7所示。

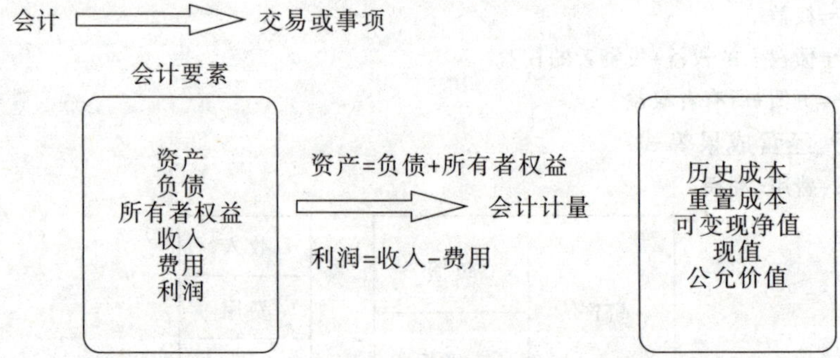


图2-7　交易或事项对会计等式的影响框架图

1.【单选题】下列关于交易或事项对会计等式的影响的相关说法中，不正确的是（　　）。

A.每一项经济业务的发生都必然会引起会计等式的两边有关项目相互联系地发生等量变化

B.当涉及会计等式的两边时，有关项目的金额发生相同方向的等额变动

C.从银行提取备用金，体现的是资产内容的一增一减

D.每一项经济业务的发生，都不会影响会计等式的平衡关系

2.【判断题】“资产=负债+所有者权益”是静态会计等式，是编制利润表的依据。（　　）

3.【单选题】某企业4月初的资产总额为150 000元，负债总额为50 000元。4月份发生两笔业务，取得收入共计60 000元，发生费用共计40 000元，则4月底该企业的所有者权益总额为（　　）元。

A.120 000　　B.170 000

C.160 000　　D.100 000

4.【多选题】下列各项中，关于会计等式的说法正确的有（　　）。

A.会计等式又称会计恒等式、会计方程式或会计平衡公式

B.“资产=负债+所有者权益”是编制资产负债表的依据

C.“收入-费用=利润”是编制利润表的依据

D.会计等式是表明会计要素之间基本关系的等式

---

1.【答案】A

【解析】每一项经济业务的发生，都必然会引起会计等式的一边或两边有关项目相互联系地发生等量变化，即当涉及会计等式的一边时，有关项目的金

额发生相反方向的等额变动；当涉及会计等式的两边时，有关项目的金额发生相同方向的等额变动，但始终不会影响会计等式的平衡关系。

2.【答案】×

【解析】“资产=负债+所有者权益”是静态会计等式，是编制资产负债表的依据。

3.【答案】A

【解析】收入会导致所有者权益增加，费用会导致所有者权益减少。4月底所有者权益总额=（150 000-50 000）+（60 000-40 000）=120 000（元）。

4.【答案】ABCD

## 【考点2.4】会计科目与账户

1.会计科目的分类

按反映的经济内容分类（初级：不涉及共同类科目），可以分为资产类和负债类、所有者权益类、成本类、损益类（见表2-20）。

表2-20　会计科目的分类

| | | | | | |
|---|---|---|---|---|---|
| 一、资产类 | | | | | |
| 1 | 库存现金 | 13 | 委托代销商品 | 25 | 累计折旧 |
| 2 | 银行存款 | 14 | 材料采购 | 26 | 固定资产减值准备 |
| 3 | 其他货币奖金 | 15 | 在途物资 | 27 | 在建工程 |
| 4 | 交易性金融资产 | 16 | 原材料 | 28 | 工程物资 |
| 5 | 应收票据 | 17 | 材料成本差异 | 29 | 固定资产清理 |
| 6 | 应收账款 | 18 | 库存商品 | 30 | 无形资产 |
| 7 | 预付账款 | 19 | 发出商品 | 31 | 累计摊销 |
| 8 | 应收股利 | 20 | 委托加工物资 | 32 | 无形资产减值准备 |
| 9 | 应收利息 | 21 | 周转材料 | 33 | 长期待摊费用 |
| 10 | 其他应收款 | 22 | 存货跌价准备 | 34 | 递延所得税资产 |
| 11 | 坏账准备 | 23 | 长期股权投资 | 35 | 待处理财产损溢 |
| 12 | 合同资产 | 24 | 固定资产 | | |
| 二、负债类 | | | | | |
| 1 | 短期借款 | 7 | 应交税费 | 13 | 长期借款 |
| 2 | 应付票据 | 8 | 应付利息 | 14 | 应付债券 |
| 3 | 应付账款 | 9 | 应付股利 | 15 | 长期应付款 |

续表

| | | | | | |
|---|---|---|---|---|---|
| 4 | 预收账款 | 10 | 其他应付款 | 16 | 递延所得税负债 |
| 5 | 合同负债 | 11 | 预计负债 | 11、12、14，初级教材不涉及业务处理 | |
| 6 | 应付职工薪酬 | 12 | 递延收益 | | |
| 三、所有者权益 | | | | | |
| 1 | 实收资本 | 2 | 库存股 | 3 | 资本公积 |
| 4 | 本年利润 | 5 | 利润分配 | 6 | 盈余公积 |
| 7 | 其他权益工具 | 8 | 其他综合收益 | | |
| 四、成本类 | | | | | |
| 1 | 生产成本 | 2 | 制造费用 | 3 | 研发支出 |
| 4 | 合同取得成本 | 5 | 合同履约成本 | | |
| 五、损益类 | | | | | |
| 1 | 主营业务收入 | 8 | 主营业务成本 | 15 | 信用减值损失 |
| 2 | 其他业务收入 | 9 | 其他业务成本 | 16 | 营业外支出 |
| 3 | 公允价值变动损益 | 10 | 税金及附加 | 17 | 所得税费用 |
| 4 | 投资收益 | 11 | 销售费用 | 18 | 以前年度损益调整 |
| 5 | 资产处置损益 | 12 | 管理费用 | | |
| 6 | 其他收益 | 13 | 财务费用 | | |
| 7 | 营业外收入 | 14 | 资产减值损失 | | |
| 六、共同类（初级考试不涉及） | | | | | |



2.会计科目与账户的联系（见表2-21）

表2-21　会计科目与账户的联系

| | |
|---|---|
| 会计科目 | 对会计要素的具体内容进行分类核算的项目 |
| 账户 | 是根据会计科目设置的，具有一定格式和结构，用于分类反映会计要素增减变动情况及其结果的载体 |
| 从理论上讲，会计科目与账户是两个不同的概念，二者既有联系，又有区别：（1）会计科目与账户都是对会计对象具体内容的分类，两者核算内容一致，性质相同；（2）会计科目是账户的名称，也是设置账户的依据；账户是会计科目的具体运用，具有一定的结构和格式，并通过其结构反映某项经济内容的增减变动及其余额 | |

3.会计科目的设置原则（见表2-22）

表2-22　会计科目的设置原则

| | |
|---|---|
| 相关性 | 满足对外报告与对内管理的要求 |
| 合法性 | （1）设置的会计科目应当符合国家统一的会计制度的规定。（2）总分类科目一般由财政部统一制定；明细分类科目除会计制度规定设置的以外，可以根据本单位经济管理的需要和经济业务的具体内容自行设置 |
| 实用性 | 在合法性的基础上，应根据单位自身特点，设置符合企业需要的会计科目<br>注意：不是所有的总分类科目都设置明细科目 |

4.账户的分类

（1）根据反映的经济内容分类（与科目分类相同）。

（2）根据提供信息的详细程度及其统驭关系分类（见表2-23）。

表2-23　账户的分类

| | |
|---|---|
| 总分类账户 | 根据总分类科目设置的，用于对会计要素具体内容进行总括分类核算的账户，简称总账 |
| 明细分类账户 | 根据明细分类科目设置的，用来对会计要素具体内容进行明细分类核算的账户，简称明细账 |
| ①总分类账户和所属明细分类账户核算的内容相同，只是反映内容的详细程度有所不同，两者相互补充，相互制约，相互核对；②总分类账户统驭和控制所属明细分类账户，明细分类账户从属于总分类账户 | |

1.【单选题】下列关于会计科目和账户的说法中，不正确的是（　　）。

A.按提供信息的详细程度及其统驭关系，会计科目可以分为总分类科目和明细分类科目

B.按其反映的经济内容，会计科目可分为资产类科目、负债类科目、共同类科日、所有者权益类科日、成本类科日和损益类科日

C.会计科目能够反映交易或事项的发生所引起的会计要素各项目的增减变动情况和结果

D.账户是具有一定的结构、反映会计要素增减变动情况及其结果的载体

2.【判断题】账户的四个金额要素是指账户的期初余额、期末余额、本期增加发生额和本期减少发生额。（　　）

3.【判断题】会计科目能够反映交易或事项的发生所引起的会计要素各项目增减变动情况和结果。（　　）

1.【答案】C

【解析】会计科目仅仅是对会计要素的具体内容进行分类核算的项目，它

不能够反映交易或事项的发生所引起的会计要素各项目的增减变动情况和结果。

2.【答案】√

3.【答案】×

【解析】会计科目仅仅是对会计要素的具体内容进行分类核算的项目，它不能反映交易或事项的发生所引起的会计要素各项目增减变动情况和结果。

【考点2.5】借贷记账法

1.单式记账法

单式记账法是对每项经济业务只在一个账户中进行记录的记账方法。

评价：不能完整反映经济业务的来龙去脉，不便于检查账户记录的正确性。

2.复式记账法

复式记账法是对每项经济业务，要在至少两个账户中全面地、相互联系地进行记录的记账方法。

评价：能够全面地反映经济业务的来龙去脉，便于对账户记录进行检查核对。

单式记账法与复式记账法的比较见表2-24。

表2-24　单式记账法与复式记账法的比较

| 内容 | 单式记账法 | 复式记账法 |
| --- | --- | --- |
| 概念 | 将每项经济业务只在一个账户中进行登记的方法 | 每一笔经济业务发生后，同时在相互联系的两个或两个以上的账户中，以相等的金额进行登记的一种记账方法 |
| 特点 | 账户设置不完整，账户记录没有相互联系。在所有账户之间没有数字上的平衡关系，不便于检查账户记录的正确性 | 对发生的各项经济业务都要按规定的会计科目，至少在两个账户中相互联系地进行分类记录；对记录的结果可以进行试算平衡 |

借贷规则口诀：资产、成本、费用类科目增加记借方，负债、所有者权益、收入、利润类科目增加记贷方，减少相反；有借必有贷，借贷必相等。

1.【单选题】下列关于借贷记账法的账户结构的说法中，不正确的是（　　）。

A.账户的左方为借方，右方为贷方

B.资产类、成本类和损益类账户的增加用“借”表示

C.负债类、所有者权益类和收入类账户的增加用“贷”表示

D.究竟是借方还是贷方记录增加，取决于账户的性质与所记录经济内容的性质

2.【单选题】下列各项经济业务的会计处理中，不正确的是（ ）。（假定不考虑相关税费）

A.购入原材料，用银行存款支付价款5 000元

借：原材料 5 000

贷：银行存款 5 000

B.从银行取得20 000元短期借款

借：银行存款 20 000

贷：短期借款 20 000

C.公司成立时，收到投资者投入款项10 000元存入银行

借：银行存款 10 000

贷：实收资本 10 000

D.从银行提取备用金2 000元

借：银行存款 2 000

贷：库存现金 2 000

3.【单选题】下列关于试算平衡的相关说法中，正确的是（ ）。

A.余额试算平衡的公式为：全部账户本期借方发生额合计=全部账户本期贷方发生额合计

B.发生额试算平衡的公式为：全部账户借方期末（初）余额合计=全部账户贷方期末（初）余额合计

C.发生额试算平衡的直接依据是借贷记账法的记账规则，即“有借必有贷，借贷必相等”

D.发生额试算平衡的直接依据是财务状况等式，即：资产=负债+所有者权益

4.【多选题】下列关于借贷记账法的相关说法中，正确的有（ ）。

A.资产类账户的余额计算公式为：期末借方余额=期初借方余额+本期借方发生额-本期贷方发生额

B.成本类账户的余额计算公式为：期末贷方余额=期初贷方余额+本期贷方发生额-本期借方发生额

C.收入类账户和费用类账户期末均无余额

D.借贷记账法的记账规则是“有借必有贷，借贷必相等”

5.【多选题】下列各项中，属于复式记账法的有（ ）。

A.借贷记账法 B.增减记账法

C.收付记账法 D.单式记账法

6.【多选题】复合会计分录是指由两个以上对应账户组成的会计分录，包括（ ）的会计分录。

A.一借多贷　　　　　　　　　　B.多借多贷

C.一借一贷　　　　　　　　　　D.多借一贷

7.【多选题】下列各项中，属于不影响借贷双方平衡关系的错误的有（　　）。

A.重记、漏记某项经济业务

B.某项经济业务记录的应借、应贷科目正确，但借贷双方金额同时多记或少记，且金额一致

C.某项经济业务记错有关账户

D.某项经济业务在账户记录中，颠倒了记账方向

8.【判断题】复式记账法，是指对于每一笔经济业务，都必须用相等的金额在两个相互联系的账户中进行登记，全面、系统地反映会计要素增减变化的一种记账方法。（　　）

9.【判断题】我国会计准则规定，企业、行政单位和事业单位会计核算可根据企业的具体情况选择采用借贷记账法、增减记账法或收付记账法记账。（　　）

10.【判断题】试算平衡是通过借贷金额是否平衡来检查账户记录是否正确的一种方法。如果借贷双方发生额或余额相等，表明账户记录一定正确。（　　）



11.【判断题】由于账户记录可能存在不能由试算平衡表发现的错误，所以需要对一切会计记录进行日常或定期的复核，以保证账户记录的正确性。（　　）

---

1.【答案】B

【解析】损益类账户主要包括收入类账户和费用类账户，其中费用类账户的增加用"借"表示，而收入类账户的增加用"贷"表示，因此选项B不正确。

2.【答案】D

【解析】从银行提取备用金2 000元，银行存款减少，资产的减少在贷方登记，库存现金增加，资产的增加在借方登记，因此分录为：

借：库存现金　　　　　　2 000

　贷：银行存款　　　　　　2 000

3.【答案】C

【解析】余额试算平衡的公式为：全部账户借方期末（初）余额合计=全部账户贷方期末（初）余额合计，选项A不正确；发生额试算平衡的公式为：全部账户本期借方发生额合计=全部账户本期贷方发生额合计，选项B不正确；余额试算平衡的直接依据是静态会计等式，即资产=负债+所有者权益，选项D

不正确。

4.【答案】ACD

【解析】成本类账户与资产类账户相同，余额计算公式为：期末借方余额=期初借方余额+本期借方发生额-本期贷方发生额，选项B不正确。

5.【答案】ABC

【解析】复式记账法分为借贷记账法、增减记账法、收付记账法等。

6.【答案】ABD

【解析】复合会计分录，是指由两个以上（不含两个）对应账户组成的会计分录，即一借多贷、多借一贷或多借多贷的会计分录。

7.【答案】ABCD

【解析】不影响借贷双方平衡关系的错误通常有：(1) 漏记某项经济业务，使本期借贷双方的发生额等额减少，借贷仍然平衡；(2) 重记某项经济业务，使本期借贷双方的发生额等额虚增，借贷仍然平衡；(3) 某项经济业务记录的应借、应贷科目正确，但借贷双方金额同时多记或少记，且金额一致，借贷仍然平衡；(4) 某项经济业务记错有关账户，借贷仍然平衡；(5) 某项经济业务在账户记录中，颠倒了记账方向，借贷仍然平衡；(6) 某借方或贷方发生额中，偶然发生多记和少记并相互抵消，借贷仍然平衡。

8.【答案】×

【解析】复式记账法，是指对于每一笔经济业务，都必须用相等的金额在两个或两个以上相互联系的账户中进行登记，全面、系统地反映会计要素增减变化的一种记账方法。

9.【答案】×

【解析】我国会计准则规定，企业、行政单位和事业单位会计核算采用借贷记账法记账。

10.【答案】×

【解析】试算平衡只是通过借贷金额是否平衡来检查账户记录是否正确的一种方法。如果借贷双方发生额或余额相等，表明账户记录基本正确，但有些错误并不影响借贷双方的平衡，因此，试算不平衡，表示记账一定有错误，但试算平衡时，不表明记账一定正确。

11.【答案】√

### 【考点2.6】会计凭证

会计凭证是指记录经济业务发生或者完成情况的书面证明，是登记账簿的依据。

按照填制的程序和用途不同，会计凭证分为原始凭证和记账凭证，具体内

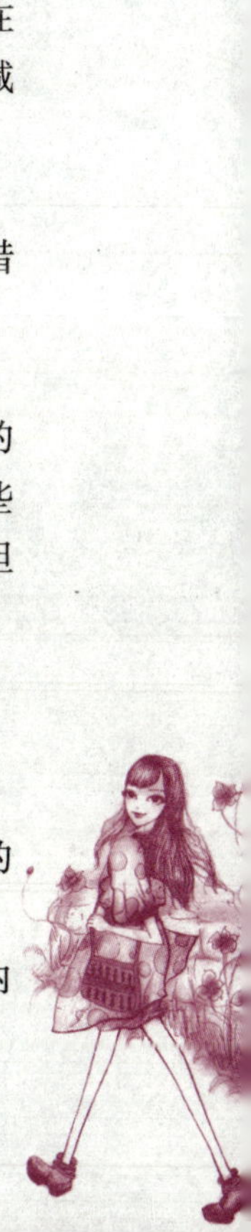

容见表2-25。

表2-25 会计凭证分类

| 项目 | 原始凭证 | 记账凭证 |
| --- | --- | --- |
| 概念 | 又称单据，指在经济业务发生或完成时取得或填制的，用以记录或证明经济业务的发生或完成情况的原始凭据 | 又称记账凭单，指会计人员根据审核无误的原始凭证，按照经济业务的内容加以归类，并据以确定会计分录后所填制的会计凭证，作为登记账簿的直接依据 |
| 作用 | 记载经济业务的发生过程和具体内容 | 确定会计分录<br>进行账簿登记<br>反映经济业务的发生或完成情况<br>监督企业经济活动<br>明确相关人员的责任 |

## 【考点2.7】原始凭证

1.原始凭证的种类和基本内容

原始凭证可以依据来源、格式、填制手续和内容的不同进行分类（如图2-8所示）。



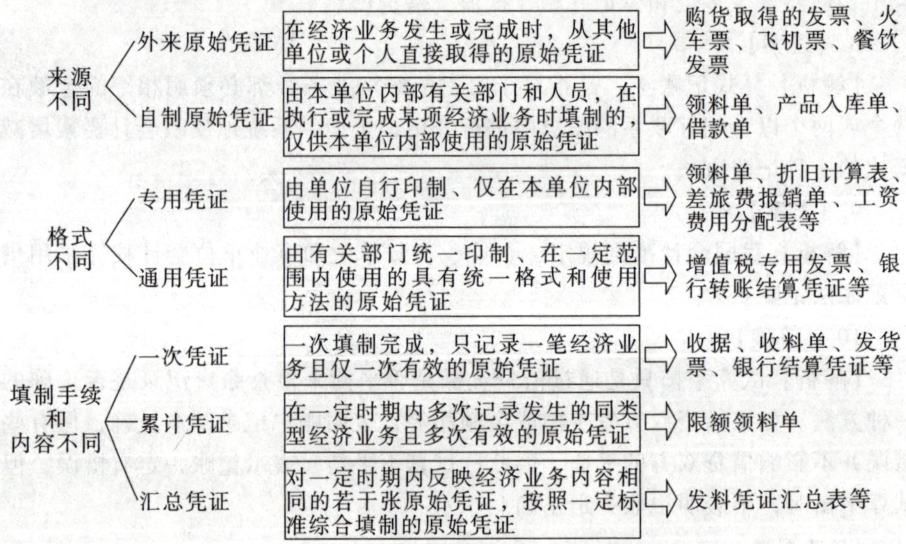


图2-8 原始凭证的种类

原始凭证的基本内容如图2-9所示。

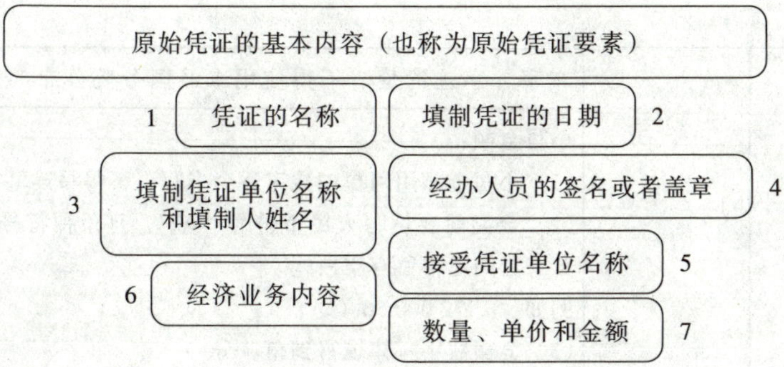


图2-9　原始凭证的基本内容

【多选题】下列各项中，属于原始凭证应当具备的基本内容的有（　　）。

A.记账符号　　B.交易或事项的内容

C.经办人员签名或盖章　　D.编制凭证的日期

【答案】BCD

【解析】原始凭证的格式和内容因经济业务和经营管理需要的不同而有所差异，但原始凭证应当具备以下基本内容（也称为原始凭证要素）：（1）凭证的名称；（2）填制凭证的日期；（3）填制凭证单位名称和填制人姓名；（4）经办人员的签名或者盖章；（5）接受凭证单位名称；（6）经济业务内容；（7）数量、单价和金额。

2.原始凭证的填制要求

原始凭证填制的基本要求见表2-26：

表2-26　原始凭证填制的基本要求

| | | |
|---|---|---|
| 原始凭证填制的基本要求 | 1.记录真实 | 经济业务的内容、数字等必须真实可靠、符合实际情况 |
| | 2.内容完整 | 填列的项目必须逐项填列齐全，不得遗漏和省略 |
| | 3.手续完备 | （1）单位自制的原始凭证必须有经办单位相关负责人的签名或盖章 |
| | | （2）对外开出的原始凭证必须加盖本单位公章或者财务专用章 |
| | | （3）从外部取得的原始凭证，必须盖有填制单位的公章或财务专用章 |
| | | （4）对外开出或从外取得的电子形式的原始凭证必须附有符合《电子签名法》的电子签名 |
| | | （5）从个人取得的原始凭证，必须有填制人员的签名或盖章 |

续表

| | | |
|---|---|---|
| 原始凭证填制的基本要求 | 4.书写清楚、规范 | 文字：字迹清楚、不得使用未经国务院公布的简化汉字 |
| | | 小写金额：<br>(1) 小写金额用阿拉伯数字逐个书写，不得写连笔字<br>(2) 金额前要填写人民币符号“¥”，且币种符号与阿拉伯数字之间不得留有空白<br>例如：a.¥2 000.56（√）<br>(3) 金额数字一律填写到角、分<br>(4) 无角、分的，角位和分位可写“00”或者符号“—”<br>(5) 有角无分的，分位应当写“0”，不得用符号“—”<br>例如：b.¥2 000.00（√）¥2 000.—（√）<br>c.¥2 000.30（√） ¥2 000.3-（×） |
| | | 大写金额：<br>(1) 大写数字金额如零、壹、贰、叁、肆、伍、陆、柒、捌、玖、拾、佰、仟、万、亿等，应一律用正楷或行书字书写，不得用〇、一、二、三、四、五、六、七、八、九、十等简化字代替<br>(2) 大写金额前未印有“人民币”字样的，应加写“人民币”三个字，“人民币”字样和大写金额之间不得留有空白<br>(3) 大写金额到元或角为止的，之后应当写“整”字或者“正”字；大写金额数字有分的，分字后面不写“整”字或者“正”字<br>例如：¥1 007.00（小写）大写：人民币壹仟零柒元整 |
| | 5.连续编号 | 如果原始凭证已预先印定编号，写错作废时应加盖“作废”戳记，不得撕毁（一式几联的原始凭证，必须注明各联的用途，并且只能以一联用作报销凭证） |
| | 6.不得涂改、刮擦和挖补 | 原始凭证金额有错误的，应当由出具单位重开，不得在原始凭证上更正<br>原始凭证有其他错误，应当由出具单位重开或更正，更正处应当加盖出具单位印章 |
| | 7.填制及时 | |

自制原始凭证填制的基本要求见表2-27：

表2-27　　自制原始凭证填制的基本要求

| 凭证类型 | | 基本要求 |
|---|---|---|
| 自制原始凭证 | 一次凭证 | （1）在经济业务发生或完成时，由相关人员一次填制完成<br>（2）该凭证往往只能反映一项经济业务，或者同时反映若干项同一性质的经济业务 |
| | 累计凭证 | （1）在每次经济业务完成后，由相关人员在同一张凭证上重复填制完成<br>（2）该凭证能在一定时期内不断重复地反映同类经济业务的完成情况 |
| | 汇总凭证 | （1）由相关人员在汇总一定时期内反映同类经济业务的原始凭证后填制完成<br>（2）该凭证只能将类型相同的经济业务进行汇总，不能汇总两类或两类以上的经济业务 |

3.原始凭证的审核（见表2-28）

表2-28　　原始凭证的审核

| | |
|---|---|
| （1）真实性 | 审核凭证日期、业务内容、数据等是否真实 |
| （2）合法性、合理性 | 是否符合国家法律法规，履行规定的凭证传递和审核程序；是否符合企业生产经营活动的需要和有关计划及预算等 |
| （3）完整性 | 日期是否完整、数字是否清晰、文字是否工整、签章是否齐全、凭证联次是否正确等 |
| （4）正确性 | 单位的名称是否正确，金额的填写和计算、更正是否正确 |

1.【单选题】下列关于会计凭证的相关说法中，不正确的是（　　）。

A.原始凭证是登记账簿的直接依据

B.记账凭证按照反映的经济业务的内容划分，可分为收款凭证、付款凭证和转账凭证

C.常用的原始凭证有现金收据、发货票、增值税专用发票，差旅费报销单等

D.原始凭证的作用主要是记载经济业务的发生过程和具体内容

2.【单选题】下列关于原始凭证的相关说法中，不正确的是（　　）。

A.按照取得来源，原始凭证可分为自制原始凭证和外来原始凭证

B.按照格式不同，原始凭证分为通用凭证和专用凭证

C.按照填制的手续和内容，原始凭证可分为一次凭证、累计凭证和汇总凭证

D.税收缴款书、工资费用结算表、职工出差报销的餐饮费发票等属于外来原始凭证

3.【单选题】下列关于原始凭证的填制要求的相关说法中，正确的是（　　）。

A.支票因填错作废时，应及时撕毁

B. 原始凭证金额有错误的，应当由出具单位重开或更正，更正处应当加盖出具单位印章

C. 小写金额前要标明“￥”字样，中间不能留有空位。大写金额前要加“人民币”字样，大写金额与小写金额要相符

D. 对外开出的原始凭证必须加盖本单位公章和财务专用章

4.【多选题】下列各项中，属于原始凭证审核的内容的有（　　）。

A. 审核原始凭证的真实性　　　　B. 审核原始凭证的合法性、合理性

C. 审核原始凭证的完整性　　　　D. 审核原始凭证的恰当性

5.【单选题】甲公司购入原材料取得增值税专用发票一份，下列各项说法正确的是（　　）。

A. 增值税专用发票属于外来原始凭证

B. 增值税专用发票属于专用凭证

C. 增值税专用发票属于累计凭证

D. 增值税专用发票属于汇总凭证

6.【单选题】下列会计凭证中，属于通用凭证的是（　　）。

A. 银行转账结算凭证　　　　B. 工资费用分配表

C. 产品入库单　　　　D. 折旧计算表



7.【多选题】下列各项中，关于汇总凭证表述正确的有（　　）。

A. 汇总凭证是指在会计的实际工作日，为了简化记账凭证的填制工作，将一定时期记录同类经济业务的原始凭证汇总编制的一张汇总凭证

B. 发料凭证汇总表属于汇总凭证

C. 限额领料单属于汇总凭证

D. 汇总凭证可以将两类或两类以上的经济业务汇总在一起，填列在一张汇总原始凭证上

8.【多选题】在原始凭证上书写阿拉伯数字时，正确的有（　　）。

A. 所有以元为单位的，一律填写到角分

B. 无角无分的，角位和分位可写“00”，或者符号“—”

C. 有角无分的，分位应当写“0”

D. 有角无分的，分位也可以用符号“—”代替

---

1.【答案】A

【解析】会计凭证，是指记录经济业务发生或者完成情况的书面证明，是登记账簿的依据。但是，记账凭证才是登记账簿的直接依据。因此选项A不正确。

2.【答案】D

【解析】工资费用结算表属于自制原始凭证，不属于外来原始凭证。

3.【答案】C

【解析】发票、支票等重要凭证，在因填错作废时，应加盖“作废”戳记，妥善保管，不得撕毁，选项A不正确；原始凭证金额有错误的，应当由出具单位重开，不得在原始凭证上更正，选项B不正确；对外开出的原始凭证必须加盖本单位公章或者财务专用章，选项D不正确。

4.【答案】ABC

【解析】审核的内容主要包括：

（1）审核原始凭证的真实性；

（2）审核原始凭证的合法性、合理性；

（3）审核原始凭证的完整性；

（4）审核原始凭证的正确性。

5.【答案】A

【解析】增值税专用发票属于外来原始凭证、通用凭证、一次凭证。

6.【答案】A

【解析】选项BCD是由单位自行印制、仅在本单位内部使用的原始凭证，属于专用凭证。

7.【答案】AB

【解析】选项C，属于累计凭证；选项D，必须是同类经济业务，所以不正确。

8.【答案】ABC

【解析】有角无分的，分位应当写“0”，不得用符号“—”代替。

## 【考点2.8】记账凭证

记账凭证的种类见表2-29。

表2-29 记账凭证的种类

| 种类 | 具体内容 | 用途 |
|---|---|---|
| 收款凭证 | 用于记录库存现金和银行存款收款业务的记账凭证 | 据以登记库存现金日记账、银行存款日记账以及有关明细分类账和总分类账等账簿；也是出纳人员收讫款项的依据 |
| 付款凭证 | 用于记录库存现金和银行存款付款业务的记账凭证 | 据以登记库存现金日记账、银行存款日记账以及有关明细分类账和总分类账等账簿；也是出纳人员支付款项的依据 |
| 转账凭证 | 用于记录不涉及库存现金和银行存款业务的记账凭证 | 据以登记有关明细分类账和总分类账等账簿 |

记账凭证的填制要求见表2-30。

表2-30　记账凭证的填制要求

| |
|---|
| (1) 除结账和更正错账可以不附原始凭证外，其他记账凭证必须附原始凭证 |
| (2) 记账凭证可以根据每一张原始凭证填制，或根据若干张同类原始凭证汇总填制，也可以根据原始凭证汇总表填制，但不得将不同内容和类别的原始凭证汇总填制在一张记账凭证上 |
| (3) 记账凭证应连续编号，采用“字号编号法”“分数编号法”编号 |
| (4) 填制记账凭证时若发生错误，应当重新填制 |
| (5) 记账凭证填制完成后，如有空行，应当自金额栏最后一笔金额数字下的空行处至合计数上的空行处画线注销 |
| (6) 填制要做到内容完整，书写清楚和规范 |

1.【单选题】下列关于记账凭证的填制要求的相关说法中，不正确的是（　　）。

A. 记账凭证填制完成后合计数上的空行处画线注销，如有空行，应当自金额栏最后一笔金额数字下的空行处至合计数上的空行处画线注销

B. 反映付款业务的会计凭证应由出纳人员进行连续编号

C. 出纳人员在办理收款或付款业务后，应在原始凭证上加盖“收讫”或“付讫”的戳记，以免重收重付

D. 除结账和更正错账可以不附原始凭证外，其他记账凭证必须附原始凭证

2.【判断题】对于涉及“库存现金”和“银行存款”之间的相互划转业务，如将现金存入银行或从银行提取现金，为了避免重复记账，一般只填制付款凭证，不再填制收款凭证。（　　）

3.【判断题】记账凭证是原始凭证的填制依据，原始凭证是编制财务报表的直接依据。（　　）

4.【判断题】复式记账凭证是将每一笔经济业务所涉及的全部科目及其发生额均在同一张记账凭证中反映的一种凭证。（　　）

---

1.【答案】B

【解析】为便于监督，反映付款业务的会计凭证不得由出纳人员编号。

2.【答案】√

3.【答案】×

【解析】原始凭证是填制记账凭证的依据，而会计账簿才是编制财务报表的直接依据。

4.【答案】√

## 【考点2.9】会计凭证的保管（见表2-31）

表2-31　　会计凭证的保管要求

| | |
|---|---|
| 1.定期装订成册 | 会计机构在依据会计凭证记账以后，应定期（每天、每旬或每月）对各种会计凭证进行分类整理，将各种记账凭证按照编号顺序，连同所附的原始凭证一起加具封面和封底，装订成册，并在装订线上加贴封签，防止抽换凭证 |
| | 会计凭证封面应注明单位名称、凭证种类、凭证张数、起止号数、年度、月份、会计主管人员和装订人员等有关事项，会计主管人员和保管人员等应在封面上签章 |
| | 从外单位取得的原始凭证遗失时，应取得原签发单位盖有公章的证明，并注明原始凭证的号码、金额、内容等，由经办单位会计机构负责人、会计主管人员和单位负责人批准后，才能代作原始凭证 |
| | 若确实无法取得证明的，如车票丢失，则应由当事人写明详细情况，由经办单位会计机构负责人、会计主管人员和单位负责人批准后，代作原始凭证 |
| 2.原始凭证可单独装订 | 原始凭证较多时，可单独装订，但应在凭证封面注明所属记账凭证的日期、编号和种类，同时在所属的记账凭证上应当注明“附件另订”及原始凭证的名称和编号，以便查阅 |
| | 对各种重要的原始凭证，如押金收据、提货单等，以及各种需要随时查阅和退回的单据，应另编目录，单独保管，并在有关的记账凭证和原始凭证上分别注明日期和编号 |
| 3.电子会计档案 | 仅以电子形式归档保存，要求：<br>(1) 形成的电子会计资料来源真实有效，由计算机等电子设备形成和传输<br>(2) 使用的会计核算系统能够准确、完整、有效接收和读取电子会计资料，能够输出符合国家标准归档格式的会计凭证、会计账簿、财务会计报表等会计资料，设定了经办、审核、审批等必要的审签程序<br>(3) 使用的电子档案管理系统能够有效接收、管理、利用电子会计档案，符合电子档案的长期保管要求，并建立了电子会计档案与相关联的其他纸质会计档案的检索关系<br>(4) 采取有效措施，防止电子会计档案被篡改<br>(5) 建立电子会计档案备份制度，能够有效防范自然灾害、意外事故和人为破坏的影响<br>(6) 形成的电子会计资料不属于具有永久保存价值或者其他重要保存价值的会计档案<br>在同时满足上述条件的情况下，单位从外部接收的电子会计资料附有符合《电子签名法》规定的电子签名的，可仅以电子形式归档保存，形成电子会计档案，无需打印电子会计资料纸质件进行归档保存 |

续表

| | |
|---|---|
| 3.电子会计档案 | 单位仅以电子形式保存会计档案的，原则上应从一个完整会计年度的年初开始执行，以保证其年度会计档案保存形式的一致性 |
| 4.会计档案保管 | 当年形成的会计档案，在会计年度终了后，可由单位会计机构临时保管一年，期满后再移交本单位档案机构统一保管 |
| | 因工作需要确需推迟移交的，应当经单位档案管理机构同意，且最长不超过三年 |
| | 单位未设立档案机构的，应在会计机构等机构内部指定专人保管 |
| | 出纳人员不得兼管会计档案 |
| 5.会计档案一般不得对外借出 | 单位保存的会计档案一般不得对外借出，确因工作需要且根据国家有关规定必须借出的，应当严格按照规定办理相关手续 |
| | 其他单位如有特殊原因，确实需要使用单位会计档案时，经本单位会计机构负责人、会计主管人员批准，可以复制 |
| | 向外单位提供的会计档案复制件，应在专设的登记簿上登记，并由提供人员和收取人员共同签名或者盖章 |
| 6.不得任意销毁 | 单位应当严格遵守会计档案的保管期限要求，保管期满前不得任意销毁 |
| | 会计档案达到保管期限的，单位应当组织对到期会计档案进行鉴定 |
| | 经鉴定，仍需继续保存的会计档案，应当重新划定保管期限；对保管期满，确无保存价值的会计档案，可以销毁 |
| | 保管期满但未结清的债权债务会计凭证和涉及其他未了事项的会计凭证不得销毁，纸质会计档案应当单独抽出立卷，电子会计档案单独转存，保管到未了事项完结时为止 |



【多选题】下列关于会计凭证保管的相关说法中，正确的有（　　）。

A.从外单位取得的原始凭证遗失时，必须取得原签发单位盖有公章的证明，并注明原始凭证的号码、金额、内容等，由经办单位会计机构负责人、会计主管人员和单位负责人批准后，才能代作原始凭证

B.严格遵守会计凭证的保管期限要求，期满前不得任意销毁

C.对各种重要的原始凭证，如押金收据、提货单等，以及各种需要随时查阅和退回的单据，应另编目录，单独保管，并在有关的记账凭证和原始凭证上分别注明日期和编号

D.会计主管人员和保管人员等应在会计凭证封面上签章

【答案】BCD

【解析】从外单位取得的原始凭证遗失时，应取得原签发单位盖有公章的证明，并注明原始凭证的号码、金额、内容等，由经办单位会计机构负责人、会计主管人员和单位负责人批准后，才能代作原始凭证。若确实无法取得证明的，如车票丢失，则应由当事人写明详细情况，由经办单位会计机构负责人、会计主管人员和单位负责人批准后，代作原始凭证，选项A不正确。

## 【考点2.10】会计账簿概念与分类

1.会计账簿的概念与基本内容（见表2-32）

表2-32　会计账簿的概念与基本内容

| | | |
|---|---|---|
| 概念 | | 简称账簿，是指由一定格式的账页组成的，以经过审核的会计凭证为依据，全面、系统、连续地记录各项经济业务的簿籍 |
| 基本内容 | 封面 | 主要标明账簿名称，如总分类账、各种明细分类账、库存现金日记账、银行存款日记账等 |
| | 扉页 | 主要用来标明会计账簿的使用信息，如科目索引、账簿启用和经管人员一览表等 |
| | 账页 | 是账簿用来记录经济业务的主要载体，包括账户的名称、日期栏、凭证种类和编号栏、摘要栏、金额栏，以及总页次和分户页次等基本内容 |

2.会计账簿的种类（见表2-33）

表2-33　会计账簿的种类

| 分类依据 | 种类 | 具体内容 |
|---|---|---|
| 按用途分类 | 序时账簿 | 又称日记账，是按照经济业务发生时间的先后顺序逐日、逐笔登记的账簿；可分为库存现金日记账和银行存款日记账 |
| | 分类账簿 | 按照分类账户设置登记的账簿。分类账簿是会计账簿的主体，也是编制财务报表的主要依据；可分为总分类账簿和明细分类账簿 |
| | 备查账簿 | 又称辅助登记簿或补充登记簿，是对某些在序时账簿和分类账簿中未能记载或记载不全的经济业务进行补充登记的账簿 |
| 按账页格式分类 | 三栏式账簿 | 是设有借方、贷方和余额三个金额栏目的账簿。格式与总账的格式基本相同。几乎适用于所有的账簿，如：债权、债务类明细账 |
| | 多栏式账簿 | 指在账簿的两个金额栏目（借方和贷方）按需要分设若干专栏的账簿，适用于收入、成本、费用类明细账，如：生产成本明细账 |
| | 数量金额式账簿 | 在账簿的借方、贷方和余额三个栏目内，每个栏目再分设数量、单价和金额三小栏，借以反映财产物资的实物数量和价值量的账簿，适用于既核算金额又核算数量的明细账，如：原材料、库存商品等明细账 |

续表

| 分类依据 | 种类 | 具体内容 |
|---|---|---|
| 按外形特征分类 | 订本式账簿 | 简称订本账，在启用前将编有顺序页码的一定数量账页装订成册的账簿。优点：能避免账页散失和防止抽换账页；缺点：不能准确为各账户预留账页。适用于重要的和具有统驭性的总分类账、库存现金日记账和银行存款日记账 |
| | 活页式账簿 | 简称活页账，将一定数量的账页置于活页夹内，可根据记账内容的变化随时增加或减少部分账页的账簿。优点：记账时可以根据实际需要，随时将空白账页装入账簿，或抽去不需要的账页，便于分工记账；缺点：如果管理不善，可能会造成账页散失或故意抽换账页。适用于明细分类账 |
| | 卡片式账簿 | 简称卡片账，将一定数量的卡片式账页存放于专设的卡片箱中，可以根据需要随时增添账页的账簿。在我国，企业一般只对固定资产的核算采用卡片账形式，也有少数企业在材料核算中使用材料卡片 |



1.【单选题】下列关于会计账簿的相关分类的说法中，不正确的是（　　）。

A.按用途可分为序时账簿、分类账簿和备查账簿

B.按账页格式可分为三栏式账簿、多栏式账簿、数量金额式账簿

C.按外形特征可分为订本式账簿、活页式账簿、卡片式账簿

D.收入、成本、费用明细账一般采用三栏式账簿，而债权、债务明细账一般采用多栏式账簿

2.【判断题】在我国，对于日记账，大多数企业一般只设库存现金日记账和银行存款日记账。（　　）

3.【单选题】固定资产明细账一般采用（　　）账簿。

A.活页式　　B.订本式

C.多栏式　　D.卡片式

---

1.【答案】D

【解析】收入、成本、费用明细账一般采用多栏式账簿，而各种日记账、总账以及资本、债权、债务明细账都可采用三栏式账簿，选项D不正确。

2.【答案】√

3.【答案】D

【解析】固定资产明细账一般采用卡片式账簿。

## 【考点2.11】会计账簿的启用与登记要求（见表2-34）

表2-34　会计账簿的启用与登记要求

| | |
|---|---|
| 1.会计账簿的启用 | 启用会计账簿时，应当在账簿封面上写明单位名称和账簿名称，并在账簿扉页上附启用表<br>启用订本式账簿应当从第一页到最后一页顺序编定页数，不得跳页、缺号<br>使用活页式账簿应当按账户顺序编号，并须定期装订成册，装订后再按实际使用的账页顺序编定页码，另加目录以便于记明每个账户的名称和页次 |
| 2.登记要求 | 根据凭证登记银行存款日记账<br>日期栏，是记账凭证的日期；凭证栏，是登记入账的收付款凭证的种类和编号；摘要栏，简要说明登记入账的经济业务的内容；收入、支出栏（或借方、贷方），是银行存款的实际收付金额，每日结出存款余额<br>（1）会计凭证数据<br>登记会计账簿时，应当将会计凭证日期、编号、业务内容摘要、金额和其他有关资料逐项记入账内<br>账簿记录中的日期，应该填写记账凭证上的日期<br>以自制原始凭证（如收料单、领料单等）作为记账依据的，账簿记录中的日期应按相关自制凭证上的日期填列<br>记账凭证登记完毕后，要在记账凭证上签名或者盖章，并注明已经登账的符号，表示已经登账<br>（2）墨水颜色<br>为了保持账簿记录的持久性，防止涂改，登记账簿必须使用蓝黑墨水或者碳素墨水，不得使用圆珠笔（银行的复写账簿除外）或者铅笔书写，使用红墨水记账：<br>①按照红字冲账的记账凭证，冲销错误记录<br>②在不设借贷等栏的多栏式账页中，登记减少数<br>③在三栏式账户的余额栏前，如未印明余额方向的，在余额栏内登记负数余额<br>④根据国家统一的会计制度的规定可以用红字登记的其他会计记录<br>（3）空行空页<br>会计账簿应当按照连续编号的页码顺序登记<br>记账时发生错误或者隔页、缺号、跳行的，应当在空页、空行处用红色墨水画对角线注销，或者注明“此页空白”“此行空白”字样，并由记账人员和会计机构负责人（会计主管人员）在更正处签名或者盖章。（判断）<br>（4）结出余额<br>凡需要结出余额的账户，结出余额后，应当在“借或贷”等栏内写明“借”或者“贷”等字样，以示余额的方向<br>没有余额的账户，应在“借或贷”栏内写“平”字，并在“余额”栏用“θ”表示。库存现金日记账和银行存款日记账必须逐日结出余额<br>（5）过次承前<br>每一账页登记完毕时，应当结出本页发生额合计及余额，在该账页最末一行“摘要”栏注明“转次页”或“过次页”，并将这一金额记入下一页第一行有关金额栏内，在该行“摘要”栏内注明“承前页”，以保持账簿记录的连续性，便于对账和结账<br>（6）账簿记录发生错误，不得刮擦、挖补或用褪色药水更改字迹，而应采用规定方法更正 |

【考点2.12】会计账簿的格式与登记方法

1. 日记账（见表2-35）

表2-35 日记账

| 种类 | 格式 | 登记方法 |
|---|---|---|
| 库存现金日记账 | 三栏式 | （1）登记人员：出纳<br>（2）依据：库存现金收款凭证、库存现金付款凭证、银行存款付款凭证<br>方法：逐笔、序时登记 |
| 银行存款日记账 | 按企业在银行开立的账户和币种分别设置，每个银行账户设置一本日记账 | （1）登记人员：出纳<br>（2）依据：银行收款凭证、银行付款凭证、库存现金付款凭证<br>方法：逐笔、序时登记 |

2. 总分类账（见表2-36）

表2-36 总分类账

| 格式 | 登记方法 |
|---|---|
| 最常用的格式为三栏式，设有借方、贷方和余额三个金额栏目 | （1）经济业务少的小型单位的总分类账可以根据记账凭证逐笔登记<br>（2）经济业务多的大中型单位的总分类账可以根据记账凭证汇总表（又称科目汇总表）或汇总记账凭证等定期登记 |

3. 明细分类账（见表2-37）

表2-37 明细分类账

| 种类 | 格式 |
|---|---|
| 三栏式 | 设有借方、贷方和余额三个栏目，其格式与三栏式总账格式相同 |
| 多栏式 | 将属于同一个总账科目的各个明细科目合并在一张账页上进行登记，即在这种格式账页的借方或贷方金额栏内按照明细项目设若干专栏 |
| 数量金额式 | 借方（收入）、贷方（发出）和余额（结存）都分别设有数量、单价和金额三个专栏 |

【考点2.13】总分类账与明细分类账的平行登记（见表2-38）

表2-38 总分类账与明细分类账的平行登记

| | |
|---|---|
| 含义 | 平行登记是指对所发生的每项经济业务都要以会计凭证为依据，一方面记入有关总分类账户，另一方面记入有关总分类账户所辖明细分类账户的方法 |
| 考点 | （1）方向相同<br>（2）期间一致<br>（3）金额相等（记入总分类账户的金额与记入其所辖明细分类账户的金额合计相等） |

【提示】总分类账户的本期发生额=所辖明细账户本期发生额合计；总分类账户的期初余额=所辖明细账户期初余额合计；总分类账户的期末余额=所辖明细账户期末余额合计。

1.【多选题】总分类账户与明细分类账户平行登记的要点包括（　　）。

A.方向相同　　　　B.金额相等

C.期间一致　　　　D.详细程度相同

2.【多选题】下列各项中，关于平行登记的说法正确的有（　　）。

A.总账本期发生额=所辖明细账本期发生额合计

B.总账期初余额=所辖明细账期初余额合计

C.总账期末余额=所辖明细账期末余额合计

D.总账借方余额合计=总账贷方余额合计

---

1.【答案】ABC

【解析】总分类账户与明细分类账户平行登记的要点如下：（1）方向相同；（2）期间一致；（3）金额相等。总分类账是按照总分类账户分类登记以提供总括会计信息的账簿，而明细分类账是根据有关明细分类账户设置并登记的账簿，它能提供交易或事项比较详细、具体的核算资料，以弥补总账所提供核算资料的不足。因此，总分类账户与明细分类账户的详细程度是不相同的。

2.【答案】ABC

【解析】平行登记是指对所发生的每项经济业务都要以会计凭证为依据，一方面记入有关总分类账户，另一方面记入所辖明细分类账户的方法，而选项D不属于平行登记。

## 【考点2.14】对账

对账是对账簿记录所进行的核对，就是核对账目。

对账一般分为账证核对、账账核对和账实核对（见表2-39）。

表2-39　账证核对、账账核对与账实核对

| | |
|---|---|
| 账证核对 | 将账簿记录与会计凭证（原始凭证、记账凭证）核对（判断） |
| 账账核对（多选） | （1）总分类账簿之间的核对（试算平衡：借方发生额、余额等于贷方发生额、余额倒挤）；（2）总分类账簿与所属明细分类账簿核对；（3）总分类账簿与序时账簿核对；（4）明细分类账簿之间的核对（会计资产明细账与保管使用账） |
| 账实核对（多选） | 指各项财产物资、债权债务等账面余额与实有数额之间的核对<br>（1）库存现金日记账账面余额与实际库存数逐日核对；（2）银行存款日记账账面余额与银行对账单的余额定期核对；（3）财产物资明细账账面余额与实有数额定期核对；（4）债权债务明细账账面余额与对方单位的账面记录核对 |

对账工作一般在记账之后结账之前，即在月末进行。

1.【单选题】下列各项关于对账的说法中，属于账账核对的是（　　）。

A.将库存现金总账与库存现金日记账的期末余额进行核对

B.将库存现金日记账账面余额与现金实际库存数进行核对

C.将银行存款日记账与银行对账单余额进行核对

D.将应收账款明细账和客户对账单进行核对

2.【判断题】将银行存款日记账账面余额与银行对账单余额定期核对是否相符，属于账账核对。（　　）

3.【单选题】某企业“库存商品”总分类账户下设“甲产品”和“乙产品”两个明细账户，“库存商品”总账余额为50 000元，“甲产品”明细账户余额为40 000元，则“乙产品”明细账户余额为（　　）元。

A.50 000　　B.90 000

C.40 000　　D.10 000

4.【单选题】银行存款日记账与银行对账单之间的核对属于（　　）。

A.账证核对　　B.账账核对

C.账实核对　　D.余额核对



5.【判断题】期末对账时，也包括账证核对，即核对会计账簿记录与原始凭证、记账凭证的时间、凭证字号、内容、金额等是否一致，记账方向是否相符。（　　）

1.【答案】A

【解析】选项B、C、D属于账实核对。

2.【答案】×

【解析】将银行存款日记账账面余额与银行对账单余额定期核对是否相符，属于账实核对。

3.【答案】D

【解析】总分类账户与其所辖明细分类账户余额之和在总金额上应当相等，所以“乙产品”明细账户的余额=50 000-40 000=10 000（元）。

4.【答案】C

【解析】银行存款日记账与银行对账单之间的核对属于账实核对。

5.【答案】√

**【考点2.15】结账**

结账的内容与要点见表2-40。

表2-40 结账内容与要点

<table>
<tr><td>(1) 内容</td><td colspan="2">结账的内容通常包括两个方面：<br>一是结清各种损益类账户，并据以计算确定本期利润<br>二是结出各资产、负债和所有者权益账户的本期发生额合计和期末余额<br>企业在一定时期结束时（如月末、季末或年末），为了编制财务报表，需要进行结账，具体包括月结、季结和年结</td></tr>
<tr><td rowspan="5">(2) 结账要点</td><td>库存现金、银行存款日记账，需要按月结计发生额的收入、费用明细账</td><td>每月结账时，要在最后一笔经济业务记录下面通栏画单红线，结出本月发生额和余额，在摘要栏内注明“本月合计”字样，并在下面通栏画单红线（判断）</td></tr>
<tr><td>不需按月结计本期发生额的账户</td><td>每次记账以后，都要随时结出余额，每月最后一笔余额是月末余额，即月末余额就是本月最后一笔经济业务记录的同一行内余额。月末结账时，只需要在最后一笔经济业务记录之下通栏划单红线，不需要再次结计余额</td></tr>
<tr><td>需要结计本年累计发生额的明细账户</td><td>每月结账时，应在“本月合计”行下结出自年初起至本月末止的累计发生额，登记在月份发生额下面，在摘要栏内注明“本年累计”字样，并在下面通栏画单红线。12月末的“本年累计”就是全年累计发生额，全年累计发生额下通栏画双红线</td></tr>
<tr><td>总账</td><td>总账账户平时只需结出月末余额。年终结账时，要将所有总账账户结出全年发生额和年末余额，在摘要栏内注明“本年合计”字样，并在合计数下通栏画双红线</td></tr>
<tr><td>年度终了</td><td>年度终了结账时，有余额的账户，应将其余额结转下年，并在摘要栏注明“结转下年”字样。在下一会计年度新建有关账户的第一行余额栏内填写上年结转的余额，并在摘要栏注明“上年结转”字样，使年末有余额账户的余额如实地在账户中加以反映，以免混淆有余额的账户和无余额的账户</td></tr>
</table>

## 【考点2.16】错账更正方法（见表2-41）

表2-41　　　　错账更正方法

| | | |
|---|---|---|
| 划线更正法 | 适用情形 | 会计人员结账前发现账簿记录有误（包括文字错误和数字错误），而记账凭证并无错误，应当采用划线更正法 |
| | 具体方法 | 可在错误的文字或数字上画一条红线，在红线的上方填写正确的文字或数字，并由记账人员和会计机构负责人（会计主管人员）在更正处盖章，以明确责任 |
| | 注意事项 | （1）错误数字应全部划销，不能只划销写错的个别数字；<br>（2）保持原有数字清晰可辨，以便审查 |
| 红字更正法 | 适用情形 | （1）记账后发现记账凭证中的应借、应贷会计科目有错误所引起的记账错误<br>（2）记账后发现记账凭证和账簿记录中应借、应贷会计科目无误，只是所记金额大于应记金额所引起的记账错误 |
| | 具体方法 | （1）用红字填制一张与原错误记账凭证内容完全相同的记账凭证，在摘要栏注明“注销某月某日某号凭证”，并据以用红字登记入账，以示注销原记账凭证，然后用蓝字填制一张正确的记账凭证并据以用蓝字登记入账；<br>（2）按多记的金额用红字编制一张与原记账凭证应借、应贷科目完全相同的记账凭证，在摘要栏内写明“冲销某月某日第×号记账凭证多记金额”，以冲销多记的金额，并据以用红字登记入账 |
| 补充登记法 | 适用情形 | 在记账后，发现记账凭证和账簿中所记金额小于应记金额，而应借、应贷会计科目无误时采用的一种更正方法 |
| | 具体方法 | 按少记的金额用蓝字编制一张与原记账凭证应借、应贷科目完全相同的记账凭证，在摘要中注明“补记某月某日第×号记账凭证少记金额”，以补充少记的金额并据以用蓝字登记入账 |



1.【单选题】某企业结账前发现账簿记录中有一笔金额为3 457元的销售业务误记为3 475元，相关的记账凭证没有错误。下列各项中，属于该企业应采用正确的错账更正方法的是（　　）。

A.补充登记法　　　　B.划线更正法

C.更正账页法　　　　D.红字更正法

2.【单选题】下列关于错账更正方法的相关说法中，正确的是（　　）。

A.在结账前发现账簿记录有文字或数字错误，而记账凭证没有错误，应

当采用红字更正法

B. 记账后发现记账凭证中应借、应贷会计科目有错误，应当采用划线更正法

C. 记账后发现记账凭证和账簿记录中应借、应贷会计科目无误，只是所记金额大于应记金额，应当采用划线更正法

D. 记账后发现记账凭证和账簿记录中应借、应贷会计科目无误，只是所记金额小于应记金额时，应当采用补充登记法

3.【判断题】账簿记录发生错误时，应及时用褪色药水进行更正。（　　）

4.【判断题】由于编制的记账凭证会计科目错误，导致账簿记录错误，更正时，可以将错误的会计科目划红线注销，然后，在划线上方填写正确的会计科目。（　　）

---

1.【答案】B

【解析】在结账前发现账簿记录有文字或数字错误，而记账凭证没有错误，应当采用划线更正法。

2.【答案】D

【解析】在结账前发现账簿记录有文字或数字错误，而记账凭证没有错误，应当采用划线更正法，选项A不正确；记账后发现记账凭证中应借、应贷会计科目有错误或者记账后发现记账凭证和账簿记录中应借、应贷会计科目无误，只是所记金额大于应记金额，应当采用红字更正法，选项B、C不正确。

3.【答案】×

【解析】账簿记录发生错误时，不得刮擦、挖补或用褪色药水更改字迹，而应采用规定的方法更正。

4.【答案】×

【解析】记账后发现记账凭证中的应借、应贷会计科日有错误所引起的记账错误应当使用红字更正法。

## 【考点2.17】会计账簿的保管（见表2-42）

表2-42　会计账簿的保管

| | | |
|---|---|---|
| 会计账簿的保管 | 1. 指定专人管理 | 各种账簿要分工明确，指定专人管理。账簿经管人员既要负责记账、对账、结账等工作，又要负责保证账簿安全 |
| | 2. 非经管人员不能随意翻阅 | 会计账簿未经领导和会计负责人或者有关人员批准，非经管人员不能随意翻阅查看会计账簿 |
| | | 会计账簿除需要与外单位核对外，一般不能携带外出；对携带外出的账簿，一般应由经管人员或会计主管人员指定专人负责 |

续表

| | | |
|---|---|---|
| 会计账簿的保管 | 3.不能随意交与他人管理 | 会计账簿不能随意交与其他人员管理，以保证账簿安全和防止任意涂改账簿等问题发生 |
| | 4.旧账要造册归档 | 年度终了更换并启用新账后，对更换下来的旧账要整理装订，造册归档 |
| | | 归档前旧账的整理工作包括：检查和补齐应办的手续，如改错盖章、注销空行及空页、结转余额等。活页账应撤出未使用的空白账页，再编定页码，装订成册 |
| | | 旧账装订时应注意：活页账一般按账户分类装订成册，一个账户装订成一册或数册；某些账户账页较少，也可以合并装订成一册 |
| | | 装订时应检查账簿扉页的内容是否填写齐全。装订后应由经办人员及装订人员、会计主管人员在封口处签名或盖章 |
| | | 旧账装订完毕，应当编制目录和编写移交清单，并按期移交档案部门保管 |
| | 5.电子会计档案无需定期打印 | 实行会计电算化的单位，满足《会计档案管理办法》第八条有关规定的，可仅以电子形式保存会计账簿，无需定期打印会计账簿 |
| | | 确需打印的，打印的会计账簿必须连续编号，经审核无误后装订成册，并由记账人员和会计机构负责人、会计主管人员签字或者盖章 |
| | 6.不得任意销毁 | 各种账簿同会计凭证和会计报表一样，都是重要的经济档案，必须按照《会计档案管理办法》规定的保存年限妥善保管，不得丢失和任意销毁 |
| | | 保管期满后，应当按照规定进行鉴定，经鉴定可以销毁的，方可按照审批程序报经批准后销毁 |

**【考点2.18】会计账务处理程序（见表2-43）**[①]

表2-43　　**会计账务处理程序**

<table>
<tr><td>记账凭证账务处理程序</td><td>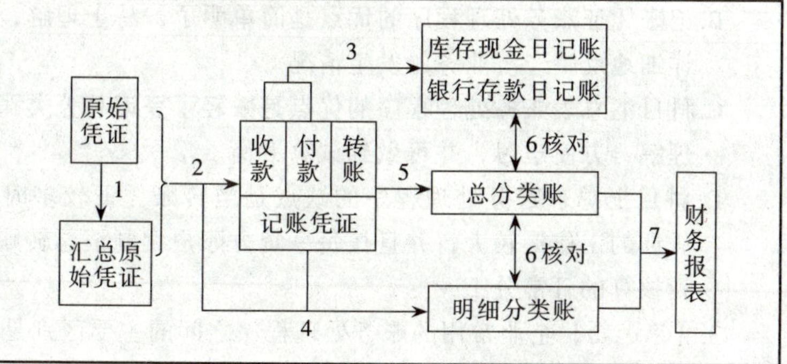
</td></tr>
<tr><td>汇总记账凭证账务处理程序</td><td>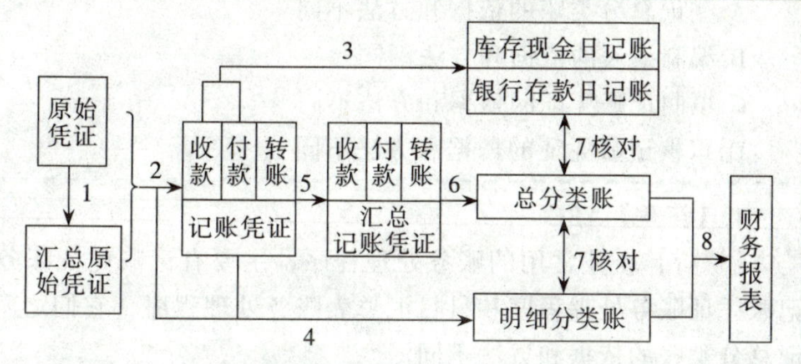
</td></tr>
<tr><td>科目汇总表账务处理程序</td><td>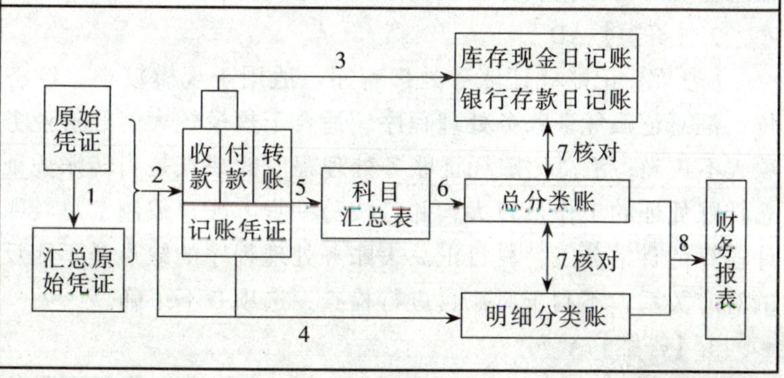
</td></tr>
</table>

1.**【多选题】**企业常用的账务处理程序主要有（　　），它们之间的主要区别是登记总分类账的依据和方法不同。

A.记账凭证账务处理程序

B.汇总记账凭证账务处理程序

C.科目汇总表账务处理程序

D.原始凭证账务处理程序

① 与图2-2重复，此处为重申会计账务处理程序考点。

2.【多选题】下列各项关于账务处理程序的说法中，不正确的有（　　）。

A.汇总记账凭证账务处理程序适合于规模较小、经济业务量较少的单位

B.记账凭证账务处理程序的优点是简单明了，易于理解，总分类账可以较详细地反映经济业务的发生情况

C.科目汇总表账务处理程序的优点是减轻了登记总分类账的工作量，易于理解，方便学习，并可做到试算平衡

D.科目汇总表账务处理程序的缺点是当转账凭证较多时，编制汇总转账凭证的工作量较大，并且按每一贷方账户编制汇总转账凭证，不利于会计核算的日常分工

3.【单选题】企业常用的账务处理程序之间的主要区别是（　　）。

A.登记总分类账的依据和方法不同

B.编制报表的依据和方法不同

C.填制记账凭证的依据和方法不同

D.审核记账凭证的依据和方法不同

---

1.【答案】ABC

【解析】企业常用的账务处理程序，主要有记账凭证账务处理程序、汇总记账凭证账务处理程序和科目汇总表账务处理程序，它们之间的主要区别是登记总分类账的依据和方法不同。



2.【答案】AD

【解析】记账凭证账务处理程序，适用于规模较小、经济业务量较少的单位，汇总记账凭证账务处理程序，适合于规模较大、经济业务较多的单位，选项A不正确；汇总记账凭证账务处理程序的缺点是当转账凭证较多时，编制汇总转账凭证的工作量较大，并且按每一贷方账户编制汇总转账凭证，不利于会计核算的日常分工，科目汇总表账务处理程序的缺点是不能反映各个账户之间的对应关系，不利于对账目进行检查，选项D不正确。

3.【答案】A

【解析】企业常用的账务处理程序，主要有记账凭证账务处理程序、汇总记账凭证账务处理程序和科目汇总表账务处理程序，它们之间的主要区别是登记总分类账的依据和方法不同。

## 【考点2.19】会计信息化（见表2-44）

表2-44　会计信息化

| | | |
|---|---|---|
| 会计信息化 | 1.概念 | 会计信息化，是指企业利用计算机、网络通信等现代信息技术手段开展会计核算，以及利用上述技术手段将会计核算与其他经营管理活动有机结合的过程 |
| | 2.会计软件 | 会计软件，是指企业使用的、专门用于会计核算和财务管理的计算机软件、软件系统或者其功能模块<br>会计软件一般具有以下功能：<br>1.为会计核算和财务管理直接采集数据<br>2.生成会计凭证、账簿、报表等会计资料<br>3.对会计资料进行转换、输出、分析、利用 |
| | 3.会计信息系统 | 是指由会计软件及其运行所依赖的软硬件环境组成的集合体 |
| | 4.会计核算信息化阶段 | 应当结合自身情况，逐步实现资金管理、资产管理、预算控制、成本管理等财务管理信息化 |
| | 5.财务管理信息化阶段 | 应当结合自身情况，逐步实现财务分析、全面预算管理、风险控制、绩效考核等决策支持信息化 |
| | 6.分公司、子公司数量多、分布广的大型企业、企业集团 | 应当探索利用信息技术促进会计工作的集中，逐步建立财务共享服务中心 |

## 【考点2.20】信息化环境下会计账务处理的基本要求（见表2-45）

表2-45　信息化环境下会计账务处理的基本要求

| | | |
|---|---|---|
| 信息化环境下会计账务处理的基本要求 | 1.功能设计不能违规 | 企业使用的会计软件应当保障企业按照国家统一会计准则制度开展会计核算，设定了经办、审核、审批等必要的审签程序，能够有效防止电子会计凭证重复入账，并不得有违背国家统一会计准则制度的功能设计 |
| | 2.界面应当支持中文 | 企业使用的会计软件的界面应当使用中文并且提供对中文处理的支持，可以同时提供外国或者少数民族文字界面对照和处理支持 |
| | 3.科目分类编码合规 | 企业使用的会计软件应当提供符合国家统一会计准则制度的会计科目分类和编码功能 |
| | 4.打印功能合规 | 企业使用的会计软件应当提供符合国家统一会计准则制度的会计凭证、账簿和报表的显示与打印功能 |

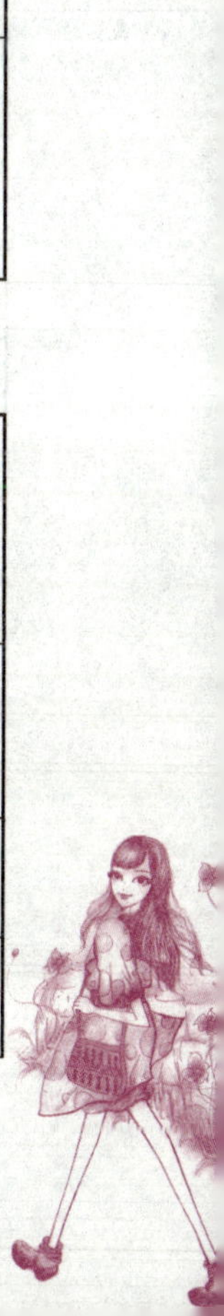

续表

| | | |
|---|---|---|
| 信息化环境下会计账务处理的基本要求 | 5.记账不可逆 | 企业使用的会计软件应当提供不可逆的记账功能，确保对同类已记账凭证的连续编号，不得提供对已记账凭证的删除和插入功能，不得提供对已记账凭证日期、金额、科目和操作人的修改功能 |
| | 6.数据接口合规 | 企业使用的会计软件应当具有符合国家统一标准的数据接口，满足外部会计监督需要 |
| | 7.归档功能合规 | 企业使用的会计软件应当具有会计资料归档功能，提供导出会计档案的接口，在会计档案存储格式、元数据采集、真实性与完整性保障方面，符合国家有关电子文件归档与电子档案管理的要求 |
| | 8.有用户操作日志 | 企业使用的会计软件应当记录生成用户操作日志，确保日志的安全、完整，提供按操作人员、操作时间和操作内容查询日志的功能，并能以简单易懂的形式输出 |
| | 9.服务器部署合规 | 企业会计信息系统数据服务器的部署应当符合国家有关规定。数据服务器部署在境外的，应当在境内保存会计资料备份，备份频率不得低于每月一次。境内备份的会计资料应当能够在境外服务器不能正常工作时，独立满足企业开展会计工作的需要以及外部会计监督的需要 |
| | 10.描述应当使用中文 | 企业会计资料中对经济业务事项的描述应当使用中文，可以同时使用外国或者少数民族文字对照 |
| | 11.建立电子会计资料备份管理制度 | 企业应当建立电子会计资料备份管理制度，确保会计资料的安全、完整和会计信息系统的持续、稳定运行 |
| | 12.归档管理合规 | 企业电子会计档案的归档管理，应当符合《会计档案管理办法》等法规规章的规定 |
| | 13.外部查询调阅功能 | 实行会计集中核算的企业以及企业分支机构，应当为外部会计监督机构及时查询和调阅异地储存的会计资料提供必要条件 |
| | 14.不得传输涉及国家安全的会计资料 | 企业不得在非涉密信息系统中存储、处理和传输涉及国家秘密、关系国家经济信息安全的电子会计资料；未经有关主管部门批准，不得将电子会计资料及其复印件携带、寄运或者传输至境外 |

## 【考点2.21】财产清查种类、程序和方法

1.财产清查的种类

财产清查的种类如图2-10所示。

- 财产清查
  - 1.按清查的范围
    - 全面清查
    - 局部清查
  - 2.按清查的时间
    - 定期清查
    - 不定期清查
  - 3.按清查的执行系统
    - 内部清查
    - 外部清查

图2-10 财产清查的种类

财产清查的分类与具体内容见表2-46。

表2-46 财产清查的分类与具体内容

| 分类 | | 具体内容 |
|---|---|---|
| 按照清查范围分类 | 全面清查 | 指对所有的财产进行全面的盘点和核对。需要进行全面清查的情况通常有：<br>（1）年终决算前<br>（2）在合并、撤销或改变隶属关系前<br>（3）中外合资、国内合资前<br>（4）股份制改造前<br>（5）开展全面的资产评估、清产核资前<br>（6）单位主要领导调离工作前 |
| | 局部清查 | 指根据需要只对部分财产进行盘点和核对。一般包括：<br>（1）库存现金（日清月结）<br>（2）银行存款（每月至少与银行核对一次）<br>（3）库存商品、原材料等流动性较大的存货（除年度清查外，每月应有计划地重点抽查，对于贵重的财产物资，应每月清查盘点一次）<br>（4）债权、债务（应在年度内至少同对方核对一至两次） |

续表

| 分类 | | 具体内容 |
|---|---|---|
| 按照清查时间分类 | 定期清查 | 指按照预先计划安排时间对财产所进行的盘点和核对。如：年末、季末、月末结账前定期进行的财产清查 |
| | 不定期清查 | 指事前不规定清查日期，而是根据特殊需要临时进行的盘点和核对。主要在以下几种情况下进行：<br>(1) 财产物资、库存现金保管人员更换时，要对有关人员保管的财产物资、库存现金进行清查，以分清经济责任，便于办理交接手续<br>(2) 发生自然灾害和意外损失时，要对受损失的财产物资进行清查，以查明损失情况<br>(3) 上级主管、财政、审计和银行等部门，对本单位进行会计检查，应按检查的要求和范围对财产物资进行清查，以验证会计资料的可靠性<br>(4) 进行临时性清产核资时，要对本单位的财产物资进行清查，以便摸清“家底” |
| 按照清查的执行系统分类 | 内部清查 | 指由本单位内部自行组织清查小组所进行的财产清查工作。大多数财产清查都是内部清查 |
| | 外部清查 | 指由上级主管部门、审计机关、司法部门、注册会计师等根据国家有关规定或情况需要对本单位所进行的财产清查。一般来讲，进行外部清查时应有本单位相关人员参加 |



【多选题】下列各项中，企业必须进行财产全面清查的有（　　）。

A.清产核资

B.股份制改造

C.单位改变隶属关系

D.单位主要领导人离任交接前

【答案】ABCD

【解析】全面清查，是指对所有的财产进行全面的盘点和核对。需要进行全面清查的情况通常有：（1）年终决算前；（2）在合并、撤销或改变隶属关系前；（3）中外合资、国内合资前；（4）股份制改造前；（5）开展全面的资产评估、清产核资前；（6）单位主要领导调离工作前等。

2.财产清查的一般程序（见表2-47）

表2-47　财产清查的一般程序

| | |
|---|---|
| 清查的一般程序 | （1）建立财产清查组织 |
| | （2）组织清查人员学习有关政策规定，掌握有关法律、法规和相关业务知识，以提高财产清查工作的质量 |
| | （3）确定清查对象、范围，明确清查任务 |
| | （4）制订清查方案，具体安排清查内容、时间、步骤、方法，以及必要的清查前准备 |
| | （5）清查时本着先清查数量、核对有关账簿记录等，后认定质量的原则进行 |
| | （6）填制盘存清单 |
| | （7）根据盘存清单，填制实物、往来账项清查结果报告表 |

3.财产清查的方法（见表2-48）

表2-48　财产清查的方法

| | |
|---|---|
| 库存现金 | （1）清查方法：实地盘点法；（2）人：盘点时出纳必须在场；由主管会计或财务负责人和出纳共同清点；（3）清查凭证：盘点结束，填制“库存现金盘点报告表”，作为重要的原始凭证 |
| 银行存款 | （1）采用与开户银行核对账目的方法进行，即将本单位银行存款日记账的账簿记录与开户银行转来的对账单逐笔进行核对，来查明银行存款的实有数额；（2）二者余额不相符，则可能是企业或银行一方或双方记账过程有错误或者存在未达账项（判断） |
| 实物资产 | 是对实物资产在数量和质量上进行的清查。<br>（1）常用的清查方法有实地盘点法和技术推算法；（2）实物保管人员和盘点人员必须同时在场；（3）盘存单既是记录盘点结果的书面证明，也是反映财产物资实存数的原始凭证。根据盘存单和有关账簿记录，编制实存账存对比表，实存账存对比表是用以调整账簿记录的重要原始凭证 |
| 往来款项 | （1）往来款项主要包括应收、应付款项和预收、预付款项等；（2）采用发函询证的方法进行核对；（3）对账用的“往来款项对账单”、记录清查结果的“往来款项清查报告单” |

1.【单选题】下列关于财产清查方法的说法中，不正确的是（　　）。

A.对库存现金进行盘点时，出纳人员必须在场

B.在实物清查过程中，实物保管人员和盘点人员必须同时在场

C.银行存款余额调节表的编制，是以双方账面余额为基础，各自分别加上对方已付款入账而己方尚未入账的数额，减去对方已收款入账而己方尚

未入账的数额

D.实物资产常用的清查方法包括实地盘点法和技术推算法

2.【多选题】下列各项中，属于需要进行全面清查的情况的有（　　）。

A.发生自然灾害和意外损失时

B.在合并、撤销或改变隶属关系前

C.库存现金保管人员更换时

D.单位主要领导调离工作前

3.【判断题】对于有争执的款项以及无法收回的款项，不应列示在“往来款项清查报告单”当中。（　　）

4.【判断题】财产清查产生的损溢，在期末结账前尚未经批准，那么，不予处理，年末批准后再进行账务处理。（　　）

5.【单选题】企业遭受自然灾害后，对其遭受损失的财产物资进行的清查，属于（　　）。

A.局部清查和定期清查　　B.全面清查和定期清查

C.局部清查和不定期清查　　D.全面清查和不定期清查

6.【多选题】进行局部财产清查时，正确的做法有（　　）。

A.现金每月清点一次

B.银行存款每月至少同银行核对一次

C.贵重物品每月至少盘点一次

D.债权债务每年至少核对一至两次

7.【判断题】外部清查是指由上级主管部门、审计机关、司法部门、注册会计师等根据国家有关规定或情况需要对本单位进行的财产清查。一般来讲，进行外部清查时应有本单位相关人员参加。（　　）

8.【判断题】企业在2018年5月份发生一起小范围内的火灾，生产车间的部分设备损坏，为了查明损失情况，企业进行了清查，这种清查属于不定期清查。（　　）

---

1.【答案】C

【解析】银行存款余额调节表的编制，是以双方账面余额为基础，各自分别加上对方已收款入账而己方尚未入账的数额，减去对方已付款入账而己方尚未入账的数额，选项C不正确。

2.【答案】BD

【解析】选项A、C属于不定期清查的情况。

3.【答案】×

【解析】对于有争执的款项以及无法收回的款项，应在报告单上详细列明情况，以便及时采取措施进行处理，避免或减少坏账损失。

4.【答案】×

【解析】财产清查产生的损溢，企业应于期末前查明原因，并根据企业的管理权限，经股东大会或董事会，或经理（厂长）会议或类似机构批准后，在期末结账前处理完毕。如果在期末结账前尚未经批准，在对外提供财务报表时，先按上述规定进行处理，并在附注中作出说明；其后批准处理的金额与已处理金额不一致的，调整财务报表相关项目的期初数。

5.【答案】C

6.【答案】BCD

【解析】进行局部清查主要有以下几种情况：①对于库存现金，每日业务终了应由出纳人员当日清点核对，以保证实存数和库存现金日记账结存额相符；②对于银行存款，出纳人员至少每月要同银行核对一次；③对于贵重物资，每月都要进行清查盘点；④对于各种往来款项，每年至少同对方企业核对一至两次；⑤对于流动性较大的材料物资，应根据需要随时轮流盘点或重点抽查。

7.【答案】√

8.【答案】√

### 【考点2.22】财务报告（见表2-49）

表2-49　财务报告

| | |
|---|---|
| 概念 | 指企业对外提供的反映企业某一特定日期的财务状况和某一会计期间的经营成果、现金流量等会计信息的文件 |
| 目标 | 向财务报告使用者提供与企业财务状况、经营成果和现金流量等有关的会计信息，反映企业管理层受托责任履行情况，有助于财务报告使用者作出经济决策 |
| 使用者 | 投资者、债权人、政府及其有关部门、社会公众等 |

一套完整的财务报表至少应当包括资产负债表、利润表、现金流量表、所有者权益（或股东权益）变动表以及附注（见表2-50）。

表2-50　一套完整的财务报表包含的内容

| | |
|---|---|
| 资产负债表 | 是反映企业在某一特定日期的财务状况的会计报表 |
| 利润表 | 是反映企业在一定会计期间的经营成果的会计报表 |
| 现金流量表 | 是反映企业在一定会计期间的现金和现金等价物流入和流出的会计报表 |
| 所有者权益（或股东权益）变动表 | 是反映构成所有者权益（或股东权益）各组成部分当期增减变动情况的会计报表 |
| 附注 | 是财务报表不可或缺的组成部分，是对在资产负债表、利润表、现金流量表和所有者权益（或股东权益）变动表等报表中列示项目的文字描述或明细资料，以及对未能在这些报表中列示项目的说明等 |

1.【多选题】财务报告是指企业对外提供的，反映企业（　　）等会计信息的文件。

A.某一特定日期的财务状况　　B.某一会计期间的经营成果

C.某一会计期间的现金流量　　D.某一特定日期的经营成果

2.【判断题】附注是财务报表不可或缺的组成部分。（　　）

---

1.【答案】ABC

【解析】财务报告，是指企业对外提供的反映企业某一特定日期的财务状况和某一会计期间的经营成果、现金流量等会计信息的文件。

2.【答案】√

## 【考点2.23】成本会计基础（见表2-51）

表2-51　　成本会计基础

<table>
<tr><td rowspan="2">成本会计的概念</td><td colspan="3">成本会计，是基于商品经济条件下，为求得产品的总成本和单位成本而核算全部生产成本和费用的会计活动</td></tr>
<tr><td colspan="3">成本会计核算的对象是产品成本，是对成本计划执行的结果进行事后的反映</td></tr>
<tr><td rowspan="10">成本会计的基本原理</td><td rowspan="10">1.核算要求</td><td colspan="2">（1）做好各项基础工作</td></tr>
<tr><td rowspan="6">（2）正确划分各种费用支出的界限</td><td>①正确划分收益性支出和资本性支出的界限</td></tr>
<tr><td>②正确划分成本费用、期间费用和营业外支出的界限</td></tr>
<tr><td>③正确划分本期成本费用与以后期间成本费用的界限</td></tr>
<tr><td>④正确划分各种产品成本费用的界限</td></tr>
<tr><td>⑤正确划分本期完工产品与期末在产品成本的界限</td></tr>
<tr><td>上述五方面成本费用的划分应当遵循受益原则，即谁受益谁负担、何时受益何时负担、负担费用应与受益程度成正比。上述成本费用划分的过程，也是产品成本的计算过程</td></tr>
<tr><td>（3）根据生产特点和管理要求选择适当的成本计算方法</td><td>目前，企业常用的产品成本计算方法有品种法、分批法、分步法、分类法、定额法、标准成本法等</td></tr>
<tr><td>（4）遵守一致性原则</td><td>企业产品成本核算采用的会计政策和估计一经确定，不得随意变更</td></tr>
<tr><td>（5）编制产品成本报表</td><td>企业可以根据自身管理要求，确定成本报表的具体格式和列报方式</td></tr>
</table>

 


<table>
<tr><td rowspan="10">成本会计的基本原理</td><td rowspan="6">2. 产品成本核算的一般程序</td><td colspan="2">（1）根据生产特点和成本管理的要求，确定成本核算对象</td></tr>
<tr><td>（2）确定成本项目</td><td>企业计算产品生产成本，一般应当设置“直接材料”“燃料及动力”“直接人工”“制造费用”等成本项目</td></tr>
<tr><td>（3）设置有关成本和费用明细账</td><td>如生产成本明细账、制造费用明细账、产成品和自制半成品明细账等</td></tr>
<tr><td colspan="2">（4）收集确定各种产品的生产量、入库量、在产品盘存量以及材料、工时、动力消耗等，并对所有已发生生产费用进行审核</td></tr>
<tr><td colspan="2">（5）归集所发生的全部生产费用，并按照确定的成本计算对象予以分配，按成本项目计算各种产品的在产品成本、产品成本和单位成本</td></tr>
<tr><td>（6）结转产品销售成本</td><td>如果需要单独核算废品损失和停工损失，还应设置“废品损失”“停工损失”等科目</td></tr>
<tr><td rowspan="4">3. 产品成本核算对象</td><td>制造企业</td><td>一般按照产品品种、批次订单或生产步骤等确定产品成本核算对象<br>（1）大量大批单步骤生产产品或管理上不要求提供有关生产步骤成本信息的，一般按照产品品种确定成本核算对象<br>（2）小批单件生产产品的，一般按照每批或每件产品确定成本核算对象<br>多步骤连续加工产品且管理上要求提供有关生产步骤成本信息的，一般按照每种（批）产品及各生产步骤确定成本核算对象<br>（3）产品规格繁多的，可以将产品结构、耗用原材料和工艺过程基本相同的产品，适当合并作为成本核算对象</td></tr>
<tr><td>农业企业</td><td>一般按照生物资产的品种、成长期、批别（群别、批次）、与农业生产相关的劳务作业等确定成本核算对象</td></tr>
<tr><td>批发零售企业</td><td>一般按照商品的品种、批次、订单、类别等确定成本核算对象</td></tr>
<tr><td>建筑企业</td><td>（1）一般按照订立的单项合同确定成本核算对象<br>（2）单项合同包括建造多项资产的，企业应当按照企业会计准则规定的合同分立原则，确定建造合同的成本核算对象<br>（3）为建造一项或数项资产而签订一组合同的，按合同合并的原则，确定建造合同的成本核算对象</td></tr>
</table>

续表

| | | | |
|---|---|---|---|
| 成本会计的基本原理 | 4.产品成本项目 | (1) 直接材料 | 包括原材料、辅助材料、备品配件、外购半成品、包装物、低值易耗品等费用 |
| | | (2) 燃料及动力 | 指直接用于产品生产的外购和自制的燃料和动力 |
| | | (3) 直接人工 | 指直接从事产品生产的工人的职工薪酬 |
| | | (4) 制造费用 | 指企业为生产产品和提供劳务而发生的各项间接费用 |
| | 5.产品成本的归集和分配 | 企业应当根据生产经营特点，以正常生产能力水平为基础，按照资源耗费方式确定合理的分配标准 | |
| | 6.产品成本计算方法 | (1) 品种法 | 这种方法适用于单件、大量生产的企业，如发电、供水、采掘等企业 |
| | | | 品种法计算成本的主要特点：<br>①成本核算对象是产品品种<br>②品种法下一般定期（每月月末）计算产品成本<br>③月末一般不存在在产品 |
| | | (2) 分批法 | 这种方法主要适用于单件、小批生产的企业，如造船、重型机器制造、精密仪器制造等，也可用于一般企业中的新产品试制或试验的生产、在建工程以及设备修理作业等 |
| | | | 分批法计算成本的主要特点：<br>①成本核算对象是产品的批别<br>②产品成本计算是不定期的。成本计算期与产品生产周期基本一致，但与财务报告期不一致<br>③由于成本计算期与产品的生产周期基本一致，因此，在计算月末在产品成本时，一般不存在在完工产品和在产品之间分配成本的问题 |
| | | (3) 分步法 | 这种方法适用于大量大批的多步骤生产，如冶金、纺织、机械制造等 |
| | | | 分步法计算成本的主要特点：<br>①成本核算对象是各种产品的生产步骤<br>②月末计算完工产品成本<br>③除了按品种计算和结转产品成本外，还需要计算和结转产品的各步骤成本 |
| | | | 各生产步骤成本的计算和结转，一般采用逐步结转分步法和平行结转分步法两种方式<br>逐步结转分步法主要用于分步计算半成品成本的情形，也称为半成品成本分步法<br>平行结转分步法主要用于不需分步计算半成品成本的情形，也称为不计算半成品成本分步法 |

## 【考点2.24】管理会计基础（见表2-52）

表2-52 管理会计基础

| | | |
|---|---|---|
| 管理会计指引 | 1.管理会计的概念 | 管理会计的目标是通过运用管理会计工具方法，参与单位规划、决策、控制、评价活动并为之提供有用信息，推动单位实现战略规划 |
| | 2.管理会计指引体系 | （1）管理会计基本指引 |
| | | （2）管理会计应用指引 |
| | | （3）管理会计案例库 |
| 管理会计要素 | 1.管理会计应用环境 | 管理会计应用环境是单位应用管理会计的基础。包括外部环境和内部环境 |
| | 2.管理会计活动 | 在了解和分析其应用环境的基础上，单位应将管理会计活动嵌入规划、决策、控制、评价等环节，形成完整的管理会计闭环 |
| | 3.管理会计工具方法 | （1）战略地图 |
| | | （2）滚动预算<br>中期滚动预算的预算编制周期通常为3年或5年，以年度作为预算滚动频率。短期滚动预算通常以1年为预算编制周期，以月度、季度作为预算滚动频率 |
| | | （3）作业成本法<br>是指以“作业消耗资源、产出消耗作业”为原则，按照资源动因将资源费用追溯或分配至各项作业，计算出作业成本，然后再根据作业动因，将作业成本追溯或分配至各成本对象，最终完成成本计算的过程 |
| | | （4）本量利分析<br>“本”是指成本，包括固定成本和变动成本；“量”是指业务量，一般指销售量；“利”一般指营业利润<br>营业利润=（单价-单位变动成本）×业务量-固定成本 |
| | | （5）平衡计分卡<br>平衡计分卡，是指基于企业战略，从财务、客户、内部业务流程、学习与成长四个维度，将战略规划目标逐层分解转化为具体的、相互平衡的业绩指标体系，并据此进行绩效管理的方法 |
| | 4.管理会计信息与报告 | 管理会计信息包括管理会计应用过程中的财务信息和非财务信息，是管理会计报告的基本元素 |

## 【考点2.25】政府会计基础（见表2-53）

表2-53 政府会计基础

| | | |
|---|---|---|
| 政府会计的概念 | 政府会计是会计体系的重要分支，它是运用会计专门方法对政府及其组成主体（包括政府所属的行政事业单位等）的财务状况、运行情况（含运行成本，下同）、现金流量、预算执行等情况进行全面核算、监督和报告 | |
| 政府会计标准体系 | 1.政府会计基本准则 | 用于规范政府会计目标、政府会计主体、政府会计信息质量要求、政府会计核算基础，以及政府会计要素定义、确认和计量原则、列报要求等原则事项 |
| | 2.政府会计具体准则及应用指南 | 政府会计具体准则依据基本准则制定用于规范政府会计主体发生的经济业务或事项的会计处理原则，详细规定经济业务或事项引起的会计要素变动的确认、计量、记录和报告 |
| | 3.政府会计制度 | 政府会计制度依据基本准则制定，主要规定政府会计科目及账务处理、报表体系及编制说明等 |
| 政府会计的特点 | 1.双功能 | 政府会计应当实现预算会计和财务会计的双重功能 |
| | 2.双基础 | 预算会计实行收付实现制，国务院另有规定的，从其规定；财务会计实行权责发生制 |
| | 3.双要素 | 政府会计要素包括预算会计要素和财务会计要素 |
| | | 预算会计要素包括预算收入、预算支出与预算结余 |
| | | 财务会计要素包括资产、负债、净资产、收入和费用 |
| | 4.双报告 | 政府会计主体应当编制决算报告和财务报告 |
| | | 政府决算报告是综合反映政府会计主体年度预算收支执行结果的文件，主要以收付实现制为基础编制，以预算会计核算生成的数据为准 |
| | | 政府财务报告是反映政府会计主体某一特定日期的财务状况和某一会计期间的运行情况和现金流量等信息的文件，主要以权责发生制为基础编制，以财务会计核算生成的数据为准 |

续表

| | | |
|---|---|---|
| 政府预算会计要素 | 1.预算收入 | 预算收入是指政府会计主体在预算年度内依法取得的并纳入预算管理的现金流入。预算收入一般在实际收到时予以确认，以实际收到的金额计量 |
| | 2.预算支出 | 预算支出是指政府会计主体在预算年度内依法发生并纳入预算管理的现金流出。预算支出一般在实际支付时予以确认，以实际支付的金额计量 |
| | 3.预算结余 | 预算结余是指政府会计主体预算年度内预算收入扣除预算支出后的资金余额，以及历年滚存的资金余额 |
| | | 预算结余包括结余资金和结转资金 |
| | | 结余资金是指年度预算执行终了，预算收入实际完成数扣除预算支出和结转资金后剩余的资金 |
| | | 结转资金是指预算安排项目的支出年终尚未执行完毕或者因故未执行，且下年需要按原用途继续使用的资金 |
| 政府财务会计要素 | 1.资产 | 资产是指政府会计主体过去的经济业务或者事项形成的，由政府会计主体控制的，预期能够产生服务潜力或者带来经济利益流入的经济资源 |
| | | 符合政府资产定义的经济资源，在同时满足以下条件时，确认为资产：<br>（1）与该经济资源相关的服务潜力很可能实现或者经济利益很可能流入政府会计主体<br>（2）该经济资源的成本或者价值能够可靠地计量 |
| | | 政府会计主体的资产按照流动性，分为流动资产和非流动资产 |
| | | 政府资产的计量属性主要有历史成本、重置成本、现值、公允价值和名义金额（即人民币1元） |
| | | 政府会计主体对资产进行计量，一般应当采用历史成本。采用重置成本、现值、公允价值计量的，应当保证所确定的资产金额能够持续、可靠计量 |

续表

| | | |
|---|---|---|
| 政府财务会计要素 | 2.负债 | 负债是指政府会计主体过去的经济业务或者事项形成的，预期会导致经济资源流出政府会计主体的现时义务 |
| | | 符合政府负债定义的义务，在同时满足以下条件时，确认为负债：<br>（1）履行该义务很可能导致含有服务潜力或者经济利益的经济资源流出政府会计主体；<br>（2）是该义务的金额能够可靠地计量 |
| | | 政府会计主体的负债按照流动性，分为流动负债和非流动负债 |
| | | 政府负债的计量属性主要有历史成本、现值和公允价值 |
| | | 政府会计主体对负债进行计量，一般应当采用历史成本。采用现值、公允价值计量的，应当保证所确定的负债金额能够持续、可靠计量 |
| | 3.净资产 | 净资产是指政府会计主体资产扣除负债后的净额，其金额取决于资产和负债的计量 |
| | 4.收入 | 收入是指报告期内导致政府会计主体净资产增加的、含有服务潜力或者经济利益的经济资源的流入 |
| | | 收入的确认应当同时满足以下条件：<br>（1）与收入相关的含有服务潜力或者经济利益的经济资源很可能流入政府会计主体<br>（2）含有服务潜力或者经济利益的经济资源流入会导致政府会计主体资产增加或者负债减少<br>（3）流入金额能够可靠地计量 |
| | 5.费用 | 费用是指报告期内导致政府会计主体净资产减少的、含有服务潜力或者经济利益的经济资源的流出 |
| | | 费用的确认应当同时满足以下条件：<br>（1）与费用相关的含有服务潜力或者经济利益的经济资源很可能流出政府会计主体<br>（2）含有服务潜力或者经济利益的经济资源流出会导致政府会计主体资产减少或者负债增加<br>（3）流出金额能够可靠地计量 |
| 政府会计核算模式 | 政府会计由预算会计和财务会计构成 | |
| | 政府会计核算模式实现了预算会计与财务会计适度分离并相互衔接，全面、清晰地反映政府财务信息和预算执行信息 | |

# 第3章

# 流动资产增加记借方

本章思维导图（如图3-1所示）：

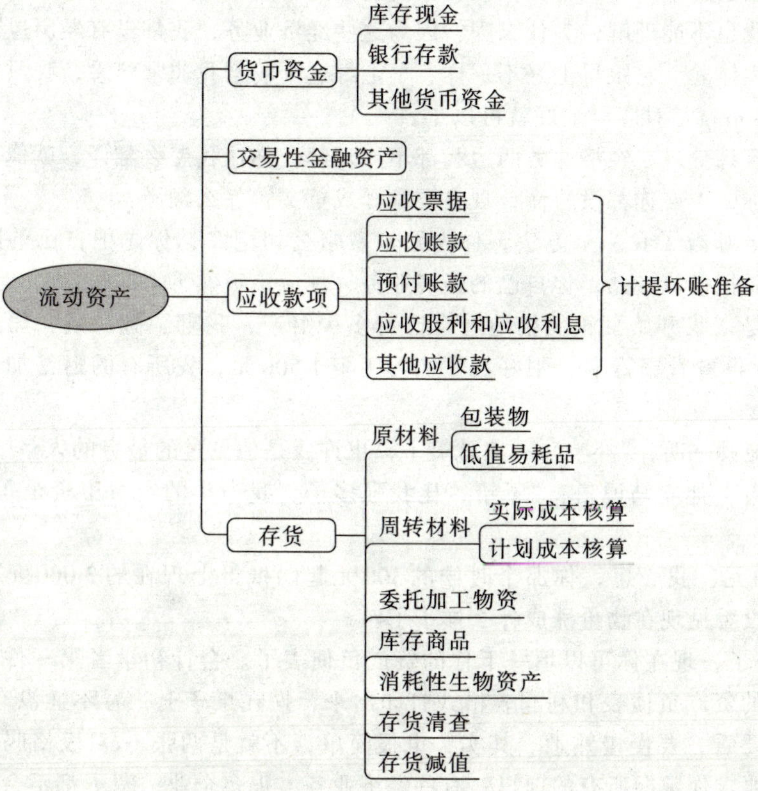


图3-1　本章思维导图

## 用会计语写日记

会计是一门商业语言，会计分录就好比单词，会计就是把经济业务的汉语表述翻译成会计语，所以，会计分录很重要，你连单词都没记住，怎么做翻译？

那单词怎么学呢？很简单，把单词一个个抄下来背呗，准备英语四六级考试的时候，谁不是一大清早就背单词？

但是也不能死记硬背，你得先理解，英语单词其实挺好理解的，比如“Good morning”，是什么意思呢？是早上好！早上好容易理解，为什么呢？因为我天天跟人家说“早上好”。于是，我只要在纸上把这两个单词抄写10遍就可以了。下次碰到“早上好”，翻译成英语就是“Good morning”。

但是会计不一样，首先，教材中的会计分录我不熟悉，其次，教材中的经济业务我也不能理解，为什么呢？因为这些经济业务，我都没有经历过，我没那个人生体验。它跟早上好不一样，早上好这个场景我非常熟悉，我只要记住Good morning是对应早上好就可以了。

而会计分录、经济业务两边我都不能理解，你让我怎么翻译，就像拿一篇文章给你，中文你都没看懂，现在要翻译成英文，怎么翻译？



杜老师教了我一个方法，你先别忙着帮公司记账，你先把自己的账算清楚，然后把借贷弄熟，你自己的经济业务，你应该很熟悉。

于是，我开始翻箱倒柜地看自己有多少财产，我翻了翻口袋，兜里只有150元，再看看银行卡，刚好发了实习工资1 500元，我所有的财富加起来是1 650元。

杜老师一听，“扑哧”一声就笑了，也许我是他见过的最穷的人。

接着，他立马说道：“不错，比我强多了，我当年的实习工资是每月300元。”

300元？我心想，你那个时候的300元起码抵得上现在的3 000元，好不好？你没看见现在物价涨成什么样子了？

“好了，现在你可以填一下你的资产负债表了。会计初学者第一件事，是把标准的资产负债表和利润表格式打印出来，摆在桌子上，看不懂没有关系，但是你要看，要慢慢熟悉。其实，也很简单，不就是两张excel表格吗？而且也并不要求你掌握所有的项目，有些经济业务，很多企业一辈子都不会有，掌握一些常见的项目就可以了，其他的全部填零。”

于是我把这两张表打印了出来，然后开始填列我的资产负债表。我的财产状况很简单，就一个项目：货币资金1 650元。

“资产负债表是反映企业在某一特定日期的财务状况的报表，它是一个时点的概念，因为你每天的财产状况是不一样的。你今天的财产是1 650元，那请问这1 650元都是你的吗？”

“肯定是我的，不是我的，那会是谁的？”

“你有没有欠人家钱，还没还？”

我仔细想了一下，发现上次逛街借了婉晴100元，还没还，得赶紧还掉，不然以后婉晴都不愿意借钱给我了。

“欠婉晴100元还没还。”我答道。

“那属于你的资产其实只有1 550元。因此，资产负债表的左边就是：盘点一下目前财产有哪些，有现金150元，银行存款1 500元，现金和银行存款统称为货币资金，也就是1 650元。资产负债表右边就是这些财产是谁的，100元是婉晴的，1 550元是属于你的，婉晴是你的债权人，你欠她的债，负债是100元。”

盘点结果见表3-1：

表3-1　　资产负债表　　会企01表

编制单位：　　20××年4月1日　　单位：元

| 资产 | 期末余额 | 年初余额 | 负债和所有者权益（或股东权益） | 期末余额 | 年初余额 |
|---|---|---|---|---|---|
| 流动资产： | | | 流动负债： | | |
| 货币资金 | | 1 650 | 其他应付款 | | 100 |
| 流动资产合计 | | 1 650 | 流动负债合计 | | 100 |
| 非流动资产： | | | 非流动负债： | | |
| | | | 负债合计 | | 100 |
| | | | 所有者权益（或股东权益）： | | 1 550 |
| | | | 实收资本（或股本） | | 1 550 |
| 资产总计 | | 1 650 | 所有者权益（或股东权益）总计 | | 1 650 |

第二天，我看见了一个初级会计职称培训班的广告，培训费是1 000元，下周开班，我打算明天去报名，于是跑到ATM取款机上取了1 000元。

库存现金增加1 000元，银行存款减少1 000元，库存现金和银行存款都是资产类科目，资产类科目增加记借方，减少记贷方。

借：库存现金　　1 000

　　贷：银行存款　　1 000

马上就要下班了，杜老师跟我说明天出差，要我和他一起去，我一看这培

训班得泡汤了，兜里如果有太多的现金，我就忍不住要消费，还是存了吧，反正出差又不要我花钱。于是我又把这1 000元现金存入银行。

银行存款增加1 000元，库存现金减少1 000元。库存现金和银行存款都是资产类科目，资产类科目增加记借方，减少记贷方。

借：银行存款　　1 000

　贷：库存现金　　1 000

周末，碰到了婉晴，想起上次借她的100元钱还没还，赶紧从兜里掏出100元现钞给她。

库存现金减少100元，同时其他应付款也减少100元，库存现金是资产类科目，增加记借方，减少记贷方，其他应付款是负债类科目，增加记贷方，减少记借方。

借：其他应付款　　100

　贷：库存现金　　100

网络充值话费花了100元。

管理费用增加100元，银行存款减少100元，成本费用都是耗费了的资产，因此性质跟资产类科目一样，增加记借方，减少记贷方。

借：管理费用　　100

　贷：银行存款　　100



顺手给妈打了个电话，妈问："是不是钱不够花了啊？"

我说："没有啊，吃饭有工作餐，睡觉有宿舍，够花。"

"那你怎么想起给我打电话呢？"

"……"

难道我每次打电话都是缺钱的时候打的吗？

不一会儿，短信提示银行到账2 000元。

没打算要钱，竟然也有进账，简直是意外所得。

银行存款增加2 000元，意外所得算营业外收入吧，增加2 000元，资产类科目增加记借方，减少记贷方，收入类科目增加记贷方，减少记借方。

借：银行存款　　2 000

　贷：营业外收入　　2 000

今天发工资了，没想到这个月的工资竟然提前发了，实习工资1 500元，已经到账。

工资算是我的主营业务收入了。

银行存款增加1 500元，主营业务收入增加1 500元，银行存款是资产类科目，增加记借方，减少记贷方，收入类科目增加记贷方，减少记借方。

借：银行存款　　1 500

　　贷：主营业务收入　　　　　　　　　　　　　　　　　1 500

下午竟然感冒发烧了，跑到医院看病，花了60元，怎么记账？

是不是要算维修费？机器设备生产产品卖出去，获得收入，我每天也像机器一样运转，提供劳务，获得工资收入，那我是不是固定资产，现在感冒了，出故障了，跑到医院维修一下，应该算修理费，固定资产的修理费记入管理费用科目。

费用类科目增加记借方，减少记贷方。

借：管理费用　　　　　　　　　　　　　　　　　60

　　贷：银行存款　　　　　　　　　　　　　　　　　60

回家的路上，在书店买了两本会计辅导书，花了80元，打算在出差的路上看，刷卡结账。那这个经济业务算什么呢？固定资产改良支出？算不上吧，我不信，看两本会计辅导书就能让我的大脑性能更新换代，算大脑维修吧，再不维修，脑袋都不会转了。

固定资产的修理费，记入管理费用科目。

费用类科目增加记借方，减少记贷方。

借：管理费用　　　　　　　　　　　　　　　　　80

　　贷：银行存款　　　　　　　　　　　　　　　　　80

出差期间，有一次午餐费是我垫付的，金额是150元，公司报销的时候，我是要收回来的。垫付的钱，算其他应收款，其他应收款增加150元，银行存款减少150元，其他应收款和银行存款都是资产类科目，增加记借方，减少记贷方。

借：其他应收款　　　　　　　　　　　　　　　　150

　　贷：银行存款　　　　　　　　　　　　　　　　　150

回来后第二天，填写了一张报销单到单位报销了150元，同时领取了500元的出差津贴。出差津贴也算是我的劳务所得，是主营业务收入。

其他应收款减少150元，库存现金增加650元，主营业务收入增加500元。

收入类科目增加记贷方，减少记借方，资产类科目增加记借方，减少记贷方。

借：库存现金　　　　　　　　　　　　　　　　　650

　　贷：其他应收款　　　　　　　　　　　　　　　　150

　　　　主营业务收入　　　　　　　　　　　　　　　500

没过两天，我竟然又要出差，这一次竟然要10天，而且杜老师还不陪我去，我想了想，还是先到公司借点钱，万一出差开销大，我身上钱不够怎么办，于是我向财务借了5 000元。

这个钱算是我欠公司的，其他应付款。

其他应付款增加5 000元，库存现金增加5 000元，其他应付款是负债类科目，库存现金是资产类科目，负债类科目增加记贷方，减少记借方，资产类科目增加记借方，减少记贷方。

借：库存现金　　5 000

　贷：其他应付款　　5 000

想着带现金不安全，于是我赶紧存到自己卡上。

借：银行存款　　5 000

　贷：库存现金　　5 000

出差途中，意外碰到一个同学，请她吃饭，花了500元，应该由我自己承担。

因此500元算我自己的招待费，记入管理费用。管理费用增加500元，银行存款减少500元，费用类科目增加记借方，减少记贷方。

借：管理费用　　500

　贷：银行存款　　500

出差车票，单程600元，来回1 200元，住宿9晚，共花了2 700元，两项合计3 900元。这算是公司的花费，其他应付款减少3 900元，同时我支付时，银行存款减少3 900元，其他应付款是负债类科目，增加记贷方，减少记借方。



借：其他应付款　　3 900

　贷：银行存款　　3 900

出差花费总共是3 900元，10天差旅补助1 000元，借款是5 000元，我应该退还公司100元。退还后，欠公司的钱就清了，其他应付款是负债类科目，增加记贷方，减少记借方。主营业务收入是收入类科目，增加记贷方，减少记借方。

借：其他应付款　　1 100

　贷：银行存款　　100

　　主营业务收入　　1 000

本来我住在单位的集体宿舍里，免费，离公司又不远，是一个不错的福利，可是一个房间住着好几个人，太吵了，严重影响我学习考试。于是选了一处市郊的单身公寓，离公司坐公交车半个小时，月租金1 000元，押一付三，中介费500元，周末去中介公司签了1年期的合同，交款4 500元，拿到了钥匙。

首先租金记入哪个费用科目呢？财务费用？肯定不是，销售费用，也不是，那就管理费用吧。

中介费也是记入管理费用。

押金到时候是要收回来的，应该记入其他应收款。

租金一次性付了3个月，总共3 000元，但是这个月的租金费用只能算1 000元，剩下的2 000元是下两个月的。这种思维方式就是权责发生制。

会计基础有权责发生制和收付实现制，权责发生制下已经发生和应当负担的费用，无论款项是否支出，均应作为当期的费用，是这个月的就是这个月的，追求合情合理。而收付实现制，以实际收付为准，这个月付了3 000元，那这个月的租金费用就是3 000元，根本不管是否合情理。

在我国，企业会计核算采用权责发生制。那这个月租金费用是1 000元，剩下的2 000元相当于预付，记入预付账款。

此经济业务涉及的科目有：其他应收款增加1 000元，资产类科目，增加记借方；管理费用，中介费500元，本月租金费用1 000元，管理费用增加1 500元，费用类科目，增加记借方；剩下的2 000元是预付下两个月的租金，预付账款增加2 000元，资产类科目，增加记借方，总共支付银行存款4 500元，资产类科目，减少记贷方。

借：其他应收款　　1 000
　　管理费用　　1 500
　　预付账款　　2 000
　贷：银行存款　　4 500

有借必有贷，借贷必相等。

看中了一台苹果电脑，可惜太贵，老爸看出了我的心思，赞助了我15 000元，打到了我的银行卡上。

赞助款算营业外收入，增加15 000元，收入类科目增加，记入贷方，同时银行存款增加15 000元，资产类科目增加记入借方。

借：银行存款　　15 000
　贷：营业外收入　　15 000

购买电脑Mac Pro，花了13 000元（含增值税），开具增值税普通发票，个人的增值税不能抵扣，全部计入资产成本。

电脑算是固定资产，增加13 000元，银行存款，减少13 000元，资产类科目增加记借方，减少记贷方。

借：固定资产　　13 000
　贷：银行存款　　13 000

新增固定资产当月不计提折旧，下个月才开始计提折旧。

这个电脑预计能用5年，60个月，5年后卖掉，残值预计为1 000元，采用平均年限法计提折旧，（13 000−1 000）÷60=200（元）。

从下个月开始进行折旧账务处理：

累计折旧每月增加200元，这个科目是固定资产的备抵科目，因此方向与

固定资产相反，增加记贷方，减少记借方。

折旧费用计入管理费用，每月管理费用增加200元，费用类科目增加记借方，减少记贷方。

借：管理费用　　200

　贷：累计折旧　　200

想学理财，虽然自己很穷，现在还没财可理，但是相关的知识还是要学的，因为投资是我们整体认知的财务变现。投资会涉及宏观经济、中观行业、微观商业，甚至还有人性，当我们沉淀了越来越多的智慧和更加成熟的三观后，投资也许会成为我们人生中最后的一份职业。

现在开始沉淀吧，先买个100股，知道如何操作，如果亏了，就当交学费了。

于是我开了个证券账户，从银行账户转了2 000元到证券账户。

银行存款减少2 000元，资产类科目减少记贷方，其他货币资金——存出投资款，增加了2 000元，资产类科目增加记入借方。

借：其他货币资金——存出投资款　　2 000

　贷：银行存款　　2 000

于是买了虚有科技，10元/股，共支付1 000元。交易佣金0.1%，1 000×0.1%=1（元），但是每笔最低佣金是5元，因此我支付的交易费用是5元，总共支付1 005元。



那炒股记入哪个科目呢？交易性金融资产，初级会计职称我只学了交易性金融资产这个科目。

交易性金融资产增加1 000元，资产类科目，增加记借方，佣金手续费记入投资收益，投资收益是收入类科目，增加记贷方，减少记借方，这是佣金，所以是减少，记入借方。其他货币资金——存出投资款减少1 005元，记入贷方。

借：交易性金融资产——成本　　1 000

　　投资收益　　5

　贷：其他货币资金——存出投资款　　1 005

结果运气实在太好了，第二天，股价变成了15元/股，每股竟然赚了5元，100股就是500元，这钱来得太容易了，比上班挣工资强多了，真想卖了，不过我还想继续观望，希望它再涨点。

股票没卖，就不算实际的投资收益，不能记入投资收益这个科目，而是记入公允价值变动损益这个科目。

这时，交易性金融资产变成了1 500元，公允价值变动增加500元，资产类科目增加记借方，同时公允价值变动损益增加了500元，损益类科目增加记贷方，减少记借方。

借：交易性金融资产——公允价值变动　　500

　贷：公允价值变动损益　　500

结果没过两天，突然狂跌，竟然跌到5元/股，害得我沮丧了好几天，心理素质不行。记得某位大牛曾说，早上一觉醒来突然发现账上多了2个亿，狂喜，中午睡个午觉，发现又少了3个亿，狂忧，人生就是喜忧参半。如此大跌大涨，心脏竟然完好无损，还能睡得着，此真乃大神！

这时，我的股票价值变成100×5=500（元），从1 500元跌到500元，下降了1 000元，交易性金融资产——公允价值变动减少1 000元，资产类科目减少记贷方，同时公允价值变动损益减少了1 000元，损益类科目减少记借方，增加记贷方。

借：公允价值变动损益　　1 000

　贷：交易性金融资产——公允价值变动　　1 000

后来我就不管它了，我实在不想在它身上浪费太多的精力，毕竟我的精力也是很值钱的。我要专注学习。不再轻易去买一只股票，除非已经研究透了。

直到有一天发现股价变成11元/股了，就卖了。

100×11=1 100（元），扣掉交易费用5元，实际到账1 095元。由于是个人转让金融商品，不需要缴纳增值税，如果是企业，需要按6%的税率缴纳增值税。

证券账户资金增加1 095元，其他货币资金——存出投资款，增加1 095元，资产类科目增加记入借方，同时股票卖掉了，交易性金融资产全部没有了，账面要冲掉。

交易性金融资产——成本1 000元，余额是借方，冲掉就记入贷方，公允价值变动涨了500元，又跌了1 000元，我记账记了2次，账面公允价值变动合计是跌500元，那余额就是贷方，冲掉就是借方，差额就记入投资收益，有借必有贷，借贷必相等。

借：其他货币资金——存出投资款　　1 095

　　交易性金融资产——公允价值变动　　500

　贷：交易性金融资产——成本　　1 000

　　　投资收益　　595

难道我赚了595元？不！不要忘了，还有一个科目，公允价值变动损益科目，借方发生额1 000元，贷方发生额500元，合计，余额就是借方500元，相当于亏损500元，因此我实际赚了95元。

出门随手给自己买了个甜甜圈，吃了5元。

库存现金减少5元，费用增加5元，记哪个费用科目呢？拿着科目表看来

看去，还是管理费用吧。

资产类科目减少记贷方，费用类科目增加记借方。

借：管理费用 5

贷：库存现金 5

月底的时候，我问杜老师："我们不是常说，人是固定资产嘛？那我自己是不是要评估入账呀？"

"我们的资产入账价值，有市价按市价，没市价按类似商品价格估价。"

"如果没有类似商品价格呢？"我问道，毕竟我觉得自己还是独一无二的。

"那就按名义金额入账！"

"名义金额是多少？"

"1块钱！"

"难道我就值1块钱？"

"那你看一下会计计量属性，你觉得自己应该按哪个价格计价？历史成本？重置成本？可变现净值？现值？公允价值？"

"好像都不行！"

"那就1块钱吧！"

"这严重低估了我的价值！"



"有低估，才有投资嘛，投资就是努力发现被低估的资产！如果都高估，谁投资你啊？"

噢，我懂了，做人得低调！

一个英语专业的朋友很自豪地跟我说，她每天都用英语写日记，一个学了法语的朋友，不屑地说，我现在每天还用法语写日记呢！

我英语不好，法语不懂，于是我弱弱地对她们说："我现在开始每天用会计语写日记！"

## 本章考点笔记精华

### 【考点3.1】库存现金清查（见表3-2）

表3-2 库存现金清查

| 清查 | 审批前 | 审批后 |
|---|---|---|
| 溢余 | 借：库存现金<br>贷：待处理财产损溢 | 借：待处理财产损溢<br>贷：其他应付款（应支付给有关人员或单位）<br>营业外收入（无法查明原因的）（不影响营业利润） |
| 短缺 | 借：待处理财产损溢<br>贷：库存现金 | 借：其他应收款（责任人或保险公司应赔偿的部分）<br>管理费用（无法查明原因的）（影响营业利润）<br>贷：待处理财产损溢 |

1.【多选题】下列各项中，关于企业现金溢余的会计处理表述正确的有（　　）。

A.无法查明原因的现金溢余计入营业外收入

B.应支付给有关单位的现金溢余计入其他应付款

C.无法查明原因的现金溢余冲减管理费用

D.应支付给有关单位的现金溢余计入应付账款

2.【单选题】下列各项中，关于企业无法查明原因的现金溢余，经批准后会计处理表述正确的是（　　）。

A.冲减财务费用　　B.计入其他应付款

C.冲减管理费用　　D.计入营业外收入

3.【单选题】企业在现金清查中发现有待查明原因的现金短缺或溢余，已按管理权限批准，下列各项中，有关会计处理不正确的是（　　）。

A.属于无法查明原因的现金溢余，应借记“待处理财产损溢”科目，贷记“营业外收入”科目

B.属于应由保险公司赔偿的现金短缺，应借记“其他应收款”科目，贷记“待处理财产损溢”科目

C.属于应支付给有关单位的现金溢余，应借记“待处理财产损溢”科目，贷记“其他应付款”科目

D.属于无法查明原因的现金短缺，应借记“营业外支出”科目，贷记“待处理财产损溢”科目

---

1.【答案】AB

【解析】无法查明原因的现金溢余计入营业外收入，选项A正确，选项C错误；应支付给有关单位的现金溢余计入其他应付款，选项B正确，选项D错误。

2.【答案】D

【解析】企业无法查明原因的现金溢余，报经批准后计入营业外收入。

借：待处理财产损溢

　贷：营业外收入

3.【答案】D

【解析】现金短缺报经批准后对于无法查明原因的应计入管理费用。

## 【考点3.2】银行存款（见表3-3）

表3-3　　银行存款

| | |
|---|---|
| 清查时间 | “银行存款日记账”应定期与“银行对账单”核对，至少每月核对一次 |
| 清查结果 | 如有差额，应通过编制“银行存款余额调节表”调节 |
| ★掌握银行存款余额调节表的编制 | |
| 调节表的作用 | 只是为了核对账目 |
| | 并不能作为调整银行存款账面余额的记账依据 |
| | 调节后的银行存款余额表示企业可以动用的银行存款数 |

1.【判断题】银行存款余额调节表可以作为调整企业银行存款账面余额的记账依据。（　　）

2.【多选题】编制银行存款余额调节表时，下列未达账项中，会导致企业银行存款日记账的账面余额小于银行对账单余额的有（　　）。

A.企业开出支票，银行尚未支付

B.企业收到支票尚未送存银行，银行尚未入账

C.银行代收款项，企业尚未接到收款通知

D.银行代付款项，企业尚未接到付款通知



3.【单选题】7月末，企业的银行存款日记账余额为300万元，与银行对账单对比，发现企业7月12日收到货款20万元，银行没有收到通知，银行7月31日代缴水电费4万元，企业未收到通知。不考虑其他因素，调节后的银行存款余额调节表的金额为（　　）万元。

A.296　　B.284

C.324　　D.316

---

1.【答案】×

【解析】“银行存款余额调节表”只是为了核对账目，不能作为调整企业银行存款账面记录的记账依据。

2.【答案】AC

【解析】选项A企业开出支票的同时在账簿上已经记录了一笔银行存款的减少，而银行尚未支付说明银行没有记录该笔银行存款的减少；选项C银行已经记录了银行存款的增加，而企业尚未记录这笔存款的增加；选项B、D是银行存款日记账的账面余额大于银行对账单余额的情形。

3.【答案】A

【解析】企业7月12日收到的货款20万元，在银行存款日记账上已经反

映，已包括在300万元中。银行7月31日代缴水电费4万元，已在银行的对账单中反映，但未在银行存款日记账中反映，所以调节后的银行存款余额调节表的金额=300−4=296（万元）。

## 【考点3.3】其他货币资金

1.银行汇票存款（见表3−4）

表3−4　银行汇票存款

| | |
|---|---|
| （1）企业填写"银行汇票申请书"、将款项交存银行时 | 借：其他货币资金——银行汇票<br>　贷：银行存款 |
| （2）企业持银行汇票购货、收到发票账单时 | 借：原材料等<br>　应交税费——应交增值税（进项税额）<br>　贷：其他货币资金——银行汇票 |
| （3）采购完毕转回剩余款项时 | 借：银行存款<br>　贷：其他货币资金——银行汇票 |
| （4）销货企业收到银行汇票、填制进账单到开户银行办理款项入账手续时，根据进账单及销货发票，编制会计分录 | 借：银行存款<br>　贷：主营业务收入<br>　　应交税费——应交增值税（销项税额） |

2.银行本票存款

银行本票的提示付款期限自出票日起最长不得超过两个月。

3.信用卡存款

信用卡的分类见表3−5。

表3−5　信用卡的分类

| | |
|---|---|
| 贷记卡 | 给予持卡人一定的信用额度，先消费，后还款 |
| 准贷记卡 | 交存一定金额的备用金，当备用金账户余额不足支付时，在信用额度内透支 |

4.信用证保证金存款（见表3−6）

表3−6　信用证保证金存款

| | |
|---|---|
| 企业向银行申请开具信用证，向银行缴纳保证金，并收到银行盖章退回的进账单第一联 | 借：其他货币资金——信用证保证金<br>　贷：银行存款 |
| 企业收到银行转来的境外销货单位信用证结算凭证以及所附发票账单、海关进口增值税专用缴款书等有关凭证 | 借：原材料<br>　应交税费——应交增值税（进项税额）<br>　贷：其他货币资金——信用证保证金 |
| 企业收到银行收款通知，对该境外销货单位开出的信用证余款转回银行账户 | 借：银行存款<br>　贷：其他货币资金——信用证保证金 |

5.★存出投资款（见表3-7）

表3-7 存出投资款

| | |
|---|---|
| （1）企业向证券公司划出资金时 | 借：其他货币资金——存出投资款<br>　贷：银行存款 |
| （2）购买股票、债券等 | 借：交易性金融资产等<br>　贷：其他货币资金——存出投资款 |

6.外埠存款（见表3-8）

表3-8 外埠存款

| | |
|---|---|
| （1）企业将款项汇往外地开立采购专用账户时 | 借：其他货币资金——外埠存款<br>　贷：银行存款 |
| （2）收到采购人员转来的供应单位发票账单等报销凭证时 | 借：材料采购、原材料、库存商品<br>　　应交税费——应交增值税（进项税额）<br>　贷：其他货币资金——外埠存款 |
| （3）采购完毕收回剩余款项时 | 借：银行存款<br>　贷：其他货币资金——外埠存款 |

【多选题】下列各项中，企业应确认为其他货币资金的有（　　）。

A.向银行申请银行本票划转的资金

B.为开信用证而存入银行的专户资金

C.汇向外地开立临时采购专户的资金

D.为购买股票向证券公司划出的资金

【答案】ABCD

【解析】其他货币资金主要包括银行汇票存款、银行本票存款、信用卡存款、信用证保证金存款、存出投资款和外埠存款等。



## 【考点3.4】应收票据（见表3-9）

表3-9 应收票据

| | | |
|---|---|---|
| 1.核算票据 | 商业汇票（商业承兑汇票、银行承兑汇票） | |
| 2.增加核算 | 销售收到 | 借：应收票据<br>　贷：主营业务收入<br>　　应交税费——应交增值税（销项税额） |
| | 抵付货款 | 借：应收票据<br>　贷：应收账款 |
| 3.减少核算 | 到期收回 | 借：银行存款<br>　贷：应收票据 |
| | 背书转让 | 借：原材料<br>　　应交税费——应交增值税（进项税额）<br>　贷：应收票据 |
| | 贴现 | 借：银行存款（实际收到的金额）<br>　　财务费用（贴现利息）<br>　贷：应收票据 |

【单选题】企业将持有的不带息商业汇票向银行申请贴现，支付给银行的贴现利息应记入的会计科目是（　　）。

A.财务费用　　B.管理费用

C.投资收益　　D.营业外支出

【答案】A

【解析】商业汇票的贴现利息记入财务费用核算。

## 【考点3.5】应收账款（见表3-10）

表3-10　应收账款

| | |
|---|---|
| 内容 | 主要包括企业销售商品或提供劳务等应向有关债务人收取的价款、增值税及代购货单位垫付的包装费、运杂费等 |
| 1.销售时 | 借：应收账款<br>　贷：主营业务收入<br>　　　应交税费——应交增值税（销项税额） |
| 2.收回应收账款时 | 借：银行存款<br>　贷：应收账款 |
| 3.企业代购货单位垫付包装费、运杂费时 | 借：应收账款<br>　贷：银行存款 |
| 4.收回代垫费用时 | 借：银行存款<br>　贷：应收账款 |
| 5.在收到承兑的商业汇票时 | 借：应收票据<br>　贷：应收账款 |
| 6.★不单独设置“预收账款”科目的企业，预收的账款也在“应收账款”科目核算。如果期末余额在贷方，则反映企业预收的账款。关键用途是填资产负债表 | |

【多选题】下列各项中，构成应收账款入账价值的有（　　）。

A.确认商品销售收入时尚未收到的价款

B.确认商品销售收入时尚未收到的增值税

C.代购货方垫付的运杂费

D.销售货物发生的商业折扣

【答案】ABC

【解析】应收账款的入账价值包括销售货物或提供劳务的价款、增值税，以及代购货方垫付的包装费、运杂费。

## 【考点3.6】预付账款（见表3-11）

表3-11 预付账款

| 内容 | 预付账款是指企业按照合同规定预付的款项 |
|---|---|
| 1.采用预付款方式购入物资，企业收到所购物资，按应计入购入物资成本的金额 | 借：材料采购、原材料、库存商品<br>　　应交税费——应交增值税（进项税额）<br>　贷：预付账款 |
| 2.当预付货款小于采购货物所需支付的款项时 | 借：预付账款（不足部分）<br>　贷：银行存款（不足部分） |
| 3.当预付货款大于采购货物所需支付的款项时 | 借：银行存款（收回的多余款项）<br>　贷：预付账款（收回的多余款项） |

1.【多选题】甲公司向乙公司采购材料5 000千克，每千克单价10元，所需支付的款项总额50 000元。按照合同规定2019年3月1日向乙公司预付货款的50%，验收货物后补付其余款项。甲公司5月1日收到乙公司发来的5 000千克材料，验收无误，增值税专用发票记录的货款为50 000元，增值税税额为6 500元。甲公司编制的会计分录中，正确的有（　　）。

A.3月1日预付50%的货款时：

借：预付账款——乙公司　　25 000

　贷：银行存款　　25 000

B.5月1日甲公司收到货物：

借：原材料　　50 000

　贷：预付账款——乙公司　　50 000

C.5月1日甲公司收到货物：

借：原材料　　50 000

　　应交税费——应交增值税（进项税额）　　6 500

　贷：预付账款——乙公司　　56 500

D.5月1日甲公司补交货款：

借：预付账款——乙公司　　31 500

　贷：银行存款　　31 500



2.【单选题】企业未设置“预付账款”科目，发生预付货款业务时应借记的会计科目是（　　）。

A.预付账款　　B.其他应付款

C.应收账款　　D.应付账款

---

1.【答案】ACD

2.【答案】D

【解析】企业未设置“预付账款”科目，发生预付货款业务时应借记的会计科目是“应付账款”科目。

【考点3.7】应收股利与应收利息（见表3-12）

表3-12　应收股利与应收利息

| | |
|---|---|
| 概念 | 应收股利是指企业应收取的现金股利和应收取其他单位分配的利润。为了反映和监督应收股利的增减变动及其结存情况，企业应设置“应收股利”科目 |
| 科目设置 | “应收股利”科目的借方登记应收股利的增加，贷方登记收到的现金股利或利润，期末余额一般在借方，反映企业尚未收到的现金股利或利润 |
| 交易性金融资产 | 借：应收股利/应收利息<br>　贷：投资收益 |
| 成本法核算的长期股权投资 | 借：应收股利<br>　贷：投资收益 |
| 权益法核算的长期股权投资 | 借：应收股利<br>　贷：长期股权投资——损益调整 |
| 已宣告但尚未分派的现金或利润 | 企业取得以公允价值计量且其变动计入当期损益的金融资产（主要为交易性金融资产）、长期股权投资等资产，如果实际支付的价款中包含有已宣告但尚未分派的现金或利润，单独作为应收股利处理，借记“应收股利”科目，不能直接计入相关的资产的成本或初始确认金额 |
| 对于企业通过证券公司购入上市公司股票所形成的股票投资取得的现金股利 | 借：其他货币资金——存出投资款<br>　贷：应收股利 |
| 对于企业持有的其他股权投资取得的现金股利或利润 | 借：银行存款<br>　贷：应收股利 |

【单选题】某企业采用成本法核算长期股权投资，长期股权投资持有期间被投资单位宣告分配现金股利时，该企业正确的会计处理是（　　）。

A.借记“长期股权投资”科目，贷记“投资收益”科目

B.借记“应收股利”科目，贷记“长期股权投资”科目

C.借记“应收股利”科目，贷记“投资收益”科目

D.借记“长期股权投资”科目，贷记“其他综合收益”科目

【答案】C

【解析】被投资单位宣告分派现金股利或利润时，对采用成本法核算的长期股权投资，投资企业应享有的份额确认为当期投资收益，借记“应收股利”科目，贷记“投资收益”科目。

## 【考点3.8】其他应收款（见表3-13）

表3-13　　其他应收款

| | |
|---|---|
| 1.应收的各种赔款、罚款，如因企业财产等遭受意外损失而应向有关保险公司收取的赔款等 | 借：其他应收款<br>　贷：营业外收入等 |
| 2.应收的出租包装物租金 | 借：其他应收款<br>　贷：其他业务收入 |
| 3.应向职工收取的各种垫付款项，如为职工垫付的水电费、应由职工负担的医药费、房租费等 | 借：其他应收款<br>　贷：银行存款 |
| 4.存出保证金，如租入包装物支付的押金 | 借：其他应收款<br>　贷：银行存款<br>【链接1】存出投资款属于其他货币资金<br>【链接2】存入保证金属于其他应付款 |
| 5.其他各种应收、暂付款项 | 【提示1】企业内部各部门周转使用的备用金，通常也在“其他应收款——备用金”科目核算<br>【提示2】企业出口产品按规定退税的，按应收的出口退税额，借记“其他应收款”科目，贷记“应交税费——应交增值税（出口退税）”科目 |



1.【单选题】下列各项中，属于“其他应收款”科目核算内容的是（　　）。

A.为购货单位垫付的运费　　B.应收的劳务款

C.应收的销售商品款　　D.为职工垫付的房租

2.【多选题】下列事项中，通过“其他应收款”科目核算的有（　　）。

A.应收的各种赔款、罚款

B.应收的出租包装物租金

C.存出保证金

D.企业代购货单位垫付包装费、运杂费

1.【答案】D

【解析】选项A、B、C均应记入应收账款。

2.【答案】ABC

## 【考点3.9】应收款项减值的核算方法（见表3-14）

表3-14　应收款项减值的核算方法

| | |
|---|---|
| 应收款项减值有两种核算方法 | 会计准则规定，应收款项减值的核算应采用备抵法 |
| | 小企业会计准则规定，应收款项减值采用直接转销法 |

## 【考点3.10】直接转销法（见表3-15）

表3-15　直接转销法

| | | |
|---|---|---|
| 直接转销法 | 采用直接转销法时，日常核算中应收款项可能发生的坏账损失不进行会计处理，只有在实际发生坏账时，才作为坏账损失计入当期损益 | |
| | 1.坏账损失的确认 | 小企业应收及预付款项符合下列条件之一的，减除可收回的金额后确认的无法收回的应收及预付款项，作为坏账损失：<br>（1）债务人依法宣告破产、关闭、解散、被撤销，或者被依法注销、吊销营业执照，其清算财产不足清偿的<br>（2）债务人死亡，或者依法被宣告失踪、死亡，其财产或者遗产不足清偿的<br>（3）债务人逾期3年以上未清偿，且有确凿证据证明已无力清偿债务的<br>（4）与债务人达成债务重组协议或法院批准破产重整计划后，无法追偿的<br>（5）因自然灾害、战争等不可抗力导致无法收回的<br>（6）国务院财政、税务主管部门规定的其他条件 |
| | 2.账务处理 | 借：银行存款<br>　　营业外支出（差额：收不回来的）<br>　贷：应收账款 |
| | 3.优缺点 | 直接转销法的优点是：账务处理简单，将坏账损失在实际发生时确认为损失符合其偶发性特征和小企业经营管理的特点 |
| | | 其缺点是不符合权责发生制会计基础，也与资产定义存在一定的冲突<br>在这种方法下，只有坏账实际发生时，才将其确认为当期损益，导致资产和各期损益不实<br>另外，在资产负债表上，应收账款是按账面余额而不是按账面价值反映，这在一定程度上高估了期末应收款项 |

## 【考点3.11】备抵法（见表3-16）

表3-16　　备抵法

| | | |
|---|---|---|
| 备抵法 | 1.概念 | 备抵法是采用一定的方法按期确定预期信用损失计入当期损益，作为坏账准备，待坏账损失实际发生时，冲销已计提的坏账准备和相应的应收款项 |
| | | 采用这种方法，需要对预期信用损失进行复杂的评估和判断，履行预期信用损失的确定程序 |
| | 2.预期信用损失 | 指以发生违约的风险为权重的金融工具信用损失的加权平均值 |
| | | 信用损失，是指企业按照实际利率折现的、根据合同应收的所有合同现金流量与预期收取的所有现金流量之间的差额 |
| | 3.预期信用损失的确定方法 | 信用风险自初始确认后是否显著增加的判断：<br>（1）企业应通过比较应收款项在初始确认时所确定的预计存续期内的违约概率与该工具在资产负债表日所确定的预计存续期内的违约概率，来判定金融工具信用风险是否显著增加<br>（2）如果企业确定应收款项在资产负债表日只具有较低的信用风险的，可以假设该应收款项的信用风险自初始确认后并未显著增加<br>（3）在确定信用风险自初始确认后是否显著增加时，企业应考虑无需付出额外成本或努力即可获得的合理且有依据的信息，包括前瞻性信息<br>（4）对于应收款项，企业在单项应收款项层面无法以合理成本获得关于信用风险显著增加的充分证据，而在组合的基础上评估信用风险是否显著增加是可行的，企业应按照应收款项的类型、信用风险评级、初始确认日期、剩余合同期限为共同风险特征，对应收账款进行分组并以组合为基础考虑评估信用风险是否显著增加 |
| | | 在确定信用风险自初始确认后是否显著增加时，企业应考虑的具体信息包括：<br>（1）债务人未能按合同到期日支付款项的情况<br>（2）已发生的或预期的债务人的外部或内部信用评级的严重恶化<br>（3）已发生的或预期的债务人经营成果的严重恶化<br>（4）现存的或预期的技术、市场、经济或法律环境变化，并将对债务人对本企业的还款能力产生重大不利影响 |
| | 4.优缺点 | 采用备抵法核算信用减值损失的优点主要有：<br>（1）符合权责发生制和会计谨慎性要求<br>（2）在资产负债表中列示应收款项的净额，使财务报表使用者能了解企业应收款项预期可收回的金额和谨慎的财务状况<br>（3）在利润表中作为营业利润项目列示，有利于落实企业管理者的经管责任，有利于企业外部利益相关者如实评价企业的经营业绩，作出谨慎的决策 |
| | | 缺点是：<br>（1）预期信用损失的估计需要考虑的因素众多，且有部分估计因素带有一定的主观性，对会计职业判断的要求较高，可能导致预期信用损失的确定不够准确、客观<br>（2）预期信用减值损失影响各期营业利润金额的计算与确定，客观存在企业管理者平滑利润进行盈余管理甚至利润操纵与舞弊的可能性，增加了会计职业风险，增加了注册会计师审计难度和审计风险，同时，也增加了政府和行业的会计监管难度和风险，这对会计制度的制定者、执行者和监管者等提出了更高的要求 |

## 【考点3.12】备抵法计提坏账准备的账务处理（见表3-17）

表3-17　备抵法计提坏账准备的账务处理

| | |
|---|---|
| 1.初次计提 | 借：信用减值损失——计提的坏账准备<br>　贷：坏账准备 |
| 2.发生坏账 | 借：坏账准备<br>　贷：应收账款 |
| 3.发生坏账又收回 | 借：应收账款<br>　贷：坏账准备<br>借：银行存款<br>　贷：应收账款 |
| 4.再次计提应提＝应有－已提 | 补提：<br>借：信用减值损失——计提的坏账准备<br>　贷：坏账准备 |
| | 冲减：<br>借：坏账准备<br>　贷：信用减值损失——计提的坏账准备 |

1.【单选题】某企业年初“坏账准备”科目的贷方余额为20万元，本年收回上年已确认为坏账的应收账款5万元，经信用减值测试并确定“坏账准备”科目年末贷方余额应为30万元。不考虑其他因素，该企业年末应计提的坏账准备为（　　）万元。

A.5　　B.10

C.15　　D.30

2.【单选题】资产负债表日，应收账款计提的减值损失，应记入（　　）。

A.“信用减值损失”科目的贷方　　B.“坏账准备”科目的贷方

C.“管理费用”科目的借方　　D.“应收账款”科目的贷方

3.【多选题】下列各项业务中，应记入“坏账准备”科目贷方的有（　　）。

A.冲回多提的坏账准备　　B.当期确认的坏账损失

C.当期应补提的坏账准备　　D.已转销的坏账当期又收回

4.【单选题】某企业“应收账款”和“其他应收款”科目的年初余额分别为30 000元和10 000元。当年不能收回的应收账款2 000元确认为坏账损失。“应收账款”和“其他应收款”科目的年末余额分别为50 000元和20 000元，假定该企业年末确定的坏账提取比例为10%。该企业年末应提取的坏账准备为（　　）元。

A.1 000　　B.3 000

C.5 000　　D.7 000

5.【多选题】下列各项中，会引起应收账款账面价值发生变化的有（　　）。

A.计提坏账准备　　B.收回应收账款

C.转销坏账准备　　　　　　　　　　D.收回已转销的坏账

1.【答案】A

【解析】本年收回上年已确认为坏账的应收账款5万元，分录为：

借：应收账款　　　　　　　　　　　　　　　　50 000

　贷：坏账准备　　　　　　　　　　　　　　　　　50 000

借：银行存款　　　　　　　　　　　　　　　　50 000

　贷：应收账款　　　　　　　　　　　　　　　　　50 000

此时坏账准备贷方金额=20+5=25（万元），因年末坏账准备科目贷方余额应为30万元，故年末应计提坏账准备金额=30-25=5（万元）。

2.【答案】B

【解析】期末应收账款计提减值损失时，应计提坏账准备，借记“信用减值损失”科目，贷记“坏账准备”科目。

3.【答案】CD

4.【答案】C

【解析】“坏账准备”科目期末余额=（50 000+20 000）×10%=7 000（元），年初坏账准备余额4 000元，本年发生坏账损失2 000元，坏账准备科目计提前余额=4 000-2 000=2 000（元），本年应计提坏账准备=7 000-2 000=5 000（元）。



5.【答案】ABD

【解析】选项C，转销坏账准备时，坏账准备减少，应收账款减少，应收账款账面价值不变。

## 【考点3.13】金融资产（见表3-18）

表3-18　金融资产

| | |
|---|---|
| 金融资产的概念 | 金融资产，是指企业持有的现金、其他方的权益工具以及符合下列条件之一的资产：<br>1.从其他方收取现金或其他金融资产的合同权利<br>2.在潜在有利条件下，与其他方交换金融资产或金融负债的合同权利<br>3.将来须用或可用企业自身权益工具进行结算的非衍生工具合同，且企业根据该合同将收到可变数量的自身权益工具<br>4.将来须用或可用企业自身权益工具进行结算的衍生工具合同，但以固定数量的自身权益工具交换固定金额的现金或其他金融资产的衍生工具合同除外 |
| | 1.在企业全部资产中，库存现金、银行存款、应收账款、应收票据、贷款、其他应收款、应收利息、债权投资、股权投资、基金投资及衍生金融资产等统称为金融资产<br>2.预付账款产生的未来经济利益是商品或服务，不是收取现金或其他金融资产的权利，不是金融资产 |

续表

| | | |
|---|---|---|
| 金融资产的管理 | 企业管理金融资产的业务模式是通过金融市场交易可以产生现金流量，其主要目的多为解决暂时闲置资金并增加企业投资收益 | |
| 金融资产的分类 | 1. 以摊余成本计量的金融资产 | 同时符合下列条件：<br>（1）管理该金融资产的业务模式是以收取合同现金流量为目标<br>（2）该金融资产的合同条款规定，在特定日期产生的现金流量，仅为对本金和以未偿付本金金额为基础的利息的支付。如债权投资、“贷款”、“应收账款”等 |
| | 2. 以公允价值计量且其变动计入其他综合收益的金融资产 | 同时符合下列条件：<br>（1）管理该金融资产的业务模式，既以收取合同现金流量为目标又以出售该金融资产为目标<br>（2）该金融资产的合同条款规定，在特定日期产生的现金流量，仅为对本金和以未偿付本金金额为基础的利息的支付，如其他债权投资 |
| | 3. 以公允价值计量且其变动计入当期损益的金融资产 | 企业应当将除上述分类为以摊余成本计量的金融资产和以公允价值计量且其变动计入其他综合收益的金融资产之外的金融资产，分类为以公允价值计量且其变动计入当期损益的金融资产 |

## 【考点3.14】交易性金融资产（见表3-19）

表3-19　　交易性金融资产

| 内容 | 交易性金融资产（以公允价值计量） | |
|---|---|---|
| 界定 | 交易性金融资产主要是企业为了近期内出售而持有的金融资产，例如，企业以赚取差价为目的从二级市场购入的股票、债券、基金等 | |
| 取得 | 购入时 | 借：交易性金融资产——成本（公允价值）（购买成本）<br>应收股利（已宣告但尚未发放的现金股利/已到付息期但尚未领取的利息）<br>贷：其他货币资金——存出投资款（支付的总价款） |
| | 支付交易费用时 | 借：投资收益<br>应交税费——应交增值税（进项税额）<br>贷：其他货币资金——存出投资款 |
| | 收到已宣告但尚未领取的现金股利，或收到已到付息期但尚未领取的债券利息 | 借：其他货币资金——存出投资款<br>贷：应收股利/应收利息 |

续表

| | |
|---|---|
| 持有 | 1.企业持有期间被投资单位宣告现金股利或在资产负债表日按分期付息、一次还本债券投资的票面利率计算的利息收入，应做会计分录为：<br>借：应收股利/应收利息<br>　贷：投资收益<br>收到现金股利或债券利息时：<br>借：其他货币资金<br>　贷：应收股利/应收利息 |
| | 2.资产负债表日，交易性金融资产按照公允价值计量，公允价值与账面余额之间的差额计入当期损益。<br>（1）股价或债券价格上涨时：<br>借：交易性金融资产——公允价值变动<br>　贷：公允价值变动损益<br>（2）股价或债券价格下跌时：<br>借：公允价值变动损益<br>　贷：交易性金融资产——公允价值变动 |
| 出售 | 借：其他货币资金等<br>　贷：交易性金融资产——成本<br>　　　　　　　　　——公允价值变动（或借方）<br>　　投资收益（差额，或借方） |



1.【单选题】甲公司从证券市场购入乙公司股票50 000股，划分为交易性金融资产。甲公司为此支付价款105万元，其中包含已宣告但尚未发放的现金股利1万元，另支付相关交易费用0.5万元（不考虑增值税），不考虑其他因素，甲公司该投资的入账金额为（　　）万元。

A.104　　B.105.5

C.105　　D.104.5

2.【单选题】甲公司从证券市场购入股票20 000股，每股10元，其中包含已宣告但尚未领取的现金股利0.6元，另支付交易费用1 000元。企业将其划分为交易性金融资产，该交易性金融资产的入账价值是（　　）元。

A.201 000　　B.200 000

C.188 000　　D.189 000

3.【多选题】交易性金融资产科目借方登记的内容有（　　）。

A.交易性金融资产的取得成本

B.资产负债表日其公允价值高于账面余额的差额

C.取得交易性金融资产所发生的相关交易费用

D.资产负债表日其公允价值低于账面余额的差额

4.【多选题】企业确定交易性金融资产所取得的股利或利息收入并计入当期损益需要同时满足的条件有（　　）。

A.企业收取股利或利息的权利已经确立

B.与股利或利息相关的经济利益很可能流入企业

C.股利或利息的金额能够可靠计量

D.与股利或利息相关的经济利益已经流入企业

5.【判断题】企业出售交易性金融资产时，应将其出售时实际收到的款项与其账面价值之间的差额计入当期投资损益，同时将原计入该金融资产的公允价值变动计入当期投资损益。（　　）

6.【单选题】2021年6月5日，甲公司以银行存款1 005.3万元（其中含相关交易费用5万元，增值税税额0.3万元）从二级市场购入乙公司股票100万股，作为交易性金融资产核算。2021年8月10日，甲公司收到乙公司于当年7月25日宣告分派的现金股利20万元，2021年12月31日，上述股票的公允价值为1 600万元，不考虑其他因素，该项投资使甲公司2021年营业利润增加的金额为（　　）万元。

A.620　　B.600

C.615　　D.20

7.【多选题】下列关于转让金融资产的表述中，不正确的是（　　）。

A.金融商品转让按照卖出价扣除买入价（需要扣除已宣告但尚未发放的现金股利和已到付息期但尚未领取的利息）后的余额作为销售额计算增值税

B.转让金融商品按盈亏相抵后的余额作为销售额，若相抵后出现负差，可结转到下一纳税期与下期转让金融商品销售额相抵，年末时仍出现负差的，可转入下一会计年度

C.转让金融资产当月月末，如产生转让收益或损失，记入“投资收益”账户

D.年末，如“应交税费——转让金融商品应交增值税”科目有借方余额，说明本年度的金融商品转让损失无法弥补，本年度的金融资产转让损失可以转入下年度继续抵减转让金融资产的收益

---

1.【答案】A

【解析】该交易性金融资产的入账金额=105-1=104（万元）。

2.【答案】C

【解析】取得交易性金融资产的交易费用应通过投资收益核算，不计入交易性金融资产的初始入账价值，已宣告但尚未领取的现金股利应当单独确认应收

项目；该交易性金融资产的初始入账价值=20 000×（10−0.6）=188 000（元）。

3.【答案】AB

【解析】取得交易性金融资产所发生的相关交易费用应当在发生时记入“投资收益”；资产负债表日其公允价值低于账面余额的差额在“交易性金融资产”科目的贷方反映。

4.【答案】ABC

【解析】企业只有在同时满足三个条件时，才能确认交易性金融资产所取得的股利或利息收入并计入当期损益：一是企业收取股利或利息的权利已经确立；二是与股利或利息相关的经济利益很可能流入企业；三是股利或利息的金额能够可靠计量。

5.【答案】×

【解析】企业出售交易性金融资产时，应当将该金融资产出售时的公允价值与其账面余额之间的差额作为投资收益进行会计处理。

6.【答案】C

【解析】交易费用5万元应记入投资收益的借方，减少营业利润；现金股利20万元应记入投资收益的贷方，增加营业利润；公允价值变动600万元（1 600−1 000）应记入公允价值变动损益的贷方，增加营业利润。所以该项投资使甲公司2021年营业利润增加的金额=600+20−5=615（万元），故选项C正确。



7.【答案】ABD

【解析】金融商品转让按照卖出价扣除买入价（不需要扣除已宣告但尚未发放的现金股利和已到付息期但尚未领取的利息）后的余额作为销售额计算增值税，选项A不正确；转让金融商品按盈亏相抵后的余额作为销售额，若相抵后出现负差，可结转到下一纳税期与下期转让金融商品销售额相抵，但年末时仍出现负差的，不得转入下一会计年度，选项B不正确；年末，如“应交税费——转让金融商品应交增值税”科目有借方余额，说明本年度的金融商品转让损失无法弥补，且本年度的金融资产转让损失不可转入下年度继续抵减转让金融资产的收益，选项D不正确。

## 【考点3.15】转让金融商品应交增值税（见表3-20）

表3-20 转让金融商品应交增值税

| | |
|---|---|
| 转让金融商品增值税计算 | 卖出价扣除买入价（不需要扣除已宣告但尚未发放的现金股利和已到付息期但尚未领取的利息）后的余额作为销售额计算增值税。<br>（卖出价−买入价）÷（1+6%）×6% |
| 当月月末，产生转让收益，应纳税 | 借：投资收益<br>　贷：应交税费——转让金融商品应交增值税 |

续表

| | |
|---|---|
| 当月月末，产生转让损失，可结转下月抵扣 | 借：应交税费——转让金融商品应交增值税<br>　贷：投资收益 |
| 年末，科目“应交税费——转让金融商品应交增值税”如果有借方余额 | 说明本年度的金融商品转让损失无法弥补，且本年度的金融资产转让损失不可转入下年度继续抵减转让金融资产的收益 |
| | 应将“应交税费——转让金融商品应交增值税”科目借方余额转出来 |
| | 借：投资收益<br>　贷：应交税费——转让金融商品应交增值税 |

## 【考点3.16】短期投资（见表3-21）

表3-21　　短期投资

| | | |
|---|---|---|
| 短期投资的核算 | 按照《小企业会计准则》的相关规定，小企业购入的能随时变现并且持有时间不准备超过1年（含1年）的投资应设置“短期投资”科目核算 | |
| | 该科目应按照股票、债券、基金等短期投资种类进行明细核算 | |
| | 该科目为流动资产类科目，小企业取得短期投资记入该科目的借方；出售短期投资记入该科目的贷方；该科目期末借方余额，反映小企业持有的短期投资成本 | |
| 取得短期投资 | 1.购入股票 | 借：短期投资（倒挤）<br>　　应收股利（已宣告但尚未发放的现金股利）<br>　贷：银行存款（实际支付的购买价款和相关税费） |
| | 2.购入债券 | 借：短期投资（倒挤）<br>　　应收利息（已到付息期但尚未领取的债券利息）<br>　贷：银行存款（实际支付的购买价款和相关税费） |
| 持有期间 | 1.股票 | 借：应收股利<br>　贷：投资收益 |
| | 2.债券 | 借：应收利息<br>　贷：投资收益 |
| 出售短期投资 | 1.股票 | 借：银行存款/库存现金（实际收到的出售价款）<br>　贷：短期投资（短期投资的账面余额）<br>　　　应收股利（尚未收到的现金股利）<br>　　　投资收益（差额，可借可贷） |
| | 2.债券 | 借：银行存款/库存现金（实际收到的出售价款）<br>　贷：短期投资（短期投资的账面余额）<br>　　　应收利息（尚未收到的债券利息）<br>　　　投资收益（差额，可借可贷） |

## 【考点3.17】存货的判断（见表3-22）

表3-22　　存货的判断

| 存货 | 非存货 |
| --- | --- |
| 原材料、在产品、半成品、产成品、商品、周转材料、在途物资、发出商品（★★风险和报酬并未转移） | 工程物资 |
| 代制品 | 周转材料符合固定资产定义 |
| 代修品 | 受托代销商品 |
| 房地产开发企业购入的用于建造商品房的土地使用权 | 已经售出，尚未运离企业 |
| 已经取得商品所有权，但尚未验收入库的在途物资 | 承诺的订货合同 |
| 委托加工物资 | 预计发生的制造费用 |
| 委托代销商品 | |

## 【考点3.18】存货的取得成本（见表3-23）

表3-23　　存货的取得成本

| 计入成本 | 不计入成本 | 不计入成本的计入哪里 |
| --- | --- | --- |
| 买价 | 一般纳税人可以抵扣的增值税 | 单独列示 |
| 关税、资源税、消费税、小规模纳税人不可以抵扣的增值税 | 非正常消耗的直接材料、直接人工和制造费用 | 当期损益 |
| 包装费、运杂费 | 销售方：销售货物运费计入销售费用 | |
| 运输途中的合理损耗 | 运输途中的不合理损耗 | 冲减成本 |
| 入库前的挑选整理费 | 入库后的挑选整理费 | 当期损益 |
| 为特定客户的设计费用 | 一般的设计费用 | 当期损益 |
| 生产过程中为达到下一阶段的储存费用 | 入库后存储费用 | 当期损益（管理费用） |
| 生产过程中发生的直接材料、直接人工和制造费用 | 商品流通企业采购商品进货费用较小的 | 可以直接计入当期损益 |



挑选整理费用包括挑选整理中发生的工、费支出和挑选整理过程中所发生的数量损耗，并扣除回收的下脚废料价值。

商品流通企业采购商品的进货费用金额较小的，可以在发生时直接计入当期销售费用。

按照小企业会计准则规定，小企业（批发业、零售业）在购买商品过程中发生的费用（包括运输费、装卸费、包装费、保险费、运输途中的合理损耗和入库前的挑选整理费等），记入“销售费用”科目核算。

1.【单选题】某企业为增值税小规模纳税人。该企业购入一批原材料，取得增值税专用发票上注明的价款为150万元，增值税税额为19.5万元；另付运费1万元，增值税税额为0.09万元。不考虑其他因素，该批原材料的入账成本为（　）万元。

A.151　　　　B.170.59

C.174　　　　D.175

2.【单选题】甲企业为增值税小规模纳税人，本月采购原材料2 060千克，每千克50元（含增值税），运输途中的合理损耗为60千克，入库前的挑选整理费用为500元，企业该批原材料的入账价值为（　　）元。

A.100 500　　　　B.103 500

C.103 000　　　　D.106 500

3.【单选题】某企业为增值税一般纳税人。本月购进原材料200吨，增值税专用发票上注明的价款为60万元，增值税税额为7.8万元，支付的保险费为3万元，入库前的挑选整理费用为1万元。不考虑其他因素，该批原材料实际成本为每吨（　　）万元。

A.0.3　　　　B.0.32

C.0.368　　　　D.0.348

4.【单选题】某企业为增值税小规模纳税人，本月购入甲材料2 060千克，每千克单价（含增值税）50元，另外支付运杂费3 500元，运输途中发生合理损耗60千克，入库前发生挑选整理费用620元。该批材料入库的实际单位成本为每千克（　　）元。

A.50　　　　B.51.81

C.52　　　　D.53.56

5.【单选题】下列各项中，企业应当在发生时计入当期损益的是（　）。

A.企业为特定客户设计产品所发生的、可直接确定的设计费用

B.存货采购过程中发生的合理损耗

C.在生产过程中为达到下一个生产阶段所必需的仓储费用

D.企业存货入库后发生的挑选整理费

---

1.【答案】B

【解析】原材料的入账成本=150+19.5+1+0.09=170.59（万元）。

2.【答案】B

【解析】运输途中的合理损耗计入采购原材料的成本，甲企业该批原材料

的入账价值=2 060×50+500=103 500（元）。

3.【答案】B

【解析】该批原材料实际成本=60+3+1=64（万元）；单位成本=64÷200=0.32（万元/吨）。

4.【答案】D

【解析】该批材料入库的实际单位成本＝材料入库的成本÷材料入库的实际数量＝（2 060×50＋3 500＋620）÷（2 060−60）＝53.56（元/千克）。

5.【答案】D

【解析】企业存货入库后发生的挑选整理费应该计入当期损益，不计入存货成本。

## 【考点3.19】发出存货的计价方法（见表3-24）

表3-24　发出存货的计价方法

<table>
<tr><th>方法</th><th>表述或公式</th><th colspan="5">适用或特点</th></tr>
<tr><td>个别计价法</td><td>不能替代使用的存货、为特定项目专门购入或制造的存货</td><td colspan="5">珠宝、名画等贵重物品</td></tr>
<tr><td rowspan="3">先进先出法</td><td rowspan="2">可以随时结转存货发出成本，但较烦琐</td><td>物价</td><td>期末成本</td><td>发出成本</td><td>利润</td><td>库存存货</td></tr>
<tr><td>持续上升</td><td rowspan="2">接近市价</td><td>偏低</td><td>高估</td><td>高估</td></tr>
<tr><td>如果存货收发业务较多、单价不稳定时，其工作量较大</td><td>持续下跌</td><td>偏高</td><td>低估</td><td>低估</td></tr>
<tr><td rowspan="2">月末一次加权平均法</td><td rowspan="2">存货单位成本＝总成本÷总数量＝［月初成本＋∑（本月进货的单位成本×本月进货的数量）］÷（月初数量＋本月进货数量）</td><td colspan="5">优点：只在月末一次计算加权平均单价，有利于简化成本计算工作</td></tr>
<tr><td colspan="5">缺点：月末一次计算加权平均单价和发出存货成本，因此不便于存货成本的日常管理与控制</td></tr>
<tr><td rowspan="2">移动加权平均法</td><td rowspan="2">存货单位成本＝（库存已有成本＋本次购进成本）÷（本次购进前库存总数量＋本次购进数量）</td><td colspan="5">及时了解存货的结存情况，计算的平均单位成本以及发出和结存的存货成本比较客观</td></tr>
<tr><td colspan="5">但由于每次收货都要计算一次平均单价，计算工作量较大，对收发货较频繁的企业不适用</td></tr>
</table>

1.【单选题】某企业采用月末一次加权平均法核算发出材料成本。2021年6月1日结存乙材料200件、单位成本35元，6月10日购入乙材料400件、单位成本40元，6月20日购入乙材料400件、单位成本45元。当月发出乙材料600件。不考虑其他因素，该企业6月份发出乙材料的成本为（　　）元。

A.24 600　　B.25 000

C.26 000　　D.23 000

2.【判断题】物价持续上涨，采用先进先出法计算期末库存商品成本比采用月末一次加权平均法低。（　　）

3.【单选题】某企业采用先进先出法核算原材料，2021年3月1日库存甲材料500千克，实际成本为3 000元，3月5日购入甲材料1 200千克，实际成本为7 440元，3月8日购入甲材料300千克，实际成本为1 830元，3月10日发出甲材料900千克。不考虑其他因素，该企业发出的甲材料实际成本为（　　）元。

A.5 550　　B.5 580

C.5 521.5　　D.5 480

---

1.【答案】A

【解析】该企业6月份发出乙材料的成本=（200×35+400×40+400×45）÷（200+400+400）×600=24 600（元）。

2.【答案】×

【解析】物价持续上涨，采用先进先出法计算期末库存商品成本比采用月末一次加权平均法高。

3.【答案】D

【解析】本题中，3月10日发出的900千克甲材料中，优先发出期初结存的500千克，继而发出3月5日购入的400千克（900−500）。因此，该企业发出的甲材料实际成本=3 000+7 440÷1 200×400=5 480（元）。

## 【考点3.20】原材料按实际成本核算（见表3-25）

表3-25　原材料按实际成本核算

| | | |
|---|---|---|
| 1. 购入材料，“在途物资”反映企业在途物资的采购成本 | ①款已付或票（商业汇票）已开，料已入库<br>【货到单到】 | 借：原材料<br>应交税费——应交增值税（进项税额）<br>贷：银行存款/应付票据 |
| | ②发票账单已到、料未到<br>【单到货未到】 | 借：在途物资（实际成本法下使用）<br>应交税费——应交增值税（进项税额）<br>贷：银行存款/应付账款 |

续表

| | | |
|---|---|---|
| 1. 购入材料，"在途物资"反映企业在途物资的采购成本 | ③发票账单未到、料已到<br>【货到单未到】 | 月末暂估入库：<br>借：原材料——H材料<br>　贷：应付账款——暂估应付账款<br>下月初做相反会计分录予以冲回：<br>借：应付账款——暂估应付账款<br>　贷：原材料——H材料 |
| | ④款已预付，料未入库 | 借：预付账款<br>　贷：银行存款<br>收到材料验收入库时：<br>借：原材料<br>　　应交税费——应交增值税（进项税额）<br>　贷：预付账款<br>补付尾款时：<br>借：预付账款<br>　贷：银行存款 |
| 2. 发出材料 | 计价方法一经确定，不得随意变更 | 借：生产成本<br>　　制造费用<br>　　销售费用<br>　　管理费用<br>　　其他业务成本<br>　贷：原材料 |



【判断题】月末货到单未到的入库材料应按暂估价入账，并于下月初做相反方向会计分录予以冲回。（　）

【答案】√

## 【考点3.21】原材料按计划成本核算（如图3-2所示，见表3-26）

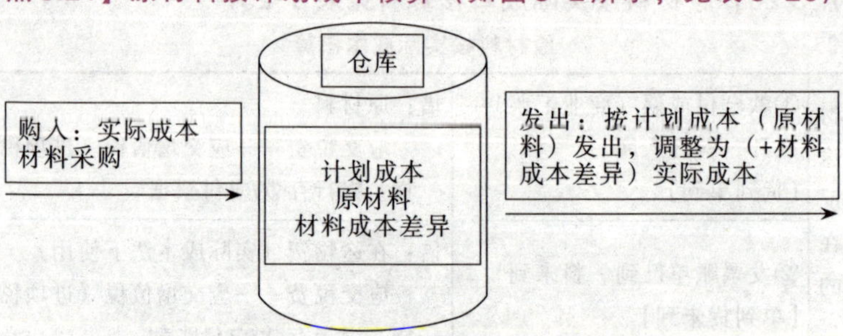


图3-2　原材料按计划成本核算

表 3-26　　原材料按计划成本核算

<table>
<tr><td>购入材料</td><td colspan="2">借：材料采购（实际成本）（在计划成本法下用）<br>　　应交税费——应交增值税（进项税额）<br>　贷：银行存款/应付账款等</td></tr>
<tr><td rowspan="2">材料入库</td><td colspan="2">“材料成本差异”：借方、超支、正数；贷方、节约、负数</td></tr>
<tr><td>超支：<br>借：原材料（计划成本）<br>　　材料成本差异（超支）<br>　贷：材料采购</td><td>节约：<br>借：原材料（计划成本）<br>　贷：材料采购<br>　　　材料成本差异（节约）</td></tr>
<tr><td rowspan="2">发出材料<br>注意：发出的材料成本应由计划成本调整为实际成本</td><td colspan="2">（1）本期材料成本差异率＝总差异÷总计划成本<br>＝（期初结存材料的成本差异＋本期验收入库材料的成本差异）÷（期初结存材料的计划成本＋本期验收入库材料的计划成本）×100%<br>（2）发出材料应负担的成本差异＝发出材料的计划成本×差异率<br>（3）发出材料的实际成本＝发出材料的计划成本＋材料成本差异（超支、节约）<br>（4）期末存货的实际成本＝期初实际成本＋本期购入实际成本－本期发出实际成本</td></tr>
<tr><td>超支：<br>（1）发出材料<br>借：生产成本<br>　　制造费用<br>　　管理费用<br>　贷：原材料<br>（2）发出差异<br>借：生产成本（材料金额×差异率）<br>　　制造费用（材料金额×差异率）<br>　　管理费用（材料金额×差异率）<br>　贷：材料成本差异（超支）</td><td>节约：<br>（1）发出材料<br>借：生产成本<br>　　制造费用<br>　　管理费用<br>　贷：原材料<br>（2）发出差异<br>借：材料成本差异（节约）<br>　贷：生产成本（材料金额×差异率）<br>　　　制造费用（材料金额×差异率）<br>　　　管理费用（材料金额×差异率）</td></tr>
</table>

【单选题】某企业月初原材料借方余额为20万元，材料成本差异借方余额为0.2万元，当月入库材料计划成本为60万元，材料成本差异为节约1.8万元，当月领用材料计划成本为45万元，结存材料的实际成本为（　　）万元。

A.35.7　　B.33.4

C.35　　D.34.3

【答案】D

【解析】材料成本差异率＝（0.2－1.8）÷（20＋60）×100%＝－2%；

结存材料的实际成本＝（20＋60－45）×（1－2%）＝34.3（万元）。

## 【考点3.22】包装物的账务处理（见表3-27）

表3-27　　　　　　　　　　包装物的账务处理

| | |
|---|---|
| 1.生产领用包装物 | 生产领用包装物，应按照领用包装物的实际成本，借记“生产成本”科目，按照领用包装物的计划成本，贷记“周转材料——包装物”科目，按其差额，借记或贷记“材料成本差异”科目<br>会计分录：<br>借：生产成本（实际成本）<br>　贷：周转材料——包装物（计划成本）<br>　　　材料成本差异（差额，或借方） |
| 2.随同商品出售而不单独计价的包装物 | 应按其实际成本记入“销售费用”，借记“销售费用”科目，按其计划成本，贷记“周转材料——包装物”科目，按其差额，借记或贷记“材料成本差异”科目<br>会计分录：<br>借：销售费用（实际成本）<br>　贷：周转材料——包装物（计划成本）<br>　　　材料成本差异（差额，或借方） |
| 3.随同商品出售而单独计价的包装物 | 应按其实际成本记入“其他业务成本”，借记“其他业务成本”科目，按其计划成本，贷记“周转材料——包装物”科目，按其差额，借记或贷记“材料成本差异”科目。同时，确认其销售收入，记入“其他业务收入”<br>会计分录：<br>借：银行存款（应收账款等）<br>　贷：其他业务收入<br>　　　应交税费——应交增值税（销项税额）<br>借：其他业务成本（实际成本）<br>　贷：周转材料——包装物（计划成本）<br>　　　材料成本差异（差额，或借方） |
| 出租包装物（一次摊销法） | 借：其他业务成本（实际成本）<br>　贷：周转材料——包装物（计划成本）<br>　　　材料成本差异（差额，或借方）<br>借：其他应收款等<br>　贷：其他业务收入（租金收入） |
| 出借包装物（一次摊销法） | 借：销售费用（实际成本）<br>　贷：周转材料——包装物（计划成本）<br>　　　材料成本差异（差额，或借方）<br>借：银行存款<br>　贷：其他应付款（押金） |

【多选题】下列各项中，关于周转材料会计处理表述正确的有（　　）。

A.多次使用的包装物应根据使用次数分次进行摊销

B.低值易耗品金额较小的可在领用时一次计入成本费用

C.出借的包装物的摊销额应记入“管理费用”

D.随同商品出售单独计价的包装物的成本记入“其他业务成本”

【答案】ABD

【解析】选项C，出借的包装物的摊销额记入“销售费用”。

## 【考点3.23】低值易耗品的账务处理（见表3-28）

表3-28　低值易耗品的账务处理

| 实际成本核算 | | 计划成本核算 | |
|---|---|---|---|
| 例子 | 领用专用工具一批，实际成本100 000元，估计使用次数为4次 | 例子 | 领用专用工具一批，实际成本101 000元，计划成本100 000元，成本差异率1%，估计使用次数为4次 |
| (1) 领用 | 借：周转材料——低值易耗品——在用 100 000<br>贷：周转材料——低值易耗品——在库 100 000 | (1) 领用 | 借：周转材料——低值易耗品——在用 100 000<br>贷：周转材料——低值易耗品——在库 100 000 |
| (2) 分次摊销，每次1/4 | 借：制造费用 25 000<br>贷：周转材料——低值易耗品——摊销 25 000 | (2) 分次摊销，每次1/4 | 借：制造费用 25 000<br>贷：周转材料——低值易耗品——摊销 25 000<br>借：制造费用 250<br>材料成本差异——低值易耗品 250 |
| (3) 最后核销 | 借：周转材料——低值易耗品——摊销 100 000<br>贷：周转材料——低值易耗品——在用 100 000 | (3) 最后核销 | 借：周转材料——低值易耗品——摊销 100 000<br>贷：周转材料——低值易耗品——在用 100 000 |

## 【考点3.24】委托加工物资（见表3-29）

表3-29　　委托加工物资

| | | |
|---|---|---|
| 委托加工收回来后直接销售 | 1.发料 | 借：委托加工物资<br>贷：原材料<br>材料成本差异 |
| | 2.支付加工费 | 借：委托加工物资<br>应交税费——应交增值税（进项税额）<br>贷：银行存款 |
| | 3.扣缴消费税 | 借：委托加工物资<br>贷：银行存款 |
| | 4.加工完毕收回 | 借：库存商品<br>贷：委托加工物资<br>材料成本差异 |
| 委托加工收回来继续加工 | 1.发料 | 借：委托加工物资<br>贷：原材料<br>材料成本差异 |
| | 2.支付加工费 | 借：委托加工物资<br>应交税费——应交增值税（进项税额）<br>贷：银行存款 |
| | 3.扣缴消费税 | 借：应交税费——应交消费税<br>贷：银行存款 |
| | 4.加工完毕收回 | 借：原材料<br>贷：委托加工物资<br>材料成本差异 |
| 继续加工出售 | A.借：税金及附加<br>贷：应交税费——应交消费税<br>B.借：应交税费——应交消费税<br>贷：银行存款 | |



1.【单选题】甲企业为增值税一般纳税人，委托乙企业加工一批应交消费税的W材料，发出原材料的成本为50 000元，加工费为10 000元，取得的增值税专用发票上注明的增值税税额为1 300元，发票已通过税务机关认证。由乙企业代收代缴的消费税为4 000元。甲企业收回W材料直接用于销售。不考虑其他因素，甲企业收回委托加工W材料的成本为（　　）元。

A.60 000　　B.65 600

C.64 000　　D.61 600

2.【多选题】下列各项中，应计入加工收回后直接出售的委托方加工物资成本的有（　　）。

A.由受托方代收代缴的消费税　　B.支付委托加工的往返运输费

C.实际耗用的原材料费用　　D.支付的加工费

1.【答案】C

【解析】因收回W材料后用于出售，乙企业代收代缴的消费税计入委托加工物资成本，且加工费已取得增值税专用发票，其进项税额可以进行抵扣，所以甲企业收回委托加工W材料的成本=50 000+10 000+4 000=64 000（元）。

2.【答案】ABCD

【解析】委托加工物资收回后直接出售，应将材料费用、加工费、运输费以及受托方代收代缴的消费税计入委托加工物资的成本核算。

## 【考点3.25】毛利率法与售价金额核算法（见表3-30）

表3-30　　　毛利率法与售价金额核算法

| 毛利率法 | 售价金额核算法 |
|---|---|
| 销售净额 = 商品销售收入 − 销售退回和折让 | 商品进销差价率 = 总差价÷总售价<br>= （期初商品进销差价 + 本期购进商品进销差价）÷（期初商品售价 + 本期购进商品售价） |
| 销售毛利 = 销售净额×毛利率<br>毛利率 = 销售毛利÷销售净额 | 本期销售商品应分摊的商品进销差价 = 本期商品销售收入 × 商品进销差价率 |
| 销售成本 = 销售净额 − 销售毛利 | 本期销售商品的成本 = 本期商品销售收入 − 本期已销商品应分摊的商品进销差价 |
| 期末存货成本 = 期初存货成本 + 本期购货成本 − 本期销售成本 | 期末结存商品的成本 = 期初库存商品的进价成本 + 本期购进商品的进价成本 − 本期销售商品的成本 |

1.【单选题】某商场采用售价金额核算法核算库存商品。2020年3月1日，该商场库存商品的进价成本总额为180万元，售价总额为250万元；本月购入商品的进价成本总额为500万元，售价总额为750万元；本月实现的销售收入总额为600万元。不考虑其他因素，2020年3月31日该商场库存商品的成本总额为（　　）万元。

A.408　　　B.400

C.272　　　D.192

2.【多选题】关于库存商品，下列说法正确的有（　　）。

A.库存商品计提的存货跌价准备允许转回

B.商品流通企业购入的商品采用售价核算的，商品售价和进价的差额，可

通过“商品进销差价”科目核算

C.库存商品可以采用实际成本核算，也可以采用计划成本核算

D.接受来料加工制造的代制品和为外单位加工修理的代修品不属于库存商品

3.【单选题】某商场采用毛利率法计算期末存货成本。甲类商品2020年4月1日期初成本为3 500万元，当月购货成本为500万元，当月销售收入为4 500万元。甲类商品第一季度实际毛利率为25%。2020年4月30日，甲类商品结存成本为（　　）万元。

A.50　　B.1 125

C.625　　D.3 375

4.【单选题】某商场库存商品采用售价金额核算法进行核算。2020年5月初，库存商品的进价成本为34万元，售价金额为45万元。当月购进商品的进价成本为126万元，售价金额为155万元。当月销售收入为130万元。月末结存商品的实际成本为（　　）万元。

A.30　　B.56

C.104　　D.130

---



1.【答案】C

【解析】本月商品进销差价率=（期初库存商品进销差价+本期购入商品进销差价）÷（期初库存商品售价+本期购入商品售价）×100%=（250−180+750−500）÷（250+750）×100%=32%，2020年3月31日该商场库存商品的成本总额=期初库存商品的进价成本+本期购进商品的进价成本−本期销售商品的成本=180+500−600×（1−32%）=272（万元）。

2.【答案】ABC

【解析】选项D，库存商品具体包括库存产成品、外购商品、存放在门市部准备出售的商品、发出展览的商品、寄存在外的商品、接受来料加工制造的代制品和委托外单位加工修理的代修品等。

3.【答案】C

【解析】本期销售毛利=4 500×25%=1 125（万元），本期销售成本=4 500−1 125=3 375（万元），期末存货成本=3 500＋500−3 375＝625（万元）。

4.【答案】B

【解析】商品进销差价率=（11＋29）÷（45＋155）×100%=20%，本期销售商品的成本=130−130×20%=104（万元），月末结存商品的实际成本=34＋126−104=56（万元）。

## 【考点3.26】消耗性生物资产（见表3-31）

表3-31 消耗性生物资产

| | | |
|---|---|---|
| 生物资产 | 生物资产，是指农业活动所涉及的活的动物或植物。生物资产分为消耗性生物资产、生产性生物资产和公益性生物资产 | |
| 消耗性生物资产 | 消耗性生物资产，是指企业（农、林、牧、渔业）生长中的大田作物、蔬菜、用材林以及存栏待售的牲畜等 | |
| 消耗性生物资产的成本确定 | 企业自行栽培、营造、繁殖或养殖的消耗性生物资产的成本，应当按照下列规定确定：<br>（1）自行栽培的大田作物和蔬菜的成本包括：在收获前耗用的种子、肥料、农药等材料费、人工费和应分摊的间接费用<br>（2）自行营造的林木类消耗性生物资产的成本包括：郁闭前发生的造林费、抚育费、营林设施费、良种试验费、调查设计费和应分摊的间接费用<br>（3）自行繁殖的育肥畜的成本包括：出售前发生的饲料费、人工费和应分摊的间接费用<br>（4）水产养殖的动物和植物的成本包括：在出售或入库前耗用的苗种、饲料、肥料等材料费、人工费和应分摊的间接费用 | |
| 主要会计科目设置 | “消耗性生物资产”科目 | 设置“消耗性生物资产”科目核算企业（农、林、牧、渔业）持有的消耗性生物资产的实际成本，借方登记消耗性生物资产的增加金额，贷方登记销售消耗性生物资产的减少金额，期末借方余额，反映企业（农、林、牧、渔业）消耗性生物资产的实际成本 |
| | “农产品”科目 | 设置“农产品”科目核算企业（农、林、牧、渔业）消耗性生物资产收获的农产品 |
| 消耗性生物资产的账务处理 | 1.外购 | 借：消耗性生物资产<br>贷：银行存款/应付账款 |
| | 2.培植支出 | 借：消耗性生物资产<br>贷：银行存款 |
| | 3.农业生产费用分配 | 借：消耗性生物资产<br>贷：生产成本 |
| | 4.郁闭后发生的管护费用 | 借：管理费用<br>贷：银行存款 |
| | 5.收获农产品 | 借：农产品<br>贷：消耗性生物资产 |
| | 6.出售农产品或消耗性生物物资 | 借：银行存款<br>贷：主营业务收入<br>同时结转成本：<br>借：主营业务成本<br>贷：农产品/消耗性生物物资 |
| | 7.计提生物资产跌价准备 | 企业至少应当于每年年度终了对消耗性生物资产进行检查，有确凿证据表明可变现净值低于其账面价值的，应当按照差额，计提生物资产跌价准备，并计入当期损益。可变现净值应当分别按照存货减值的办法确定 |
| | | 消耗性生物资产减值的影响因素已经消失的，减计金额应当予以恢复，并在原已计提的跌价准备金额内转回，转回的金额计入当期损益 |

## 【考点3.27】存货清查（见表3-32）

表3-32　　存货清查

| | |
|---|---|
| 1.存货盘盈的账务处理（两步走） | 第一步，企业发生存货盘盈时<br>借：原材料/库存商品<br>　贷：待处理财产损溢 |
| | 第二步，在按管理权限报经批准后<br>借：待处理财产损溢<br>　贷：管理费用 |
| 2.存货盘亏及毁损的账务处理（两步走） | 第一步，企业发生存货盘亏及毁损时<br>借：待处理财产损溢<br>　贷：原材料<br>　　库存商品<br>　　应交税费——应交增值税（进项税额转出） |
| | 第二步，在按管理权限报经批准后应做会计处理<br>借：原材料（入库的残料价值）<br>　其他应收款（保险公司和过失人的赔偿）<br>　管理费用（一般经营损失的部分）<br>　营业外支出（属于非正常损失的部分）<br>　贷：待处理财产损溢 |

小企业存货发生毁损，按取得的处置收入、可回收的责任人赔偿和保险赔款，扣除其成本、相关税费后的净额，应当计入营业外支出或营业外收入。发生的存货盘盈，按实现的收益计入营业外收入；发生的存货盘亏损失应当计入营业外支出。

1.【判断题】企业因收发计量错误发生的原材料盘盈，按管理权限报经批准后，应将盘盈金额冲减管理费用。（　）

2.【单选题】企业对于已记入“待处理财产损溢”科目的存货盘亏及毁损事项进行会计处理时，应计入管理费用的是（　）。

A.管理不善造成的存货净损失　　B.自然灾害造成的存货净损失

C.应由保险公司赔偿的存货损失　　D.应由过失人赔偿的存货损失

3.【单选题】某增值税一般纳税人，因自然灾害毁损一批材料，其成本为1 000元，增值税进项税额为130元，收到保险公司赔款200元，残料收入100元，批准后记入营业外支出的金额为（　）元。

A.1 160　　B.860

C.700　　D.1 000

1.【答案】√

【解析】企业因收发计量错误发生的原材料盘盈，先记入“待处理财产损溢”，按管理权限报经批准后，应将盘盈金额冲减管理费用。

2.【答案】A

【解析】选项B记入“营业外支出”，选项CD记入“其他应收款”。

3.【答案】C

【解析】

| | | |
|---|---|---|
| 借：待处理财产损溢 | 1 000 | |
| 　贷：原材料 | | 1 000 |
| 借：其他应收款——保险公司赔款 | 200 | |
| 　　原材料 | 100 | |
| 　　营业外支出 | 700 | |
| 　贷：待处理财产损溢 | | 1 000 |

## 【考点3.28】存货减值（见表3-33）

表3-33　存货减值

| | | |
|---|---|---|
| 时间 | 资产负债表日 | |
| 方法 | 成本与可变现净值孰低法 | 成本：期末存货实际成本 |
| | | 可变现净值＝存货的估计售价－进一步加工成本－估计的销售费用－相关税费 |
| 账务处理 | 计提 | 借：资产减值损失<br>　贷：存货跌价准备 |
| 账务处理 | 转回 | 以前减计存货价值的影响因素已经消失的，减计的金额应当予以恢复 |
| | | 在原已计提的存货跌价准备金额内转回，转回的金额计入当期损益 |
| | | 借：存货跌价准备<br>　贷：资产减值损失 |
| | 减值转销 | 借：主营业务成本<br>　　存货跌价准备<br>　贷：库存商品 |

1.【判断题】存货的可变现净值是指存货的估计售价减去估计销售费用及相关税费后的金额。（　）

2.【单选题】某企业采用成本与可变现净值孰低法对存货进行期末计价，

成本与可变现净值按单项存货进行比较，2020年12月31日，甲、乙、丙三种存货的成本与可变现净值分别为：甲存货成本20万元，可变现净值16万元；乙存货成本为24万元，可变现净值为30万元；丙存货成本为36万元，可变现净值为30万元。甲、乙、丙三种存货此前未计提存货跌价准备。假定该企业只有这三种存货，2020年12月31日应补提的存货跌价准备总额为（　　）万元。

A.0　　　　B.4

C.10　　　　D.6

---

1.【答案】×

【解析】存货的可变现净值是指存货的估计售价减去至完工时估计将要发生的成本、估计销售费用及相关税费后的金额。

2.【答案】C

【解析】应计提的存货跌价准备总额 =（20-16）+（36-30）=10（万元）。

# 第4章

# 非流动资产增加记借方

本章思维导图（如图4-1所示）：

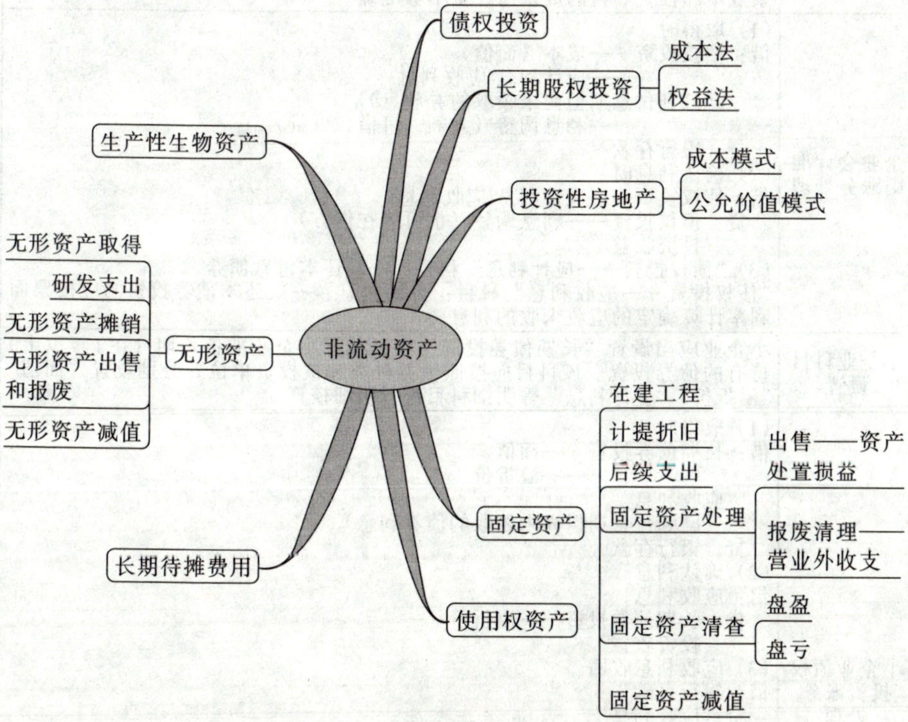


图4-1　本章思维导图

小艾上班记9

## 本章考点笔记精华

### 【考点4.1】债权投资账务处理（见表4-1）

表4-1　　　　债权投资账务处理

| | |
|---|---|
| 初始计量 | 取得时应当按照购买价款和相关税费作为成本进行计量。实际支付价款中包含的已到付息期但尚未领取的债券利息，应当单独确认为应收利息，不计入债权投资的成本 |
| 后续计量 | 债权投资的后续计量分为实际利率法和直线法两种<br>企业会计准则的规定要求应当采用实际利率法<br>小企业会计准则规定小企业采用直线法 |
| 实际利率法 | 优点：债权投资后续确认与计量时考虑市场实际利率的波动影响，计量与确认的摊余成本和投资收益比较准确 |
| | 缺点：市场实际利息率计算确定及相应的会计处理较为复杂 |
| 直线法 | 优点：会计处理简便易行 |
| | 缺点：债权投资后续计量与确认时不考虑市场实际利率的波动影响，使得摊余成本和投资收益的确认与计量不够准确 |
| 企业会计准则账务处理 | （1）取得时<br>借：债权投资——成本（面值）<br>　　　　　　——应计利息/应收利息<br>　　（已到付息期但尚未领取的券利息）<br>　　　　　　——利息调整（差额，可借，可贷）<br>　贷：银行存款<br>（2）确认利息时<br>借：债权投资——应计利息/应收利息<br>　贷：债权投资——利息调整（也可能在借方）<br>　　　投资收益<br>（3）“债权投资——应计利息”科目：一次还本付息债券<br>“债权投资——应收利息”科目：分期付息、一次还本债券投资的应按票面利率计算确定的应收未收的利息 |
| 小企业科目设置 | 小企业应当设置“长期债券投资”科目核算小企业准备长期（在1年以上）持有的债券投资。该科目应按照债券种类和被投资单位，分别设置“面值”“溢折价”“应计利息”等明细科目进行明细核算 |
| 小企业债权投资账务处理 | （1）取得时<br>借：长期债券投资——面值<br>　　　　　　　　——溢折价<br>　　应收利息<br>　　（已到付息期但尚未领取的债券利息）<br>　贷：银行存款<br>（2）确认利息<br>借：应收利息<br>　贷：长期债券投资——溢折价<br>　　　投资收益<br>（3）应收利息收回<br>借：银行存款<br>　贷：应收利息<br>（4）本金收回<br>借：银行存款<br>　贷：长期债券投资——面值<br>（5）假定因债务人依法宣告破产、关闭、解散、被撤销，或者被依法注销、吊销营业执照等原因，其清算财产不足清偿的。小企业应按其账面余额减除可收回的金额后确认的无法收回的长期债券投资，作为长期债券投资损失处理，应当于实际发生时计入营业外支出，同时冲减长期债券投资账面余额<br>借：银行存款<br>　　营业外支出<br>　贷：长期债券投资 |

【案例4-1】甲公司是一家小企业，2020年1月1日，从二级市场购入乙公司债券，支付价款合计510 000元（含已宣告但尚未领取的利息10 000元），另支付交易费用10 000元。该债券面值500 000元，剩余期限为2年，票面年利率为4%，每半年付息一次，合同现金流量特征仅为本金和以未偿付本金金额为基础的利息的支付。甲企业准备持有至到期，分类为长期债券投资进行核算与管理。请做出相关会计分录（见表4-2）。

表4-2　案例4-1相关会计分录

| | |
|---|---|
| （1）2020年1月1日购入债券 | 借：长期债券投资——面值　500 000<br>——溢折价　10 000<br>应收利息　10 000<br>贷：银行存款　520 000<br>注：交易费用10 000元在“长期债券投资——溢折价”科目核算，在以后确认投资收益时采用直线法摊销 |
| （2）2020年1月5日，收到2019年下半年利息 | 借：银行存款　10 000<br>贷：应收利息　10 000 |
| （3）2020年6月30日、2020年12月31日，2021年6月30日，2021年12月31日，分别确认投资收益 | 每半年应收利息=500 000×4%÷2=10 000（元）<br>溢折价摊销=10 000÷4=2 500（元）<br>借：应收利息　10 000<br>贷：长期债券投资——溢折价　2 500<br>投资收益　7 500 |
| （4）2020年7月5日、2021年1月5日、2021年7月5日分别收到各半年利息 | 借：银行存款　10 000<br>贷：应收利息　10 000 |
| （5）2022年1月5日，收到半年利息及本金 | 借：银行存款　510 000<br>贷：长期债券投资——面值　500 000<br>应收利息　10 000 |

【考点4.2】股权投资的分类（见表4-3）

表4-3　股权投资的分类

| | | |
|---|---|---|
| 股权投资与股份的一般关系 | 50%＜股份 | 有控制权，合并控制状态，则分类为：以合并方式取得长期股权投资。如果是同一集团，就是同一控制下的合并，如果不是同一集团，就是非同一控制下的合并 |
| | 20%≤股份≤50% | 有重大影响，则分类为：非企业合并方式取得的长期股权投资 |
| | 0＜股份＜20% | 分类为：金融资产 |

**【考点4.3】长期股权投资的初始计量（见表4-4）**

表4-4　长期股权投资的初始计量

| 分类 | （1）同一控制下企业合并 | （2）非同一控制下企业合并 | （3）非企业合并方式 |
|---|---|---|---|
| 初始计量 | 相对于最终控制方合并财务报表中的净资产账面价值的份额 | 付出对价的公允价值（合并成本） | 付出对价的公允价值+直接相关税费 |
| 支付对价的差额 | 支付对价的账面价值与长期股权投资初始投资成本之间的差额计入资本公积、留存收益等 | 付出资产公允价值与账面价值的差额计入当期损益（比照处置相关资产处理）；权益性证券公允价值与面值的差额计入资本公积 | 付出资产公允价值与账面价值的差额计入当期损益（比照处置相关资产处理）；权益性证券公允价值与面值的差额计入资本公积 |
| 发生的审计、法律服务、评估咨询等中介费用 | 计入当期损益（管理费用） | 计入当期损益（管理费用） | 计入长期股权投资的初始投资成本 |
| 权益性证券的交易费用 | 不管是企业合并方式还是非企业合并方式，投资方作为对价发行的权益性证券发生的佣金、手续费等冲减溢价发行收入（资本公积——股本溢价），溢价发行收入（资本公积——股本溢价）不足冲减的，冲减留存收益 | | |
| 债务性证券的交易费用 | 债务性证券的交易费用，应计入债务性证券的初始确认金额 | | |

（1）同一控制下企业合并

同一控制下企业合并实质是集团内部资产的重新配置与账面调拨，仅涉及集团内部不同企业间资产和所有者权益的变动，不具有商业实质，不应产生经营性损益和非经营性损益。

我们做分录时按这样的思路来确定借贷方。

同一控制下企业合并取得长期股权投资，既然是取得长期股权投资，那长期股权投资增加，记借方，付出的代价，记贷方，这是基本思路。

**【案例4-2】**甲公司和乙公司为同一母公司最终控制下的两家公司。2021年6月30日，甲公司向其母公司支付现金43 400 000元，取得母公司拥有的乙公司100%的股权，于当日起能够对乙公司实施控制。合并后，乙公司仍维持其独立的法人地位继续经营。2021年6月30日母公司合并报表中乙公司的净资产账面价值为40 000 000元。在甲乙公司合并前采用的会计政策相同。假定不考虑相关税费等其他因素影响，请做出甲公司取得乙公司长期股权投资的会计分录。

【分析】

①甲公司取得乙公司100%股权，即合并控制状态；

②甲公司与乙公司为同一母公司最终控制，有共同的“母亲”，即同一控制下的合并；

③甲公司取得长期股权投资，长期股权投资增加，资产增加记借方。

因为有共同的“母亲”，彼此之间是“兄弟”关系，所以长期股权投资入账以“母亲大人”（最终控制方）合并报表上的账面价值40 000 000元为准，不按市场公允价值来。

④为了得到这个投资，付出的代价也按账面价值来计量，这里付出的是银行存款，金额是43 400 000元。当然，银行存款的账面价值等于公允价值。

银行存款减少，记贷方。

⑤检查分录，借贷要平衡，如有差额，差额计入“资本公积——股本溢价”，方向可借可贷。

| | | |
|---|---|---|
| 借：长期股权投资 | 40 000 000 | |
| 资本公积——股本溢价 | 3 400 000 | |
| 贷：银行存款 | | 43 400 000 |

【案例4-3】甲公司和乙公司为同一母公司最终控制下的两家公司。2021年6月30日，假定甲公司向其母公司发行10 000 000股普通股（每股面值1元，每股公允价值4.34元）取得母公司拥有乙公司100%的股权，于当日起能够对乙公司实施控制。合并后，乙公司仍维持其独立的法人地位继续经营。2021年6月30日母公司合并报表中乙公司的净资产账面价值为40 000 000元。在甲乙公司合并前采用的会计政策相同。假定不考虑相关税费等其他因素影响，请做出甲公司取得乙公司长期股权投资的会计分录。

【分析】

①甲公司取得乙公司100%股权，即合并控制状态；

②甲公司与乙公司为同一母公司最终控制，有共同的“母亲”，即同一控制下的合并；

③甲公司取得长期股权投资，长期股权投资增加，资产增加记借方。

因为有共同的“母亲”，彼此之间是“兄弟”关系，所以长期股权投资入账以“母亲大人”（最终控制方）合并报表上的账面价值40 000 000元为准，不按市场公允价值来。

④为了得到这个投资，付出的代价也按账面价值来计量，这里是发行普通

股10 000 000股，面值是1元/股，那账面价值就是10 000 000元。

股本增加，记贷方。

⑤检查分录，借贷要平衡，如有差额，差额计入“资本公积——股本溢价”，方向可借可贷。

借：长期股权投资　　　　　　　　　　　40 000 000

　贷：股本　　　　　　　　　　　　　　　　　10 000 000

　　　资本公积——股本溢价　　　　　　　　　30 000 000

（2）非同一控制下的企业合并

这是不同的企业集团交易，具有商业实质。我们做分录时按这样的思路来确定借贷方：非同一控制下企业合并取得长期股权投资，既然是取得长期股权投资，那长期股权投资增加，记借方，付出的代价，记贷方，这是基本思路。

非同一控制下的企业合并实质是不同市场主体间的产权交易，购买方如果以转让非现金资产方式作为对价的，实质是转让或处置了非现金资产，具有商业实质性质，产生经营性或非经营性损益。

意思就是：合并不是发生在同一集团，所以按市场公允价值来，直接拿现金买，或者拿固定资产等资产去换，比如拿房子去换，相当于把房子卖了，然后再把长期股权投资买回来。



假设买这个长期股权投资要花费500万元，我要么给你500万元现金，要么给你一套500万元的房子，但是这套房子我当初买的时候是100万元，我与你交换，相当于我的房子变现了，因为我换回了一个值500万元的长期股权投资。

因此会计处理的时候，相当于先处置这个房子，然后再换回长期股权投资。因为房子的处置损益也要记录，也就是我这套房子赚了400万元，账面要体现。

【案例4-4】甲公司和乙公司为非同一控制下的两家独立公司。2021年6月30日，甲公司以其拥有的固定资产对乙公司投资，取得乙公司60%的股权。该固定资产原值1 500万元，已累计计提折旧400万元，已计提减值准备50万元，投资日该固定资产的公允价值1 250万元。2021年6月30日乙公司可辨认净资产公允价值为2 000万元。假定不考虑相关税费等其他因素影响，请做出甲公司取得乙公司长期股权投资的会计分录。

【分析】

①甲公司取得乙公司股权60%，大于50%，即合并控制状态；

②甲公司与乙公司为非同一控制下的两家独立公司，没有共同的“母亲”，因此属于非同一控制下的合并；

③甲公司取得长期股权投资，长期股权投资增加，资产增加记借方。

因为没有共同的“母亲”，彼此之间没有“亲戚”关系，所以交易要按照市场公允价值的游戏规则来，长期股权投资的入账成本取决于你付出的代价。

题中甲公司付出了一项固定资产，值1 250万元，没有其他花费了。

固定资产处置一般通过固定资产清理科目核算。

借：长期股权投资　　1 250

　贷：固定资产清理　　1 250

此固定资产原值1 500万元，已累计计提折旧400万元，已计提减值准备50万元，现在换回来了一项长期股权投资，值1 250万元，相当于此固定资产卖了1 250万元。而账面价值=1 500-400-50=1 050（万元），因此，此固定资产实现损益200万元。

借：固定资产清理　　1 250

　　累计折旧　　400

　　固定资产减值准备　　50

　贷：固定资产　　1 500

　　　资产处置损益　　200

④上面两笔分录一合并，“固定资产清理”借贷抵消，就是教材上的分录：

借：长期股权投资　　1 250

　　累计折旧　　400

　　固定资产减值准备　　50

　贷：固定资产　　1500

　　　资产处置损益　　200

中级、注会教材，此处一般不合并，固定资产处置要通过“固定资产清理”科目核算，因此初级教材此处不是特别规范，不过原理一样。

**【案例4-5】**甲公司和乙公司为非同一控制下的两家独立公司。2021年6月30日，甲公司以发行普通股9 000万股取得乙公司有表决权的股份60%，该股票面值为每股1元，市场发行价格为5元/股。向证券承销机构支付股票发行相关税费1 350万元。假定不考虑其他因素影响。

**【分析】**

①甲公司取得乙公司股权60%，大于50%，即合并控制状态。

②甲公司与乙公司为非同一控制下的两家独立公司，没有共同的“母亲”，因此属于非同一控制下的合并。

③甲公司取得长期股权投资，长期股权投资增加，资产增加记借方。

因为没有共同的“母亲”，彼此之间没有“亲戚”关系，所以交易要按照市场公允价值的游戏规则来，长期股权投资的入账成本取决于你付出的代价。

题中付出的代价是公司的股份，发行普通股9 000万股，市场发行价格5元/股，那市值就是9 000×5=45 000（万元），其中面值1元/股，那股本就是

9 000×1=9 000（万元），剩下的就是资本公积——股本溢价，45 000-9 000=36 000（万元）。

长期股权投资的入账成本就是付出的代价45 000万元（会计分录金额单位为万元）。

借：长期股权投资 45 000

贷：股本 9 000

资本公积——股本溢价 36 000

④在发行股票的时候，还需要向证券承销机构支付相关税费1 350万元。

不管是企业合并方式还是非企业合并方式，投资方作为对价发行的权益性证券发生的佣金、手续费等冲减溢价发行收入（资本公积——股本溢价），溢价发行收入（资本公积——股本溢价）不足冲减的，冲减留存收益（会计分录金额单位为万元）。

借：资本公积——股本溢价 1 350

贷：银行存款 1 350

（3）非企业合并方式形成的长期股权投资

非企业合并方式形成的长期股权投资，不管是同一集团的，还是非同一集团的，不管彼此之间有没有"亲戚"关系，都统一按照市场的公允价值游戏规则进行交易，因此思路与上面（2）非同一控制下的企业合并的账务处理思路雷同，区别在于如果在这个合并过程中发生一些审计、评估等相关费用时，（2）非同一控制下的企业合并，是计入管理费用，而这里要计入长期股权投资的成本。不过这个考点，初级教材中没有提及，可以不用掌握，只是为便于比较，所以提一下。



因此非企业合并方式形成的长期股权投资，它的入账成本取决于付出的代价。

我们做分录时按这样的思路来确定借贷方：非企业合并取得长期股权投资，既然是取得长期股权投资，那长期股权投资增加，记借方，付出的代价，记贷方，这是基本思路。

不管你取得什么样的资产，这个思路都是雷同的。

【案例4-6】甲公司和乙公司为非同一控制下的两家独立小型股份有限公司。2021年6月30日，甲公司以支付现金200万元取得乙公司有表决权的股份20%。甲公司准备长期持有。假定不考虑其他因素。

购买日，甲公司应作账务处理如下：

借：长期股权投资——乙公司 2 000 000

贷：银行存款 2 000 000

## 【考点4.4】长期股权投资的后续计量（见表4-5）

表4-5　　长期股权投资的后续计量

| 表决权股份 | 投资类型 | 后续计量 |
|---|---|---|
| 50%＜股份，控制状态 | 合并方式取得的长期股权投资 | 成本法 |
| 20%≤股份≤50%，重大影响状态 | 非企业合并方式取得的长期股权投资 | 权益法 |
| 0＜股份＜20%，非控制也不具有重大影响 | 金融资产 | 见上一章考点金融资产 |

注：控制、重大影响不仅仅只是看股份，也要看其他条款，如果股份虽然小于50%，但通过其他协议条款，也能达到控制状态，那也属于合并方式取得的长期股权投资。这叫实质重于形式原则。

## 【考点4.5】成本法账务处理（见表4-6）

表4-6　　成本法账务处理

| | |
|---|---|
| 账务处理原则 | 长期股权投资采用成本法核算的，应按被投资单位宣告发放的现金股利或利润中属于投资企业的部分，借记“应收股利”科目，贷记“投资收益”科目 |
| 例子 | 2021年1月1日，甲公司取得乙公司60%的股权，后续计量采用成本法核算。 |
| | 2021年12月31日，被投资方乙公司当年实现净利润，甲公司不需要做会计处理 |
| | 2022年2月20日发布利润分配公告，分配现金股利100万元，甲公司应编制如下会计分录：<br>借：应收股利　　600 000（1 000 000×60%）<br>　贷：投资收益　　600 000 |
| | 2022年3月20日，收到乙公司发放的股利，应编制如下会计分录：<br>借：银行存款　　600 000<br>　贷：应收股利　　600 000 |

## 【考点4.6】权益法账务处理

2020年1月1日，甲公司取得乙公司20%的股权，支付价款200万元，后续计量采用权益法核算。

初始计量：

2020年1月1日取得长期股权投资，初始入账成本200万元。

借：长期股权投资——投资成本　　200

　贷：银行存款　　200

后续计量：权益法见表4-7。

表4-7　　**后续计量：权益法**

| | | |
|---|---|---|
| 权益法步骤 | (1) 初始投资成本的调整 | 长期股权投资的初始投资成本大于投资时应享有被投资单位可辨认净资产公允价值份额的，不调整已确认的初始投资成本<br>假设2020年1月1日（投资日）被投资方乙公司可辨认净资产公允价值份额为900万元<br>900×20%=180万元，而我们付出了200万元，多付了20万元，此20万元不需要调整<br>因此此种情形不需要做账务处理 |
| | | 长期股权投资的初始投资成本小于投资时应享有被投资单位可辨认净资产公允价值份额的，应按其差额，借记“长期股权投资”科目（投资成本），贷记“营业外收入”科目<br>假设2020年1月1日（投资日）被投资方乙公司可辨认净资产公允价值份额为1 100万元<br>1 100×20%=220（万元），而我们付出了200万元，少付了20万元，此20万元需要调整投资成本<br>借：长期股权投资——投资成本　　200 000<br>　贷：营业外收入　　200 000 |
| | (2) 被投资单位实现盈利 | 资产负债表日，企业应按被投资单位实现的净利润（以取得投资时被投资单位可辨认净资产的公允价值为基础计算）中企业享有的份额，借记“长期股权投资”科目（损益调整），贷记“投资收益”科目<br>假设2020年12月31日，被投资单位乙公司实现净利润400万元<br>甲公司确认投资收益：400×20%=80（万元）<br>借：长期股权投资——损益调整　　800 000<br>　贷：投资收益　　800 000 |
| | (3) 被投资单位实现亏损 | 被投资单位发生净亏损做相反的会计分录<br>贷记“长期股权投资”科目（损益调整），借记“投资收益”科目<br>假设2020年12月31日，被投资单位乙公司发生亏损300万元<br>甲公司确认投资亏损：300×20%=60（万元）<br>借：投资收益　　600 000<br>　贷：长期股权投资——损益调整　　600 000 |

续表

| | | |
|---|---|---|
| 权益法步骤 | （4）超额亏损 | ①如果发生超额亏损，“长期股权投资”科目的账面价值减记至零为限<br>②如还有需承担的投资损失，应将其他实质上构成对被投资单位净投资的“长期应收款”等的账面价值减记零为限<br>③除按照以上步骤已确认的损失外，按照投资合同或协议约定还将承担的损失，确认为预计负债<br>④除上述情况仍未确认的应分担被投资单位的损失，应在账外备查登记<br>假设2020年12月31日，被投资单位乙公司发生亏损2 000万元<br>2 000×20%=400（万元）<br>①以“长期股权投资”科目的账面价值减记至零为限<br>长期股权投资账面上只有200万元，减记至零<br>借：投资收益　　2 000 000<br>　贷：长期股权投资——损益调整　　2 000 000<br>②如还需承担投资损失，则看甲公司还有没有对乙公司的长期应收款，假设构成对被投资单位净投资的“长期应收款”等的账面价值为100万元<br>借：投资收益　　1 000 000<br>　贷：长期应收款　　1 000 000<br>③除上述外，按照投资合同或协议约定还将承担损失80万元，则确认为预计负债<br>借：投资收益　　800 000<br>　贷：预计负债　　800 000<br>④除上述情况仍未确认的应分担被投资单位的损失20万元，账外备查登记 |
| | （5）超额亏损后，又实现盈利 | 发生亏损的被投资单位以后实现净利润的，应按与上述相反的顺序进行处理<br>假设2020年12月31日，被投资单位乙公司发生亏损2 000万元，2021年又盈利2 500万元<br>2 500×20%=500（万元）<br>①备查簿的20万元，抹掉<br>②预计负债反冲掉<br>借：预计负债　　800 000<br>　贷：投资收益　　800 000<br>③长期应收款恢复<br>借：长期应收款　　1 000 000<br>　贷：投资收益　　1 000 000<br>④剩下的全部确认投资收益<br>借：长期股权投资——损益调整　　3 000 000<br>　贷：投资收益　　3 000 000 |

续表

| | | |
|---|---|---|
| 权益法步骤 | (6) 宣告分配现金股利 | 取得长期股权投资后，被投资单位宣告发放现金股利或利润时，企业计算应分得的部分，借记“应收股利”科目，贷记“长期股权投资”科目（损益调整）<br>假设2022年3月20日被投资单位乙公司宣告分配现金股利1 000万元<br>甲公司享有：1 000×20 %=200（万元）<br>借：应收股利　　2 000 000<br>　贷：长期股权投资——损益调整　　2 000 000<br>2022年4月10日，收到上述现金股利<br>借：银行存款　　2 000 000<br>　贷：应收股利　　2 000 000 |
| | (7) 股票股利 | 收到被投资单位发放的股票股利，不进行账务处理，但应在备查簿中登记 |
| | (8) 其他综合收益和其他权益变动 | 被投资单位除净损益、利润分配以外的其他综合收益变动或所有者权益的其他变动，企业按持股比例计算应享有的份额，借记“长期股权投资”科目（其他综合收益或其他权益变动），贷记“其他综合收益”或“资本公积——其他资本公积”科目<br>假设2020年12月31日，被投资单位乙公司其他综合收益增加50万元<br>50×20%=10（万元）<br>借：长期股权投资——其他综合收益　　100 000<br>　贷：其他综合收益　　100 000<br>假设2020年12月31日，被投资单位乙公司其他权益变动增加50万元<br>50×20%=10（万元）<br>借：长期股权投资——其他权益变动　　100 000<br>　贷：资本公积——其他资本公积　　100 000 |



## 【考点4.7】计提长期股权投资减值准备（见表4-8）

表4-8　　计提长期股权投资减值准备

| | |
|---|---|
| 计提长期股权投资减值准备 | 资产负债表日，企业根据资产减值相关要求确定长期股权投资发生减值的，按应减记的金额<br>借：资产减值损失<br>　贷：长期股权投资减值准备<br>处置长期股权投资时，应同时结转已计提的长期股权投资减值准备 |
| | 小企业发生长期股权投资减值损失采用直接转销法核算 |
| | 根据小企业会计准则规定确认实际发生的长期股权投资损失，应当按照可收回的金额<br>借：银行存款<br>　　营业外支出<br>　贷：长期股权投资 |

## 【考点4.8】长期股权投资的处置（见表4-9）

表4-9　　长期股权投资的处置

| | |
|---|---|
| 成本法下的长期股权投资 | 借：银行存款<br>　　长期股权投资减值准备<br>　贷：长期股权投资 |
| 权益法下的长期股权投资 | 借：银行存款<br>　　长期股权投资减值准备<br>　贷：长期股权投资——投资成本<br>　　　　　　　　——损益调整<br>　　　　　　　　——其他综合收益<br>　　　　　　　　——其他权益变动 |
| | 借：其他综合收益<br>　贷：投资收益<br>借：资本公积——其他资本公积<br>　贷：投资收益<br>根据题意，也有可能借贷相反 |

## 【考点4.9】投资性房地产概念（见表4-10）

表4-10　　投资性房地产概念

| | |
|---|---|
| 1. 投资性房地产概念 | 投资性房地产是指为赚取租金或资本增值，或两者兼有而持有的房地产，包括已出租的土地使用权、持有并准备增值后转让的土地使用权、已出租的建筑物 |
| 2. 属于投资性房地产的项目 | （1）已出租的土地使用权<br>（2）持有并准备增值后转让的土地使用权<br>（3）已出租的建筑物<br>已出租的建筑物，是指企业拥有产权并以经营租赁方式出租的房屋等建筑物，包括自行建造或开发活动完成后用于出租的建筑物 |
| 3. 不属于投资性房地产的项目 | （1）自用房地产，即为生产商品、提供劳务或者经营管理而持有的房地产<br>（2）作为存货的房地产<br>（3）转租不属于投资性房地产<br>（4）企业将建筑物出租，按租赁协议向承租人提供的相关辅助服务在整个协议中不重大的，如企业将办公楼出租并向承租人提供保安、维修等辅助服务，应当将该建筑物确认为投资性房地产，反之，不确认投资性房地产<br>（5）某项房地产，部分用于赚取租金或资本增值、部分用于生产商品、提供劳务或经营管理，能够单独计量和出售的、用于赚取租金或资本增值的部分，应当确认为投资性房地产；不能够单独计量和出售的、用于赚取租金或资本增值的部分，不确认为投资性房地产 |

## 【考点4.10】投资性房地产的确认（见表4-11）

表4-11　投资性房地产的确认

| | |
|---|---|
| 1.投资性房地产的确认条件 | 投资性房地产在符合其定义的前提下，同时满足下列条件的予以确认：<br>（1）与该投资性房地产有关的经济利益很可能流入企业，即有证据表明企业能够获取租金或资本增值，或两者兼而有之<br>（2）该投资性房地产的成本能够可靠地计量 |
| 2.投资性房地产的确认时点。 | （1）租赁期开始日：对已出租的土地使用权、已出租的建筑物，其作为投资性房地产的确认时点一般为租赁期开始日，即土地使用权、建筑物进入出租状态、开始赚取租金的日期<br>（2）书面决议日：对企业持有以备经营出租的空置建筑物，董事会或类似机构作出书面决议，明确表明将其用于经营出租且持有意图短期内不再发生变化的，即使尚未签订租赁协议，也应视为投资性房地产<br>（3）准备增值后转让的日期：对持有并准备增值后转让的土地使用权，其作为投资性房地产的确认时点为企业将自用土地使用权停止自用、准备增值后转让的日期 |

## 【考点4.11】投资性房地产会计科目设置（见表4-12）

表4-12　投资性房地产会计科目设置

| 会计科目设置 | 成本模式 | 公允价值模式 |
|---|---|---|
| 初始核算（进入企业） | 投资性房地产：<br>核算其实际成本极其增减变化，按具体项目（如厂房、已出租土地使用权等）设置明细科目 | 投资性房地产——成本：<br>核算其实际成本极其增减变化 |
| 后续核算（留在企业） | 投资性房地产累计折旧<br>投资性房地产累计摊销<br>投资性房地产减值准备 | 投资性房地产——公允价值变动：核算公允价值增减变动<br>公允价值变动损益：核算公允价值变动损益<br>其他综合收益：核算非投资性房地产转换为投资性房地产转换日的公允价值大于账面价值 |
| 处置核算（退出企业） | 其他业务收入<br>其他业务成本 | 其他业务收入<br>其他业务成本 |

## 【考点4.12】成本模式与公允价值模式的比较（见表4-13）

表4-13　　成本模式与公允价值模式的比较

| | |
|---|---|
| 成本模式与公允价值模式的比较 | 1.成本模式是指投资性房地产的初始计量和后续计量均采用实际成本进行核算<br>公允价值模式是指投资性房地产初始计量采用实际成本核算，后续计量按照投资性房地产的公允价值进行计量 |
| | 2.按准则规定，只有存在确凿证据表明投资性房地产的公允价值能够持续可靠取得的情况下，企业才可以采用公允价值模式进行后续计量 |
| | 3.成本模式下会计核算结果的可靠性和可控性较高、会计处理比较简单、不同会计期间会计资料的可比性较强，便于监督管理 |
| | 4.公允价值模式下取得公允价值的确凿证据相对较为困难，对会计职业判断的要求高，可能存在一定的企业自由裁量权，会计核算结果的可靠性和可控性较低、顺周期性较为明显、会计处理较为复杂烦琐、不同会计期间会计资料的可比性较差，对会计监督管理的要求很高 |
| | 5.准则规定，企业通常应当采用成本模式对投资性房地产进行后续计量，对采用公允价值模式的条件做了限制性规定，且同一企业只能采用一种模式对所有投资性房地产进行后续计量，不得同时采用两种计量模式 |
| | 6.企业一旦选择采用公允价值模式，就应当对其所有投资性房地产均采用公允价值模式进行后续计量 |
| | 7.企业可以从成本模式变更为公允价值模式，已采用公允价值模式不得转为成本模式 |

## 【考点4.13】投资性房地产账务处理（见表4-14）

表4-14　　投资性房地产账务处理

| 账务处理 | 成本模式 | 公允价值模式 |
|---|---|---|
| 初始计量（进入企业） | 企业取得投资性房地产，在成本模式下或公允价值模式下均应按照取得时的实际成本核算 | |
| | 外购：<br>借：投资性房地产/投资性房地产——成本<br>　贷：银行存款 | |
| | 自建：<br>借：投资性房地产/投资性房地产——成本<br>　贷：在建工程 | |

续表

| 账务处理 | 成本模式 | 公允价值模式 |
| --- | --- | --- |
| 后续计量（留在企业） | （1）计提折旧、摊销、减值<br>借：其他业务成本<br>贷：投资性房地产累计折旧<br>投资性房地产累计摊销<br>投资性房地产减值准备 | （1）按照公允价值调整账面价值<br>借：投资性房地产——公允价值变动<br>贷：公允价值变动损益——投资性房地产 |
| | （2）收取租金<br>借：其他应收款——应收租金<br>贷：其他业务收入 | （2）收取租金<br>借：其他应收款——应收租金<br>贷：其他业务收入 |
| 处置计量（退出企业） | （1）确认处置收入<br>借：银行存款<br>贷：其他业务收入 | （1）确认处置收入<br>借：银行存款<br>贷：其他业务收入 |
| | （2）结转成本<br>借：其他业务成本<br>投资性房地产累计折旧<br>投资性房地产累计摊销<br>投资性房地产减值准备<br>贷：投资性房地产 | （2）借：其他业务成本<br>贷：投资性房地产——成本<br>——公允价值变动<br>注：投资性房地产——公允价值变动也可能在借方，具体看题 |
| | | （3）结转其他相关科目<br>借：其他综合收益<br>公允价值变动损益<br>贷：其他业务成本<br>注：借贷方向也可能相反 |



**【考点4.14】自用房地产或存货转换为采用公允价值模式计量的投资性房地产**

（1）自用房地产或存货转换为采用公允价值模式计量的投资性房地产，该项投资性房地产应当按照转换日的公允价值计量。

（2）转换日的公允价值小于原账面价值的，其差额计入当期损益（公允价值变动损益）。

（3）转换日的公允价值大于原账面价值的，其差额作为其他综合收益核算。

（4）处置该项投资性房地产时，原计入其他综合收益的部分应当转入处置当期损益。

本考点的相关会计分录见表4-15：

表 4-15　　考点 4.14 相关会计分录

| | | |
|---|---|---|
| 分录 | 借：投资性房地产——成本（转换日的公允价值）<br>累计折旧/累计摊销<br>固定资产减值准备/无形资产减值准备<br>公允价值变动损益（倒挤，借差）<br>贷：固定资产/无形资产<br>其他综合收益（倒挤，贷差）<br>注：处置时，将其他综合收益、公允价值变动损益转入当期损益（其他业务成本） | 借：投资性房地产——成本（转换日的公允价值）<br>存货跌价准备<br>公允价值变动损益（倒挤，借差）<br>贷：开发产品<br>其他综合收益（倒挤，贷差）<br>注：处置时，将其他综合收益、公允价值变动损益转入当期损益（其他业务成本） |

## 【考点 4.15】固定资产概述（见表 4-16）

表 4-16　　固定资产概述

| | |
|---|---|
| 概述 | 固定资产是指同时具有以下特征的有形资产：<br>（1）为生产商品、提供劳务、出租或经营管理而持有的；不像商品一样为了对外出售<br>（2）使用寿命超过一个会计年度 |
| 科目 | 工程物资、在建工程、固定资产、累计折旧、固定资产清理、固定资产减值准备、待处理财产损溢、以前年度损益调整 |
| 固定资产清理 | 核算企业因出售、报废、毁损、对外投资、非货币性资产交换、债务重组等原因转出的固定资产价值以及在清理过程中发生的费用等 |

## 【考点 4.16】固定资产取得

1.外购固定资产（价+税+费）（见表 4-17）

表 4-17　　外购固定资产（价+税+费）

| | |
|---|---|
| 不需要安装 | 借：固定资产（倒挤）<br>应交税费——应交增值税（进项税额）（金额：由增值税税额确定）<br>贷：银行存款/应付账款（需要支付的所有款项） |
| 需要安装 | 借：在建工程（倒挤）<br>应交税费——应交增值税（进项税额）（金额：由增值税税额确定）<br>贷：银行存款/应付账款（需要支付的所有款项） |
| | 安装时支付材料和人工费用<br>借：在建工程<br>贷：原材料<br>应付职工薪酬 |
| | 安装完毕后，把在建工程转入固定资产<br>借：固定资产<br>贷：在建工程 |

1.【单选题】某企业为增值税一般纳税人，2021年1月1日，该企业购入甲、乙、丙三项没有单独标价的固定资产，均不需安装。购买过程中实际支付的不含税价款总额为200万元。其中固定资产甲的公允价值为120万元，固定资产乙的公允价值为80万元，固定资产丙的公允价值为40万元。固定资产甲的入账价值为（　　）万元。

A.120　　B.100

C.200　　D.240

2.【单选题】甲企业为增值税一般纳税人，增值税税率为13%。2021年7月15日，企业生产车间购入一台需要安装的B设备，取得的增值税专用发票上注明的设备价款为600万元，增值税为78万元，另发生保险费8万元，款项均以银行存款支付。8月19日，将B设备投入安装，以银行存款支付安装费3万元。B设备于8月25日达到预定可使用状态，并投入使用。确定B设备入账价值为（　　）万元。

A.611　　B.608

C.600　　D.603

---

1.【答案】B



【解析】以一笔款项购入多项没有单独标价的固定资产，应当按照各项固定资产公允价值比例对总成本进行分配，分别确定各项固定资产的成本。固定资产甲的入账价值=200×［120÷（120+80+40）］=100（万元）。

2.【答案】A

【解析】

借：在建工程　　6 080 000（6 000 000+80 000）

　　应交税费——应交增值税（进项税额）　　780 000

　贷：银行存款　　6 860 000

借：在建工程　　30 000

　贷：银行存款　　30 000

借：固定资产　　6 110 000

　贷：在建工程　　6 110 000

## 【考点4.17】建造固定资产

1.★自营工程（见表4-18）

表4-18　自营工程

| 经济业务 | 相关账务处理 | |
|---|---|---|
| | 动产固定资产（如设备等） | 不动产固定资产（如厂房等） |
| 购入工程物资 | 借：工程物资<br>　应交税费——应交增值税（进项税额）<br>　贷：银行存款等 | 借：工程物资<br>　应交税费——应交增值税（进项税额）<br>　贷：银行存款等 |
| 领用工程物资 | 借：在建工程<br>　贷：工程物资 | 借：在建工程<br>　贷：工程物资 |
| 领用本企业外购的原材料（商品） | 借：在建工程<br>　贷：原材料/库存商品 | 借：在建工程<br>　贷：原材料/库存商品 |
| 领用本企业生产的商品 | 借：在建工程<br>　贷：库存商品 | 借：在建工程<br>　贷：库存商品 |
| 发生的工程其他费用（如人员工资等） | 借：在建工程<br>　贷：应付职工薪酬<br>　　银行存款 | 借：在建工程<br>　贷：应付职工薪酬<br>　　银行存款 |
| 工程达到预定可使用状态时 | 借：固定资产<br>　贷：在建工程 | 借：固定资产<br>　贷：在建工程 |

2.出包工程（见表4-19）

表4-19　出包工程

| | |
|---|---|
| （1）企业按合理估计的发包工程进度和合同规定向建造承包商结算的进度款 | 借：在建工程<br>　贷：银行存款等 |
| （2）工程完成时按合同规定补付的工程款 | 借：在建工程<br>　贷：银行存款等 |
| （3）工程达到预定可使用状态时，按其成本 | 借：固定资产<br>　贷：在建工程 |

## 【考点4.18】影响固定资产折旧金额的因素（见表4-20）

表4-20　影响固定资产折旧金额的因素

| 影响因素 | 含义 |
| --- | --- |
| ①固定资产原价 | 固定资产的成本 |
| ②预计净残值 | 假定固定资产预计使用寿命已满并处于寿命终了时的预期状态，企业目前从该项资产处置中获得的扣除预计处置费用后的金额 |
| ③固定资产减值准备 | 已计提的固定资产减值准备累计金额 |
| ④固定资产的使用寿命 | 使用固定资产的预计期间，或者该固定资产所能生产产品或提供劳务的数量 |



## 【考点4.19】固定资产折旧（见表4-21）

表4-21　固定资产折旧

<table>
<tr><th colspan="2">固定资产折旧</th><th colspan="2">无形资产摊销</th></tr>
<tr><td>影响因素</td><td>原价、预计净残值、减值准备、使用寿命</td><td rowspan="5">摊销范围</td><td rowspan="3">使用寿命有限的无形资产应进行摊销</td></tr>
<tr><td rowspan="4">折旧范围（不包括）</td><td>已提足折旧仍继续使用的固定资产</td></tr>
<tr><td>单独计价入账的土地</td></tr>
<tr><td>提前报废的固定资产</td><td rowspan="2">使用寿命不确定的无形资产不应摊销</td></tr>
<tr><td>进入改良状态（已转入“在建工程”）的固定资产</td></tr>
<tr><td>折旧时间</td><td>当月增加，当月不提，下月开提；当月减少，当月照提，下月停提</td><td>摊销时间</td><td>当月增加，当月开摊；当月减少，当月停摊</td></tr>
<tr><td rowspan="2">注意</td><td>已达到预定可使用状态但尚未竣工的固定资产，按估计价值确定“固定资产”成本，并计提“折旧”</td><td rowspan="2">摊销方法</td><td>直线法</td></tr>
<tr><td>待办理竣工决算后，调“固定资产”价值，不调已计提的“折旧”</td><td>生产总量法</td></tr>
</table>

 


| 固定资产折旧 | | 无形资产摊销 |
|---|---|---|
| 折旧/摊销方法 | 年限平均法（直线法） | 年折旧额＝（原价−预计净残值）÷预计使用年限<br>＝原价×（1−预计净残值÷原价）÷预计使用年限<br>＝原价×年折旧率<br>注：预计净残值率＝预计净残值÷原价×100% |
| | 工作量法（生产总量法） | 单位工作量折旧额＝固定资产原价×（1−预计净残值率）÷预计总工作量<br>某项固定资产月折旧额＝该项固定资产当月工作量×单位工作量折旧额 |
| | 双倍余额递减法 | 前N−2年不考虑净残值，最后2年用直线法<br>年折旧率＝2÷预计使用年限×100%（是不考虑残值率的直线法折旧率的两倍）<br>折旧额＝固定资产账面净值×折旧率<br>到期的前两年内，将固定资产的账面净值扣除预计净残值后的净值平均摊销 |
| | 年数总和法 | 折旧率＝尚可使用年限÷预计使用年限的年数总和×100%<br>折旧额＝（固定资产原值−预计净残值）×折旧率<br>已计提减值准备的固定资产，应当按照该项资产的账面价值（固定资产账面余额−累计折旧−累计减值准备）以及尚可使用寿命重新计算确定折旧率和折旧额 |
| 核算 | 借：在建工程<br>其他业务成本（出租）<br>制造费用（车间）<br>销售费用（销售部门）<br>管理费用（管理部门含财务部门）<br>研发支出（研发无形资产）<br>贷：累计折旧 | 借：管理费用（企业自用）<br>其他业务成本（出租）<br>制造费用（生产的产品）<br>贷：累计摊销 |

1.【单选题】2020年12月某企业购入一台设备，初始入账价值为400万元。设备于当月交付使用，预计使用寿命为5年，预计净残值为4万元，采用

年数总和法计提折旧。不考虑其他因素，2022年该设备应计提的折旧额为（　　）万元。

A.160　　B.96

C.132　　D.105.6

2.【多选题】下列各项中，应计提固定资产折旧的有（　　）。

A.经营租入的设备

B.融资租入的办公楼

C.已投入使用但未办理竣工决算的厂房

D.已达到预定可使用状态但未投产的生产线

3.【判断题】固定资产使用寿命、预计净残值和折旧方法的改变应当作为会计政策变更。（　　）

4.【单选题】2020年12月31日，甲公司购入一台设备并投入使用，其成本为25万元，预计使用年限5年，预计净残值1万元，采用双倍余额递减法计提折旧。假定不考虑其他因素，2022年度该设备应计提的折旧为（　　）万元。

A.6　　B.8

C.9.6　　D.10



5.【判断题】企业应当根据企业利润的实现情况选择固定资产折旧方法。（　　）

---

1.【答案】D

【解析】2022年该设备应计提的折旧额为（400−4）×（4÷15）=105.6（万元）。

2.【答案】BCD

3.【答案】×

【解析】固定资产使用寿命、预计净残值和折旧方法的改变应当作为会计估计变更。

4.【答案】A

【解析】2021年该设备应计提的折旧额为25×2÷5＝10（万元）；2022年该设备应计提的折旧额为（25−10）×2÷5=6（万元）。

5.【答案】×

【解析】企业应当根据与固定资产有关的经济利益的预期实现方式，合理选择固定资产折旧方法。

## 【考点4.20】固定资产的后续支出（见表4-22）

表4-22　固定资产的后续支出

<table>
<tr><td colspan="5">指固定资产在使用过程中发生的更新改造支出、修理费用等</td></tr>
<tr><td rowspan="2">更新改造等后续支出</td><td rowspan="2">满足固定资产确认条件</td><td rowspan="2">应当计入固定资产成本，如有被替换的部分，应同时将被替换部分的账面价值从该固定资产原账面价值中扣除</td><td>发生可资本化的后续支出时</td><td>借：在建工程<br>累计折旧<br>固定资产减值准备<br>贷：固定资产<br>借：在建工程<br>贷：银行存款<br>原材料<br>应付职工薪酬<br>借：银行存款或原材料（残料价值）<br>营业外支出（净损失）<br>贷：在建工程（被替换部分的账面价值）</td></tr>
<tr><td>达到预定可使用状态时</td><td>借：固定资产<br>贷：在建工程</td></tr>
<tr><td>修理费</td><td>不满足固定资产确认条件</td><td>应当在发生时计入当期损益</td><td colspan="2">借：管理费用（生产车间和行政管理部门）<br>销售费用（专设销售机构）<br>其他业务成本（出租）<br>贷：银行存款</td></tr>
</table>

1.【单选题】某企业对生产设备进行改良，发生资本化支出共计45万元，被替换旧部件的账面价值为10万元，该设备原价为500万元，已计提折旧300万元，不考虑其他因素。该设备改良后的入账价值为（　　）万元。

A.245　　B.235

C.200　　D.190

2.【判断题】企业生产车间发生的固定资产日常维修费，应作为制造费用核算计入产品成本。（　　）

3.【单选题】企业对一条生产线进行更新改造。该生产线的原价为120万元，已提折旧为60万元。改造过程中发生支出30万元，被替换部分的账面原值15万元。该生产线更新改造后的成本为（　　）万元。

A.65　　B.82.5

C.135　　D.150

---

1.【答案】B

【解析】设备改良后的入账价值=45-10+500-300=235（万元）。

2.【答案】×

【解析】企业生产车间发生的固定资产日常维修费，应计入管理费用。

3.【答案】B

【解析】（120−60）+30−15×50%=82.5（万元）。

## 【考点4.21】固定资产与无形资产的处置（见表4-23）

表4-23 固定资产与无形资产的处置

<table>
<tr><th colspan="3">固定资产的处置</th><th colspan="2">无形资产的处置</th></tr>
<tr><td colspan="3">包括固定资产的出售、报废、毁损、对外投资、非货币性资产交换、债务重组等</td><td colspan="2" rowspan="4">★企业处置无形资产，应当将取得的价款扣除该无形资产账面价值以及出售相关税费后的差额计入营业外收入或营业外支出</td></tr>
<tr><td colspan="3">不包括固定资产清查时的盘亏与盘盈</td></tr>
<tr><td>1.固定资产转入清理</td><td colspan="2">借：固定资产清理<br>累计折旧<br>固定资产减值准备<br>贷：固定资产（账面原价）</td></tr>
<tr><td>2.发生的清理费用等</td><td colspan="2">借：固定资产清理<br>贷：银行存款</td></tr>
<tr><td>3.收回出售固定资产价款、残料价值和变价收入</td><td colspan="2">借：银行存款（收回价款）<br>原材料（残料）<br>贷：固定资产清理<br>应交税费——应交增值税（销项税额）</td><td rowspan="3">损失</td><td rowspan="3">借：银行存款<br>累计摊销<br>资产处置损益<br>贷：无形资产<br>应交税费</td></tr>
<tr><td>4.保险赔偿</td><td colspan="2">借：其他应收款<br>贷：固定资产清理</td></tr>
<tr><td rowspan="2">5.出售等生产经营期间正常处置净损益</td><td>损失</td><td>借：资产处置损益<br>贷：固定资产清理</td></tr>
<tr><td>利得</td><td>借：固定资产清理<br>贷：资产处置损益</td><td rowspan="3">利得</td><td rowspan="3">借：银行存款<br>累计摊销<br>贷：无形资产<br>应交税费<br>资产处置损益</td></tr>
<tr><td rowspan="2">6.自然灾害等非正常原因造成的损益</td><td>损失</td><td>借：营业外支出<br>贷：固定资产清理</td></tr>
<tr><td>利得</td><td>借：固定资产清理<br>贷：营业外收入</td></tr>
</table>

1.【多选题】下列各项中，应通过“固定资产清理”科目核算的有（　　）。

A.固定资产盘亏的账面价值　　B.固定资产更新改造支出

C.固定资产毁损净损失　　D.固定资产出售的账面价值

2.【单选题】某企业处置一项固定资产收回的价款为80万元，该资产原价为100万元，已计提折旧60万元，计提减值准备5万元，处置发生清理费用5万元，不考虑其他因素，处置该资产对当期利润总额的影响金额为（　　）万元。

A.40　　B.80

C.50　　D.35

3.【单选题】某公司出售专用设备一台，取得价款30万元，增值税3.9万元，发生清理费用5万元，增值税0.3万元，该设备的账面价值22万元，不考虑其他因素。下列各项中，关于此项交易净损益会计处理结果表述正确的是（　　）。

A.营业外收入增加3万元　　B.资产处置损益增加3万元

C.资产处置损益增加25万元　　D.营业外收入增加25万元

---

1.【答案】CD

【解析】选项A通过“待处理财产损溢”科目进行核算；选项B通过“在建工程”科目进行核算。

2.【答案】A

【解析】处置固定资产的净收益=80-（100-60-5）-5=40（万元），所以影响利润总额的金额为40万元。

3.【答案】B

## 【考点4.22】库存现金、存货、固定资产盘盈、盘亏比较（见表4-24）

表4-24　库存现金、存货、固定资产盘盈、盘亏比较

| 项目 | 盘盈（现金称溢余） | 盘亏（现金称短缺） |
| --- | --- | --- |
| 库存现金 | 借：库存现金<br>　贷：待处理财产损溢<br>借：待处理财产损溢<br>　贷：其他应付款<br>　　营业外收入（无法查明原因） | 借：待处理财产损溢<br>　贷：库存现金<br>借：其他应收款<br>　管理费用（无法查明原因）<br>　贷：待处理财产损溢 |

续表

| 项目 | 盘盈（现金称溢余） | 盘亏（现金称短缺） |
|---|---|---|
| 存货 | 借：原材料等<br>　贷：待处理财产损溢<br>借：待处理财产损溢<br>　贷：管理费用 | 借：待处理财产损溢<br>　贷：原材料<br>　　应交税费——应交增值税（进项税额转出）（自然灾害不需转出）<br>借：原材料（收回残料）<br>　其他应收款（应收取有关人员或保险公司赔款）<br>　管理费用（管理不善）<br>　营业外支出（非常损失）<br>　贷：待处理财产损溢 |
| 固定资产 | 按前期差错处理<br>借：固定资产（重置成本）<br>　贷：以前年度损益调整<br>借：以前年度损益调整<br>　贷：盈余公积<br>　　利润分配——未分配利润 | 借：待处理财产损溢<br>　累计折旧<br>　固定资产减值准备<br>　贷：固定资产<br>借：营业外支出<br>　贷：待处理财产损溢 |



“营改增”后，固定资产安装、修理、处置等相关费用，考虑增值税的账务处理，见表4-25。

表4-25　考虑增值税的账务处理

| | |
|---|---|
| 固定资产安装费用 | 借：在建工程<br>　应交税费——应交增值税（进项税额）<br>　贷：银行存款 |
| 固定资产修理费用 | 借：管理费用（生产车间和行政管理部门）<br>　销售费用（与专设销售机构相关）<br>　应交税费——应交增值税（进项税额）<br>　贷：银行存款 |
| 固定资产处置费用 | 借：固定资产清理<br>　应交税费——应交增值税（进项税额）<br>　贷：银行存款 |
| 固定资产盘亏 | 借：待处理财产损溢<br>　累计折旧<br>　固定资产减值准备<br>　贷：固定资产<br>借：待处理财产损溢<br>　贷：应交税费——应交增值税（进项税额转出）<br>借：营业外支出<br>　贷：待处理财产损溢 |

1.【单选题】财产清查中，之前购入的一台设备未入账，经报批前正确的会计处理是（　　）。

A.借：固定资产

　　贷：以前年度损益调整

B.借：固定资产

　　贷：营业外收入

C.借：固定资产

　　贷：待处理财产损溢

D.借：固定资产

　　贷：固定资产清理

2.【单选题】某企业因水灾毁损一批实际成本为500 000元的库存商品。其残料价值50 000元已验收入库，应由保险公司赔偿300 000元。不考虑其他因素，下列选项中，关于毁损库存商品的会计处理中，正确的是（　　）。

A.批准处理前：

借：待处理财产损溢　　500 000

　　贷：主营业务成本　　500 000

B.批准处理后：

借：其他应收款　　300 000

　　原材料　　50 000

　　营业外支出　　150 000

　　贷：待处理财产损溢　　500 000

C.批准处理后：

借：管理费用　　150 000

　　贷：待处理财产损溢　　150 000

D.批准处理前：

借：待处理财产损溢　　150 000

　　贷：库存商品　　150 000

---

1.【答案】A

2.【答案】B

【解析】批准处理前：

借：待处理财产损溢　　500 000

　　贷：库存商品　　500 000

批准处理后：

借：原材料　　50 000

借：其他应收款　　　　　　　　　　　　　　　300 000

　　营业外支出　　　　　　　　　　　　　　　150 000

　贷：待处理财产损溢　　　　　　　　　　　　　　　500 000

## 【考点4.23】使用权资产（见表4-26）

表4-26　　　　　　　　　　使用权资产

<table>
<tr><td rowspan="4">1.相关概念</td><td>使用权资产</td><td colspan="2">使用权资产，是指承租人可在租赁期内使用租赁资产的权利</td></tr>
<tr><td>核算范围</td><td colspan="2">使用权资产的核算范围，为核算承租人除采用简化处理的短期租赁和低价值资产租赁外的所有租赁业务取得的使用权资产</td></tr>
<tr><td>短期租赁</td><td colspan="2">短期租赁是指在租赁期开始日，租赁期不超过12个月的租赁。包含购买选择权的租赁不属于短期租赁</td></tr>
<tr><td>低价值资产租赁</td><td colspan="2">低价值资产租赁是指单项租赁资产为全新资产时价值较低的租赁</td></tr>
<tr><td rowspan="6">2.使用权资产账务处理</td><td>例题</td><td colspan="2">甲公司与出租人乙公司签订了一份办公楼租赁合同，约定每年的租赁付款额为50 000元，于每年年末支付<br>不可撤销租赁期为5年，合同约定在第5年年末，甲公司有权选择以每年50 000元租金续租5年，也有权选择以1 000 000元的价格购买该办公楼<br>甲公司无法确定租赁内含利率，可以确定其增量借款利率为5%。甲公司在租赁开始时选择续租5年，即实际租赁期为10年。不考虑税费等相关因素<br>为获得该办公楼甲公司向前任租户支付款项15 000元，向促成此项租赁交易的房地产中介支付佣金5 000元<br>作为对甲公司的激励，乙公司同意补偿5 000元佣金</td></tr>
<tr><td rowspan="5">（1）租赁开始日</td><td rowspan="3">①租赁负债</td><td>“租赁负债”科目核算租赁使用权资产形成的尚未偿付的负债，贷方登记租赁负债的增加额，借方登记租赁负债的减少额，贷方余额为尚未偿付的租赁负债额</td></tr>
<tr><td>本科目应设置“租赁负债——租赁付款额”和“租赁负债——未确认融资费用”明细科目进行明细分类核算</td></tr>
<tr><td>租赁付款额=50 000×10=500 000（元）</td></tr>
<tr><td rowspan="2">②使用权资产</td><td>使用权资产的入账成本=租赁付款额的现值=50 000×（P/A，5%，10）=50 000×7.72=386 000（元）</td></tr>
<tr><td>其中（P/A，5%，10）为年金现值系数（取两位小数为7.72）</td></tr>
</table>

<table>
<tr><td rowspan="11">2.使用权资产账务处理</td><td rowspan="6">（1）租赁开始日</td><td rowspan="2">③未确认融资费用</td><td>租赁付款额与使用权资产的差额<br>500 000-386 000=114 000（元）</td></tr>
<tr><td>借：使用权资产　386 000<br>　租赁负债——未确认融资费用　114 000<br>　贷：租赁负债——租赁付款额　500 000</td></tr>
<tr><td rowspan="2">④初始直接费用</td><td>初始直接费用，是指为达成租赁所发生的增量成本。增量成本是指若企业不取得该租赁，则不会发生的成本</td></tr>
<tr><td>为获得该办公楼甲公司向前任租户支付款项15 000元，向促成此项租赁交易的房地产中介支付佣金5 000元<br>15 000+5 000=20 000（元）<br>借：使用权资产　20 000<br>　贷：银行存款　20 000</td></tr>
<tr><td rowspan="2">⑤租赁激励</td><td>租赁激励，是指出租人为达成租赁向承租人提供的优惠，包括出租人向承租人支付的与租赁有关的款项、出租人为承租人偿付或承担的成本等</td></tr>
<tr><td>作为对甲公司的激励，乙公司同意补偿5 000元佣金<br>借：银行存款　5 000<br>　贷：使用权资产　5 000</td></tr>
<tr><td rowspan="5">(2) 后续计量</td><td rowspan="4">每年计提折旧、减值</td><td>承租人能够合理确定租赁期届满时取得租赁资产所有权的，应当在租赁资产剩余使用寿命内计提折旧</td></tr>
<tr><td>无法合理确定租赁期届满时能够取得租赁资产所有权的，应当在租赁期与租赁资产剩余使用寿命两者孰短的期间内计提折旧</td></tr>
<tr><td>承租人应当按照资产减值的规定，确定使用权资产是否发生减值，并对已识别的减值损失进行会计处理</td></tr>
<tr><td>依题意，年折旧额=386 000÷10=38 600（元）<br>借：管理费用　38 600<br>　贷：使用权资产折旧　38 600</td></tr>
<tr><td>支付租金</td><td>每年支付租金50 000元<br>借：租赁负债——租赁付款额　50 000<br>　贷：银行存款　50 000</td></tr>
</table>

续表

<table>
<tr><td rowspan="6">2.使用权资产账务处理</td><td rowspan="6">(2) 后续计量</td><td rowspan="6">确认利息费用</td><td>承租人应当按照固定的周期性利率计算租赁负债在租赁期内各期间的利息费用，并计入当期损益或相关资产成本</td></tr>
<tr><td>周期性利率，是指承租人对租赁负债进行初始计量时所采用的折现率或租赁合同发生变更而修订后的折现率</td></tr>
<tr><td>周期性利率的确定原则为，在计算租赁付款额的现值时，承租人应当采用租赁内含利率作为折现率<br>无法确定租赁内含利率的，应当采用承租人增量借款利率作为折现率</td></tr>
<tr><td>第1年确认利息费用19 300元（386 000×5%）<br>借：财务费用　　19 300<br>　贷：租赁负债——未确认融资费用　　19 300</td></tr>
<tr><td>第2年、第3年等年份确认利息费用金额见后附表——各年租赁负债计算表</td></tr>
<tr><td></td></tr>
<tr><td></td><td rowspan="3">选择行使购买权</td><td>续接例题</td><td>假设甲公司在第5年年末，支付当年租金后选择行使购买权（支付1 000 000元）</td></tr>
<tr><td></td><td>查看此时相关会计科目余额</td><td>使用权资产：借方余额386 000元<br>使用权资产累计折旧：贷方余额193 000元（386 000÷10×5）<br>租赁负债——租赁付款额：贷方余额250 000元（50 000×5）<br>租赁负债——未确认融资费用：33 637元（10 818+8 859+6 802+4 642+2 516）借方余额</td></tr>
<tr><td></td><td>转为固定资产</td><td>把使用权资产上述相关科目全部冲掉，结转至固定资产，同时银行存款支付1 000 000元<br>借：固定资产——办公楼　　976 637（倒挤）<br>　使用权资产累计折旧　　193 000<br>　租赁负债——租赁付款额　　250 000<br>　贷：使用权资产　　386 000<br>　　租赁负债——未确认融资费用　　33 637<br>　　银行存款　　1 000 000</td></tr>
</table>

各年租赁负债计算见表4-27：

表4-27 **各年租赁负债计算表** 单位：元

| 年度 | 租赁负债年初金额 | 利息 | 租赁付款额 | 租赁负债年末金额 |
|---|---|---|---|---|
| | ① | ②=①×5% | ③ | ④=①+②-③ |
| 1 | 386 000 | 19 300 | 50 000 | 355 300 |
| 2 | 355 300 | 17 765 | 50 000 | 323 065 |
| 3 | 323 065 | 16 153 | 50 000 | 289 218 |
| 4 | 289 218 | 14 461 | 50 000 | 253 679 |
| 5 | 253 679 | 12 684 | 50 000 | 216 363 |
| 6 | 216 363 | 10 818 | 50 000 | 177 181 |
| 7 | 177 181 | 8 859 | 50 000 | 136 040 |
| 8 | 136 040 | 6 802 | 50 000 | 92 842 |
| 9 | 92 842 | 4 642 | 50 000 | 47 484 |
| 10 | 47 484 | 2 516 | 50 000 | — |

## 【考点4.24】生产性生物资产及其确认计量（见表4-28）

表4-28 **生产性生物资产及其确认计量**

<table>
<tr><td rowspan="6">生产性生物资产</td><td colspan="2">生产性生物资产，是指为产出农产品、提供劳务或出租等目的而持有的生物资产，包括经济林、薪炭林、产畜和役畜等</td></tr>
<tr><td>外购生产性生物资产的成本</td><td>包括购买价款、相关税费、运输费、保险费以及可直接归属于购买该资产的其他支出</td></tr>
<tr><td rowspan="3">自行营造或繁殖的生产性生物资产的成本</td><td>（1）自行营造的林木类生产性生物资产的成本，包括达到预定生产经营目的前发生的造林费、抚育费、营林设施费、良种试验费、调查设计费和应分摊的间接费用等必要支出</td></tr>
<tr><td>（2）自行繁殖的产畜和役畜的成本，包括达到预定生产经营目的（成龄）前发生的饲料费、人工费和应分摊的间接费用等必要支出。达到预定生产经营目的，是指生产性生物资产进入正常生产期，可以多年连续稳定产出农产品、提供劳务或出租</td></tr>
<tr><td>（3）因择伐、间伐或抚育更新性质采伐而补植林木类生物资产发生的后续支出，应当计入林木类生物资产的成本<br>生物资产在郁闭或达到预定生产经营目的后发生的管护、饲养费用等后续支出，应当计入当期损益</td></tr>
</table>

## 【考点4.25】生产性生物资产科目设置（见表4-29）

表4-29　　生产性生物资产科目设置

| | | |
|---|---|---|
| 生产性生物资产 | 内容 | 核算企业（农、林、牧、渔业）持有的生产性生物资产的原价（成本） |
| | 性质 | 资产类科目 |
| | 借贷结构 | 借方登记外购、自行营造的林木、自行繁殖产畜和役畜等增加的生产性生物资产成本<br>贷方登记出售、报废、毁损、对外投资等减少的生产性生物资产原价（成本）<br>期末借方余额，反映企业（农、林、牧、渔业）生产性生物资产的原价（成本） |
| | 明细账户 | 本科目应按照“未成熟生产性生物资产”和“成熟生产性生物资产”，分别生物资产的种类、群别等进行明细核算 |
| 生产性生物资产累计折旧 | 内容 | 核算企业（农、林、牧、渔业）成熟生产性生物资产的累计折旧 |
| | 性质 | 资产类备抵科目 |
| | 借贷结构 | 贷方登记企业按月计提成熟生产性生物资产的折旧<br>借方登记处置生产性生物资产结转的生产性生物资产累计折旧<br>期末贷方余额，反映企业成熟生产性生物资产的累计折旧额 |
| | 明细账户 | 本科目应按照生产性生物资产的种类、群别等进行明细核算 |



## 【考点4.26】生产性生物资产的账务处理（见表4-30）

表4-30　　生产性生物资产的账务处理

| | | |
|---|---|---|
| 1.增加 | 外购的生产性生物资产 | 借：生产性生物资产<br>　　应交税费——应交增值税（进项税额）<br>　贷：银行存款 |
| | 自行营造的林木类生产性生物资产 | 借：生产性生物资产<br>　贷：原材料（种苗、肥料、农药等）<br>　　　应付职工薪酬（人工费）<br>　　　银行存款（其他费用）<br>　　　累计折旧（分摊的折旧费用）<br>　　　应付利息（应分摊的利息） |
| | 自行繁殖的产畜和役畜，达到预定生产经营目的前发生的饲料费、人工费和应分摊的间接费用等必要支出 | |

 


| | | |
|---|---|---|
| 1.增加 | 未成熟生产性生物资产达到预定生产经营目的时 | 借：生产性生物资产——成熟生产性生物资产<br>　贷：生产性生物资产——未成熟生产性生物资产 |
| | 育肥畜转为产畜或役畜 | 应当按照其账面余额：<br>借：生产性生物资产<br>　贷：消耗性生物资产 |
| | 产畜或役畜淘汰转为育肥畜 | 应按照转群时其账面价值：<br>借：消耗性生物资产<br>　　生产性生物资产累计折旧<br>　贷：生产性生物资产 |
| | 择伐、间伐或抚育更新等生产性采伐而补植林木类生产性生物资产发生的后续支出 | 借：生产性生物资产——未成熟生产性生物资产<br>　贷：银行存款<br>　　　生产性生物资产发生的管护、饲养费用等后续支出<br>借：管理费用<br>　贷：银行存款 |
| 2.折旧 | 企业对达到预定生产经营目的的生产性生物资产，应当按期计提折旧，并根据用途分别计入相关资产的成本或当期损益 | |
| | 企业应当根据生产性生物资产的性质、使用情况和有关经济利益的预期实现方式，合理确定其使用寿命、预计净残值和折旧方法 | |
| | 可选用的折旧方法包括年限平均法、工作量法、产量法等。生产性生物资产的使用寿命、预计净残值和折旧方法一经确定，不得随意变更 | |
| | 企业确定生产性生物资产的使用寿命，应当考虑的因素包括：预计的产出能力或实物产量；预计的有形损耗，预计的无形损耗 | |
| | 企业至少应当于每年年度终了对生产性生物资产的使用寿命、预计净残值和折旧方法进行复核。使用寿命或预计净残值的预期数与原先估计数有差异的，或者有关经济利益预期实现方式有重大改变的，应当作为会计估计变更，调整生产性生物资产的使用寿命或预计净残值或者改变折旧方法 | |
| 3.减值 | 企业至少应当于每年年度终了对生产性生物资产进行检查，有确凿证据表明可收回金额低于其账面价值的，应当按照可收回金额低于账面价值的差额，计提生物资产减值准备，并计入当期损益。可收回金额应当按照资产减值的办法确定<br>生产性生物资产减值准备一经计提，不得转回 | |
| 4.成本结转 | 生产性生物资产收获的农产品成本，按照产出或采收过程中发生的材料费、人工费和应分摊的间接费用等必要支出计算确定，并采用加权平均法、个别计价法、蓄积量比例法、轮伐期年限法等方法，将其账面价值结转为农产品成本 | |
| 5.公允价值计量 | 根据规定，生物资产通常按照成本计量，但有确凿证据表明其公允价值能够持续可靠取得的除外。采用公允价值计量的生物资产，应当同时满足下列两个条件：<br>（1）生物资产有活跃的交易市场<br>（2）能够从交易市场上取得同类或类似生物资产的市场价格及其他相关信息，从而对生物资产的公允价值作出合理估计 | |

## 【考点4.27】无形资产的概念和特征（见表4-31）

表4-31　　无形资产的概念和特征

| | |
|---|---|
| 1. 无形资产的概念 | 无形资产，是指企业拥有或者控制的没有实物形态的可辨认非货币性资产。通常包括专利权、非专利技术、商标权、著作权、土地使用权、特许权等 |
| 2. 无形资产的特征 | (1) 具有资产的基本特征。即由企业拥有或者控制并能为其带来未来经济利益<br>(2) 不具有实物形态<br>(3) 具有可辨认性<br>资产满足下列条件之一的，符合无形资产定义中的可辨认性标准：<br>①能够从企业中分离或者划分出来，并能单独用于出售或转让等。在处置时不需要同时处置在同一获利活动中的其他资产，表明无形资产可辨认。或者在处置时需要与有关的合同一起用于出售转让等，视为无形资产可辨认。企业自创商誉及内部产生的品牌、报刊名等，无法与企业的整体资产分离而存在，不具有可辨认性，按现行会计准则规定不应确认为无形资产<br>②源自合同性权利或其他法定权利，无论这些权利是否可以从企业或其他权利和义务中转移或者分离。如一方通过与另一方签订特许权合同而获得的特许使用权，通过法律程序申请获得的商标权、专利权等<br>(4) 属于非货币性资产 |
| 3. 无形资产的管理 | 无形资产准确及时地确认与计量、提供高质量的无形资产会计核算资料和会计信息，可防范和化解企业因无形资产权属不清、技术落后、缺乏核心技术、管理失当、存在重大技术安全隐患等导致企业法律纠纷、缺乏可持续发展能力风险，并对引导创新决策、有效配置创新资源等方面具有重要意义和作用 |
| 4. 无形资产的确认与计量 | 无形资产的确认与计量，应同时满足与该无形资产有关的经济利益很可能流入企业和该无形资产的成本能够可靠地计量两个条件 |

## 【考点4.28】无形资产的内容（见表4-32）

表4-32　　无形资产的内容

| | |
|---|---|
| （1）专利权 | 一般而言，只有从外单位购入的专利或者自行开发并按法律程序申请取得的专利，才能作为无形资产管理和核算。企业从外单位购入的专利权，应按实际支付的价款作为专利权的成本 |
| （2）非专利技术 | 如果是企业自己开发研究的，应将符合《企业会计准则第6号——无形资产》规定的开发支出资本化条件的，确认为无形资产；对于从外部购入的非专利技术，应将实际发生的支出予以资本化，作为无形资产入账 |
| （3）商标权 | 企业自创的商标并将其注册登记，所花费用一般不大，是否将其资本化并不重要；广告费一般不作为商标权的成本，而是在发生时直接计入当期损益（销售费用）；外购他人的商标，一次性支出费用较大的，可以将其资本化，作为无形资产管理，根据购入商标的价款、支付的手续费及有关费用作为商标的成本 |
| （4）土地使用权 | 企业取得的土地使用权通常应确认为无形资产。<br>土地使用权用于自行开发建造厂房等地上建筑物时，土地使用权的账面价值不与地上建筑物合并计算其成本，而仍作为无形资产进行核算，土地使用权与地上建筑物分别进行摊销和折旧。<br>但下列情况除外：<br>①房地产开发企业取得的土地使用权用于建造对外出售的房屋建筑物，相关的土地使用权应当计入所建造的房屋建筑物成本。<br>②企业外购房屋建筑物所支付的价款应当按照合理的方法在地上建筑物与土地使用权之间进行分配；难以合理分配的，应当全部作为固定资产处理。<br>③企业改变土地使用权的用途，将其用于出租或资本增值时，应将其转为投资性房地产 |

## 【考点4.29】无形资产外购与自行研发

1.外购无形资产（见表4-33）

表4-33　　外购无形资产

| | |
|---|---|
| 借：无形资产<br>　　应交税费——应交增值税（进项税额）<br>　贷：银行存款<br>其成本包括购买价款、相关税费以及直接归属于使该项资产达到预定用途所发生的其他支出 | 【提示1】相关税费：如取得土地使用权交纳的契税、取得商标权所支付的注册费以及支付的印花税等<br>【提示2】下列各项支出不包括在无形资产的初始成本中：<br>（1）为引入新产品进行宣传发生的广告费、管理费用及其他间接费用；<br>（2）无形资产已经达到预定用途以后发生的费用 |

2. 自行研发无形资产（见表4-34）

表4-34　　自行研发无形资产

<table>
<tr><th colspan="2">情形</th><th colspan="2">账务处理</th></tr>
<tr><td rowspan="2">能够区分研究阶段和开发阶段</td><td>研究阶段</td><td>应将其所发生的研发支出全部费用化，计入当期损益（管理费用）<br>（1）支出发生时：<br>借：研发支出——费用化支出<br>　贷：银行存款<br>　　　应付职工薪酬/原材料等</td><td>（2）期末：<br>借：管理费用<br>　贷：研发支出——费用化支出</td></tr>
<tr><td>开发阶段</td><td>不满足资本化条件的支出：<br>（1）支出发生时：<br>借：研发支出——费用化支出<br>　贷：银行存款<br>　　　应付职工薪酬/原材料等<br>（2）期末：<br>借：管理费用<br>　贷：研发支出——费用化支出</td><td>满足资本化条件的支出：<br>（1）支出发生时：<br>借：研发支出——资本化支出<br>　贷：银行存款<br>　　　应付职工薪酬等<br>（2）达到预定用途形成无形资产：<br>借：无形资产<br>　贷：研发支出——资本化支出</td></tr>
<tr><td>不能够区分研究阶段和开发阶段</td><td colspan="3">应将其所发生的研发支出全部费用化，计入当期损益（管理费用）<br>（1）支出发生时：<br>借：研发支出——费用化支出<br>　贷：银行存款<br>　　　应付职工薪酬等<br>（2）期末：<br>借：管理费用<br>　贷：研发支出——费用化支出</td></tr>
</table>



1.【单选题】某企业2021年12月31日购入一项专利权，购买价款为180万元，相关税费为10万元，为宣传该专利生产的产品支付广告费10万元，则该项无形资产的入账价值为（　　）万元。

A.170　　B.180

C.190　　D.140

2.【单选题】某企业自行研发一项非专利技术累计支出680万元，其中280万元属于开发阶段符合资本化条件的支出，240万元属于研究阶段的支出，160万元属于无法可靠区分研究阶段和开发阶段的支出。该技术研发完成并形成一项非专利技术。不考虑其他因素，该非专利技术的入账价值为（　　）万元。

A.520　　　　B.680

C.280　　　　D.400

3.【单选题】某企业自行研发一项非专利技术累计支出680万元，其中280万元属于开发阶段符合资本化条件的支出，240万元属于研究阶段的支出，160万元属于无法准确区分研究阶段和开发阶段的支出。该技术研发完成并形成一项非专利技术。该企业应计入当期损益的研发支出为（　　）万元。

A.520　　　　B.680

C.280　　　　D.400

4.【判断题】企业无法准确区分研究阶段和开发阶段支出的，所发生的研发支出全部费用化，计入当期损益。（　　）

5.【单选题】2020年1月1日，某企业开始自行研究开发一套软件，研究阶段发生支出30万元，开发阶段发生支出125万元。开发阶段的支出均满足资本化条件，4月15日，该软件开发成功并依法申请了专利。支付相关手续费1万元，不考虑其他因素，该项无形资产的入账价值为（　　）万元。

A.126　　　　B.155

C.125　　　　D.156

---

1.【答案】C

【解析】外购的无形资产，其成本包括购买价款、相关税费，该项无形资产的入账价值=180+10=190（万元）。

2.【答案】C

3.【答案】D

4.【答案】√

5.【答案】A

【解析】无形资产的入账价值=125+1=126（万元）。

## 【考点4.30】无形资产摊销（见表4-35）

表4-35　无形资产摊销

| | | |
|---|---|---|
| 摊销范围 | 空间范围 | 使用寿命不确定的无形资产不应摊销（但应当考虑计提减值准备）；使用寿命有限的无形资产应进行摊销 |
| | 时间范围 | 企业应当按月对无形资产进行摊销。对于使用寿命有限的无形资产应当自可供使用（即其达到预定用途）当月起开始摊销，处置当月不再摊销（即当月增加当月摊销，当月减少当月不摊销）<br>【相关链接】当月增加的固定资产，当月不计提折旧，从下月起计提折旧；当月减少的固定资产，当月仍计提折旧，从下月起不计提折旧 |

续表

| | |
|---|---|
| 摊销方法 | （1）无形资产的摊销方法，应当反映与该项无形资产有关的经济利益的预期实现方式；<br>（2）无形资产摊销方法包括年限平均法（即直线法）、生产总量法等；<br>（3）无法可靠确定预期实现方式的，应当采用直线法摊销<br>【提示1】使用寿命有限的无形资产，通常（关键点）其残值视为零<br>【提示2】比较固定资产折旧方法 |
| 账务处理 | （1）无形资产的摊销额一般应当计入当期损益；<br>（2）企业管理用的无形资产，其摊销额记入“管理费用”；<br>（3）出租的无形资产，其摊销额记入“其他业务成本”；<br>（4）某项无形资产包含的经济利益通过所生产的产品或其他资产实现的，其摊销额应当计入相关资产成本（制造费用、研发支出）<br>【提示】考试时，如果没有特别说明，记入“管理费用”科目<br>借：管理费用（企业自用）<br>　　其他业务成本（出租）<br>　　制造费用（生产产品）<br>　贷：累计摊销 |

1.【多选题】下列各项中，关于制造业企业无形资产的会计处理表述中，正确的有（　　）。

A.使用寿命有限的无形资产自使用当月起开始摊销

B.已计提的无形资产减值准备在以后期间可以转回

C.出租无形资产的摊销额应记入“其他业务成本”

D.使用寿命不确定的无形资产不进行摊销

2.【单选题】某企业将其自行开发完成的管理系统软件出租给乙公司，乙公司每年支付使用费240 000元（不含增值税），双方约定租赁期限为5年。该管理系统软件的总成本为600 000元。该企业按月计提摊销。不考虑其他因素，该企业对其计提累计摊销进行的会计处理正确的是（　　）。

A.借：管理费用　　20 000
　　贷：累计摊销　　20 000

B.借：其他业务成本　　20 000
　　贷：累计摊销　　20 000

C.借：其他业务成本　　10 000
　　贷：累计摊销　　10 000

D.借：管理费用　　10 000
　　贷：累计摊销　　10 000

3.【判断题】会计期末企业应对使用寿命不确定的无形资产进行摊销。（　　）

4.【单选题】下列各项中，与无形资产相关的会计处理表述不正确的是（　）。

A.无法准确区分研究阶段支出和开发阶段支出的，应将所发生的研发支出全部费用化

B.使用寿命有限的无形资产应自可供使用的当月开始摊销

C.不满足资本化条件的研发支出应当费用化

D.出租的无形资产摊销记入“营业外支出”

---

1.【答案】ACD

【解析】对于使用寿命有限的无形资产应当自可供使用（即其达到预定用途）当月起开始摊销，使用寿命不确定的无形资产不应摊销，选项AD正确；无形资产减值损失一经确认，以后会计期间不得转回，选项B错误；出租无形资产的摊销额应记入“其他业务成本”，选项C正确。

2.【答案】C

【解析】企业每月摊销的金额=600 000÷5÷12=10 000（元），该无形资产用于出租，无形资产计提的摊销需记入“其他业务成本”，相关账务处理如下：

借：其他业务成本　　　　10 000

　贷：累计摊销　　　　　　10 000

3.【答案】×

【解析】使用寿命不确定的无形资产不摊销。

4.【答案】D

【解析】出租的无形资产摊销额记入“其他业务成本”。

## 【考点4.31】无形资产处置与减值（见表4-36）

表4-36　　无形资产处置与减值

| | |
|---|---|
| 处置 | 借：银行存款<br>　　累计摊销<br>　　资产处置损益（倒挤）<br>　贷：无形资产（账面余额）<br>　　　应交税费——应交增值税（销项税额）<br>　　　资产处置损益（倒挤） |
| 减值 | 无形资产在资产负债表日存在可能发生减值的迹象时，其可收回金额低于账面价值：企业应当将该无形资产的账面价值减计至可收回金额，减计的金额确认为减值损失，计入当期损益，同时计提相应的资产减值准备。<br>借：资产减值损失<br>　贷：无形资产减值准备<br>★无形资产减值准备一经确认，在以后会计期间不得转回 |

1.【单选题】2017年7月，某制造业企业转让一项专利权，开具的增值税专用发票上注明的价款为100万元，增值税税额为6万元，全部款项已存入银行。该专利权成本为200万元，已摊销150万元，不考虑其他因素，该企业转让专利权对利润总额的影响金额为（　　）万元。

A.-94　　B.56

C.-100　　D.50

2.【单选题】下列各项中，关于无形资产会计处理表述正确的是（　　）。

A.已确认的无形资产减值准备在以后会计期间转回

B.使用寿命不确定的无形资产按月进行摊销

C.出售无形资产的净损益计入营业外收支

D.出租无形资产的摊销额计入其他业务成本

3.【单选题】2019年9月1日，某工业企业转让一项专利权，该专利权成本为250 000元，累计摊销50 000元，取得转让价款300 000元。不考虑相关税费及其他因素，则下列关于转让专利权的会计处理结果正确的是（　　）。

A.营业外收入增加300 000元　　B.其他业务收入增加300 000元

C.营业外收入增加100 000元　　D.资产处置损益增加100 000元

4.【单选题】下列各项中，已计提减值准备后其价值又得以恢复，可以在原计提减值准备金额内转回的是（　　）。



A.固定资产　　B.交易性金融资产

C.存货　　D.无形资产

5.【多选题】下列关于无形资产会计处理的表述中，正确的有（　　）。

A.无形资产均应确定预计使用年限并分期摊销

B.有偿取得的自用土地使用权应确认为无形资产

C.内部研发项目开发阶段支出应全部确认为无形资产

D.无形资产减值准备一经确认在以后会计期间不得转回

---

1.【答案】D

【解析】出售无形资产过程中产生的增值税不影响无形资产的处置损益，所以该企业转让专利权对利润总额的影响金额=100-（200-150）=50（万元）。

2.【答案】D

【解析】无形资产减值准备一经确认，在以后会计期间不得转回，选项A错误；使用寿命不确定的无形资产不应摊销，选项B错误；出售无形资产的净损益记入资产处置损益，选项C错误；出租无形资产的摊销额计入其他业务成本，选项D正确。

3.【答案】D

4.【答案】C

【解析】无形资产、长期股权投资、固定资产、投资性房地产的减值准备不得转回。采用公允价值模式计量的投资性房地产不计提减值准备。

5.【答案】BD

【解析】对于使用寿命不确定的无形资产不应该摊销，所以选项A说法错误；内部研发项目开发阶段的支出符合资本化条件的才确认为无形资产，不符合资本化条件的研发支出应该费用化，计入当期损益，所以选项C说法错误。

## 【考点4.32】长期待摊费用（见表4-37）

表4-37　　长期待摊费用

| | | |
|---|---|---|
| 长期待摊费用 | ★长期待摊费用是指企业已经发生但应由本期和以后各期负担的分摊期限在1年以上的各项费用，如以经营租赁方式租入的固定资产发生的改良支出等 | |
| | 发生时 | 借：长期待摊费用<br>　贷：原材料<br>　　应交税费——应交增值税（进项税额转出）<br>　　应付职工薪酬<br>　　银行存款等 |
| | 摊销时 | 借：管理费用<br>　销售费用<br>　贷：长期待摊费用 |

【单选题】2021年3月1日，某企业对以经营租赁方式租入的办公楼进行装修，发生职工薪酬30万元，其他费用90万元。2021年10月31日，该办公楼装修完工，达到预定可使用状态并交付使用，至租赁到期还有5年。不考虑其他因素，该企业发生的装修费用对2021年度损益的影响金额为（　）万元。

A.90　　B.24

C.4　　D.120

【答案】C

【解析】以经营租赁方式租入的固定资产发生的改良支出记入“长期待摊费用”，完工后进行摊销。2021年11月、12月两个月的摊销额=（90+30）÷5÷12×2=4（万元）。

## 不定项选择题

### 交易性金融资产

（一）

艾正公司为增值税一般纳税人，2021年发生如下与交易性金融资产相关的经济业务：

（1）4月12日，从深圳证券交易所购入英才公司股票20 000股，该股票的公允价值为900 000元，另支付相关交易费用3 000元，取得的增值税专用发票上注明的增值税税额为180元，发票已通过税务机关认证。艾正公司将该股票划分为交易性金融资产。

（2）6月30日，艾正公司持有英才公司股票的市价为920 000元。

（3）7月6日，英才公司宣告以每股0.2元发放上年度的现金股利。7月10日，艾正公司收到英才公司向其发放的现金股利，假定股利不考虑相关税费。

（4）7月18日，将持有的英才公司股票全部出售，售价为1 006 000元，转让该金融商品应交增值税为6 000元。

要求：

根据上述资料，不考虑其他因素，分析回答下列小题。

1.【单选题】根据资料（1），艾正公司购入该交易性金融资产的初始入账金额是（　　）元。

A.903 180　　B.902 820

C.903 000　　D.900 000

2.【单选题】根据资料（1）和（2），下列各项中，艾正公司6月30日应记入“公允价值变动损益”的金额是（　　）元。

A.17 000　　B.20 000

C.16 820　　D.17 180

3.【单选题】根据资料（1）和（3），下列各项中，关于艾正公司现金股利的会计处理结果表述正确的是（　　）。

A.宣告发放股利时，确认投资收益4 000元

B.实际收到股利时，确认投资收益4 000元

C.宣告发放股利时，确认公允价值变动损益4 000元

D.实际收到股利时，冲减交易性金融资产成本4 000元

4.【多选题】根据资料（1）至（4），下列各项中，艾正公司出售英才公司股票的会计处理正确的是（　　）。

A.借：公允价值变动损益　　20 000

　　贷：投资收益　　20 000

B.借：投资收益　20 000

　贷：公允价值变动损益　20 000

C.借：其他货币资金　1 006 000

　贷：交易性金融资产——成本　900 000

　　　　——公允价值变动　20 000

　　投资收益　86 000

D.借：投资收益　6 000

　贷：应交税费——转让金融商品应交增值税　6 000

5.【单选题】根据资料（1）至（4），该交易性金融资产业务引起艾正公司2020年营业利润增加的金额是（　）元。

A.104 000　B.107 000

C.81 000　D.101 000

---

1.【答案】D

【解析】4月12日取得交易性金融资产时：

借：交易性金融资产——成本　900 000

　投资收益　3 000

　应交税费——应交增值税（进项税额）　180

　贷：其他货币资金　903 180

2.【答案】B

【解析】6月30日，确认该股票的公允价值变动损益时：

借：交易性金融资产——公允价值变动　20 000

　贷：公允价值变动损益　20 000

3.【答案】A

【解析】7月6日，英才公司宣告发放现金股利时：

借：应收股利　4 000

　贷：投资收益　4 000

7月10日，收到英才公司发放的现金股利时：

借：其他货币资金　4 000

　贷：应收股利　4 000

4.【答案】CD

【解析】7月18日，出售该交易性金融资产时：

借：其他货币资金——存出投资款　1 006 000

　贷：交易性金融资产——成本　900 000

　　　　——公允价值变动　20 000

投资收益　　86 000

借：投资收益　　6 000

　贷：应交税费——转让金融商品应交增值税　　6 000

5.【答案】D

【解析】该交易性金融资产业务引起艾正公司2020年营业利润增加的金额=−3 000+20 000+4 000+86 000−6 000=101 000（元）。

（二）

烨熠公司为增值税一般纳税人，2021年发生的有关交易性金融资产业务如下：

（1）1月3日，向证券公司存入投资款2 000万元。同日，委托证券公司购入飞驰公司股票50万股，支付价款505万元（其中包含已宣告但尚未发放的现金股利5万元），另支付相关交易费用1.25万元，支付增值税0.075万元，烨熠公司将该股票投资确认为交易性金融资产。

（2）3月20日，收到飞驰公司发放的现金股利并存入银行的投资款专户，3月31日，持有的飞驰公司股票公允价值为480万元。

（3）4月30日，全部出售飞驰公司股票50万股，售价为600万元，转让该金融商品应交的增值税为5.38万元，款项已收到。



要求：根据上述资料，假定该企业取得的增值税专用发票均已经税务机关认证，不考虑其他因素，分析回答下列小题。

1.【单选题】根据资料（1），下列各项中烨熠公司购买股票应记入“交易性金融资产——成本”科目的金额正确的是（　　）万元。

A.495　　B.501.25

C.500　　D.501.325

2.【单选题】根据资料（1）和（2），下列各项中，3月20日烨熠公司收到飞驰公司发放现金股利的处理正确的是（　　）。

A.借：银行存款　　50 000

　贷：应收股利　　50 000

B.借：其他货币资金——存出投资款　　50 000

　贷：投资收益　　50 000

C.借：银行存款　　50 000

　贷：投资收益　　50 000

D.借：其他货币资金——存出投资款　　50 000

　贷：应收股利　　50 000

3.【多选题】根据资料（1）和（2），下列各项中，烨熠公司3月31日相关科目的会计处理结果正确的是（　　）。

A.借记“公允价值变动损益”科目20万元

B.贷记“交易性金融资产——成本”科目15万元

C.贷记“交易性金融资产——公允价值变动”科目20万元

D.借记“投资收益”科目15万元

4.【多选题】根据资料（1）至（3），下列各项中，关于烨熠公司4月30日出售飞驰公司股票时的会计处理结果正确的是（　　）。

A.增值税（销项税额）减少5.38万元

B.投资净收益增加114.62万元

C.其他货币资金（存出投资款）增加600万元

D.交易性金融资产（成本）减少500万元

5.【单选题】根据资料（1）至（3），下列各项中，该股票投资对烨熠公司2018年度营业利润的影响额是（　　）万元。

A.93.37　　B.100

C.98.75　　D.114.62

---

1.【答案】C

【解析】企业取得交易性金融资产所支付价款中包含了已宣告但尚未发放的现金股利的，应单独确认为应收项目，不构成交易性金融资产的初始入账金额；相关交易费用应当在发生时计入当期损益，作为投资收益进行会计处理，不计入初始入账金额，支付的增值税记入“应交税费”中。

借：交易性金融资产——成本　　5 000 000

　　应收股利　　50 000

　贷：其他货币资金——存出投资款　　5 050 000

借：投资收益　　12 500

　　应交税费——应交增值税（进项税额）　　750

　贷：其他货币资金——存出投资款　　13 250

2.【答案】D

【解析】烨熠公司在取得交易性金融资产时，将已宣告但尚未发放的现金股利记入“应收股利”中，所以在收到该现金股利时，应：

借：其他货币资金——存出投资款　　50 000

　贷：应收股利　　50 000

D选项正确。

3.【答案】AC

【解析】2021年3月31日，确认股票的公允价值变动损益时：

借：公允价值变动损益　　200 000

贷：交易性金融资产——公允价值变动　　200 000

4.【答案】BCD

【解析】

借：其他货币资金——存出投资款　　6 000 000

交易性金融资产——公允价值变动　　200 000

贷：交易性金融资产——成本　　5 000 000

投资收益　　1 200 000

借：投资收益　　53 800

贷：应交税费——转让金融商品应交增值税　　53 800

5.【答案】A

【解析】该股票投资对烨熠公司2021年度营业利润的影响额=-1.25-20+120-5.38=93.37（万元）。

（三）

安和公司为增值税一般纳税人，2020年至2021年发生如下与交易性金融资产相关的经济业务：

（1）2020年4月12日，从深圳证券交易所购入宏义公司股票20 000股，支付价款900 000元（其中包含已宣告但尚未发放的现金股利10 000元），另支付相关交易费用3 000元，取得的增值税专用发票上注明的增值税税额为180元，发票已通过税务机关认证。安和公司将该股票划分为交易性金融资产。



（2）2020年7月6日，收到宏义公司已宣告但尚未发放的现金股利10 000元并存入银行的投资款专户。假定股利不考虑相关税费。

（3）2020年12月31日，安和公司持有宏义公司股票的市价为910 000元。

（4）2021年7月6日，宏义公司宣告以每股0.2元发放上年度的现金股利。7月10日，安和公司收到宏义公司向其发放的现金股利，假定股利不考虑相关税费。

（5）2021年7月18日，将持有的宏义公司股票全部出售，售价为1 006 000元，转让该金融商品增值税税率为6%。

1.【单选题】根据资料（1），安和公司购入该交易性金融资产的初始入账金额是（　　）元。

A.903 180　　B.900 000

C.903 000　　D.890 000

2.【单选题】根据资料（1）和（2），下列各项中，关于安和公司现金股利的会计处理结果表述正确的是（　　）。

A.实际收到股利时，冲减应收股利10 000元

B.实际收到股利时，确认投资收益10 000元

C.实际收到股利时，确认公允价值变动损益10 000元

D.实际收到股利时，冲减交易性金融资产成本10 000元

3.【单选题】根据资料（1）和（3），下列各项中，安和公司6月30日应计入公允价值变动损益的金额是（　　）元。

A.10 000　　B.20 000

C.7 000　　D.6 820

4.【单选题】根据资料（1）和（4），下列各项中，关于安和公司现金股利的会计处理结果表述正确的是（　　）。

A.宣告发放股利时，确认投资收益4 000元

B.实际收到股利时，确认投资收益4 000元

C.宣告发放股利时，确认公允价值变动损益4 000元

D.实际收到股利时，冲减交易性金融资产成本4 000元

5.【多选题】根据资料（1）至（5），下列各项中，安和公司出售宏义公司股票的会计处理正确的是（　　）。

A.借：公允价值变动损益　　20 000
　　贷：投资收益　　20 000

B.借：投资收益　　6 566.04
　　贷：应交税费——转让金融商品应交增值税　　6 566.04

C.借：其他货币资金　　1 006 000
　　贷：交易性金融资产——成本　　890 000
　　　　　　　　　　——公允价值变动　　20 000
　　　　投资收益　　96 000

D.借：投资收益　　6 000
　　贷：应交税费——转让金融商品应交增值税　　6 000

6.【单选题】根据资料（1）至（5），该交易性金融资产处置时影响当期损益的金额（　　）元。

A.96 000　　B.90 000

C.116 000　　D.89 433.96

7.【单选题】根据资料（1）至（5），该交易性金融资产整个持有期间确认营业利润的金额是（　　）元。

A.104 000　　B.107 000

C.81 000　　D.111 000

1.【答案】D

【解析】

借：交易性金融资产——成本　　890 000

　　应收股利　　10 000

　　投资收益　　3 000

　　应交税费——应交增值税（进项税额）　　180

　贷：其他货币资金　　903 180

2.【答案】A

【解析】

借：其他货币资金——存出投资款　　10 000

　贷：应收股利　　10 000

3.【答案】B

【解析】

借：交易性金融资产——公允价值变动　　20 000

　贷：公允价值变动损益　　20 000

4.【答案】A

【解析】

7月6日，宏义公司宣告发放现金股利时：

借：应收股利　　4 000

　贷：投资收益　　4 000

7月10日，收到宏义公司发放的现金股利时：

借：其他货币资金　　4 000

　贷：应收股利　　4 000

5.【答案】CD

【解析】

借：其他货币资金——存出投资款　　1 006 000

　贷：交易性金融资产——成本　　890 000

　　　　　　　　　　——公允价值变动　　20 000

　　投资收益　　96 000

转让该金融商品应交增值税=（1 006 000-900 000）÷（1+6%）×6%=6 000（元）

【提示】买入价不扣已宣告但尚未发放的现金股利。

借：投资收益　　6 000

　贷：应交税费——转让金融商品应交增值税　　6 000

6.【答案】B

【解析】

借：其他货币资金——存出投资款　1 006 000
　贷：交易性金融资产——成本　890 000
　　　　　　　　　——公允价值变动　20 000
　　投资收益　96 000
借：投资收益　6 000
　贷：应交税费——转让金融商品应交增值税　6 000

处置时影响当期损益的金额=实际收到价款-账面价值±转让金融商品应交增值税=1 006 000-910 000-6 000=90 000（元）。

7.【答案】D

【解析】

资料（1）：
借：交易性金融资产——成本　890 000
　　应收股利　10 000
　　投资收益　3 000
　　应交税费——应交增值税（进项税额）　180
　贷：其他货币资金　903 180

该交易性金融资产在整个持有期间确认营业利润。

资料（2）：
借：其他货币资金——存出投资款　10 000
　贷：应收股利　10 000

资料（3）：
借：交易性金融资产——公允价值变动　20 000
　贷：公允价值变动损益　20 000

资料（4）：
7月6日，宏义公司宣告发放现金股利：
借：应收股利　4 000
　贷：投资收益　4 000

7月10日，收到宏义公司发放的现金股利：
借：其他货币资金　4 000
　贷：应收股利　4 000

资料（5）：
借：其他货币资金——存出投资款　1 006 000
　贷：交易性金融资产——成本　890 000
　　　　　　　　　——公允价值变动　20 000

贷：投资收益 96 000

借：投资收益 6 000

贷：应交税费——转让金融商品应交增值税 6 000

该交易性金融资产整个持有期间确认营业利润=-3 000+20 000+4 000+96 000-6 000=111 000（元）。

## 原材料核算

### （一）

弘化公司是生产多种产品的制造企业，为增值税一般纳税人，原材料采用实际成本核算，材料发出成本采用月末一次加权平均法计算，2021年12月1日，M材料库存数量为500千克，每千克实际成本为200元，该公司12月份发生有关存货业务如下：

（1）2日，以面值为250 000元的银行汇票购买M材料800千克，每千克不含增值税销售价格为250元，价款共计200 000元，增值税专用发票上注明的增值税税额为26 000元，由销货方代垫运杂费3 000元（不考虑增值税）。材料验收入库，银行汇票多余款项通过银行退回并已收妥。

（2）10日，收到乐成公司作为资本投入的M材料3 000千克，并验收入库，同时收到乐成公司开具的增值税专用发票，投资合同约定该批材料不含增值税价格为600 000元，与公允价值相同，允许抵扣的增值税为78 000元，乐成公司在弘化公司注册资本中享有份额的金额为580 000元。

（3）31日，发料凭证汇总表中列明M材料的耗用情况如下，生产产品领用1 600千克，车间管理部门领用300千克，行政管理部门领用200千克，销售部门领用100千克。

（4）31日，财产清查中盘亏M材料的成本为15 000元，相应转出增值税进项税额为1 950元，经查属于材料保管人员过失造成的，按规定由其赔偿6 000元，其他损失由公司承担，款项尚未收到。

要求：依据上述材料，不考虑其他因素，分析回答下列小题（答案中的金额单位用元表示，计算结果出现小数的，保留小数点后两位小数）

1.【多选题】根据材料（1），下列各项中，弘化公司会计处理正确的是（ ）。

A.退回银行汇票的多余款项时：

借：银行存款 21 000

贷：其他货币资金 21 000

B.用银行汇票购买材料时：

借：原材料　203 000

　应交税费——应交增值税（进项税额）　26 000

　贷：银行存款　229 000

C.申请签发银行汇票时：

借：其他货币资金　250 000

　贷：银行存款　250 000

D.用银行汇票购买材料时：

借：原材料　203 000

　应交税费——应交增值税（进项税额）　26 000

　贷：其他货币资金　229 000

2.【多选题】根据材料（2），下列各项中，弘化公司会计处理结果正确的是（　　）。

A.“资本公积”科目贷方登记98 000元

B.“原材料”科目借方登记600 000元

C.“应交税费”科目借方登记78 000元

D.“实收资本”科目贷方登记678 000元

3.【单选题】根据材料（1）至（2），弘化公司当月发出M材料平均单价是（　　）元。

A.205.35　　B.210

C.209.3　　D.204.65

4.【多选题】根据材料（3），下列各项中，弘化公司会计处理表述正确的是（　　）。

A.车间管理部门领用的材料记入“制造费用”

B.生产产品领用的材料记入“生产成本”

C.销售部门领用的材料记入“销售费用”

D.行政管理部门领用的材料记入“管理费用”

5.【多选题】根据材料（4），下列各项中，弘化公司会计处理正确的是（　　）。

A.应收账款增加6 000元　　B.原材料减少15 000元

C.其他应收款增加6 000元　　D.管理费用增加15 000元

---

1.【答案】ACD

【解析】申请签发银行汇票时：

借：其他货币资金　250 000

　贷：银行存款　250 000

2日购入M材料时：

借：原材料　203 000

　　应交税费——应交增值税（进项税额）　26 000

　　银行存款　21 000

　贷：其他货币资金　250 000

2.【答案】ABC

【解析】10日接受M材料投入时：

借：原材料　600 000

　　应交税费——应交增值税（进项税额）　78 000

　贷：实收资本　580 000

　　　资本公积——资本溢价　98 000

3.【答案】B

【解析】弘化公司采用月末一次加权平均法核算，月末发出M材料的平均单价=（500×200+203 000+600 000）÷（500+800+3 000）=210（元/千克）。

4.【答案】ABCD

【解析】31日，核算发出材料成本时：

借：生产成本　336 000（1 600×210）

　　制造费用　63 000（300×210）

　　管理费用　42 000（200×210）

　　销售费用　21 000（100×210）

　贷：原材料　462 000（2 200×210）

5.【答案】BC

【解析】31日，盘亏M材料时：

借：待处理财产损溢　16 950

　贷：原材料　15 000

　　　应交税费——应交增值税（进项税额转出）　1 950

报经批准处理后：

借：管理费用　10 950

　　其他应收款　6 000

　贷：待处理财产损溢　16 950



（二）

某企业为增值税一般纳税人。2021年12月1日，该企业“原材料——甲材料”科目期初结存数量为2 000千克，单位成本为15元，未计提存货跌价准备。12月份发生有关原材料收发业务或事项如下：

（1）10日，购入甲材料2 020千克，增值税专用发票上注明的价款为

32 320元。增值税税额为4 201.6元，销售方代垫运杂费2 680元（不考虑增值税），运输过程中发生合理损耗20千克。材料已验收入库，款项尚未支付。

（2）20日，销售甲材料100千克，开出的增值税专用发票上注明的价款为2 000元，增值税税额为260元，材料已发出，并向银行办妥托收手续。

（3）25日，本月生产产品耗用甲材料3 000千克，生产车间一般耗用甲材料100千克。

（4）31日，采用月末一次加权平均法计算结转发出甲材料成本。

（5）31日，预计甲材料可变现净值为12 800元。

要求：根据上述资料，不考虑其他因素，分析回答下列小题。

1.【多选题】根据资料（1），下列会计处理核算正确的是（　　）。

A.借记“原材料”科目32 320元

B.借记“应交税费——应交增值税（进项税额）”科目4 201.6元

C.借记“销售费用”科目2 680元

D.原材料的单位成本为17.5元

2.【单选题】根据资料（2），下列说法正确的是（　　）。

A.增加应收账款2 260元　　B.增加银行存款2 260元

C.增加应收票据2 260元　　D.增加其他货币资金2 260元

3.【多选题】根据资料（3），下列各项中，关于该企业发出材料会计处理的表述正确的是（　　）。

A.生产产品耗用原材料应记入“制造费用”

B.生产产品耗用原材料应记入“生产成本”

C.生产车间一般耗用原材料应记入“管理费用”

D.生产车间一般耗用原材料应记入“制造费用”

4.【多选题】根据期初资料、资料（1）至（4），下列各项中，关于结算销售材料成本的会计处理结果正确的是（　　）。

A.甲材料加权平均单位成本为15.58元

B.主营业务成本增加1 625元

C.其他业务成本增加1 625元

D.甲材料加权平均单位成本为16.25元

5.【多选题】根据期初资料、资料（1）至（5），下列各项中，关于该企业12月末原材料的会计处理结果表述正确的是（　　）。

A.12月末应计提存货跌价准备200元

B.12月末列入资产负债表“存货”项目的“原材料”金额为12 800元

C.12月末甲材料的成本为13 000元

D.12月末甲材料成本高于其可变现净值，不计提存货跌价准备

1.【答案】BD

【解析】企业应该编制的会计分录为：

借：原材料　　35 000

　　应交税费——应交增值税（进项税额）　　4 201.6

　贷：应付账款　　39 201.6

原材料的单位成本=（32 320+2 680）÷2 000=17.5（元）。

2.【答案】A

【解析】企业销售应编制的会计分录为：

借：应收账款　　2 260

　贷：其他业务收入　　2 000

　　　应交税费——应交增值税（销项税额）　　260

3.【答案】BD

【解析】生产产品耗用材料需要记入“生产成本”，选项A错误；生产车间一般耗用原材料记入“制造费用”，选项C错误。

4.【答案】CD

【解析】甲材料的加权平均单位成本=（2 000×15+32 320+2 680）÷（2 000+2 020−20）=16.25（元），选项A错误；20日，销售甲材料100千克，需要结转其他业务成本的金额=100×16.25=1 625（元），所以其他业务成本增加1 625元，选项B错误。



5.【答案】ABC

【解析】本月发出甲材料的成本金额为（100+3 000+ 100）×16.25=52 000（元），期末剩余甲材料的成本 = 2 000×15+32 320+2 680−52 000=13 000（元），选项C正确；期末甲材料的可变现净值为12 800元，所以应当计提减值准备=13 000−12 800=200（元），选项A正确、选项D错误；所以12月末记入“存货”项目的“原材料”的金额为12 800元，选项B正确。

## 借款及自行建造固定资产

### （一）

康盛公司为增值税一般纳税人，2019年度至2021年度发生有关业务资料如下：

（1）2019年1月1日，从银行取得借款500万元，期限为1年。合同年利率为6%，利息采用预提方式，到期一次连同本金一并归还。所借款项存入银行。

（2）2019年1月，自行建造一条生产线，以银行存款支付建造人员工资500万元。建造过程中领用材料168万元（不含增值税）。

（3）2019年12月31日，生产线工程完工，达到预定可使用状态。达到预定可使用状态前，为建造该生产线发生的固定资产的折旧费为30万元。该生产线预计使用年限为5年。预计净残值为2万元。采用年数总和法计提折旧。

（4）2021年6月20日，该生产线因自然灾害损毁，其账面价值为373.2万元，残料作价5万元验收入库。康盛公司自行清理，以银行存款支付清理费用3万元（不考虑增值税）。经保险公司核定赔偿损失200万元，赔款尚未收到。

要求：根据上述资料，不考虑其他因素，分析回答下列小题。

1.【多选题】根据资料（1），下列各项中，关于康盛公司取得借款的会计处理表述正确的是（　　）。

A.2019年1月31日计提借款利息时，应借记“财务费用”科目30万元

B.2019年1月31日计提借款利息时，应借记“财务费用”科目2.5万元

C.2019年1月31日计提借款利息时，应贷记“应付利息”科目2.5万元

D.2019年1月1日取得借款时，应贷记“短期借款”科目500万元

2.【多选题】根据资料（2），下列各项中，康盛公司会计处理表述正确的是（　　）。

A.1月，领用材料，借记“在建工程”科目168万元

B.1月，支付建造人员工资，借记“应付职工薪酬”科目500万元

C.1月，支付建造人员工资，贷记“应付职工薪酬”科目168万元

D.记入“在建工程”的金额为500万元

3.【单选题】根据资料（1）至（3），康盛公司该生产线的入账价值是（　　）万元。

A.668　　B.698

C.500　　D.530

4.【多选题】根据资料（1）至（4），下列各项中，关于该生产线计提折旧的表述正确的是（　　）。

A.自2020年1月起计提折旧　　B.自2019年12月起计提折旧

C.2020年计提折旧金额232万元　　D.2021年计提折旧金额为92.8万元

5.【多选题】根据资料（4），下列各项中，关于固定资产毁损的会计处理的表述正确的是（　　）。

A.确定应由保险公司理赔的损失时，借记“应收账款”科目200万元

B.残料入库时，借记“原材料”科目5万元

C.将毁损的生产线转入清理时，借记“固定资产清理”科目373.2万元

D.结转毁损的生产线净损失时，借记“营业外支出——非常损失”科目171.2万元

1.【答案】BCD

【解析】2019年1月1日取得借款时：

借：银行存款　　　　50 00 000

　贷：短期借款　　　　50 00 000

每月计提利息时：

借：财务费用　　　　25 000（5 000 000×6%÷12）

　贷：应付利息　　　　25 000

2.【答案】AB

【解析】1月：

借：在建工程　　　　5 000 000

　贷：应付职工薪酬　　　　5 000 000

支付建造人员工资时：

借：应付职工薪酬　　　　5 000 000

　贷：银行存款　　　　5 000 000

领用原材料时：

借：在建工程　　　　1 680 000

　贷：原材料　　　　1 680 000



3.【答案】B

【解析】该生产线的入账价值=500+168+30=698（万元）

4.【答案】ACD

【解析】2019年12月31日固定资产达到预定可使用状态，应从2020年1月开始计提折旧，2020年应计提折旧额=（698-2）×5÷15=232（万元）；2021年应计提折旧额=（698-2）×4÷15×6÷12=92.8（万元）。

5.【答案】BCD

【解析】固定资产毁损的账务处理：

借：固定资产清理　　　　3 732 000

　　累计折旧　　　　3 248 000（2 320 000+928 000）

　贷：固定资产　　　　6 980 000

借：原材料　　　　50 000

　贷：固定资产清理　　　　50 000

借：固定资产清理　　　　30 000

　贷：银行存款　　　　30 000

借：其他应收款　　　　2 000 000

　贷：固定资产清理　　　　2 000 000

借：营业外支出——非常损失　　　　1 712 000

贷：固定资产清理　　1 712 000

（二）

某企业2020年12月初，固定资产账面余额3 500万元，累计折旧1 200万元，未发生减值准备。2019年至2020年该企业发生的有关固定资产业务如下：

（1）2020年12月22日，购入一台不需要安装的生产用M设备，增值税专用发票上注明的价款为120万元，增值税税额为15.6万元。发生保险费用2万元，增值税税额为0.12万元，款项均以银行存款支付，预计该设备可使用10年，预计净残值为2万元，按照年限平均法计提折旧。

（2）2021年3月1日，该企业准备自建一栋库房。3月5日，购入工程物资取得增值税专用发票上注明的价款为200万元，增值税税额为26万元，款项以银行存款支付，该批物资于当日全部用于工程建筑。3月15日，领用本企业生产的钢材一批，市场售价为60万元，实际成本为30万元。6月30日，确认3月至6月累计支付的工程人员薪酬40万元。

（3）2021年6月30日，自建库房工程完工达到预定可使用状态，预计该库房可以使用50年，预计净残值为零。

（4）2021年12月25日，M设备因雷击后意外毁损，以银行存款支付不含税清理费用1万元，应收保险公司赔款50万元。

要求：根据上述资料，假定该企业取得的增值税专用发票经过税务机关认证，不考虑其他因素，分析回答下列小题。（计算结果保留两位小数）

1.【单选题】根据资料（1），该企业购入M设备的入账价值是（　　）万元。

A.140.4　　B.120

C.122　　D.142.74

2.【多选题】根据期初资料和资料（1），下列各项中，关于设备计提折旧的会计处理表述正确的有（　　）。

A.M设备计提的折旧费记入“制造费用”

B.2021年M设备计提折旧额为12万元

C.M设备年折旧率为9.84%

D.2021年1月M设备开始计提折旧

3.【多选题】根据期初资料、资料（1）与（4），下列各项中，关于该企业M设备毁损的会计处理结果正确的有（　　）。

A.转入固定资产清理的M设备账面价值为110万元

B.按支付的清理费，借记“固定资产清理”科目1万元

C.毁损的M设备导致企业营业外支出增加60万元

D.按应收保险公司的赔偿款，借记“其他应收款”科目50万元

4.【单选题】根据期初资料、资料（1）至（4），2021年12月31日该企业“固定资产”科目余额是（　　）万元。

A.3 890　　B.3 600

C.3 500　　D.3 770

1.【答案】C

【解析】12月22日，购入该设备的会计分录为：

借：固定资产　1 200 000

　　应交税费——应交增值税（进项税额）　156 000

　贷：银行存款　1 356 000

借：固定资产　20 000

　　应交税费——应交增值税（进项税额）　1 200

　贷：银行存款　21 200

M设备入账价值=120+2=122（万元）。

2.【答案】ABCD

【解析】2021年M设备计提折旧额=（122−2）÷10=12（万元）。生产用固定资产计提的折旧应记入“制造费用”，相关会计分录为：

借：制造费用　120 000

　贷：累计折旧　120 000

M设备月折旧额=年折旧额÷12=12÷12=1（万元），预计净残值率=预计净残值÷固定资产原值×100%=2÷122×100%=1.64%，年折旧率=（1−预计净残值率）÷预计使用寿命=（1−1.64%）÷10=9.84%。

3.【答案】ABD

【解析】转入清理时：

借：固定资产清理　1 100 000

　　累计折旧　120 000

　贷：固定资产　1 220 000

支付清理费用时：

借：固定资产清理　10 000

　贷：银行存款　10 000

应收赔款时：

借：其他应收款　500 000

　贷：固定资产清理　500 000

发生净损失时：

借：营业外支出　610 000

贷：固定资产清理　　610 000




4.【答案】D

【解析】2021年12月31日该企业“固定资产”科目余额=3 500（期初）+122（资料1）+（200+30+40）（资料3）−122（资料4）=3 770（万元）。

## 无形资产

鸿熙公司为增值税一般纳税人，按月编制财务报表，假定相关业务取得的增值税专用发票均通过认证。鸿熙公司2021年发生的无形资产相关业务如下：

（1）鸿熙公司继续研发一项生产用新兴技术。该技术的“研发支出——资本化支出”明细科目年初额为70万元。本年度1至6月份该技术研发支出共计330万元，其中，不符合资本化条件的支出为130万元。7月15日，该技术研发完成，申请取得专利权（以下称为E专利权），发生符合资本化条件支出30万元，发生不符合资本化条件支出20万元，并于当月投入产品生产。本年发生各种研发支出取得的增值税专用发票上注明的增值税税额为41.6万元。依相关法律规定E专利权的有效使用年限为10年，采用年限平均法摊销。

（2）12月31日，由于市场发生不利变化，E专利权存在可能发生减值的迹象，预计其可收回金额为185万元。

（3）12月31日，根据协议约定，鸿熙公司收到凯泽公司支付的F非专利技术使用权当年使用费收入，开具的增值税专用发票上注明的价款为10万元，增值税税额为0.6万元，款项存入银行。本年F非专利技术应计提的摊销额为6万元。

要求：根据上述材料，不考虑其他因素，分析回答下列小题。

1.【单选题】根据资料（1），鸿熙公司E专利权的入账成本为（　　）万元。

A.300　　B.400

C.430　　D.360

2.【多选题】根据资料（1），下列各项中，2021年鸿熙公司E专利权摊销的会计处理结果正确的是（　　）。

A.“累计摊销”科目贷方增加12.5万元

B.“制造费用”科目借方增加12.5万元

C.“累计摊销”科目贷方增加15万元

D.“制造费用”科目借方增加15万元

3.【单选题】根据资料（1）和（2），2021年年末，鸿熙公司对E专利权应计提的无形资产减值准备的金额是（　　）万元。

A.141.99　　B.102.5

C.242.5　　D.100

4.【多选题】根据资料（3），下列各项中，鸿熙公司转让F非专利技术使用权的会计处理结果正确的是（　　）。

A.其他业务收入增加10万元　　B.累计摊销增加6万元

C.其他业务收入增加10.6万元　　D.其他业务成本增加6万元

5.【多选题】根据资料（1）至（3），下列各项中，鸿熙公司无形资产相关业务对其2021年度利润表相关项目的影响表述正确的是（　　）。

A."研发费用"增加150万元　　B."利润总额"减少246万元

C."资产减值损失"增加100万元　　D.营业收入增加10万元

---

1.【答案】A

【解析】E专利权的入账成本=70+330−130+30=300（万元）。

2.【答案】CD

【解析】2021年E专利权的摊销金额=300÷10÷12×6=15（万元）。

相关分录如下：

借：制造费用　　150 000

　贷：累计摊销　　150 000

3.【答案】D

【解析】2021年年末，鸿熙公司对E专利权应计提的无形资产减值准备的金额=300−15−185=100（万元）。

4.【答案】ABD

【解析】相关分录如下：

借：银行存款　　106 000

　贷：其他业务收入　　100 000

　　　应交税费——应交增值税（销项税额）　　6 000

借：其他业务成本　　60 000

　贷：累计摊销　　60 000

5.【答案】ABCD

【解析】根据资料（1）研发费用增加130+20=150（万元），选项A正确；根据资料（1）和资料（2），E专利权的入账价值为70+330−130+30=300（万元），2021年计提摊销300÷10÷12×6=15（万元），故期末无形资产的账面价值为300−15=285（万元），需计提无形资产减值准备=285−185=100（万元），即资产减值损失增加100万元，选项C正确；根据资料（3）营业收入增加10万元，选项D正确；根据本题的资料，这些业务对利润总额的影响=−150−100+10−6=−246（万元），故利润总额减少246万元，选项B正确。

## 库存商品+收入

艾嘉公司系商贸企业（增值税一般纳税人），题目中收入均为不含税收入。存货发出计价采用先进先出法核算。2021年4月发生的经济业务如下：

（1）1日，结存A商品500件，单位成本为350元，已计提存货跌价准备10 000元。

（2）5日，购入A商品1 200件，取得的增值税专用发票上注明的价款为400 000元，增值税税额为52 000元；支付运费取得增值税专用发票注明的运费为2 000元，增值税税额为180元，商品已验收入库。以上款项均未支付。

（3）18日，销售给博延公司A商品400件，商品标价为500元/件，由于博延公司成批购买，艾嘉公司给予博延公司10%的商业折扣，并按折扣后的金额开具增值税专用发票。货款尚未收到。同时合同中约定的现金折扣条件为“2/10，1/20，N/30”。博延公司于29日支付上述货款。计算现金折扣时不考虑增值税。

（4）22日，购入A商品500件，商品已验收入库，但未取得发票及账单。

（5）28日，销售给永春公司A商品1 000件，开具增值税专用发票注明的价款为420 000元，增值税税额为54 600元，同时代永春公司垫付保险费5 000元，以上款项尚未收到。

（6）30日，本月22日购入的A商品发票仍未到达，艾嘉公司按400元/件暂估入账。

（7）30日，A商品市场单位售价为380元，预计销售税费为10元/件。

要求：根据上述资料，不考虑其他相关因素，分析回答下列问题。（答案中金额单位用元表示）

1.【单选题】根据资料（2），下列会计处理正确的是（　　）。

A.借：库存商品　400 000
　　应交税费——应交增值税（进项税额）　52 000
　贷：银行存款　452 000

B.借：库存商品　402 000
　　应交税费——应交增值税（进项税额）　52 180
　贷：银行存款　454 180

C.借：库存商品　402 180
　　应交税费——应交增值税（进项税额）　52 000
　贷：应付账款　454 180

D.借：库存商品　402 000
　　应交税费——应交增值税（进项税额）　52 180

贷：应付账款　　　　454 180

2.【多选题】根据资料（3），下列会计处理正确的是（　　）。

A.借：应收账款　　　　203 400
　　贷：主营业务收入　　　　180 000
　　　　应交税费——应交增值税（销项税额）　　　　23 400

B.借：主营业务成本　　　　140 000
　　贷：库存商品　　　　140 000

C.借：存货跌价准备　　　　8 000
　　贷：主营业务成本　　　　8 000

D.借：银行存款　　　　201 600
　　　财务费用　　　　1 800
　　贷：应收账款　　　　203 400

3.【多选题】根据资料（4），下列表述不正确的是（　　）。

A.货到时，无须进行账务处理　　B.货到时，须在备查簿中登记

C.货到时，应增加库存商品　　D.货到时，以暂估价值入账

4.【多选题】根据资料（5），下列会计表述正确的是（　　）。

A.应确认主营业务收入420 000元　　B.应结转主营业务成本334 500元

C.应确认应收账款491 400元　　D.应确认应交税费54 600元

5.【单选题】根据上述资料，月末艾嘉公司应计提的存货跌价准备为（　　）元。

A.-4 500　　B.4 500

C.5 500　　D.-5 500

---

1.【答案】D

【解析】购入存货的成本应当包括买价、运费，所以库存商品的入账金额=400 000+2 000=402 000（元），因款项尚未支付，所以选项D正确。

2.【答案】ABCD

【解析】销售商品涉及商业折扣的，应按扣除商业折扣后的金额确认收入，所以确认的收入金额=400×500×（1-10%）=180 000（元）；实际发生现金折扣时，确认的财务费用=180 000×1%=1 800（元）；结转的商品成本=350×400=140 000（元），同时结转存货跌价准备=400×10 000÷500=8 000（元）。

3.【答案】BCD

【解析】企业购入存货，属于货到单未到的，平时不做账务处理，待到月末仍未收到发票及账单以暂估价值入账。

4.【答案】ABD

【解析】5日购入A商品的单位成本 = 402 000÷1 200=335（元）。

艾嘉公司应当编制的会计分录为：

| | | |
|---|---|---|
| 借：应收账款 | 479 600 | |
| 　贷：主营业务收入 | | 420 000 |
| 　　应交税费——应交增值税（销项税额） | | 54 600 |
| 　　银行存款 | | 5 000 |
| 借：主营业务成本 | 334 500 | |
| 　存货跌价准备（100×10 000÷500） | 2 000 | |
| 　贷：库存商品（100×350+900×335） | | 336 500 |

5.【答案】B

【解析】期末库存A商品的数量=500+1 200−400+500−1 000=800（件），库存A商品的成本=300×335+500×400=300 500（元）；库存A商品的可变现净值=（380−10）×800=296 000（元），期初存货跌价准备余额已随商品销售结转为0，所以当期应计提的存货跌价准备=300 500−296 000=4 500（元）。

## 资产+财务报表

艾泰公司为增值税一般纳税人。2021年12月初，该公司"应收账款——嘉年公司"科目借方余额为30万元，"应收账款——浩博公司"科目贷方余额为20万元，"坏账准备——应收账款——嘉年公司"科目贷方余额为1.5万元，该公司未设置"预收账款"科目。2021年12月，该公司发生相关经济业务如下：

（1）3日，向嘉年公司销售M产品1 000件，开具的增值税专用发票注明的价款10万元。增值税税额1.3万元，产品已发出，销售合同规定的现金折扣条件为"2/10，1/20，N/30"，计算现金折扣不考虑增值税，款项尚未收到。

（2）13日，向浩博公司销售一批H产品，开具增值税专用发票注明的价款10万元，增值税税额1.3万元。浩博公司于上月预付20万元。截至本月末，剩余款项尚未收到。

（3）20日，收回上年度已作坏账转销的嘉年公司应收账款2万元，款项已存入银行。

（4）31日，艾泰公司对嘉年公司应收款项的账面价值进行评估，当期按应收账款计算应提坏账准备金额为2万元。

要求：根据上述资料，不考虑其他因素，分析回答下列小题。

1.【多选题】根据资料（1），下列各项中，关于艾泰公司3日销售M产品的会计处理表述正确的是（　　）。

A.确认主营业务收入9.8万元　　B.确认应收账款11.3万元

C.确认应收账款11.5万元　　D.确认主营业务收入10万元

2.【多选题】根据期初资料和资料（2），下列各项中，艾泰公司13日销售H产品的会计处理结果正确的是（　　）。

A.“应收账款——浩博公司”科目借方余额为11.3万元

B.“应交税费——应交增值税（销项税额）”科目贷方金额增加1.3万元

C.“应收账款——浩博公司”科目借方金额增加11.3万元

D.“主营业务收入”科目贷方金额增加10万元

3.【多选题】根据资料（3），下列各项中，关于收回已做坏账转销的嘉年公司应收账款的会计处理表述正确的是（　　）。

A.“坏账准备”科目借方登记2万元

B.“银行存款”科目借方登记2万元

C.“信用减值损失”科目贷方登记2万元

D.“坏账准备”科目贷方登记2万元

4.【多选题】根据期初资料，资料（1）至（4），下列各项中，艾泰公司相应会计处理结果正确的是（　　）。

A.12月末“应收账款——嘉年公司”科目借方余额为41.3万元

B.12月末“坏账准备”科目贷方余额为2万元

C.12月末“应收账款——嘉年公司”的账面余额为39.3万元



D.12月末应计提坏账准备2万元

5.【单选题】2021年12月份应收账款账面余额为（　　）万元。

A.41.6　　　　B.53.2

C.32.6　　　　D.31.2

6.【单选题】2021年12月31日资产负债表中“应收票据及应收账款”项目金额为（　　）万元。

A.39.3　　　　B.53.2

C.33.2　　　　D.31.2

7.【单选题】2021年12月31日资产负债表中“预收款项”项目金额为（　　）万元。

A.0　　　　B.8.7

C.33.2　　　　D.31.2

---

1.【答案】BD

【解析】

借：应收账款——嘉年公司　　　　113 000

　　贷：主营业务收入　　　　100 000

　　　　应交税费——应交增值税（销项税额）　　　　13 000

【提示】现金折扣不能扣。

结转成本（略）

2.【答案】BCD

【解析】2021年12月初“应收账款——浩博公司”科目贷方余额为20万元，该公司未设置“预收账款”科目。

借：应收账款——浩博公司　113 000

　贷：主营业务收入　100 000

　　　应交税费——应交增值税（销项税额）　13 000

3.【答案】BD

【解析】

借：应收账款——嘉年公司　20 000

　贷：坏账准备　20 000

借：银行存款　20 000

　贷：应收账款——嘉年公司　20 000

4.【答案】ABC

【解析】

应收账款的账面价值=应收账款的账面余额-坏账准备。

期初资料：2021年12月初，该公司“应收账款——嘉年公司”科目借方余额为30万元，“坏账准备——应收账款——嘉年公司”科目贷方余额为1.5万元。

资料（1）

借：应收账款——嘉年公司　113 000

　贷：主营业务收入　100 000

　　　应交税费——应交增值税（销项税额）　13 000

资料（2）不涉及应收账款——嘉年公司

资料（3）20日，收回上年度已作坏账转销的嘉年公司应收账款2万元，款项已存入银行。

借：应收账款——嘉年公司　20 000

　贷：坏账准备　20 000

借：银行存款　20 000

　贷：应收账款——嘉年公司　20 000

资料（4）31日，艾泰公司对嘉年公司应收款项的账面价值进行评估，当期按应收账款计算应提坏账准备金额为2万元。

应收账款的账面价值=应收账款的账面余额-坏账准备=41.3-2=39.3（万元）。

5.【答案】C

【解析】应收账款的账面余额=41.3-8.7=32.6（万元）。

6.【答案】A

【解析】应收票据及应收账款项目=41.3-2=39.3（万元）。

7.【答案】B

【解析】预收款项项目=8.7万元。

# 第5章

# 负债增加记贷方

本章思维导图如图5-1所示：

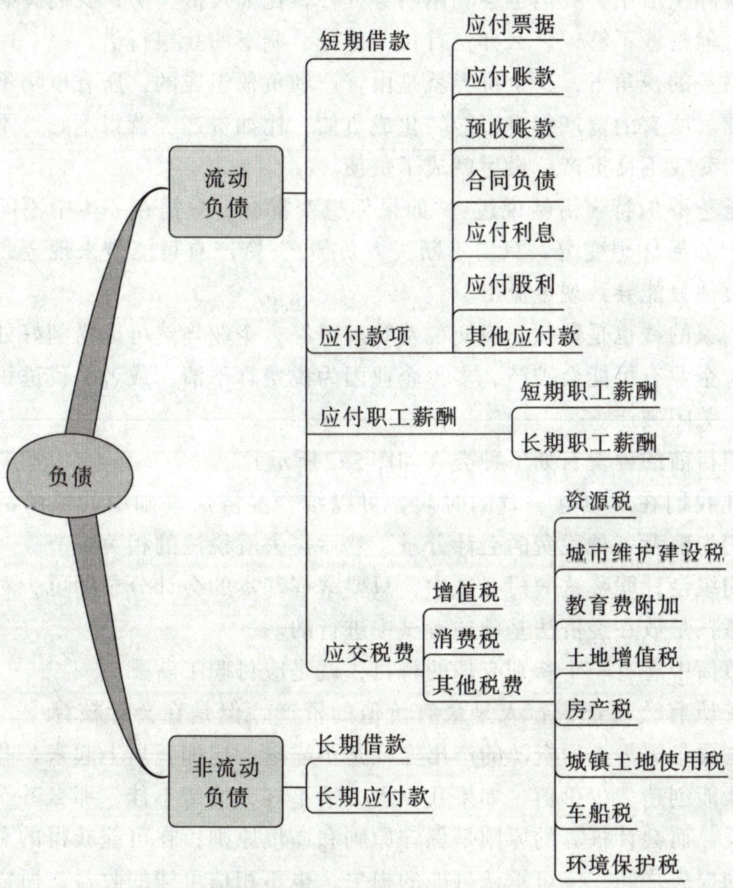


图5-1 本章思维导图

## 负债的价值

负债就是借鸡生蛋，用别人的钱帮自己赚钱。

我们可以欠银行的钱、欠供应商的钱，也可以欠员工的钱，还可以欠国家的钱。

负债和资产是对立统一的，就好比硬币的两面，比如欠供应商的钱，是应付账款，是负债，但是对于供应商来说，你是他的客户，你欠他的钱，是他的应收账款，就是资产。

负债的目的是增加资产，因为增加资产需要资金，而资金的来源，一部分是所有者权益，另一部分是负债，如果负债的成本低于经营获得的利润率，我们就可以不用自己的钱赚钱了，这就是财务杠杆，这种负债就是好的负债。

在实际生活中，我们也会利用财务杠杆，比如按揭买房，我们想购建自己的资产，但是钱不够，怎么办？首付一部分，剩下的找银行借。

在财务的视角下，这个世界就是由资产和负债组成的，所有事物不是资产就是负债。所有的资产都有可能转化成负债，比如资产经营得不好，不能带来利润时，变成不良资产，最后就成了负债。

富爸爸罗伯特·清崎说过："如果你想变富有，只需在一生中不断买入资产就行。如果你想变穷，只需不断买入负债。"资产有可能带来现金，带来希望；而负债只能导致现金流出。



欠国家的钱也是负债，应交税费管理得好，企业当然可以捞到好处，管理得不好，企业有可能会破产，多少企业因为税费算不清，或者偷税逃税，最后被稽查，关闭破产。

我们目前的税费有如下种类（如图5-2所示）。

因此我们在学习这一章的时候，可以结合经济法基础中的税法部分一起学。我们先熟背各种税费的会计分录，然后再去看税法的相关细节。

在初级会计职称这一门考试中，只要掌握基本的会计分录即可，对于税法的细节考核是放在经济法基础的考试中进行的。

在负债中还有一个特别有趣的科目，就是应付职工薪酬。

几乎所有公司都说，人是最有价值的资产，但是在会计核算中，却是负债。这主要是因为人力资源的产出实在是不靠谱，比如我早上起来，我也不知道我今天能创造多少价值，如果我今天心情不好，情绪不佳，那么甚至有可能带来损失。而会计核算的原则是保守原则和谨慎原则，在可能获得的利益和可能发生的损失之间，宁可承认可能的损失，也不相信可能的收益。所以，财务把人力资源归类为负债而不是资产，员工对于公司来说，都是人力成本，冷血地抹杀了员工的创造力和价值。

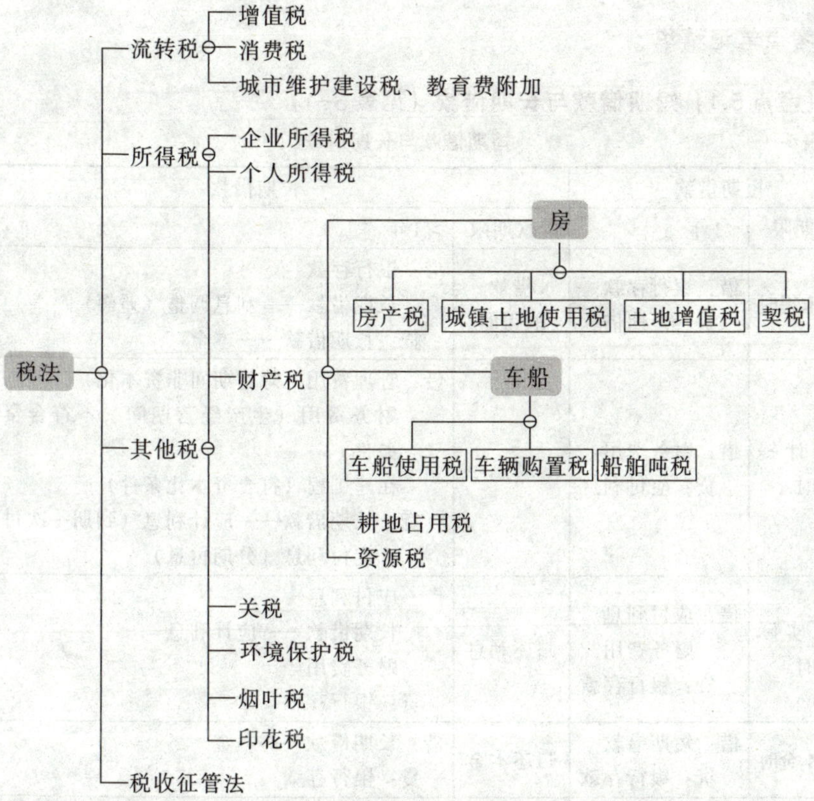


图5-2　税法的种类

财务部门低估了员工的价值，但是聪明的投资人可不这么想，有低估，才有投资，巴菲特不是说了吗？投资就是寻找市场被低估的资产。所以，我们会经常发现一些有趣的现象，比如有一些奇怪的网络公司，创建后相当长一段时间都没有收入利润，没有现金，资产几乎可以忽略不计。但是突然，一个年轻的、充满激情的CEO，却拿到了成百上千万美元的风险投资。这些风险投资者看中的是什么呢？人才，这个公司有多少软件工程师，管理层团队怎么样，人员在风投们眼里是璞玉浑金，不是负债，而是最有潜力的无形资产。

## 本章考点笔记精华

### 【考点5.1】短期借款与长期借款（见表5-1）

表5-1　　短期借款与长期借款

| 短期借款 | | 长期借款 | |
|---|---|---|---|
| 借款期限 | ≤1年 | 借款期限 | ＞1年 |
| 借款取得时 | 借：银行存款<br>　贷：短期借款 | 借款取得时 | 借：银行存款<br>　　长期借款——利息调整（差额）<br>　贷：长期借款——本金 |
| 月末计提利息时 | 借：财务费用<br>　贷：应付利息 | 利息 | 借：管理费用（筹建期间非资本化）<br>　　财务费用（生产经营期间、不符合资本化条件）<br>　　在建工程（符合资本化条件）<br>　贷：长期借款——应计利息（到期一次付息）<br>　　　应付利息（分期付息） |
| 季末实际支付时 | 借：应付利息<br>　　财务费用<br>　贷：银行存款 | 归还利息 | 借：应付利息<br>　　长期借款——应计利息<br>　　财务费用等<br>　贷：银行存款 |
| 偿还本金时 | 借：短期借款<br>　贷：银行存款 | 归还本金 | 借：长期借款——本金<br>　贷：银行存款 |
| “短期借款”核算借款的本金 | | “长期借款”核算借款的本金、利息 | |



### 【考点5.2】短期借款利息预提情形（见表5-2）

表5-2　　短期借款利息预提情形

| 利息处理方式 | 情形 | 会计分录 |
|---|---|---|
| 预提利息 | 利息按期（不包括按月）支付 | （1）月末预提利息时：<br>借：财务费用<br>　贷：应付利息<br>（2）实际支付利息时：<br>借：应付利息<br>　贷：银行存款等 |
| | 利息在借款到期时连同本金一起归还，并且金额较大 | |
| 不预提利息 | 利息按月支付 | 按月支付利息时：<br>借：财务费用<br>　贷：银行存款等 |
| | 利息在借款到期时连同本金一起归还，并且金额不大 | 实际支付或收到银行计息通知时：<br>借：财务费用<br>　贷：银行存款等 |

1.【单选题】2021年8月31日，某企业负债总额为500万元，9月份收回应收账款60万元，以银行存款归还短期借款40万元，预收客户货款20万元。不考虑其他因素，2021年9月30日该企业负债总额为（　　）万元。

A.480　　B.380

C.440　　D.460

2.【单选题】2021年1月1日，某企业向银行借入资金600 000元，期限为6个月，年利率为5%，借款利息分月计提，季末交付，本金到期一次归还，下列各项中，2021年6月30日，该企业交付借款利息的会计处理正确的是（　　）。

A.借：财务费用　　5 000
　　　应付利息　　2 500
　　贷：银行存款　　7 500

B.借：财务费用　　7 500
　　贷：银行存款　　7 500

C.借：应付利息　　5 000
　　贷：银行存款　　5 000

D.借：财务费用　　2 500
　　　应付利息　　5 000
　　贷：银行存款　　7 500

---

1.【答案】A

【解析】（1）收回应收账款，借记“银行存款”科目60万元，贷记“应收账款”科目60万元，不影响负债；（2）归还短期借款，借记“短期借款”科目40万元，贷记“银行存款”科目40万元，减少企业的负债40万元；（3）预收客户货款，借记“银行存款”科目20万元，贷记“预收账款”科目20万元，增加企业的负债20万元，所以2021年9月30日该企业的负债总额=500-40+20=480（万元）。

2.【答案】D

【解析】借款利息分月计提，按季支付；2016年6月30日支付利息时：

借：应付利息　　5 000（600 000×5%÷12×2）
　　财务费用　　2 500（600 000×5%÷12）
　贷：银行存款　　7 500

## 【考点5.3】应收账款与应付账款（见表5-3）

表5-3 应收账款与应付账款

| 应收账款 | 债权人A（收款方） | 应付账款 | 债务人B（付款方） |
| --- | --- | --- | --- |
| 内容 | 销售价款、代垫运杂费、销项税 | 内容 | 买价、运杂费、进项税 |
| 1.销售 | 借：应收账款<br>贷：主营业务收入<br>应交税费——应交增值税（销项税额）<br>借：主营业务成本<br>贷：库存商品 | 2.采购 | 借：原材料/库存商品<br>应交税费——应交增值税（进项税额）<br>贷：应付账款 |
| 2.到期收回 | 借：银行存款<br>贷：应收账款 | 3.到期付款 | 借：应付账款<br>贷：银行存款 |
| 垫付包装费、运杂费 | 借：应收账款<br>贷：银行存款 | ★企业转销无法支付的应付账款 | 借：应付账款<br>贷：营业外收入 |
| 到期收到承兑的商业汇票 | 借：应收票据<br>贷：应收账款 | | |
| ★不单独设置“预收账款” | 预收的账款也在“应收账款”科目核算。如果期末余额在贷方，则反映企业预收的账款 | 预付款项情况不多的企业 | 不单独设置“预付账款”，直接通过“应付账款”科目核算 |

1.【单选题】企业未设置“预付账款”科目，发生预付货款业务时应借记的会计科目是（　　）。

A.预收账款　　　　B.其他应付款

C.应收账款　　　　D.应付账款

2.【多选题】下列关于应付账款的表述中，正确的有（　　）。

A.未单独设置“预付账款”科目的，其所发生的预付货款可通过“应付账款”科目核算

B.应付账款按照扣除现金折扣后的金额入账

C.存入保证金应该通过“应付账款”核算

D.无法支付的应付账款按其账面余额记入“营业外收入”科目

1.【答案】D

【解析】企业未设置“预付账款”科目，发生预付货款业务时应借记的会计科目是“应付账款”科目。

2.【答案】AD

【解析】选项B，应付账款按照扣除现金折扣前的金额入账；选项C，存入保证金应该通过“其他应付款”核算。

## 【考点5.4】应付账款发生（见表5-4）

表5-4　　应付账款发生

| | |
|---|---|
| （1）在物资和发票账单同时到达时，一般在所购物资验收入库后，再根据发票账单登记入账，确认应付账款 | 借：原材料等<br>　应交税费——应交增值税（进项税额）<br>　贷：应付账款 |
| （2）在所购物资已验收入库，但发票账单未同时到达时，会计期末，需将所购物资和应付账款暂估入账，待下月初再用红字冲回 | ①验收入库时，无需进行账务处理<br>②会计期末<br>借：原材料等<br>　贷：应付账款（暂估价）<br>③下月初再用红字冲回<br>（考试时，编制上述相反会计分录）<br>借：应付账款（暂估价）<br>　贷：原材料等<br>④实际收到发票账单时，按正常的程序进行处理 |
| （3）接受供应单位劳务而发生的应付未付款项，根据供应单位的发票账单，借记“生产成本”“管理费用”等科目，贷记“应付账款”科目 | 【提示】实务中，企业外购电力、燃料等动力一般通过“应付账款”科目核算，即在每月付款时先作暂付款处理。<br>借：应付账款<br>　贷：银行存款等科目<br>月末按照外购动力的用途<br>借：生产成本<br>　管理费用<br>　贷：应付账款 |
| （4）应付商业承兑汇票到期，如企业无力支付票款，应将应付票据按票面余额转入应付账款 | 借：应付票据<br>　贷：应付账款 |

## 【考点5.5】应收票据与应付票据（见表5-5）

表5-5　　应收票据与应付票据

<table>
<tr><td colspan="2">内容</td><td colspan="3">商业汇票根据承兑人不同分为商业承兑汇票和银行承兑汇票<br>【区别】银行汇票：其他货币资金；支票（现金、转账）：银行存款</td></tr>
<tr><td colspan="2">付款期限</td><td colspan="3">最长不得超过6个月</td></tr>
<tr><td colspan="2">债权人A（收款方）</td><td colspan="3">债务人B（付款方）</td></tr>
<tr><td>销售</td><td>借：应收票据<br>　贷：主营业务收入<br>　　应交税费——应交增值税（销项税额）</td><td>采购</td><td colspan="2">借：原材料<br>　　应交税费——应交增值税（进项税额）<br>　贷：应付票据</td></tr>
<tr><td>到期收回</td><td>借：银行存款<br>　贷：应收票据</td><td>到期付款</td><td colspan="2">借：应付票据<br>　贷：银行存款</td></tr>
<tr><td rowspan="2">抵付货款</td><td rowspan="2">借：应收票据<br>　贷：应收账款</td><td rowspan="2">应付票据转销</td><td>商业承兑汇票</td><td>借：应付票据<br>　贷：应付账款</td></tr>
<tr><td>银行承兑汇票</td><td>借：应付票据<br>　贷：短期借款</td></tr>
<tr><td>背书转让</td><td>借：原材料<br>　　应交税费——应交增值税（进项税额）<br>　贷：应收票据</td><td colspan="2" rowspan="2">★支付银行承兑手续费</td><td rowspan="2">借：财务费用<br>　贷：银行存款</td></tr>
<tr><td>贴现</td><td>借：银行存款（实际收到的金额）<br>　　财务费用（贴现利息）<br>　贷：应收票据</td></tr>
</table>



1.【判断题】"应付票据"只能用于核算企业购买材料、商品和接受劳务供应等而开出的银行承兑汇票。（　　）

2.【判断题】企业无力支付到期的银行承兑汇票，应将应付票据的账面余额转作为应付账款。（　　）

3.【单选题】将无力支付的商业承兑汇票转为企业应付账款，对会计等式的影响是（　　）。

A.一项资产减少一项负债减少

B.一项负债减少一项所有者权益减少

C.一项资产增加一项负债增加

D.一项负债增加一项负债减少

1.【答案】×

【解析】应付票据是指企业为购买材料、商品和接受劳务供应等而开出的商业汇票，包括商业承兑汇票和银行承兑汇票。

2.【答案】×

【解析】企业无力支付到期的商业承兑汇票，应将应付票据的账面余额转作为应付账款。企业无力支付到期的银行承兑汇票，应将应付票据的账面余额转为短期借款。

3.【答案】D

【解析】企业无力支付票款，由于商业汇票已经失效，应将应付票据按账面余额转作应付账款，借记“应付票据”科目，贷记“应付账款”科目。对会计等式的影响为一项负债增加一项负债减少。

### 【考点5.6】应付利息与应付股利（见表5-6）

表5-6　应付利息与应付股利

| 项目 | 付息方式 | 账务处理 |
| --- | --- | --- |
| 短期借款 | 按期（不包括按月）支付 | 记入“应付利息”科目 |
| | 到期一次还本付息，并且金额较大的 | |
| 长期借款 | 分期付息 | 记入“应付利息”科目 |
| | 到期一次还本付息 | 记入“长期借款——应计利息”科目 |
| 应付债券 | 分期付息 | 记入“应付利息”科目 |
| | 到期一次还本付息 | 记入“应付债券——应计利息”科目 |
| 应付股利 | 应付股利是指企业根据股东大会或类似机构审议批准的利润分配方案确定分配给投资者的现金股利或利润 | |
| | 企业董事会或类似机构通过的利润分配方案中拟分配的现金股利或利润，不需要进行账务处理，但应在附注中披露 | |
| | 企业根据股东大会或类似机构审议批准的利润分配方案，按应支付给投资者的现金股利或利润做如下处理：<br>借：利润分配——应付现金股利或利润<br>　贷：应付股利<br>实际支付现金股利或利润时：<br>借：应付股利<br>　贷：银行存款等 | |

【多选题】下列关于“应付股利”的表述中不正确的有（　　）。

A.应付股利是指企业根据股东大会或类似机构审议批准的利润分配方案确定分配给投资者的现金股利或利润

B.企业通过“应付股利”科目核算企业确定或宣告支付但尚未实际支付的现金股利或利润

C.该科目借方登记应支付的现金股利或利润，贷方登记实际支付的现金股利或利润

D.期末借方余额反映企业应付未付的现金股利或利润

【答案】CD

【解析】“应付股利”科目贷方登记应支付的现金股利或利润，借方登记实际支付的现金股利或利润；期末贷方余额反映企业应付未付的现金股利或利润。



## 【考点5.7】预付账款与预收账款（见表5-7）

表5-7　　预付账款与预收账款

| 预付账款 | 采购方A | 预收账款 | 销售方B |
|---|---|---|---|
| 1.预付款项时 | 借：预付账款<br>　贷：银行存款 | 2.预收款项时 | 借：银行存款<br>　贷：预收账款 |
| 4.收到所购物资 | 借：材料采购、原材料、库存商品等<br>　应交税费——应交增值税（进项税额）<br>　贷：预付账款 | 3.发出货物 | （1）<br>借：预收账款<br>　贷：主营业务收入<br>　　应交税费——应交增值税（销项税额）<br>（2）借：主营业务成本<br>　　贷：库存商品 |
| 5.预付货款 < 采购货物款项 | 借：预付账款（不足部分）<br>　贷：银行存款（不足部分） | 6.收到补付货款 | 借：银行存款<br>　贷：预收账款 |
| 或5.预付货款 > 采购货物款项 | 借：银行存款（收回的多付款项）<br>　贷：预付账款（收回的多付款项） | 或6.返回多收的货款 | 借：预收账款<br>　贷：银行存款 |

1.【单选题】如果企业预付款项业务不多且未设置“预付账款”科目，企业预付给供应商的采购款项，应记入（　　）。

A.“应收账款”科目的借方

B.“应付账款”科目的贷方

C.“应收账款”科目的贷方

D.“应付账款”科目的借方

2.【判断题】预收账款不多的企业，可以不设置“预收账款”科目。企业预收客户货款时，直接将其记入“其他应收款”科目的贷方。（　）

---

1.【答案】D

【解析】如果企业预付款项业务不多且未设置“预付账款”科目，企业预付给供应商的采购款项，应记入“应付账款”科目的借方核算。

2.【答案】×

【解析】应将其记入“应收账款”科目的贷方。

**【考点5.8】其他应付款（见表5-8）**

表5-8　**其他应付款**

| | |
|---|---|
| 内容 | 如应付经营租赁固定资产租金、租入包装物租金、存入保证金等 |
| 账务处理 | 发生时：<br>借：管理费用等<br>　贷：其他应付款<br>支付或退回时：<br>借：其他应付款<br>　贷：银行存款等 |

1.【单选题】下列各项中，属于“其他应付款”科目核算范围的是（　）。

A.应付经营租赁固定资产的租金

B.应付供应商的货款

C.应付给职工的薪酬

D.应付供应商代垫的运杂费

2.【单选题】下列各项中，应列入资产负债表“其他应付款”项目的是（　）。

A.应付租入包装物租金

B.应付融资租入固定资产租金

C.结转到期无力支付的应付票据

D.应付由企业负担的职工社会保险费

3.【单选题】下列各项中，企业应通过“其他应付款”科目核算的是（　）。

A.应付购入设备款

B.应付采购材料款

C.应交纳的教育费附加

D.应付租入包装物租金

4.【多选题】下列各项中，属于企业“其他应付款”科目核算内容的有（　　）。

A.应付股东的股利

B.应付供货商代垫的运费

C.应付客户存入的保证金

D.应付租入包装物的租金

1.【答案】A

【解析】选项A记入其他应付款核算；选项B记入应付账款核算；选项C记入应付职工薪酬核算；选项D记入应付账款核算。

2.【答案】A

【解析】选项A记入其他应付款，选项B记入长期应付款，选项C记入应付账款或短期借款，选项D记入应付职工薪酬。

3.【答案】D

【解析】选项AB记入应付账款，选项C记入应交税费——应交教育费附加。

4.【答案】CD

【解析】应付股东的股利，记入应付股利，故选项A不正确；应付供应商代垫的运费，记入应付账款，故选项B不正确。



## 【考点5.9】应付职工薪酬的内容（见表5-9）

表5-9　应付职工薪酬的内容

<table>
<tr><td rowspan="5">职工薪酬</td><td colspan="2">合同；正式任命；服务企业</td></tr>
<tr><td colspan="2">给职工配偶、子女、受赡养人、已故员工遗属及其他受益人等的福利</td></tr>
<tr><td rowspan="2">短期职工薪酬</td><td>年度报告期间结束后十二个月内需要全部予以支付的职工薪酬</td></tr>
<tr><td>（1）职工工资、奖金、津贴和补贴<br>（2）职工福利费<br>（3）医疗保险费、工伤保险费和生育保险费等社会保险费<br>（4）住房公积金<br>（5）工会经费和职工教育经费<br>（6）短期带薪缺勤<br>（7）短期利润分享计划<br>（8）其他短期薪酬</td></tr>
<tr><td>长期职工薪酬</td><td>（1）离职后福利：设定提存计划和设定受益计划<br>（2）辞退福利：劳动合同到期之前解除劳动关系给予职工的补偿<br>（3）其他长期职工福利：长期带薪缺勤、长期残疾福利、长期利润分享计划</td></tr>
</table>

1.【多选题】下列各项中，企业应通过“应付职工薪酬”科目核算的有（　　）。

A.支付给职工的生活困难补助

B.为职工缴存的养老保险费

C.为职工支付的业务培训费用

D.支付为企业高管人员提供免费住房的房租

2.【单选题】下列各项中，不属于职工薪酬的是（　　）。

A.为职工交纳的医疗保险　　B.为职工交存的住房公积金

C.为职工报销因公差旅费　　D.支付职工技能培训费

---

1.【答案】ABCD

【解析】选项ACD属于短期薪酬的内容，选项B属于离职后福利，均属于“应付职工薪酬”科目核算的内容。

2.【答案】C

【解析】医疗保险归属于社会保险费，职工技能培训费归属于工会经费和职工教育经费，这两项和住房公积金均属于短期薪酬包括的内容，属于职工薪酬。选项C，职工差旅费应记入管理费用。

## 【考点5.10】短期薪酬与设定提存计划的核算（见表5-10）

表5-10　短期薪酬与设定提存计划的核算

| | |
|---|---|
| （一）货币性职工薪酬 | |
| 1.工资、奖金、津贴和补贴 | （1）计提时：<br>借：生产成本（生产车间生产工人薪酬）<br>制造费用（生产车间管理人员薪酬）<br>管理费用（行政管理人员薪酬）<br>销售费用（销售人员薪酬）<br>合同履约成本（履行合同过程中发生的薪酬）<br>研发支出（从事研发活动人员薪酬）<br>在建工程（从事工程建设人员薪酬）等<br>贷：应付职工薪酬——工资 |
| | （2）支付职工薪酬、扣还各种款项<br>借：应付职工薪酬——工资<br>贷：其他应收款（代垫的家属医药费用等）<br>应交税费——应交个人所得税（代扣的个人所得税）<br>银行存款等（实际支付给职工的款项） |

续表

| | |
|---|---|
| 2.职工福利费 | (1) 计提时<br>借：生产成本<br>　　制造费用<br>　　管理费用<br>　　销售费用等<br>　贷：应付职工薪酬——职工福利费 |
| | (2) 实际支付时：<br>借：应付职工薪酬——职工福利费<br>　贷：银行存款等 |
| 3.国家规定计提标准的职工薪酬（单位负担） | (1) 计提时<br>借：生产成本<br>　　制造费用<br>　　管理费用<br>　　销售费用等<br>　贷：应付职工薪酬——社会保险费<br>　　　　　　　　——工会经费<br>　　　　　　　　——职工教育经费<br>　　　　　　　　——住房公积金 |
| | (2) 实际缴纳时：<br>借：应付职工薪酬——社会保险费<br>　　　　　　　——工会经费（工资总额的2%）<br>　　　　　　　——职工教育经费（工资总额的8%）<br>　　　　　　　——住房公积金<br>　贷：银行存款等 |
| 4.需要个人承担的社会保险费和住房公积金 | (1) 企业代扣时：<br>借：应付职工薪酬——工资<br>　贷：其他应付款——社会保险费<br>　　　　　　　——住房公积金 |
| | (2) 企业代缴时：<br>借：其他应付款——社会保险费<br>　　　　　　——住房公积金<br>　贷：银行存款等 |

| | |
|---|---|
| （二）非货币性职工薪酬 | |
| 1. 自产产品作为非货币性福利发放给职工 | （1）确认收入<br>借：应付职工薪酬<br>　贷：主营业务收入<br>　　应交税费——应交增值税（销项税额）<br>（2）结转产品成本<br>借：主营业务成本<br>　贷：库存商品<br>（3）确认应付职工薪酬<br>借：生产成本<br>　管理费用<br>　销售费用等<br>　贷：应付职工薪酬 |
| 2. 将企业拥有的房屋等资产无偿提供给职工使用 | （1）确认应付职工薪酬时<br>借：管理费用<br>　生产成本<br>　制造费用<br>　贷：应付职工薪酬<br>（2）计提折旧时<br>借：应付职工薪酬<br>　贷：累计折旧 |
| 3. 租赁住房等资产供职工无偿使用 | （1）确认应付职工薪酬时<br>借：管理费用<br>　生产成本<br>　制造费用<br>　贷：应付职工薪酬<br>（2）支付房租时<br>借：应付职工薪酬<br>　贷：银行存款 |
| （三）短期带薪缺勤 | |
| （1）累积带薪缺勤 | 指带薪权利可以结转下期的带薪缺勤，本期尚未用完的带薪缺勤权利可以在未来期间使用。<br>企业应当在职工提供了服务从而增加了其未来享有的带薪缺勤权利时：<br>借：管理费用等<br>　贷：应付职工薪酬——带薪缺勤——短期带薪缺勤——累积带薪缺勤 |
| （2）非累积带薪缺勤 | 是指带薪权利不能结转下期的带薪缺勤，本期尚未用完的带薪缺勤权利将予以取消，并且职工离开企业时也无权获得现金支付。我国企业职工休婚假、产假、丧假、探亲假、病假期间的工资通常属于非累积带薪缺勤。<br>企业确认职工享有的与非累积带薪缺勤权利相关的薪酬，视同职工出勤确认的当期损益或相关资产成本，不必额外作相应的账务处理 |

【例题·单选题】甲公司共有200名职工，其中50名为总部管理人员，150名为直接生产工人。从2020年1月1日起，该公司实行累积带薪缺勤制度。该制度规定，每名职工每年可享受5个工作日的带薪年休假，未使用的年休假只能向后结转一个日历年度，超过1年未行使的权利作废；职工休年休假时，首先使用当年享受的权利，不足部分再从上年结转的带薪年休假中扣除；职工离开公司时，对未使用的累积带薪年休假无权获得现金支付。2020年12月31日，每个职工当年平均未使用带薪年休假为2天。

甲公司预计2021年有150名职工将享受不超过5天的带薪年休假，剩余50名总部管理人员每人将平均享受6天年休假，该公司平均每名职工每个工作日工资为400元。甲公司2020年年末因带薪缺勤计入管理费用的金额为（　　）元。

A.20 000　　　　B.120 000

C.60 000　　　　D.0

【答案】A

【解析】甲公司2020年年末应当预计由于累积未使用的带薪年休假而导致预期将支付的工资负债，根据甲公司预计2020年职工的年休假情况，只有50名总部管理人员会使用2020年的未使用带薪年休假1天（6-5），而其他2021年累计未使用的都将失效，所以应计入管理费用的金额=50×（6-5）×400=20 000（元）。



缺勤是我们每个上班族经常碰到的，但是上面这个题很多人却总是不理解，这个其实非常简单，带上我们的常识就行。

带薪缺勤分为累积带薪缺勤和非累计带薪缺勤。累计带薪缺勤，比如年假，今年没有休完，可以累积到明年休。非累积带薪缺勤，比如婚假、丧假等，这些一般不会今年没休完，累积到明年再休。

假设你一个月工作22天，每天工资1 000元（此处不考虑税费等相关因素）。

①正常工作。

借：管理费用——工资　　22 000
　贷：应付职工薪酬——工资　　22 000
借：应付职工薪酬——工资　　22 000
　贷：银行存款　　22 000

②当月休年假一天，按理应该扣工资1 000元，也就是工资是21 000元，但是因为你休的是年假，所以，你的假期是带薪的，你的缺勤是带薪的，拥有带薪缺勤工资1 000元，当月到手的还是22 000元。

借：管理费用——工资　　21 000
　　　　　——带薪缺勤薪酬　　1 000

贷：应付职工薪酬——工资　　21 000

——带薪缺勤工资　　1 000

借：应付职工薪酬——工资　　21 000

——带薪缺勤工资　　1 000

贷：银行存款　　22 000

③假设当年有年假5天，年底时剩余年假2天没休完，预计第二年休假，年底时账务处理：

借：管理费用——带薪缺勤薪酬　　2 000

贷：应付职工薪酬——带薪缺勤工资　　2 000

为什么在年底时计，因为是当年的费用，按照权责发生制在当年计入费用。

④第二年1月补休上年2天年假，当月发工资20 000元，但是带薪缺勤薪酬是2 000元，到手还是22 000元。

借：管理费用——工资　　20 000

贷：应付职工薪酬——工资　　20 000

借：应付职工薪酬——工资　　20 000

应付职工薪酬——带薪缺勤薪酬　　2 000

贷：银行存款　　22 000

本年不对上年的未休年假计费用，只是在支付款项时，冲减应付职工薪酬——带薪缺勤薪酬。

1.【单选题】企业将自有房屋无偿提供给本企业行政管理人员使用，下列各项中，关于计提房屋折旧的会计处理表述正确的是（　　）。

A.借记“其他业务成本”科目，贷记“累计折旧”科目

B.借记“其他应收款”科目，贷记“累计折旧”科目

C.借记“营业外支出”科目，贷记“累计折旧”科目

D.借记“管理费用”科目，贷记“应付职工薪酬”科目，同时借记“应付职工薪酬”科目，贷记“累计折旧”科目

2.【单选题】某纺织业企业为增值税一般纳税人，适用的增值税税率为13%。该企业以其生产的服装作为福利发放给100名生产车间管理人员，每人一套，每套服装不含税售价为350元，成本为280元。不考虑其他因素，下列各项中，该企业关于非货币性福利的会计处理结果正确的是（　　）。

A.确认管理费用39 550元　　B.确认应付职工薪酬39 550元

C.确认主营业务收入39 550元　　D.确认增值税进项税额4 500元

3.【判断题】企业应在职工发生实际缺勤的会计期间确认与累积带薪缺勤相关的应付职工薪酬。（　　）

4.【单选题】下列各项中，属于其他长期职工福利的是（ ）。

A.住房公积金　　　　　　B.工伤保险费

C.长期利润分享计划　　　D.离职后福利

5.【判断题】将企业拥有的房屋无偿提供给职工使用的，应当根据受益对象，将该住房每期应计提的折旧计入相关资产成本或当期损益，借记“管理费用”“生产成本”“制造费用”等科目，贷记“累计折旧”科目。（ ）

6.【单选题】下列各项有关短期带薪缺勤的说法中，正确的是（ ）。

A.累积带薪缺勤均应计入管理费用

B.产假期间的工资属于累积带薪缺勤

C.短期带薪缺勤包括累积带薪缺勤和非累积带薪缺勤

D.企业对累积带薪缺勤和非累积带薪缺勤的会计处理是一样的

---

1.【答案】D

【解析】企业将自有房屋无偿提供给本企业行政管理人员使用，在计提折旧时：

借：管理费用
　贷：应付职工薪酬
借：应付职工薪酬
　贷：累计折旧



2.【答案】B

【解析】

借：制造费用　39 550
　贷：应付职工薪酬——非货币性福利　39 550（350×100×（1+13%））
借：应付职工薪酬——非货币性福利　39 550
　贷：主营业务收入　35 000
　　应交税费——应交增值税（销项税额）　4 550
借：主营业务成本　28 000（280×100）
　贷：库存商品　28 000

3.【答案】×

【解析】企业应当在职工实际发生缺勤的会计期间确认与非累积带薪缺勤相关的职工薪酬。

4.【答案】C

【解析】其他长期职工福利，是指除短期薪酬、离职后福利、辞退福利之外所有的职工薪酬，包括长期带薪缺勤、长期残疾福利、长期利润分享计划等。

5.【答案】×

【解析】借记“管理费用”“生产成本”“制造费用”等科目，贷记“应付职工薪酬——非货币性福利”科目，并且同时借记“应付职工薪酬——非货币性福利”科目，贷记“累计折旧”科目。

6.【答案】C

【解析】选项A，企业确认累积带薪缺勤时，应根据职工岗位性质记入“管理费用”“销售费用”“生产成本”“在建工程”等科目；选项B，产假期间的工资属于非累积带薪缺勤；选项D，企业应当对累积带薪缺勤和非累积带薪缺勤分别进行会计处理。

### 【考点5.11】长期职工薪酬的账务处理（见表5-11）

表5-11　　长期职工薪酬的账务处理

<table>
<tr><td rowspan="2">1.离职后福利</td><td>对于设定提存计划，企业应当根据在资产负债表日为换取职工在会计期间提供的服务而应向单独主体缴存的提存金，确认为应付职工薪酬，并计入当期损益或相关资产成本</td></tr>
<tr><td>借：生产成本<br>　　制造费用<br>　　管理费用<br>　　销售费用等<br>　贷：应付职工薪酬——设定提存计划</td></tr>
<tr><td rowspan="2">2.辞退后福利</td><td>企业向职工提供辞退福利的，应当在“企业不能单方面撤回因解除劳动关系或裁减所提供的辞退福利时”和“企业确认涉及支付辞退福利的重组相关的成本或费用时”两者孰早日，确认辞退福利产生的职工薪酬负债，并计入当期损益</td></tr>
<tr><td>借：管理费用<br>　贷：应付职工薪酬——辞退福利</td></tr>
<tr><td rowspan="2">3.其他长期职工福利</td><td>企业向职工提供的其他长期职工福利：<br>（1）符合设定提存计划条件的，应当按照设定提存计划的有关规定进行会计处理；<br>（2）符合设定受益计划条件的，应当按照设定受益计划的有关规定进行会计处理</td></tr>
<tr><td>长期残疾福利水平取决于职工提供服务期间长短的，企业应在职工提供服务的期间确认应付长期残疾福利义务，计量时应当考虑长期残疾福利支付的可能性和预期支付的期限；与职工提供服务期间长短无关的，企业应当在导致职工长期残疾的事件发生的当期确认应付长期残疾福利</td></tr>
</table>

## 【考点5.12】应交税费是否预计（见表5-12）

表5-12　　应交税费是否预计

| 类型 | 核算方法 | |
|---|---|---|
| 不需预计，直接交纳 | 借：成本费用类<br>　贷：银行存款 | 企业交纳的印花税、耕地占用税等不需要预计应交数的税金，不通过“应交税费”科目核算 |
| 先预计后交纳 | 借：成本费用类<br>　贷：应交税费 | 借：应交税费<br>　贷：银行存款 |
| | 贷方：登记应交纳的各种税费等；<br>借方：登记实际交纳的税费；<br>期末余额：一般在贷方，反映企业尚未交纳的税费； | |
| | 期末余额：在借方，反映企业多交或尚未抵扣的税费 | |
| | 企业代扣代缴的个人所得税，也通过“应交税费”科目核算 | |

【提示1】不通过“应交税费”科目核算的税费包括契税、印花税、耕地占用税、车辆购置税等。（不需要预计应缴数的税金，贷记“银行存款”科目。）

【提示2】房产税、车船税、城镇土地使用税、印花税、资源税，与投资性房地产相关的房产税在“税金及附加”科目核算。



★企业代扣代缴的个人所得税

借：应付职工薪酬

　贷：应交税费——代扣代缴个人所得税

企业缴纳的印花税、耕地占用税等不需要预计应缴数的税金，不通过“应交税费”科目核算。

1.印花税

借：税金及附加

　贷：银行存款

2.耕地占用税

借：无形资产（购买土地）

　　在建工程（购建固定资产）

贷：银行存款

【单选题】甲公司为增值税一般纳税人，2021年应缴各种税金为：增值税700万元，消费税300万元，城市维护建设税70万元，车辆购置税20万元，耕地占用税10万元，所得税300万元。该企业当期“应交税费”科目余额为（　　）万元。

A.1 070　　　　B.1 090

C.1 100　　　　D.1 370

【答案】D

【解析】车辆购置税与耕地占用税都计入相关资产的成本中，不在“应交税费”中核算，因此“应交税费”科目余额=700+300+70+300=1 370（万元）。

## 【考点5.13】增值税税率（见表5-13）

表5-13　增值税税率

| 税率 | 行业 | 抵扣凭证 |
|---|---|---|
| 13% | 销售或进口货物、提供加工修理修配劳务、有形动产租赁 | （1）增值税专用发票<br>（2）海关取得的进口增值税专用缴款书<br>（3）农产品收购发票或销售发票<br>（4）境外提供应税服务取得税收缴款凭证 |
| 9% | （1）粮食、食用植物油、食用盐、农产品<br>（2）自来水、暖气、冷气、热水、煤气、石油液化气、天然气、沼气、居民用煤炭制品<br>（3）图书、报纸、杂志、音像制品、电子出版物<br>（4）饲料、化肥、农药、农机、农膜、二甲醚<br>【总结】低税率四大类：基本温饱、精神文明、农业生产、生活用能源 | |
| | 交通运输、邮政、基础电信、建筑、不动产租赁，销售不动产、转让土地使用权 | |
| 6% | 增值电信服务、金融服务、现代服务、生活服务、转让土地使用权以外的无形资产 | |
| | 其他应税行为 | |
| 3% | 简易办法计税的增值税征收率为3%，财政部和国家税务总局另有规定的除外 | |
| 0 | 出口货物 | |

## 【考点5.14】增值税一般纳税人的会计科目（见表5-14）

表5-14　增值税一般纳税人的会计科目

| 明细科目 | 情形 | 需要转到 | 何时转 |
|---|---|---|---|
| 应交税费——待抵扣进项税额（新增） | 已经认证但是未抵扣 | 应交税费——应交增值税（进项税额） | 抵扣时转 |
| 应交税费——待认证进项税额（新增） | 未经税务机关认证而不得从当期销项税额中抵扣的进项税额 | 应交税费——应交增值税（进项税额） | 经税务机关认证时 |
| 应交税费——待转销项税额（新增） | 已确认相关收入（或利得）但尚未发生增值税纳税义务 | 应交税费——应交增值税（销项税额） | 发生增值税纳税义务，一般为开具增值税发票时 |

## 【考点5.15】一般纳税人增值税常用会计分录（见表5-15）

表5-15　　一般纳税人增值税常用会计分录

| | |
|---|---|
| 1.购进货物、接受加工修理修配劳务或服务、取得无形资产或不动产 | 借：材料采购（或在途物资）<br>　　原材料<br>　　库存商品<br>　　生产成本<br>　　无形资产<br>　　固定资产<br>　　管理费用等<br>　　应交税费——应交增值税（进项税额）<br>　贷：银行存款<br>　　　应付账款<br>　　　应付票据等 |
| 2.购进农产品 | 借：材料采购（或在途物资）<br>　　原材料<br>　　库存商品<br>　　应交税费——应交增值税（进项税额）<br>　贷：银行存款<br>　　　应付账款<br>　　　应付票据等 |
| 3.货物等已验收入库但进项税额未经税务机关认证 | 1.应按货物清单或相关合同协议上的价格入账<br>借：原材料/库存商品/无形资产/固定资产等<br>　　应交税费——待认证进项税额（按未来可抵扣的增值税额）<br>　贷：应付账款/应付票据/银行存款等 |
| | 2.经认证后<br>借：应交税费——应交增值税（进项税额）<br>　　　　　　——待抵扣进项税额<br>　贷：应交税费——待认证进项税额 |
| 4.进项税额转出 | 1.企业已确认进项税额的购进货物等，事后改变用途（如用于简易方法计税项目、免征增值税项目，集体福利等非增值税应税项目等）<br>借：应付职工薪酬——职工福利费<br>　贷：原材料<br>　　　应交税费——应交增值税（进项税额转出） |
| | 2.企业购进的货物发生非正常损失（不含自然灾害造成的）：<br>（1）管理不善被盗、丢失、霉烂变质的损失；<br>（2）被执法部门没收或强令自行销毁的货物<br>借：待处理财产损溢——待处理流动资产损溢<br>　贷：原材料<br>　　　应交税费——应交增值税（进项税额转出） |

续表

| | |
|---|---|
| 5.销项税额的核算 | 1.企业销售货物、提供加工修理修配劳务，销售服务、无形资产或不动产<br>借：应收账款/应收票据/银行存款<br>　贷：主营业务收入/其他业务收入/固定资产清理/应交税费<br>　　——应交增值税（销项税额） |
| | 2.发生销售退回，做相反分录 |
| 6.应交税费——待转销项税额 | 会计上收入或利得确认时点先于增值税纳税义务发生时点的<br>第一步，确认收入，增值税待转：<br>借：应收账款/应收票据/银行存款<br>　贷：主营业务收入/其他业务收入<br>　　　应交税费——待转销项税额<br>第二步，实际发生纳税义务时<br>借：应交税费——待转销项税额<br>　贷：应交税费——应交增值税（销项税额） |
| 7.视同销售 | （1）自产产品对外捐赠<br>借：营业外支出<br>　贷：库存商品/原材料<br>　　　应交税费——应交增值税（销项税额） |
| | （2）原材料对外投资<br>借：长期股权投资<br>　贷：其他业务收入<br>　　　应交税费——应交增值税（销项税额）<br>借：其他业务成本<br>　贷：原材料 |

1.【多选题】下列各项中，属于增值税一般纳税人需要转出进项税额的有（　　）。

A.自产产品用于生产设备安装工程

B.自然灾害造成生产用原材料毁损

C.外购的生产用原材料因管理不善发生霉烂变质

D.外购的生产用原材料改用于集体福利

2.【多选题】下列各项中，关于增值税一般纳税人会计处理表述正确的有（　　）。

A.已单独确认进项税额的购进货物用于投资，应贷记“应交税费——应

交增值税（进项税额转出）”科目

B.将委托加工的货物用于对外捐赠，应贷记“应交税费——应交增值税（销项税额）”科目

C.已单独确认进项税的购进货物发生非正常损失，应贷记“应交税费——应交增值税（进项税额转出）”科目

D.企业管理部门领用本企业生产的产品，应贷记“应交税费——应交增值税（销项税额）”科目

3.【单选题】某增值税一般纳税人购入一批农产品，收购发票上注明买价为200 000元，规定的增值税进项税额扣除率为10%，另支付入库前挑选整理费1 000元，则农产品的入账价值为（　　）元。

A.181 000　　B.230 000

C.231 000　　D.205 000

---

1.【答案】CD

【解析】选项A，不需要视同销售也不需要进项税额转出；选项B，原材料毁损如果是因为自然灾害造成，则不需要将增值税进项税额转出。

2.【答案】BC

【解析】选项A，应当视同销售，确认“应交税费——应交增值税（销项税额）”；选项D，不视同销售，直接借记“管理费用”，贷记“库存商品”。

3.【答案】A

【解析】所购农产品的入账价值=200 000×（1-10%）+1 000=181 000（元）。



## 【考点5.16】缴纳增值税的核算（见表5-16）

表5-16　缴纳增值税的核算

| | |
|---|---|
| 缴纳增值税处理 | ①缴纳当月的增值税<br>借：应交税费——应交增值税（已交税金）<br>　贷：银行存款 |
| | ②转出应交未交增值税<br>借：应交税费——应交增值税（转出未交增值税）<br>　贷：应交税费——未交增值税 |
| | ③转出多交增值税<br>借：应交税费——未交增值税<br>　贷：应交税费——应交增值税（转出多交增值税） |
| | ④缴纳以前期间未交的增值税<br>借：应交税费——未交增值税<br>　贷：银行存款 |

1.【单选题】2021年6月份甲公司发生销项税额合计240 000元，因管理不善导致原材料毁损从而进项税额转出合计4 000元，进项税额合计为80 000元，当月甲公司用银行存款缴纳增值税160 000元，则下列关于甲公司月末增值税的会计处理中，正确的是（　　）。

A.借：应交税费——应交增值税（转出未交增值税）　　4 000
　　贷：应交税费——未交增值税　　4 000

B.借：应交税费——未交增值税　　4 000
　　贷：应交税费——应交增值税（转出未交增值税）　　4 000

C.“应交税费——应交增值税”科目余额为4 000元

D.不需要进行会计处理

2.【判断题】企业将自产的产品用于职工食堂补助，根据税法相关规定，应视同销售计算确认增值税销项税额，同时要确认收入和结转成本。（　　）

---

1.【答案】A

【解析】月度终了，企业应当将当月应交未交或多交的增值税自“应交增值税”明细科目转入“未交增值税”明细科目，本月应转出的金额=240 000+4 000-80 000-160 000=4 000（元），具体会计处理如下：

借：应交税费——应交增值税（转出未交增值税）　　4 000
　贷：应交税费——未交增值税　　4 000

2.【答案】√

【解析】企业将自产的产品用于职工食堂补助，属于用于职工集体福利，应该确认收入、结转成本，同时确认增值税销项税额。

## 【考点5.17】一般纳税人关于增值税核算应注意的问题（见表5-17）

表5-17　　一般纳税人关于增值税核算应注意的问题

| 项目 | 用途 | 性质 | 账务处理 |
| --- | --- | --- | --- |
| 自产货物 | 用于机器设备、生产线等属于动产的固定资产 | 不属于视同销售 | 借：在建工程<br>　贷：库存商品 |
| | 用于厂房等属于不动产的固定资产 | 不属于视同销售 | 借：在建工程<br>　贷：库存商品 |
| | 用于投资 | 属于视同销售 | 借：长期股权投资<br>　贷：主营业务收入<br>　　应交税费——应交增值税（销项税额）<br>同时：<br>借：主营业务成本<br>　贷：库存商品 |

续表

| 项目 | 用途 | 性质 | 账务处理 |
|---|---|---|---|
| 自产货物 | 用于作为福利发放给职工 | 属于视同销售 | 借：应付职工薪酬<br>　贷：主营业务收入<br>　　　应交税费——应交增值税（销项税额）<br>同时：<br>借：主营业务成本<br>　贷：库存商品 |
| 外购原材料 | 用于机器设备、生产线等属于动产的固定资产 | 不属于视同销售 | 借：在建工程<br>　贷：原材料 |
| | 用于厂房等属于不动产的固定资产 | 不属于视同销售 | 借：在建工程<br>　贷：原材料 |
| | 用于投资 | 属于视同销售 | 借：长期股权投资<br>　贷：其他业务收入<br>　　　应交税费——应交增值税（销项税额）<br>同时：<br>借：其他业务成本<br>　贷：原材料 |
| | 用于作为福利发放给职工 | 进项税额转出 | 借：应付职工薪酬<br>　贷：原材料<br>　　　应交税费——应交增值税（进项税额转出） |
| | 管理不善造成的损失 | 进项税额转出 | 借：待处理财产损溢<br>　贷：原材料<br>　　　应交税费——应交增值税（进项税额转出） |



1.【单选题】下列关于“应交税费——应交消费税”的表述不正确的是（　　）。

A. 企业销售应税消费品，因为消费税属于价内税，所以应通过“税金及附加”科目核算

B.企业在建工程领用应税消费品时，应当将消费税的金额计入在建工程成本中

C.进口环节缴纳的消费税需要计入进口货物的成本中

D.委托加工物资收回后直接出售，受托方代收代缴的消费税应记入“应交税费——应交消费税”科目中

2.【单选题】下列各项中，属于企业按规定代扣代缴职工个人所得税时，应借记的会计科目是（　　）。

A.管理费用　　B.税金及附加

C.营业外支出　　D.应付职工薪酬

---

1.【答案】D

2.【答案】D

【解析】相关会计处理如下：

借：应付职工薪酬——工资、奖金、津贴和补贴

　贷：应交税费——应交个人所得税

故该笔处理的借方科目为应付职工薪酬。

## 【考点5.18】小规模纳税人的账务处理（见表5-18）

表5-18　　小规模纳税人的账务处理

| | |
|---|---|
| 1.小规模纳税人核算增值税采取简化的方法，即购进货物、接受应税劳务和应税行为支付的增值税，一律不予抵扣，直接计入有关货物或劳务的成本 | 借：原材料等<br>　贷：银行存款等 |
| 2.销售货物、提供应税劳务和应税行为<br>销售货物、提供应税劳务和应税行为时，按照不含税的销售额和规定的增值税征收率计算应缴纳的增值税，但不得开具增值税专用发票 | 借：银行存款等<br>　贷：主营业务收入等<br>　　应交税费——应交增值税<br>【小规模纳税人只在“应交税费”科目下面设置明细“应交增值税”，不再设置增值税专栏】 |

【提示】一般来说，小规模纳税人采用销售额和应纳税额合并定价的方法并向客户结算款项，销售货物或提供应税劳务后，应进行价税分离，确定不含税的销售额：

不含税销售额=含税销售额÷（1+征收率）

应纳税额=不含税销售额×征收率

## 【考点5.19】差额征税（见表5-19）

表5-19　　差额征税

| | |
|---|---|
| 差额征税 | 对于企业发生的某些业务（金融商品转让、经纪代理服务、融资租赁和融资性售后回租业务、一般纳税人提供客运场站服务、试点纳税人提供旅游服务、选择简易计税方法提供建筑服务等）无法通过抵扣机制避免重复征税的，应采用差额征税方式计算缴纳增值税 |
| 1.企业按规定相关成本费用允许扣减销售额的账务处理（如旅游服务） | 确认旅游服务收入：<br>借：银行存款<br>　贷：主营业务收入<br>　　应交税费——应交增值税（销项税额） |
| | 企业发生相关成本费用允许扣减销售额的，发生成本费用时，按应付或实际支付的金额（如支付住宿费等旅游费用）<br>借：主营业务成本<br>　贷：银行存款/应付账款 |
| | 取得合规增值税扣税凭证抵减销项税额，并调整成本<br>借：应交税费——应交增值税（销项税额抵减）<br>　贷：主营业务成本 |
| | 合并为：<br>借：主营业务成本<br>　应交税费——应交增值税（销项税额抵减）<br>　贷：银行存款 |
| 2.企业转让金融商品按规定以盈亏相抵后的余额作为销售额 | |
| 月末，如产生转让收益，则按应纳税额 | 借：投资收益<br>　贷：应交税费——转让金融商品应交增值税 |
| 如产生转让损失，则按可结转下月抵扣税额 | 借：应交税费——转让金融商品应交增值税<br>　贷：投资收益 |
| 缴纳增值税时 | 借：应交税费——转让金融商品应交增值税<br>　贷：银行存款 |
| 年末，"应交税费——转让金融商品应交增值税"科目如有借方余额，则转出 | 借：投资收益<br>　贷：应交税费——转让金融商品应交增值税 |

## 【考点5.20】增值税税控系统专用设备和技术维护费用抵减增值税额的账务处理（见表5-20）

表5-20　增值税税控系统专用设备和技术维护费用抵减增值税额的账务处理

| | | |
|---|---|---|
| 规定 | 按现行增值税制度的规定，企业初次购买增值税税控系统专用设备支付的费用以及交纳的技术维护费允许在增值税应纳税额中全额抵减 | |
| 税控设备 | 增值税税控系统专用设备，包括增值税防伪税控系统设备（如金税卡、IC卡、读卡器或金税盘和报税盘）、货物运输业增值税专用发票税控系统设备（如税控盘和报税盘）、机动车销售统一发票税控系统和公路及内河货物运输业发票税控系统的设备（如税控盘和传输盘） | |
| 企业初次购入增值税税控系统专用设备，按实际支付或应付的金额 | 一般纳税人 | （1）取得设备，支付价款和税款时：<br>借：固定资产<br>　贷：银行存款<br>（2）按规定抵减增值税应纳税额时：<br>借：应交税费——应交增值税（减免税款）<br>　贷：管理费用 |
| | 小规模纳税人 | （1）取得设备，支付价款和税款时：<br>借：固定资产<br>　贷：银行存款<br>（2）按规定抵减增值税应纳税额时：<br>借：应交税费——应交增值税<br>　贷：管理费用 |
| 企业发生增值税税控系统专用设备技术维护费，应按实际支付或应付的金额 | 一般纳税人 | （1）支付维护费时：<br>借：管理费用<br>　贷：银行存款<br>（2）按规定抵减增值税应纳税额时：<br>借：应交税费——应交增值税（减免税款）<br>　贷：管理费用 |
| | 小规模纳税人 | （1）支付维护费时：<br>借：管理费用<br>　贷：银行存款<br>（2）按规定抵减增值税应纳税额时：<br>借：应交税费——应交增值税<br>　贷：管理费用 |

## 【考点5.21】企业各种税费核算（见表5-21）

表5-21　　企业各种税费核算

| | | |
|---|---|---|
| 消费税 | 1.销售应税消费品 | 借：税金及附加<br>贷：应交税费——应交消费税 |
| | 2.★自产自用应税消费品 | 借：在建工程<br>贷：库存商品<br>应交税费——应交消费税 |
| | 3.★委托加工应税消费品 | ★委托加工物资收回后，直接用于销售的<br>借：委托加工物资<br>贷：银行存款<br>应付账款 |
| | | ★委托加工物资收回后用于连续生产应税消费品<br>借：应交税费——应交消费税<br>贷：银行存款<br>应付账款 |
| 城市维护建设税、教育费附加 | 城建税公式：应纳税额=实际缴纳的增值税、消费税税额×适用税率 | 借：税金及附加<br>贷：应交税费——应交城市维护建设税<br>——应交教育费附加 |
| 应交个人所得税 | 1.代扣个人所得税 | 借：应付职工薪酬——工资<br>贷：应交税费——应交个人所得税 |
| | 2.代缴个人所得税 | 借：应交税费——应交个人所得税<br>贷：银行存款 |
| 房产税、城镇土地使用税、车船税、资源税 | 按税法规定计算本期应交税费 | 借：税金及附加<br>贷：应交税费——应交房产税<br>——应交城镇土地使用税<br>——应交车船税<br>——应交资源税 |
| 印花税 | 本期发生的印花税 | 借：税金及附加<br>贷：银行存款 |

续表

| | | |
|---|---|---|
| 土地增值税 | (1) 转让的土地使用权连同地上建筑物及其附着物一并在"固定资产"科目核算的 | 借：固定资产清理<br>贷：应交税费——应交土地增值税 |
| | (2) 转让的土地使用权在"无形资产"科目核算的 | 借：银行存款<br>累计摊销<br>无形资产减值准备<br>资产处置损益（借方差）<br>贷：无形资产<br>应交税费——应交土地增值税<br>资产处置损益（贷方差） |
| | (3) 房地产开发经营企业销售房地产应缴纳的土地增值税 | 借：税金及附加<br>贷：应交税费——应交土地增值税 |
| 耕地占用税 | 按规定缴纳的 | 借：无形资产、在建工程等<br>贷：银行存款 |
| 车辆购置税 | 按规定缴纳的 | 借：固定资产<br>贷：银行存款 |
| 资源税 | (1) 开采或生产应税产品对外销售的 | 借：税金及附加<br>贷：应交税费——应交资源税 |
| | (2) 开采或生产应税产品自用的 | 借：生产成本、制造费用等<br>贷：应交税费——应交资源税 |
| | (3) 企业收购未税矿产品 | 借：材料采购等<br>贷：应交税费——应交资源税 |

1.【单选题】下列各项中，企业按税法规定缴纳的税金应记入"税金及附加"科目核算的是（　　）。

A.设立营业账簿缴纳的印花税　　B.转让厂房缴纳的土地增值税

C.进口商品缴纳的关税　　D.代扣代缴管理人员个人所得税

2.【单选题】下列各项中，企业依据税法规定计算应缴纳的车船税应借记的会计科目是（　　）。

A."主营业务成本"　　B."销售费用"

C."税金及附加"　　D."管理费用"

3.【多选题】下列各项中，应通过"应交税费"科目核算的有（　　）。

A.缴纳的印花税

B.增值税一般纳税人购进固定资产应支付的增值税进项税额

C.为企业员工代扣代缴的个人所得税

D.缴纳的耕地占用税

4.【判断题】企业代扣代缴的个人所得税，不通过"应交税费"科目进行

核算。 （ ）

5.【多选题】下列各项税费中，应计入相关资产成本的有（ ）。

A.购买原材料时发生的不可抵扣的增值税额

B.企业签订加工承揽合同缴纳的印花税

C.取得固定资产时发生的耕地占用税

D.小规模纳税人购买商品支付的增值税

6.【多选题】下列各项中，属于“应交税费——应交增值税”专栏的有（ ）。

A.已交税金 B.进项税额转出

C.待转销项税额 D.简易计税

7.【单选题】某企业为增值税一般纳税人，2018年应交各种税金为：增值税700万元，消费税300万元，城市维护建设税70万元，房产税20万元，车船税10万元，所得税500万元。上述各项税金应计入税金及附加的金额为（ ）万元。

A.380 B.400

C.900 D.1 600

---

1.【答案】A

【解析】选项A，应记入“税金及附加”科目；选项B，应记入“固定资产清理”科目；选项C，应记入“商品成本”科目；选项D，应记入“应付职工薪酬”科目。



2.【答案】C

【解析】企业应缴的房产税、城镇土地使用税、车船税和资源税均记入“税金及附加”科目。

3.【答案】BC

【解析】选项BC通过“应交税费”科目核算，而企业缴纳的印花税、耕地占用税等不需要预计应交数的税金，不通过“应交税费”科目核算。

4.【答案】×

【解析】企业代扣代缴的个人所得税，通过“应交税费——应交个人所得税”科目进行核算。

5.【答案】ACD

【解析】印花税应记入“税金及附加”科目，不计入相关资产成本。

6.【答案】AB

【解析】选项CD，属于应交税费的二级明细科目，不属于“应交增值税”明细账内设置的专栏。

7.【答案】B

**【解析】** 消费税、城市维护建设税、房产税、车船税在税金及附加中核算，增值税、所得税都不在税金及附加中核算。因此，应计入税金及附加的金额=300+70+20+10=400（万元）。

## 【考点5.22】非流动负债（见表5-22）

表5-22　**非流动负债**

| | | |
|---|---|---|
| 长期借款 | 长期借款是指企业向银行或其他金融机构借入的期限在1年以上（不含1年）的各种借款，一般用于固定资产的购建、改扩建工程、大修理工程、对外投资以及为了保持长期经营能力等方面 | |
| 长期借款 | 长期借款会计处理的基本要求是反映和监督企业长期借款的借入、借款利息的结算和借款本息的归还情况，促使企业遵守信贷纪律，提高信用等级，同时也要确保长期借款有效使用 | |
| 长期借款 | 1. 取得长期借款 | 借：银行存款（按实际收到的金额）<br>长期借款——利息调整（差额）<br>贷：长期借款——本金 |
| 长期借款 | 2. 发生长期借款利息 | 长期借款利息费用应当在资产负债表日按照实际利率法计算确定，实际利率与合同利率差异较小的，也可以采用合同利率计算确定利息费用 |
| 长期借款 | 2. 发生长期借款利息 | 借：管理费用（筹建期间）<br>财务费用（生产经营期间、不符合资本化条件的）<br>在建工程等（未达到可使用状态前符合资本化条件的）<br>贷：应付利息（分期付息）<br>长期借款——应计利息（到期一次还本付息） |
| 长期借款 | 3. 归还长期借款 | 借：长期借款——本金（按归还的本金）<br>应付利息（或长期借款——应计利息）<br>贷：银行存款（实际归还的款项） |
| 长期应付款 | 长期应付款的管理 | 长期应付款，是指企业除长期借款和应付债券以外的其他各种长期应付款项，如以分期付款方式购入固定资产发生的应付款项等 |
| 长期应付款 | 长期应付款的账务处理 | （1）企业应设置“长期应付款”科目，用以核算企业应付的款项及偿还情况。该科目可按长期应付款的种类和债权人进行明细核算。该科目的贷方登记发生的长期应付款，借方登记偿还的应付款项，期末贷方余额反映企业尚未偿还的长期应付款 |
| 长期应付款 | 长期应付款的账务处理 | （2）企业购买资产有可能延期支付有关价款。如果延期支付的购买价款超过正常信用条件，实质上具有融资性质的，所购资产的成本不能以各期付款额之和确定，应当以延期支付购买价款的现值为基础确认 |
| 长期应付款 | 长期应付款的账务处理 | （3）各期实际支付的价款之和与其现值之间的差额，应当在信用期间内采用实际利率法进行摊销，计入相关资产成本或当期损益 |
| 长期应付款 | 长期应付款的账务处理 | （4）企业购入资产超过正常信用条件延期付款实质上具有融资性质时：<br>借：固定资产、在建工程等（购买价款的现值）<br>未确认融资费用（差额）<br>贷：长期应付款（应支付的价款总额） |

## 不定项选择题

### 应付职工薪酬核算

(一)

艾祺企业为增值税一般纳税人，适用的增值税税率为13%，每月月初发放上月工资，2021年12月1日，“应付职工薪酬”科目贷方余额为33万元。该企业2021年12月发生职工薪酬业务如下：

(1) 5日，结算上月应付职工薪酬33万元。其中代扣代缴的职工个人所得税1.5万元。代扣为职工垫付的房租0.5万元。实际发放职工薪酬31万元。

(2) 31日，企业以其生产的M产品作为非货币性福利发放给车间生产人员。该批产品不含税的市场售价为50万元。实际生产成本为40万元。

(3) 31日，对本月职工工资分配的结果如下：车间生产人员14万元，车间管理人员5万元，企业行政管理人员2万元，专设销售机构人员9万元。

(4) 31日，企业计提本月基本养老保险费、基本医疗保险费等社会保险费共计17.7万元。计提本月住房公积金8.85万元。

要求：根据上述材料，不考虑其他因素，分析回答下列问题。

1.【多选题】根据期初资料和资料(1)，下列各项中，企业结算职工薪酬的相关会计处理正确的是(　　)。



A.代扣个人所得税时：

借：其他应付款　　15 000

　贷：应交税费——应交个人所得税　　15 000

B.代扣为职工垫付的房租时：

借：应付职工薪酬　　5 000

　贷：应收账款　　5 000

C.代扣个人所得税时：

借：应付职工薪酬　　15 000

　贷：应交税费——应交个人所得税　　15 000

D.代扣为职工垫付的房租时：

借：应付职工薪酬　　5 000

　贷：其他应收款　　5 000

2.【多选题】根据资料(2)，下列各项中，企业发放非货币性福利会计处理结果正确的是(　　)。

A.发放非货币性福利时，借记“应付职工薪酬——非货币性福利”科目50万元

B.发放非货币性福利时确认收入，贷记“主营业务收入”科目50万元

C.确认非货币性福利时，借记“生产成本”科目56.5万元

D.发放非货币性福利时结转成本，借记“主营业务成本”科目56.5万元

3.【多选题】根据资料（3），下列各项中，企业分配工资的相关会计处理结果正确的是（　　）。

A.专设销售机构人员工资，借记“销售费用”科目9万元

B.车间生产人员工资，借记“生产成本”科目14万元

C.车间管理人员和企业行政管理人员工资，借记“管理费用”科目7万元

D.全部人员工资，贷记“应付职工薪酬”科目30万元

4.【多选题】根据资料（1）至（4），下列各项中，关于职工薪酬的表述正确的是（　　）。

A.为职工代垫的房租不属于职工薪酬

B.计提的住房公积金属于其他长期职工福利

C.计提的基本医疗保险费属于短期薪酬

D.计提的基本养老保险费属于短期薪酬

5.【单选题】根据期初资料和资料（1）至（4），下列各项中，艾祺企业2021年12月31日资产负债表中“应付职工薪酬”项目的期末余额是（　　）万元。

A.56.55　　B.106.55

C.96.55　　D.115.05

---

1.【答案】CD

【解析】企业代扣代缴个人所得税时应编制的会计分录为：

借：应付职工薪酬　　15 000

　贷：应交税费——应交个人所得税　　15 000

为职工垫付房租时：

借：其他应收款　　5 000

　贷：银行存款　　5 000

代扣为职工垫付的房租时：

借：应付职工薪酬　　5 000

　贷：其他应收款　　5 000

2.【答案】BC

【解析】根据资料（2），相关的会计处理如下：

借：生产成本　　565 000

　贷：应付职工薪酬——非货币性福利　　565 000

借：应付职工薪酬——非货币性福利　　565 000

贷：主营业务收入　　500 000

　　应交税费——应交增值税（销项税额）　　65 000

借：主营业务成本　　400 000

　贷：库存商品　　400 000

3.【答案】ABD

【解析】根据资料（3），相关的会计处理如下：

借：生产成本　　140 000

　　制造费用　　50 000

　　管理费用　　20 000

　　销售费用　　90 000

　贷：应付职工薪酬　　300 000

4.【答案】AC

【解析】选项B，计提的住房公积金属于短期薪酬；选项D，计提的养老保险属于离职后福利。

5.【答案】A

【解析】"应付职工薪酬"项目的期末余额=33（期初）−33（资料1）+（56.5−56.5）（资料2）+（14+5+2+9）（资料3）+（17.7+8.85）（资料4）=56.55（万元）。



## （二）

某家电企业为增值税一般纳税人，适用的增值税税率为13%，2021年8月份该企业发生的有关职工薪酬的资料如下：

（1）当月应付职工工资总额为500万元，"工资费用分配汇总表"中列示的产品生产工人工资为350万元，车间管理人员工资为70万元，企业行政管理人员工资为50万元，专设销售机构人员工资为30万元。

（2）根据"工资费用分配汇总表"，本月企业应付职工工资总额为500万元，扣回代垫的职工家属医药费6万元，按税法规定应代扣代缴职工个人所得税共计15万元，企业以银行存款支付工资479万元。

（3）根据国家规定的计提基础和计提标准，当月应计提的基本养老保险费为60万元，基本医疗保险费为50万元，其他保险费为40万元以及住房公积金为50万元。

（4）当月企业以其生产的电风扇作为福利发放给500名直接参加产品生产的职工，该型号电风扇市场销售价为每台600元，每台成本为400元。

要求：根据上述资料，不考虑其他因素，分析回答下列小题。

1.【多选题】根据资料（1），不考虑其他因素，下列选项中正确的是（　　）。

A.生产成本增加350万元　　B.制造费用增加70万元

C.管理费用增加50万元　　D.销售费用增加30万元

2.【单选题】根据资料（2），下列分录中正确的是（　　）。

A.扣回医药费时：

借：库存现金　　60 000

　贷：其他应收款　　60 000

B.代扣个人所得税时：

借：其他应收款　　150 000

　贷：应交税费——应交个人所得税　　150 000

C.支付工资薪金时：

借：应付职工薪酬　　5 000 000

　贷：银行存款　　5 000 000

D.支付工资薪金时：

借：应付职工薪酬　　5 000 000

　贷：银行存款　　4 790 000

　　其他应收款　　60 000

　　应交税费——应交个人所得税　　150 000

3.【多选题】根据资料（3），下列关于企业计提基本养老保险费和医疗保险费的表述正确的是（　　）。

A.企业计提的基本养老保险费属于离职后福利

B.应贷记“应付职工薪酬——设定提存计划——基本养老保险费”科目60万元

C.企业计提的基本医疗保险费属于短期薪酬

D.应贷记“应付职工薪酬——社会保险费——基本医疗保险费”科目50万元

4.【多选题】根据资料（4），下列各项中，关于该企业会计处理结果正确的是（　　）。

A.主营业务收入增加30万元

B.主营业务成本增加20万元

C.应付职工薪酬增加33.9万元

D.生产成本增加20万元

5.【单选题】根据资料（1）至（4），下列各项中，该企业“应付职工薪酬”科目的贷方发生额是（　　）万元。

A.733.9　　B.710.1

C.500　　D.200

1.【答案】ABCD

【解析】生产工人工资计入生产成本，车间管理人员工资计入制造费用，企业行政管理人员工资计入管理费用，专设销售机构人员工资计入销售费用，选项ABCD均正确。

2.【答案】D

【解析】扣回代垫的职工家属医药费：

借：应付职工薪酬　　60 000

　贷：其他应收款　　60 000

代扣代缴个人所得税：

借：应付职工薪酬　　150 000

　贷：应交税费——应交个人所得税　　150 000

支付应付职工薪酬：

借：应付职工薪酬　　4 790 000

　贷：银行存款　　4 790 000

3.【答案】ABCD

【解析】企业计提的基本养老保险费属于离职后福利，计提时应贷记“应付职工薪酬——设定提存计划——基本养老保险费”科目60万元，选项AB正确；企业计提的基本医疗保险费属于短期薪酬，计提时应贷记“应付职工薪酬——社会保险费——基本医疗保险费”科目50万元，选项CD正确。



4.【答案】AB

【解析】企业以自产产品作为职工福利：

借：生产成本　　339 000

　贷：应付职工薪酬　　339 000

借：应付职工薪酬　　339 000

　贷：主营业务收入　　300 000

　　　应交税费——应交增值税（销项税额）　　39 000

借：主营业务成本　　200 000

　贷：库存商品　　200 000

5.【答案】A

【解析】“应付职工薪酬”科目的贷方发生额=500+60+50+40+50+33.9=733.9（万元）。

## 预收应付

艾星雨公司为增值税一般纳税人，销售货物适用的增值税税率为13%。2021年6月发生有关的经济业务如下：

（1）6月2日，预收嘉德公司购货定金100万元，并于当日送存银行。

（2）6月16日，从飞鸣公司购入生产用原材料一批，取得货物增值税专用发票注明的价款为200万元，增值税税额为26万元。按照购买协议规定，艾星雨公司可以享受现金折扣的条件为“2/10，1/20，N/30”（计算现金折扣时不考虑增值税）。艾星雨公司以银行存款支付运费并取得运费增值税专用发票，注明的运费1万元，增值税税额0.09万元。

（3）6月19日，将嘉德公司的预订货物发出，开具增值税专用发票，注明的价款为200万元，增值税税额为26万元，余款尚未收回。

（4）6月25日，艾星雨公司向飞鸣公司支付货款。

（5）7月1日，因欠星驰公司货款255万元向星驰公司开具面值为255万元、期限为6个月的无息银行承兑汇票一张。因向银行申请承兑汇票以银行存款支付汇票手续费2万元。

（6）12月31日，向星驰公司开具的银行承兑汇票到期，艾星雨公司无力支付。

要求：根据上述资料，不考虑其他因素，回答下列问题。

1.【多选题】下列关于艾星雨公司与嘉德公司的业务表述正确的是（　　）。

A.预收嘉德公司购货定金属于企业的资产

B.预收账款的减少应当以货币进行清偿

C.预收账款不多的企业可以将预收款项通过“应收账款”核算

D.6月19日A公司预收账款借方余额为126万元

2.【单选题】艾星雨公司在购入原材料时的会计处理正确的是（　　）。

A.借：原材料　　2 000 000
　　应交税费——应交增值税（进项税额）　　260 000
　贷：应付账款　　2 260 000

B.借：原材料　　2 000 000
　　应交税费——应交增值税（进项税额）　　260 000
　贷：应付账款　　2 260 000
　　财务费用　　20 000

C.借：原材料　　2 260 000
　贷：应付账款　　2 260 000

D.借：原材料　　2 010 000
　　应交税费——应交增值税（进项税额）　　260 900
　贷：应付账款　　2 260 000
　　银行存款　　10 900

3.【多选题】艾星雨公司6月25日支付飞鸣公司购货款的下列会计处理表

述正确的是（ ）。

A.应付账款冲减226万元　　B.实际支付222万元

C.冲减财务费用4万元　　D.计入销售费用4万元

4.【多选题】下列各项中，艾星雨公司的会计处理正确的是（ ）。

A.6月2日

借：银行存款　　1 000 000

　贷：预收账款　　1 000 000

B.7月1日

借：应付账款　　2 550 000

　贷：应付票据　　2 550 000

C.7月1日

借：财务费用　　20 000

　贷：银行存款　　20 000

D.12月31日

借：应付票据　　2 550 000

　贷：应付账款　　2 550 000

5.【多选题】下列关于应付账款的表述中正确的是（ ）。



A.应付账款是企业因购买材料、商品或接受劳务供应等经营活动而应付给供应单位的款项

B.购买商品享受商业折扣的，应按扣除商业折扣后的金额作为应付账款的入账金额

C.应付账款附有现金折扣条件的，确认应付账款时应不考虑将来可能会获得的现金折扣金额

D.实务中，企业外购的电力、燃气等动力一般通过“应付账款”科目核算

---

1.【答案】CD

【解析】预收款项属于企业的负债，选项A不正确；预收账款的减少通常应当以货物或劳务进行清偿，选项B不正确；6月19日预收账款=100-226=-126（万元），借方余额代表应收账款。

2.【答案】D

【解析】运费需计入原材料的采购成本，货物和运费所匹配的增值税可以抵扣，同时，采购时不需考虑现金折扣。

3.【答案】ABC

【解析】支付货款时应当编制的会计分录为：

借：应付账款　　2 260 000

　　贷：银行存款　　2 220 000

　　　　财务费用　　40 000

4.【答案】ABC

【解析】银行承兑汇票到期无力支付，应将其转入短期借款。

5.【答案】ABCD

【解析】四个选项均正确。

# 备考

## 高频考点冲刺

小艾寄语

如果想象不足，能量就不足，能量不足，那你在备考半路可能就枯竭了，所以，备考不仅要有理性，还要有感性，要有感性的故事

看小说，学会计，轻松通过初级职称考试

2022

第3版

# 小艾上班记9

## 初级会计实务

下册

陈艳红 著

东北财经大学出版社 Dongbei University of Finance & Economics Press | 大连

# 目录

# 第6章

# 所有者权益增加记贷方

本章思维导图如图6-1所示：

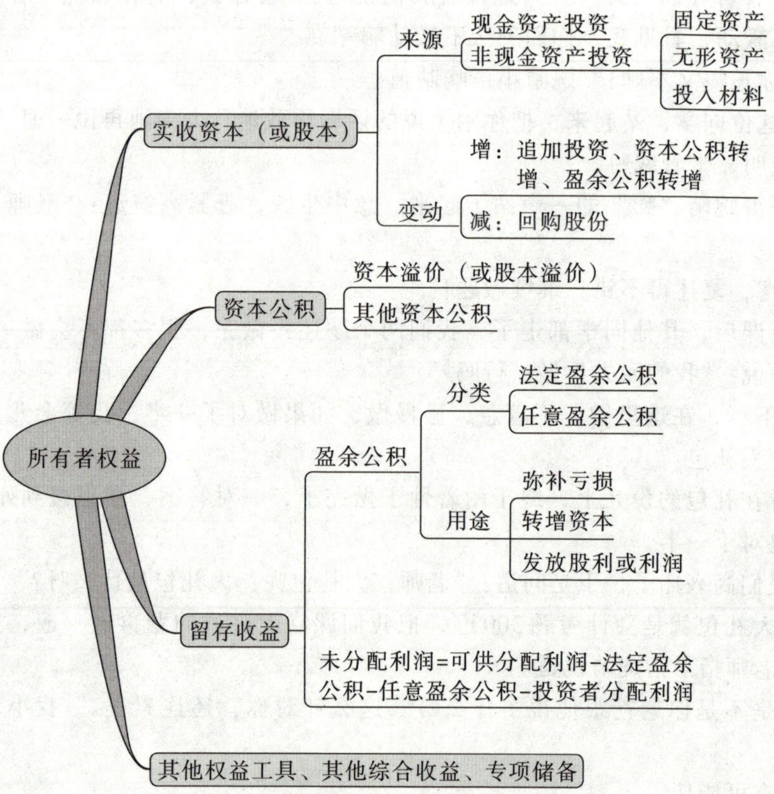


图6-1　本章思维导图

## 学习就是建立联结关系

毕业实习的时候，我才后知后觉地发现，找工作原来还需要很多证，中级会计职称证考不了，注会拿不下，于是就赶紧报了个初级会计职称考证培训班。

这个培训班是婉晴父亲介绍的，因为是熟人，还打了个折。

那时候玩心有点重，人坐在教室里安安静静地听课，但是窗外有什么风吹草动，照样知晓。

一日，一帅哥从教室门外经过，婉晴第一时间就发现了，碰了碰我说道：“看，快看，××学校的校草。”

我闻声，赶紧转过头去观望，等帅哥走后，我回过头时，却发现老师正恶狠狠地看着我们，接着严肃地冲着我们说道：“看什么，看什么呢？看见帅哥就那么激动，看见我，你们怎么不激动啊？”

“你长得又不帅！”婉晴小声嘀咕道。

“这位同学，站起来，把你刚才说的话，勇敢地、大声地再说一遍。”老师的语气明显带着威胁。

吓得婉晴“嘭”的一声站了起来，急中生智，赶紧高喊道：“老师，你太帅啦！”



“嗯，复述得不错！继续做题！”

下课后，其他同学都走了，我们两个题还没做完，很多都不会做。于是，对老师说：“我们回去再做，行吗？”

“不行，在这里做，不着急，慢慢做，如果做对了一半，我等会儿送你们俩一个大礼包。”

看在礼包的份儿上，终于耐着性子做完了，一对答案，瞎猫碰到死耗子，竟然也对了一半。

我们高兴坏了，于是问道：“老师，大礼包呢？大礼包是什么呀？”

“大礼包就是会计考题300道，把我们课堂上讲过的题再做一遍，尤其是你。”老师指了指婉晴说道。

“是不是你老爸跟他说了什么呀？这么针对你，还连累我。”我小声地问婉晴。

“有可能！”

“老师，不会做的，你还会给我们讲吗？”我小心翼翼地问道。

“这些考点我都讲过了，如果你们没听懂，我讲再多也没用，现在做题，不会做的，直接翻讲义，找对应的考点，然后再做，不许看答案。”

“那如果我们不懂怎么办？”

“不懂没有关系，你只要把题跟对应的考点建立联结关系就可以了，就像你看到7×9，就知道是63，至于7×9为什么等于63，你不需要弄懂，更不需要去证明。”

于是在老师的威逼之下，我们一遍一遍地做题，直到正确率高达90%。

那个时候，我跟婉晴觉得，可能这位老师认为我们不尊重他，于是故意惩罚我们，后来发现，其实老师说的是正确的，学习的本质其实就是建立联结关系，也就是在一个情境之中，个体尝试做出正确的反应，这个情境与反应之间就形成了联结，这个联结强度的增加就是通过学习完成的。

比如7×9等于多少？这是一个情境，在考试中，针对这个情境，我们会立马做出反应是63。对于接受过良好算术训练的人来说，这两者联结的强度非常大，假如重复1 000次这种情境，比如17×19立马也会涉及7×9，也就是7×9遇到1 000次，我们会有990次反应是正确的，而其他反应发生的可能性则微乎其微。那么对于这个人来说，7×9这个情境刺激，反应是63，这个联结强度就是0.990。

而对于刚学算术的孩子来说这种联结的强度会非常弱，心理学家通过实验发现，正确反应发生的概率可能就只有0.25%，也就是碰到1 000次这样的情境，大概是2.5次正确，因此那些教孩子乘法入门的小学老师也挺痛苦的。

那么学会计也一样，刚开始学的时候，正确反应的概率也只有0.25%，一个借贷就足以把很多人搞晕。

而学习的过程就是，不断地加强这种联结反应度，看到一个情境立马就做出正确的反应，比如情境，股份有限公司以外的企业接受现金资产投资，那对应的会计分录就是：

（1）企业创立时

会计分录：

借：银行存款（按实际收到的金额）

　贷：实收资本（按投资合同或协议约定的投资者在企业注册资本中应享有的份额）

（2）新的投资者加入时

会计分录：

借：银行存款（按实际收到的金额）

　贷：实收资本（按投资合同或协议约定的投资者在企业注册资本中应享有的份额）

　　资本公积——资本溢价（收到的金额超过其在注册资本中应享有的份额的部分）

不需要思考。

但要达到这种程度，需要大量的练习，让这个情境刺激，与对应的反应建立牢不可破的联结。

就好比7×9这个刺激，跟反应63是对应的，没有人会得出这样的答案：7×9等于多少，答“莎士比亚，一瓶墨水”。

为什么呢？因为我们学习的时候，7×9不会跟莎士比亚建立联结。

当然，除非有特殊情况，我们学习一个新的游戏，7×9就代表莎士比亚，那就意味着一个新的情景，建立一个新的联结。

因此，学习的过程，就是不断地试错，不断地强化联结，让每个情境刺激与对应的反应的联结强度增加，从0.25%增加到99%，甚至100%。

## 本章考点笔记精华

### 【考点6.1】所有者权益（见表6-1）

表6-1 所有者权益

| | |
|---|---|
| 所有者权益 | 所有者权益通常由实收资本（或股本）、其他权益工具（如优先股、永续债等）、资本公积、其他综合收益、专项储备、留存收益构成 |
| | 在初级职称考的教材中不涉及其他权益工具和专项储备的账务处理。 |
| | 所有者权益的来源包括所有者投入的资本、直接计入所有者权益的利得和损失、留存收益等 |



### 【考点6.2】实收资本的账务处理（见表6-2）

表6-2 实收资本的账务处理

| | |
|---|---|
| 1.接受现金资产投资 | （1）股份有限公司以外的企业接受现金资产投资<br>①企业创立时<br>会计分录：<br>借：银行存款（按实际收到的金额）<br>　贷：实收资本（按投资合同或协议约定的投资者在企业注册资本中应享有的份额）<br>②新的投资者加入时<br>会计分录：<br>借：银行存款（按实际收到的金额）<br>　贷：实收资本（按投资合同或协议约定的投资者在企业注册资本中应享有的份额）<br>　　资本公积——资本溢价（收到的金额超过其在注册资本中应享有的份额的部分） |

 


<table>
<tr><td>1. 接受现金资产投资</td><td>（2）股份有限公司接受现金资产投资<br>①按面值发行股票<br>企业发行股票取得收入，应全部作为股本处理。<br>会计分录：<br>借：银行存款<br>　贷：股本<br>②溢价发行股票<br>企业发行股票取得收入，股票面值部分作为股本处理，超出股票面值的溢价收入应作为股本溢价处理。<br>会计分录：<br>借：银行存款（每股发行价格×发行股数）<br>　贷：股本（股数×面值）<br>　　资本公积——股本溢价（超出股票面值的溢价收入）</td></tr>
<tr><td>2. 接受非现金资产投资</td><td>会计分录：<br>借：固定资产（按投资合同或协议约定的价值）<br>　　原材料（按投资合同或协议约定的价值）<br>　　应交税费——应交增值税（进项税额）<br>　　无形资产等（按投资合同或协议约定的价值）<br>　贷：实收资本（按投资合同或协议约定的投资者在企业注册资本中享有的份额）<br>　　资本公积——资本溢价（差额）</td></tr>
<tr><td rowspan="3">3. 实收资本（或股本）的增加</td><td>投资者追加投资：<br>借：银行存款<br>　贷：实收资本<br>留存收益不变，所有者权益增加</td></tr>
<tr><td>资本公积转增资本：<br>借：资本公积<br>　贷：实收资本<br>留存收益不变，所有者权益一增一减，总额不变</td></tr>
<tr><td>盈余公积转增资本：<br>借：盈余公积<br>　贷：实收资本<br>留存收益减少，所有者权益一增一减，总额不变</td></tr>
</table>

续表

| | |
|---|---|
| 4.实收资本（或股本）的减少 | （1）回购时<br>借：库存股（按照实际支付的回购价款）<br>　贷：银行存款 |
| | （2）注销时<br>①如果回购股票支付的价款大于面值总额：<br>借：股本（股票面值×注销股数）<br>　资本公积——股本溢价（借方差额）<br>　盈余公积（资本公积不够冲减时）<br>　贷：库存股（按注销库存股的账面余额）<br>②如果回购股票支付的价款小于面值总额：<br>借：股本（股票面值×注销股数）<br>　贷：库存股（按注销库存股的账面余额）<br>　　资本公积——股本溢价（贷方差额） |

1.【判断题】除投资合同或协议约定价值不公允的以外，企业接受投资者作为资本投入的固定资产，应按投资合同或协议的约定价值确定其入账价值。（　　）



2.【多选题】某公司期初的股东权益为：股本为5 000万元（面值为1元），资本公积1 000万元（其中股本溢价800万元），盈余公积500万元，未分配利润600万元。本期经董事会批准以每股7元的价格回购本公司股票200万股并按期注销。下列各项中，该公司回购并注销股票的相关科目会计处理结果正确的有（　　）。

A.注销时，借记“股本”科目1 400万元

B.回购时，借记“库存股”科目1 400万元

C.注销时，借记“盈余公积”科目400万元

D.注销时，借记“资本公积——股本溢价”科目800万元

3.【判断题】企业收到的投资者超出其在企业注册资本中所占份额的投资，应直接计入当期损益。（　　）

4.【多选题】下列各项中，应计入资本公积的有（　　）。

A.注销的库存股账面余额低于所冲减股本的差额

B.投资者超额缴入的资本

C.交易性金融资产发生的公允价值变动

D.按照净利润的一定比例提取的公积金

5.【单选题】甲、乙公司均为增值税一般纳税人，适用的增值税税率为13%。甲公司接受乙公司投资转入的原材料一批，账面价值100 000元，投资

协议约定的价值120 000元，假定投资协议约定的价值与公允价值相符，该项投资没有产生资本溢价。甲公司实收资本应增加（ ）元。

A.100 000　　B.116 000

C.120 000　　D.135 600

6.【多选题】下列关于实收资本的表述正确的有（ ）。

A.实收资本是企业按章程或合同、协议的规定，接受投资者投入企业的资本

B.实收资本是企业的所有者权益类科目

C.实收资本是指公司向登记机关登记的出资额

D.实收资本的构成比例是企业进行利润或股利分配的主要依据

7.【多选题】下列各项中，属于所有者权益的特征的有（ ）。

A.所有者凭借所有者权益能够参与企业的利润分配

B.企业清算时，只有在清偿所有负债后，所有者权益才会返还给所有者

C.除非发生减资、清算或分配现金股利，企业不需要偿还所有者权益

D.企业清算时，只有在清偿所有者权益之后，才能偿还负债

8.【多选题】某公司由甲、乙投资者分别出资100万元设立。为扩大经营规模，该公司的注册资本由200万元增加到250万元，丙企业以现金出资100万元享有公司20%的注册资本，不考虑其他因素，该公司接受丙企业出资相关科目的会计处理结果正确的有（ ）。

A.贷记“实收资本”科目50万元

B.贷记“盈余公积”科目100万元

C.贷记“资本公积”科目50万元

D.借记“银行存款”科目100万元

9.【单选题】某上市公司发行普通股1 000万股，每股面值1元，每股发行价格5元，支付手续费20万元，支付咨询费60万元。该公司发行普通股计入股本的金额为（ ）万元。

A.1 000　　B.4 920

C.4 980　　D.5 000

10.【判断题】企业接受投资者以非现金资产投资时，应按投资合同或协议约定的价值确认资产的价值和在注册资本中应享有的份额，并将其差额确认为资本公积，但投资合同或协议约定的价值不公允的除外。（ ）

11.【多选题】下列有关股份有限公司的各事项中，会引起股本发生变动的有（ ）。

A.派发股票股利

B.宣告分配现金股利

C.回购并注销本公司的股票

D.资本公积转增股本

12.【多选题】下列各项中，不会影响库存股的有（　　）。

A.注销库存股　　B.发行新股

C.回购本公司股票　　D.资本公积转增资本

13.【单选题】4月30日，甲公司股本5 000万元（面值每股1元），资本公积（股本溢价）400万元，盈余公积1 500万元，甲公司回购1 000万股股票注销，以每股1.5元回购，不考虑其他因素，注销股本的正确分录（单位：万元）是（　　）。

A.借：股本　　1 500
　　贷：库存股　　1 500

B.借：股本　　1 000
　　资本公积　　400
　　盈余公积　　100
　　贷：库存股　　1 500

C.借：股本　　1 000
　　资本公积　　500
　　贷：库存股　　1 500

D.借：资本公积　　1 500
　　贷：库存股　　1 500

14.【多选题】下列各项中，会引起企业实收资本金额发生增减变动的有（　　）。

A.盈余公积转增资本　　B.处置长期股权投资

C.资本公积转增资本　　D.对外进行债券投资

---

1.【答案】√

2.【答案】BCD

【解析】回购时（会计分录单位为万元）：

借：库存股　　1 400
　　贷：银行存款　　1 400

注销时：

借：股本　　200
　　资本公积——股本溢价　　800
　　盈余公积　　400
　　贷：库存股　　1 400

3.【答案】×

【解析】企业收到的投资者超过其在企业注册资本中所占份额的投资，记入“资本公积——资本（或股本）溢价”中。

4.【答案】AB

【解析】选项C计入公允价值变动损益、选项D计入盈余公积，不计入资本公积。

5.【答案】D

【解析】实收资本 = 120 000×（1 + 13%） = 135 600（元）。

6.【答案】ABD

【解析】注册资本是指向登记机关登记的出资额，即经登记机关登记确认的资本，所以选项C错误。

7.【答案】ABC

【解析】所有者权益具有以下特征：(1) 所有者凭借所有者权益能够参与企业的利润分配；(2) 企业清算时，只有在清偿所有负债后，所有者权益才会返还给所有者；(3) 除非发生减资、清算或分配现金股利，企业不需要偿还所有者权益。

8.【答案】ACD

【解析】（会计分录金额为万元）

借：银行存款　　100

　贷：实收资本　　50

　　　资本公积——资本溢价　　50

9.【答案】A

【解析】股本金额 = 1×1 000 = 1 000（万元）。

10.【答案】√

11.【答案】ACD

【解析】对于股份有限公司派发股票股利，未分配利润减少，股本增加；宣告分配现金股利，不涉及股本；回购并注销本公司的股票，会减少公司的股本；资本公积转增股本，导致资本公积减少，股本增加。

12.【答案】BD

【解析】库存股是所有者权益类科目的备抵科目，借方记增加，贷方记减少。选项A，注销库存股，库存股减少；选项B，发行新股导致股本增加，不影响库存股；选项C回购公司股票，库存股增加；选项D，实收资本或股本增加，不影响库存股。

13.【答案】B

【解析】按股票面值和注销股数计算的股票面值总额冲减股本，按注销库存股的账面余额与所冲减股本的差额冲减（股本溢价），股本溢价不足冲减的，应依次冲减“盈余公积”“利润分配——未分配利润”等科目。

14.【答案】AC[①]

## 【考点6.3】资本公积的账务处理（见表6-3）

表6-3　　资本公积的账务处理

| 资本公积 | |
|---|---|
| 来源 | 用途 |
| 1.资本/股本溢价（主要来源） | 转增资本 |
| 借：银行存款<br>　贷：实收资本（非股份公司）<br>　　　股本（股份公司）<br>　　　资本公积——资本公积（或股本溢价） | 借：资本公积<br>　贷：实收资本 |
| 2.其他资本公积（长期股权投资权益法：除净损益、其他综合收益和利润分配以外的所有者权益的变动） | 不能弥补亏损 |
| （1）企业对被投资单位的长期股权投资采用权益法核算的，在持股比例不变的情况下，对因被投资单位除净损益、其他综合收益和利润分配以外的所有者权益的其他变动，应按持股比例计算其应享有或应分担被投资单位所有者权益的增减数额，调整长期股权投资的账面价值和资本公积（其他资本公积）。在处置长期股权投资时，应转销与该笔投资相关的其他资本公积<br>借：长期股权投资——其他权益变动<br>　贷：资本公积——其他资本公积<br>处置长期投资时<br>借：资本公积——其他资本公积<br>　贷：投资收益 | |
| （2）以权益结算的股份支付<br>以权益结算的股份支付换取职工或其他方提供服务的，应按照确定的金额：<br>借：管理费用<br>　贷：资本公积——其他资本公积<br>在职工或其他方行权日，应按实际行权的权益数量计算确定的金额：<br>借：资本公积——其他资本公积（按实际行权的权益数量计算确定的金额）<br>　贷：实收资本（或股本）<br>　　　资本公积——资本溢价（或股本溢价）（或差额） | |



1.【单选题】某公司委托证券公司发行普通股400 000股，每股面值为1元，每股发行价格为16元。双方协议约定，证券公司按发行收入的2%收取佣金，并直接从发行收入中扣除。不考虑其他因素，该公司发行股票应记入“资本公积”的金额为（　　）元。

A.6 272 000　　　　B.5 880 000

① 题简单，因此无解析。

C.5 872 000　　　　　　　　　D.6 000 000

2.【单选题】下列各项中，关于股份公司溢价发行股票的相关会计处理表述正确的是（　　）。

A.发行股票溢价记入“盈余公积”

B.与发行股票相关的印花税计入股票成本

C.与发行股票相关的手续费应从溢价中抵扣

D.发行股票取得的款项全部记入“股本”

3.【单选题】某股份有限公司按法定程序报经批准后采用收购本公司股票方式减资，回购股票支付价款低于股票面值总额的，所注销库存股账面余额与冲减股本的差额应记入（　　）。

A.“盈余公积”　　　　　　　　B.“营业外收入”

C.“资本公积”　　　　　　　　D.“未分配利润”

4.【判断题】企业收到的投资者超出其在企业注册资本中所占份额的投资，应直接计入当期损益。（　　）

5.【判断题】公司按面值发行股票时，发生的相关交易费用冲减“资本公积——其他资本公积”科目。（　　）

6.【多选题】下列各项中，属于资本公积来源的有（　　）。

A.盈余公积转入

B.除净损益、其他综合收益和利润分配以外所有者权益的其他变动

C.资本溢价或股本溢价

D.从企业实现的净利润中提取

7.【多选题】下列各项中，应记入“资本公积”的有（　　）。

A.投资者投入的资本

B.投资者超额投入的资本

C.股票发行的溢价

D.注销的库存股账面余额低于所冲减股本的差额

---

1.【答案】C

【解析】该公司发行股票应记入“资本公积”的金额=400 000×16×（1-2%）-400 000×1=5 872 000（元）。

2.【答案】C

【解析】股份公司溢价发行股票的会计处理为：

借：银行存款

　贷：股本

　　资本公积——股本溢价

选项A错误，发行股票的溢价记入“资本公积”；选项B错误，与发行股票相关的印花税计入税金及附加核算；选项D错误，发行股票取得的款项记入“银行存款”等科目，股票的面值记入“股本”核算。

3.【答案】C

【解析】注销库存股的账面余额与冲减股本的差额作为增加股本溢价（账户：资本公积——股本溢价）处理。

4.【答案】×

【解析】企业收到的投资者超过其在企业注册资本中所占份额的投资，记入“资本公积——资本（股本）溢价”中。

5.【答案】×

【解析】发行股票时发生的相关交易费用冲减“资本公积——股本溢价”，股本溢价不足冲减的，冲减留存收益。

6.【答案】BC

【解析】盈余公积不可以转为资本公积；不能从净利润中提取资本公积，故答案为BC。

7.【答案】BCD

【解析】选项A错误，记入“实收资本”或“股本”，不记入“资本公积”。



【考点6.4】盈余公积的账务处理（见表6-4）

表6-4 盈余公积的账务处理

| 盈余公积 | |
|---|---|
| 来源 | 用途 |
| 1.法定盈余公积：按照净利润（减弥补以前年度亏损）的10%提取，累计额已达注册资本的50%时不再提取 | 1.转增资本<br>借：盈余公积<br>贷：实收资本<br>留存收益减少，所有者权益一增一减，总额不变 |
| 借：利润分配——提取法定盈余公积<br>贷：盈余公积——法定盈余公积<br>留存收益一增一减，总额不变<br>所有者权益一增一减，总额不变 | 2.派送新股<br>借：盈余公积<br>贷：应付股利<br>留存收益减少，所有者权益减少 |
| | 支付股利时：<br>借：应付股利<br>贷：银行存款 |
| 2.任意盈余公积：企业提取的盈余公积经批准可用于弥补亏损、转增资本、发放现金股利或利润等 | 3.弥补亏损<br>借：盈余公积<br>贷：利润分配——盈余公积补亏<br>留存收益一增一减，总额不变<br>所有者权益一增一减，总额不变 |
| 借：利润分配——提取法定（任意）盈余公积<br>贷：盈余公积——法定（任意）盈余公积 | 4.扩大经营 |

1.【单选题】下列各项中，导致企业所有者权益总额增加的事项是（　　）。

A.以盈余公积发放现金股利　　B.以盈余公积弥补以前年度亏损

C.资本公积转增资本　　D.当年实现净利润

2.【多选题】有限责任公司将盈余公积转增资本的变动情况中，正确的有（　　）。

A.留存收益减少　　B.实收资本增加

C.所有者权益总额不变　　D.资本公积增加

---

1.【答案】D

2.【答案】ABC

【解析】相关分录为：

借：盈余公积

　贷：实收资本

因盈余公积和实收资本均为所有者权益项目，所以其变动属于内部变动，不影响所有者权益总额。

## 【考点6.5】未分配利润的账务处理（见表6-5）

表6-5　未分配利润的账务处理

| | | |
|---|---|---|
| 留存收益=盈余公积+未分配利润 | | |
| 可供分配的利润=当年实现的净利润（或净亏损）+年初未分配利润（或-年初未弥补亏损）+其他转入 | | |
| 可供分配的利润，按下列顺序分配： | | |
| 1.提取法定盈余公积 | 2.提取任意盈余公积 | 3.向投资者分配利润 |
| ★1.年度终了，企业应将全年实现的净利润或发生的净亏损，自“本年利润”科目转入“利润分配——未分配利润”科目，并将“利润分配”科目所属其他明细科目的余额，转入“未分配利润”明细科目<br>借：本年利润<br>　贷：利润分配——未分配利润<br>2.提取法定盈余公积和任意盈余公积<br>借：利润分配——提取法定盈余公积<br>　　　　　——提取任意盈余公积<br>　贷：盈余公积<br>3.宣告发放现金股利<br>借：利润分配——应付现金股利<br>　贷：应付股利<br>4.结转明细<br>借：利润分配——未分配利润<br>　贷：利润分配——提取法定盈余公积<br>　　　　　　——提取任意盈余公积<br>　　　　　　——应付现金股利 | | |

1.【单选题】某公司年初未分配利润为1 000万元，盈余公积为500万元；本年实现净利润5 000万元，分别提取法定盈余公积500万元、任意盈余公积250万元，宣告发放现金股利500万元。不考虑其他因素，该公司年末留存收益为（　）万元。

A.5 250　　B.6 000

C.6 500　　D.5 750

2.【单选题】某公司年初未分配利润为1 000万元，当年实现净利润500万元，按10%提取法定盈余公积，按5%提取任意盈余公积，宣告发放现金股利100万元，不考虑其他因素，该公司年末未分配利润为（　　）万元。

A.1 450　　B.1 475

C.1 325　　D.1 400

3.【单选题】下列各项中，导致企业所有者权益总额增加的事项是（　　）。

A.以盈余公积发放现金股利

B.以盈余公积弥补以前年度亏损

C.资本公积转增资本

D.当年实现净利润



4.【单选题】某企业年初未分配利润为100万元，本年净利润为1 000万元，按10%提取法定盈余公积，按5%提取任意盈余公积，宣告发放现金股利为80万元，该企业期末未分配利润为（　　）万元。

A.855　　B.867

C.870　　D.874

5.【单选题】2021年1月1日，某企业资产负债表中“未分配利润”项目的金额为-20万元，2021年度该企业实现净利润120万元，按10%的比例提取法定盈余公积，假定不考虑其他因素，2021年12月31日，该企业资产负债表中“未分配利润”项目的期末余额为（　　）万元。

A.88　　B.100

C.90　　D.120

6.【判断题】期初未分配利润有贷方余额，期末获利的情况下，计提盈余公积时，要包含期初的贷方余额。（　）

7.【单选题】2021年1月1日某企业所有者权益情况如下：实收资本200万元，资本公积17万元，盈余公积38万元，未分配利润32万元。则该企业2021年1月1日留存收益为（　　）万元。

A.32　　B.38

C.70　　D.87

8.【多选题】下列各项中，会引起负债和所有者权益同时发生变动的有（　　）。

A.以盈余公积补亏

B.以现金回购本公司股票

C.宣告发放现金股利

D.转销确实无法支付的应付账款

9.【多选题】下列各项中，关于留存收益的表述正确的有（　　）。

A.留存收益包括盈余公积和未分配利润

B.法定盈余公积经批准可用于转增资本

C.任意盈余公积可用于发放现金股利

D.“未分配利润”明细科目年末借方余额表示累积的亏损额

10.【单选题】2021年1月1日，某股份有限公司未分配利润为100万元，2021年度实现净利润400万元，法定盈余公积的提取率为10%，不考虑其他因素，下列关于盈余公积的账务处理正确的是（　　）。

| | | |
|---|---|---|
| A.借：利润分配——提取法定盈余公积 | 400 000 | |
| 　贷：盈余公积 | | 400 000 |
| B.借：本年利润——提取法定盈余公积 | 400 000 | |
| 　贷：盈余公积 | | 400 000 |
| C.借：本年利润——提取法定盈余公积 | 500 000 | |
| 　贷：盈余公积 | | 500 000 |
| D.借：利润分配——提取法定盈余公积 | 500 000 | |
| 　贷：盈余公积 | | 500 000 |

---

1.【答案】B

【解析】留存收益包括盈余公积和未分配利润，该公司年末留存收益=1 000+500+5 000−500=6 000（万元）。

2.【答案】C

【解析】该公司年末未分配利润=1 000+500−500×（10%+5%）−100=1 325（万元）。

3.【答案】D

【解析】选项A，以盈余公积发放现金股利的会计分录为：

借：盈余公积

　贷：应付股利——应付现金股利

盈余公积是所有者权益类科目，借方增加，会导致所有者权益总额减少；选项B，以盈余公积弥补以前年度亏损的会计分录为：

借：盈余公积

贷：利润分配——盈余公积补亏

借、贷双方都会影响所有者权益，一增一减，不影响所有者权益总额；

选项C，资本公积转增资本的会计分录为：

借：资本公积

贷：实收资本/股本

借、贷双方都会影响所有者权益，一增一减，不影响所有者权益总额；

选项D，当年实现净利润会导致所有者权益的总额增加，选项D正确。

4.【答案】C

【解析】期末未分配利润=100 +（1 000−1 000×10%−1 000×5%）−80=870（万元）。

5.【答案】C

【解析】未分配利润项目的期末余额=−20 + 120−（120−20）×10%=90（万元）。

6.【答案】×

【解析】期初未分配利润有贷方余额，期末获利的情况下，计提盈余公积时，不应包含期初的贷方余额。

7.【答案】C



【解析】留存收益=盈余公积+未分配利润=38+32=70（万元）。

8.【答案】CD

【解析】选项A属于所有者权益内部的变动；选项B资产减少，所有者权益减少；选项D虽然计入营业外收入，但结转入利润后最终引起所有者权益的增加。

9.【答案】ABCD

10.【答案】A

【解析】如果以前年度未分配利润有盈余（即年初未分配利润余额为正数），在计算提取法定盈余公积的基数时，不应包括年初未分配利润，所以2021年提取法定盈余公积的金额=400×10%=40（万元）。企业按规定提取盈余公积时，应通过“利润分配”和“盈余公积”科目核算。

## 不定项选择题

### （一）

2021年1月1日，某股份有限公司资产负债表中股东权益各项目年初余额为股本3 000万元，资本公积4 000万元，盈余公积400万元，未分配利润2 000万元。2021年公司发生相关业务资料如下：

（1）经股东大会批准，宣告发放2020年度现金股利1 500万元。

（2）经股东大会批准已履行相应增资手续，将资本公积4 000万元转增股本。

（3）经批准增资扩股。委托证券公司发行普通股400万股，每股面值1元，每股发行价6元，按照发行价的3%向证券公司支付相关发行费用（不考虑增值税）。

（4）当年实现净利润3 000万元。提取法定盈余公积和任意盈余公积的比例分别为10%和5%。

要求：根据上述资料，不考虑其他因素，分别回答下列问题。

1.【多选题】根据期初资料和资料（1），下列各项中，关于宣告发放现金股利对该公司股东权益和负债项目影响结果表述正确的是（　　）。

A.“负债合计”项目增加1 500万元

B.“未分配利润”项日减少1 500万元

C.“股东权益合计”项目减少1 500万元

D.“盈余公积”项目减少1 500万元

2.【多选题】根据资料（2），下列各项中，关于该公司以资本公积转增资本的会计处理结果表述正确的是（　　）。

A.股东权益总额减少4 000万元　　B.股东权益总额不变

C.留存收益减少4 000万元　　D.股本增加4 000万元

3.【单选题】根据资料（3），该公司增发股票计入资本公积的金额是（　　）万元。

A.2 000　　B.2 324

C.1 928　　D.1 940

4.【多选题】根据期初资料和资料（4），下列各项中，关于该公司盈余公积的计算结果正确的是（　　）。

A.本年增加盈余公积450万元

B.期末盈余公积余额为1 100万元

C.本年增加盈余公积300万元

D.期末盈余公积余额为850万元

5.【多选题】根据期初资料和资料（1）至（4），下列各项中，关于2021年12月31日该公司资产负债表“股东权益”有关项目的期末余额计算结果正确的是（　　）。

A.“股本”项目为7 400万元

B.“股东权益合计”项目为17 626万元

C.“资本公积”项目为5 928万元

D.“未分配利润”项目为3 050万元

1.【答案】ABC

【解析】根据资料（1），相关会计分录为：

| | | |
|---|---|---|
| 借：利润分配——应付现金股利 | 15 000 000 | |
| 　贷：应付股利 | | 15 000 000 |

期初未分配利润2 000万元足够分配现金股利，因而不涉及盈余公积，选项D不正确。

2.【答案】BD

【解析】根据资料（2），相关会计分录为：

| | | |
|---|---|---|
| 借：资本公积 | 40 000 000 | |
| 　贷：股本 | | 40 000 000 |

属于股东权益内部项目之间的增减变动，所以股东权益总额不变，不影响留存收益。

3.【答案】C

【解析】根据资料（3），相关会计分录为：

| | | |
|---|---|---|
| 借：其他货币资金 | 23 280 000 | |
| 　贷：股本 | | 4 000 000 |
| 　　资本公积——股本溢价 | | 19 280 000 |



4.【答案】AD

【解析】根据资料（4），相关会计分录为：

| | | |
|---|---|---|
| 借：利润分配——提取法定盈余公积 | 3 000 000 | |
| 　　　　　——提取任意盈余公积 | 1 500 000 | |
| 　贷：盈余公积——法定盈余公积 | | 3 000 000 |
| 　　　　　　——任意盈余公积 | | 1 500 000 |

盈余公积增加=300+150=450（万元）；

期末盈余公积=400+450=850（万元）。

5.【答案】AD

【解析】股本=3 000+4 000+400=7 400（万元）；

资本公积=4 000−4 000+2 000−72=1 928（万元）；

未分配利润=2 000−1 500+3 000−450=3 050（万元）；

股东权益合计=7 400+1 928+850+3 050=13 228（万元）。

## （二）

2021年年初，甲股份有限公司（以下简称“甲公司”）股东权益总计为45 000万元，其中股本30 000万元、资本公积1 000万元、盈余公积9 000万元、未分配利润5 000万元，甲公司2020年发生的有关股东权益业务资料如下：

（1）经批准，甲公司以增发股票方式募集资金，共增发普通股股票400万股，每股面值1元，每股发行价格5元。证券公司代理发行费用共60万元，从发行收入中扣除。股票已全部发行完毕，所收股款存入甲公司开户银行。

（2）当年甲公司利润总额为5 015万元，其中，投资收益中包括当年收到的国债利息收入25万元，营业外支出中包括当年缴纳的税款滞纳金10万元。除以上事项外，无其他纳税调整事项。甲公司适用的所得税税率为25%。

（3）经股东大会批准，甲公司以每股4元的价格回购本公司股票100万股并注销。

（4）期末，甲公司确认因联营企业乙公司所有者权益增加而享有的权益，乙公司2020年除净损益、其他综合收益和利润分配之外的所有者权益增加了1 000万元。甲公司持有乙公司20%有表决权的股份，并采用权益法核算此项投资。

要求：根据上述资料，不考虑其他因素，分析回答下列小题。

1.【多选题】根据资料（1），下列各项中，关于甲公司发行普通股的会计处理结果正确的是（　　）。

A.财务费用增加60万元　　B.股本增加2 000万元

C.资本公积增加1 540万元　　D.银行存款增加1 940万元

2.【单选题】根据资料（2），2020年甲公司实现净利润（　　）万元。

A.3 761.25　　B.3 772.5

C.3 775　　D.3 765

3.【单选题】根据资料（3），下列各项中，甲公司关于股票回购业务的会计处理正确的是（　　）。

A.回购股票时：

借：库存股　　4 000 000

　贷：银行存款　　4 000 000

B.回购股票时：

借：股本　　1 000 000

　贷：资本公积　　1 000 000

C.回购股票时：

借：股本　　1 000 000

　　资本公积　　3 000 000

贷：库存股　　4 000 000

D.回购股票时：

借：库存股　　1 000 000

资本公积　　3 000 000

贷：银行存款　　4 000 000

4.【多选题】根据资料（4），下列各项中，关于甲公司长期股权投资业务对报表项目影响正确的是（　　）。

A.“投资收益”项目增加200万元

B.“资本公积”项目增加200万元

C.“其他综合收益”项目增加200万元

D.“长期股权投资”项目增加200万元

5.【单选题】根据期初资料和资料（1）至（4），甲公司2020年年末的资本公积是（　　）万元。

A.2 440　　B.2 840

C.2 240　　D.2 540

---

1.【答案】CD

【解析】甲公司发行普通股的账务处理为：

借：银行存款　　19 400 000

贷：股本　　4 000 000

资本公积——股本溢价　　15 400 000

2.【答案】D

【解析】2020年甲公司确认所得税费用=（5 015-25+10）×25%=1 250（万元）；

实现净利润=5 015-1 250=3 765（万元）。

3.【答案】A

【解析】回购股票时：

借：库存股　　4 000 000

贷：银行存款　　4 000 000

注销股票时：

借：股本　　1 000 000

资本公积——股本溢价　　3 000 000

贷：库存股　　4 000 000

4.【答案】BD

【解析】被投资单位乙公司除净损益、其他综合收益和利润分配之外的所有者权益增加了1 000万元，甲公司应按持股比例做以下分录：

借：长期股权投资——其他权益变动　2 000 000（10 000 000×20%）

　贷：资本公积——其他资本公积　2 000 000

5.【答案】A

【解析】甲公司2021年年末的资本公积=1 000（期初）+1 540（资料1）-300（资料3）+200（资料4）=2 440（万元）。

（三）

黄河实业股份有限公司（以下简称“黄河公司”）于2017年6月成立。截至2021年1月1日黄河公司所有者权益总额为8 245万元。其中，股本3 000万元，资本公积3 242万元，其他综合收益1 300万元，盈余公积1 860万元，未分配利润-1 157万元。2021年度发生与所有者权益有关的业务如下：

（1）1月15日，经临时股东大会批准增发股票5 000万股，每股面值1元，每股发行价格6.1元。委托A证券公司发行，A证券公司按发行收入的1.5%收取手续费。股票发行成功，A证券公司将扣除手续费后的股款转给黄河公司。

（2）4月15日，黄河公司股东大会宣告以盈余公积发放现金股利200万元，同时发放股票股利400万股。

（3）5月5日，黄河公司实际发放了现金股利和股票股利。

（4）9月30日，黄河公司董事会决定回购本公司股票4 000万股，每股回购价格6.5元。

（5）10月31日，黄河公司按法定程序注销所回购的4 000万股股票。

（6）黄河公司当年利润总额为2 687万元。

其他资料：黄河公司适用企业所得税税率为25%。税法规定企业发生年度亏损可以用下一纳税年度的税前利润弥补，但弥补期最长不得超过5年，黄河公司无其他纳税调整事项。黄河公司按净利润的10%分别提取法定盈余公积和任意盈余公积。

要求：根据上述资料，不考虑其他因素，分析回答下列问题。（计算结果保留小数点后两位）

1.【多选题】根据资料（1），下列说法中正确的是（　　）。

A.其他货币资金增加30 042.5万元

B.股本增加5 000万元

C.资本公积增加25 500万元

D.管理费用增加457.5万元

2.【单选题】根据资料（2）和（3），下列说法中正确的是（　　）。

A.宣告发放现金股利会减少所有者权益200万元

B.宣告发放股票股利会减少所有者权益400万元

C.实际发放现金股利会减少所有者权益200万元

D.实际发放股票股利会减少所有者权益400万元

3.【多选题】根据资料（4）至（5），下列会计处理中正确的是（　　）。

A.回购时：

借：库存股　　260 000 000

　贷：银行存款　　260 000 000

B.回购时：

借：股本　　40 000 000

　　库存股　　220 000 000

　贷：银行存款　　260 000 000

C.注销时：

借：股本　　40 000 000

　　资本公积　　220 000 000

　贷：库存股　　260 000 000

D.注销时：

借：资本公积　　220 000 000

　贷：库存股　　220 000 000



4.【单选题】根据上述资料，黄河公司当年可供分配利润为（　　）万元。

A.1 530　　B.1 147.5

C.918　　D.858.25

5.【多选题】根据上述资料，黄河公司2019年12月31日资产负债表中各项目填列正确的是（　　）。

A.股本4 400万元　　B.资本公积6 284.5万元

C.盈余公积2 089.5万元　　D.所有者权益合计16 992万元

---

1.【答案】AB

【解析】股票发行费用冲减资本公积——股本溢价，黄河公司应编制的会计分录为：

借：其他货币资金　　300 425 000

　贷：股本　　50 000 000

　　资本公积——股本溢价 250 425 000［（6.1×50 000 000）×（1-1.5%）-50 000 000］

2.【答案】A

【解析】宣告发放现金股利时：

借：盈余公积　　2 000 000

　贷：应付股利　　2 000 000

宣告发放股票股利时无须进行账务处理；

实际支付现金股利及股票股利时：

借：应付股利　　2 000 000

　贷：银行存款　　2 000 000

借：盈余公积　　4 000 000

　贷：股本　　4 000 000

实际发放股票股利，所有者权益不变。

3.【答案】AC

【解析】企业回购库存股时应按回购价格计入库存股，选项B错误；注销时回购价款超过股本部分冲减资本公积——股本溢价，选项D错误。

4.【答案】B

【解析】黄河公司当年实现净利润=2 687-（2 687-1 157）×25%=2 304.5（万元），可供分配利润=-1 157+2 304.5=1 147.5（万元）。

5.【答案】AB

【解析】股本=3 000+5 000（资料1）+400（资料3）-4 000（资料5）=4 400（万元）；资本公积=3 242+25 042.5（资料1）-22 000（资料5）=6 284.5（万元）；盈余公积=1 860-600（资料3）+1 147.5×20%（其他资料）=1 489.5（万元）；其他综合收益为1 300万元；未分配利润=-1 157+2 304.5-1 147.5×20%-918（万元）；所有者权益合计=4 400+6 284.5+1 489.5+1 300+918=14 392（万元）。

# 第7章 收入利润增加记贷方，成本费用增加记借方



本章思维导图如图7-1所示：

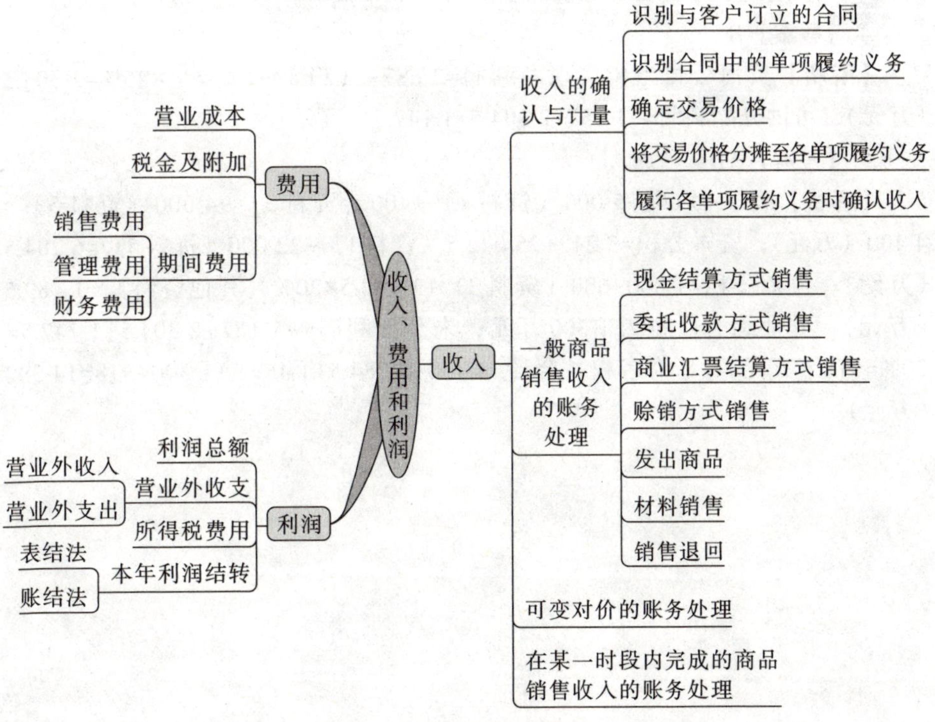


图7-1　本章思维导图

## 收入确认CDEF

（摘自《小艾上班记12》）

这时，辛丹走了过来，语气有点不善地说道："小艾，你的账是不是做错了？"她可能是见杜云轩在旁边，于是，竭力控制自己的语气，却丝毫掩盖不

了她的愤怒。

“哪错了？”小艾有点懵。

这时，旁边一中年男子说道：“是这样的，你这个收入肯定算错了，我上个月没这么多收入，绝对没有。如果我按你算的这个收入给销售人员提成的话，我会赔死。”

小艾一愣，没算错啊，怎么可能算错呢？她赶紧打开电脑找数据。

杜云轩伸手拿过客户手上的报表，笑道：“我们会计上的收入、税务局眼中的收入、银行眼中的收入、销售人员眼中的收入、老板心中的收入，不是一个东西。至于你给销售人员算提成，要用哪个收入，你应该按照你跟销售人员定的游戏规则来确定。”

“怎么会不一样呢？那你们这个收入是怎么算的？”客户开始茫然了。

“会计上的收入是按照财政部颁布的《企业会计准则》相关规定计算的，而税务局眼中的收入一般会以开票为准，再在开票的基础上根据掌握的信息微调。”

“为什么呢？”

“打个比方，假设你是税务局，企业报上去的收入，你怎么确定它的真假？你是不是得有一套方法来进行管控。”

“确实。”

“所以，税务局通常采取的方法是以票控税，因为发票简单省事，税务局没那么多人每天跑到企业里蹲点，所以以发票为准，税务局省时省力，当然，以后税务局的金税工程会越来越完善，你们的未开票收入也会全部被监控到，那税务局就有可能改变审核方法，比如以数治税，其实也是一样的，就是把发票直接变成数据，然后通过大数据分析，再结合其他相关控制来判断你上报收入的合理性。

“至于销售人员和老板眼中的收入，他们有他们的游戏规则，一般来说是指回款，但是收到款项在会计上不一定计收入，比如预收的款项，我们根据新的准则规定，计入合同负债，不计入收入，而我们应收的款项，就是还没有收到的款项，有时候计入应收账款，有时候计入合同资产，具体得根据合同的内容来定。”

“那可以按我想要的收入来记账吗？”

“可以，不过，那属于内部管理报表，你可以增加此项服务。”

“这样啊，那行，我回去再和销售人员重新根据订单统计一下。”

客户心满意足地走了，可是辛丹的脸色却并没有好起来。

杜云轩怕引起冲突，于是赶紧做和事佬：“只是个误会，一个误会。”

接着立马转过来对小艾说：“记住，以后每到一家公司，你做的第一件事，就是要学会统一概念，比如收入的概念，否则的话，容易产生误会，让客户不高兴，要知道，辛总维护一个客户也不容易。”

小艾对辛丹本来就有点忌惮，一看杜云轩给梯子，就赶紧顺梯而下，好汉不吃眼前亏嘛，她一边点头，一边很乖巧地答道：“杜老师，我知道了，我以后会注意的。”

杜云轩对她的反应很是满意，他最烦调节矛盾的时候，下属死不认错，硬扛着，让他很难办。

而且他觉得凡是不喜欢认错的人都是蠢人。

有些人就是过于纠结谁对谁错！可是这个世界上有绝对的对错吗？没有。

不同的学科，不同的角度，看待同一个问题，得出的答案是不一样的。

他经常给下属们讲这样一个例子：

A诱骗了B进入了C的没有锁门的工地，结果B失足摔死了。

请问，谁的错？

如果你说：“A的错，他诱骗B，他是坏人！而且只要证据确凿，那就是蓄意谋杀！”

杜云轩闻言后，则会点头道：“对，你适合做法官，能站在法学的角度考虑问题，知道看证据。”接着他会反问道：“那如果我说错的应该是C，而你刚好就是C，你会怎么想？”



“C会想，关我啥事？他们俩不管谁骗谁，跟我有什么关系？我在家里好好睡觉，我啥也没干。”

“但如果站在经济学的角度上看，就可能判C错。”

“为什么呀？”

“经济学家，看的是社会总成本，为了减少工地日后此事发生的概率，有以下方案：

“1.避免B被A诱骗到C的工地上；

2.让C把工地上的门锁好。

“请问，哪个方案的成本低？”

“第2个方案。”

“对，防民如防川，防骗的成本非常高，但是只要法律来一条工地规定，必须锁门，并根据规定，判了C的错，那以后所有的工地所有者都会加强警戒，把门锁好。因为你不锁门，就很容易祸从天降。毕竟锁门是小事，而不锁门，则代价太大。“

“历史上就发生过类似的事情，比如1914年，在美国，有一辆列车开过一片稻田，当时的列车燃料是煤炭，火车头烧煤时会喷出火星，结果火星就把在田野上堆放在铁路边上的一堆700吨的亚麻给烧着了，亚麻烧完以后呢，这个农夫很是愤怒，就起诉对应的铁路公司，铁路公司只能应诉。

“法官判决，铁路公司要赔偿农夫的损失，这个听上去合情合理。

“但这个案子有一个特别的地方，在判案的法官当中，有一位法学思想家，叫霍尔姆斯法官，他在判词旁边写了一段话，他说我也同意这个判决，铁路公司应该赔偿，但是，我有一个不同的想法，他说将来这个铁路公司要避免类似的意外，如果不烧煤这几乎不可能（当时只能烧煤），让铁路改道的成本也非常高，如果在铁路的两边竖起一道高墙，这成本更高了。但是，农夫只要把它堆放的亚麻稍微挪开那么一点点，这个意外就可以避免。”

于是，下属们恍然大悟。他们终于明白，当领导也不容易，有时候不是他们故意为难你，而是他们看问题的角度跟你不一样，一般来说上司看问题往往比下属看得更远。下属能看到的，上司一般也能看到，下属看不到的，上司也能看到，因为上下级之间，信息经常不对称。

杜云轩继续问：“那如果站在财务管理的角度来看，错的应该是谁？”

“B！”下属们半猜半蒙地答道。既然A和C都错了，就只剩下B了。

“为什么？”

“不知道！”

“知道自己错了，不知道自己为什么错了，是吧？那请问，财务管理的目标是什么？”

大家开始翻教材，中级财务管理或者CPA财务管理教材。复习得比较好的，则会立马答道：“有4个，利润最大化、股东财富最大化、企业价值最大化、相关者利益最大化。”

“这4个目标有什么共同点，是不是都是为了利益？站在财务管理角度来看，这件事，谁亏损得最大，就是谁的错。ABC三个人在这件事中都有亏损，但是B的代价最大，付出了自己的生命。所以，如果你觉得B是错的，你才知道怎样对自己的人生进行财务管理，怎样管控风险，怎么避免损失。

“比如我们经常坐地铁，没座位，于是大家都站着。下车时，一不小心，有人踩了你的脚，还说，‘你的脚干嘛乱放’，你怎么办？是他的错吗？不，你的错，因为你的时间成本比他高，所以，你要说，‘不好意思，我不小心把脚放到你脚下了’。而不是跟他吵，‘是你踩了我的脚，明明错的就是你’，你要知道，这么一吵，你上班会迟到，重要的会议会缺席，重要的客户会丢失，你的损失非常大。

“比如路上来了一辆车，横冲直撞闯红灯，你让不让？你说‘是他的错，是他闯红灯，撞人是违法的，我就不让’。你要知道，你不让，你的损失会有多大！有可能付出生命的代价！

“再比如，劫匪绑架了某富翁的儿子，然后富翁花了上亿元才赎回儿子，

整个过程惊心动魄，富翁却很冷静，没有愤怒地指责劫匪。别人问他为什么这么冷静，他说，‘是我的错，我的知名度那么高，平时出门却不带保安，没有任何的防备，就像一捆钱丢在地上，那么显眼，别人肯定会抢，这次我花了一个亿，救回儿子，已实属万幸，我需要检讨’。

“因此，一件事情，如果你觉得你亏损很大，那一定是你自己的错，不要把责任全部推到他人身上。经济学面对的是整个社会，适用于宏观层面的决策，但是财务管理面对的是个体，适用于微观层面的决策。”

从此，小艾谨记杜云轩的教诲，学会认错。再说，对于她来说，认个错，也不是什么特别难的事。小时候，每次妈妈骂她，她就说，“我错了”，因为只要她说“我错了”，爸爸就会立马帮她：“她都说她错了，你还吼什么呀？谁不犯错啊？知错就改，还是好孩子。”

所以，认错是有利可图的！

后来，她长大了，口头禅就慢慢变成：

“我错了！”

“我输了！”

“你赢了！”

见小艾认完错，杜云轩则转向辛丹赔笑道：“辛总，您就大人大量，别跟她计较！”



辛丹看着杜云轩一副母鸡护小鸡的样子，没来由地产生一股厌恶感，而小艾那副跟杜云轩一唱一和的乖巧模样，更让她讨厌。

她什么也没说，转身走了。

杜云轩愣了愣，这女人的脾气真是古怪，自己都怕她三分，真不知道她的客户是怎么找到的。

小艾则坐下来，开始苦哈哈地研究收入准则。

新的会计准则对收入的确认，给了个五步法（如图7-2所示）。

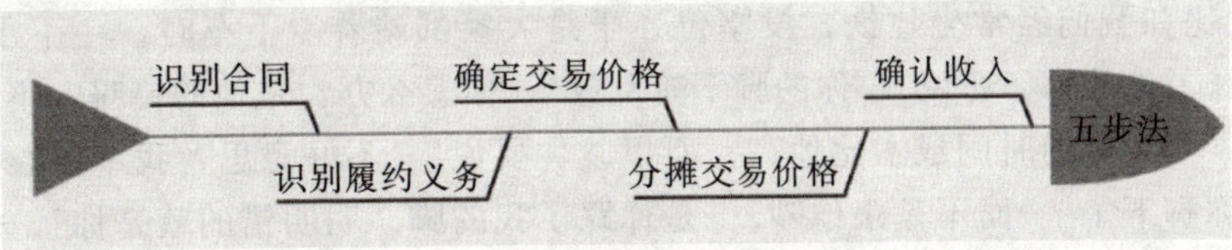


图7-2　收入确认五步法

我们常见的交易可以分为两种情形：

（1）卖货，不过，准则不说人话，它的原话是：在某一时点履行的履约义务。

（2）做工程项目，这个不能一下子交货，是按进度来的，准则叫：在某一时间段内履行的履约义务。

学习的时候，不跟自己过不去，暂时用不到的就先放一边，先知道卖货怎么确认收入。

五步法前面四步都是审合同。

## 1.识别合同

识别合同，看两个问题：

（1）合同是否成立，如果不成立，那这个合同就不用确认收入了。合同成立的五个条件如图7-3所示：

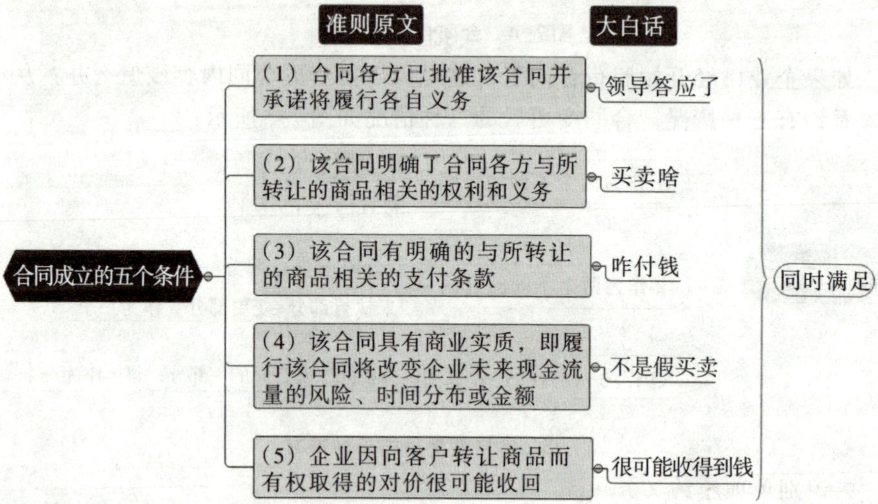


图7-3　合同成立的五个条件

第一个先看领导是否答应了，如果领导都没答应，这个合同就可以放到一边了，不需要确认收入了。

第二个看合同到底卖了啥，如果看了半天，里面全是废话，根本没有卖任何东西，这个合同就肯定不需要确认收入。

第三个看合同咋付钱，如果合同里根本没有付钱的相关条款，这个合同就不需要确认收入，哪有卖东西不要钱的。

第四个看是不是假买卖，比如你家是卖鸡腿的，然后跟另一家卖鸡腿的签了一个合同，说咱俩交换1 000个鸡腿换着卖，这个不合情理，没有任何商业实质，说不定是有其他猫腻儿。

第五个看是不是能收得到钱。如果对方公司都要破产了，你公司还跟它签了买卖合同，明显收不到钱，那就不能确认收入。如果这样都可以确认收入的话，那很多上市公司就可以随便找一些破产公司签合同，然后把收入做上去。

（2）合同是否独立，如果不独立，就合并。合同合并的条件如图7-4所示：

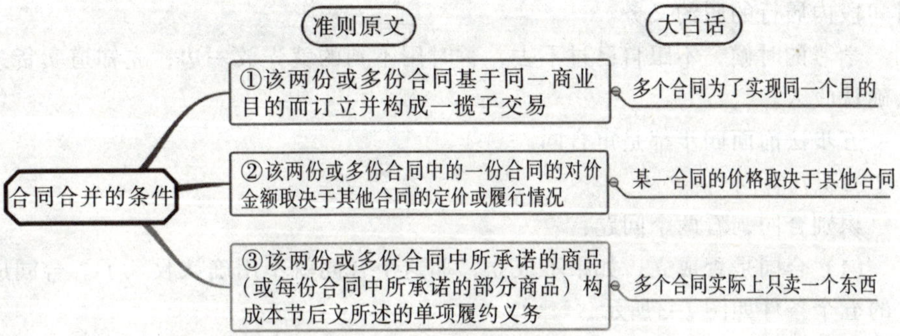


图7-4　合同合并的条件

如果企业已经开始履行合同了，这时候需要变更合同内容该怎么办？从结果来看，有三种情况。合同变更后的三种情况如图7-5所示：

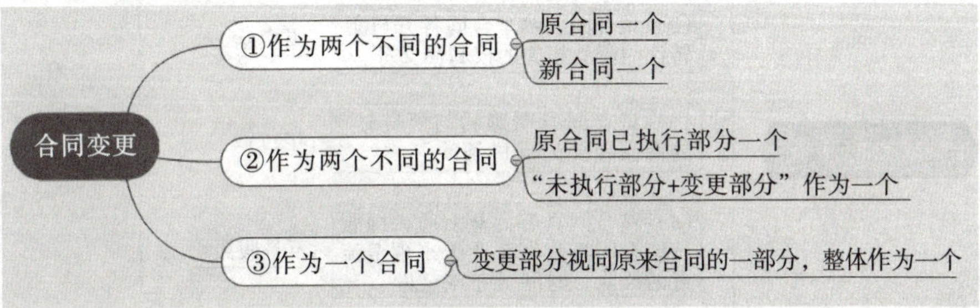


图7-5　合同变更后的三种情况

2.识别单项履约义务

站在卖方的角度，看合同到底卖了什么？站在买方的角度，看我到底能获得什么？

一项一项地列出来。

履约义务：是指合同中企业向客户转让可明确区分商品的承诺。

例如：2021年12月1日，甲公司推出预缴话费送手机活动，客户只需预缴话费5 000元，即可免费获得市价为2 400元、成本为1 700元的手机一部，并从参加活动的当月起未来24个月内每月享受价值150元、成本为90元的通话服务。当月共有10万名客户参与了此项活动，不考虑相关税费。

有人会问，这也算个合同？

当然，《企业会计准则第14号——收入》第一章的第三条，最后一句话："合同有书面形式、口头形式以及其他形式。"

另外，结合我们中级会计职称、注册会计师考试学过的合同法相关知识：合同一般是一方发出要约，另一方承诺，就成立。

那上面这个活动，到底卖了什么呢？你如果参与了，能获得什么呢？

一个是给你一部手机，另一个是给你24个月的通话服务。

因此，它包含两项履约义务：提供手机和通话服务。

### 3.确定交易价格

上例中，两项履约义务，到底卖了多少钱呢？

客户只需预缴话费5 000元，因此总共卖了5 000元。

这里的交易价格比较容易确定，但在实践中，有些业务比较复杂，有时候价格就比较难以确定。《企业会计准则》讲了四种情况（如图7-6所示）。

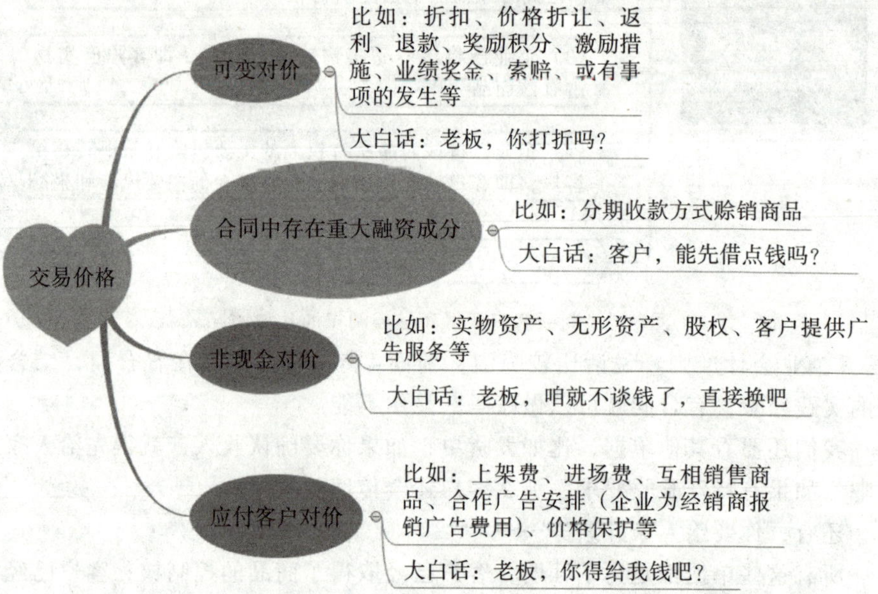


图7-6　交易价格的四种情况

### 4.分摊交易价格

上例中，两项履约义务：提供手机和通话服务，总共卖5 000元。

如果按市价单独卖，一部手机要2 400元，通话服务24个月，每个月150元，即150×24=3 600（元）。

也就是价值6 000元的履约义务，总共卖了5 000元。那每项履约义务分别为多少呢？这叫分摊交易价格。

一部手机的交易价格为：$5\,000\times\frac{2\,400}{2\,400+3\,600}=2\,000$（元）

24个月通话服务的交易价格为：$5\,000\times\frac{3\,600}{2\,400+3\,600}=3\,000$（元）

### 5.确认收入

那现在可以确认收入了吗？

不，还要考虑以下迹象。

对于在某一时点履行的履约义务，企业应当在客户取得相关商品控制权的时点确认收入。判断客户取得商品控制权的几种情况如图7-7所示：

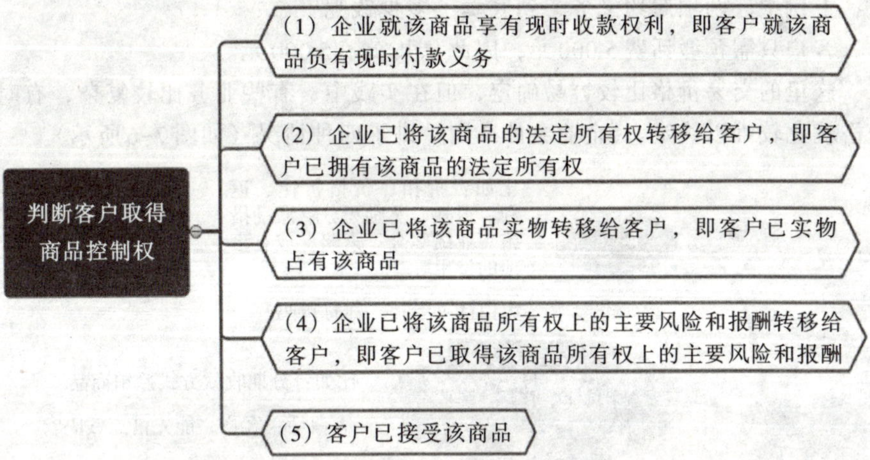


图7-7　判断客户取得商品控制权的几种情况

《企业会计准则》说话比较晦涩，前面4步，我们都是在看合同，结合我们的实践经验，有合同就可以做账吗？显然不能。



我们还要看其他单据，比如发货单，如果你要确认收入，就得先给人家发货吧？如果有特殊验收要求，那么客户还会传回验收单。

还有，你要给人家开票等……

所有这些单据都是为了证明，客户已经取得了商品的控制权，客户已经实物占有了该商品，商品所有权的主要风险和报酬已经发生转移，客户已经接受了该商品，客户负有现时付款义务。

最后，要确认收入，那相关的成本和收入应该可以计量。如果你的成本相关资料完全丢失或不全，导致无法核算成本，那么也不应该确认收入。

综上所述，在实践中，确认收入的条件包括：（1）合同（Contract）；（2）发货（Delivery）；（3）有收货单、验收单、发票等证据（Evidence）；（4）相关收入成本可计量，能确定（Fixedfee）。

将单词首字母合起来，收入确认就是CDEF。

于是，《企业会计准则》中，那些晦涩难懂的收入确认条文，在实践中最后就变成了4个字母：CDEF。

将同时她谨记杜云轩的话，以后每见一个老板，都要抓住机会，先统一一下概念，告诉他："我们会计上的收入、税务局眼中的收入、银行眼中的收入、销售人员眼中的收入、老板心中的收入，不是一个东西。"

不管是为了自己、老板，还是为了其他的会计人员，都必须给老板“洗脑”，这是每一个会计人员的责任。

最好在公司中还能跨部门分享自己的心得，对于其他部门的人来说，他们会学到知识，对于会计来说，则有利于自己加强与其他部门的沟通。

## 本章考点笔记精华

### 【考点7.1】收入的概念（见表7-1）

表7-1　收入的概念

<table>
<tr><td rowspan="2">收入</td><td>收入是指企业在日常活动中形成的、会导致所有者权益增加的、与所有者投入资本无关的经济利益的总流入</td></tr>
<tr><td>按照企业主要经营业务等经常性经营活动实现的收入，通常将收入分为主营业务收入和其他业务收入，例如，制造业企业的产品销售收入是其主营业务收入，生产产品用的材料销售收入或出租包装物等收入则属于其他业务收入；又如，商业银行的利息收入是其主营业务收入</td></tr>
</table>

### 【考点7.2】收入、利得、费用、损失对比表（见表7-2）

表7-2　收入、利得、费用、损失对比表

<table>
<tr><td>项目</td><td>收入</td><td>利得</td><td>费用</td><td>损失</td></tr>
<tr><td>日常活动</td><td>是</td><td>非</td><td>是</td><td>非</td></tr>
<tr><td>所有者权益</td><td colspan="2">增加</td><td colspan="2">减少</td></tr>
<tr><td>经济利益</td><td>总流入</td><td>净流入</td><td>总流出</td><td>净流出</td></tr>
<tr><td>其他</td><td colspan="2">与投入资本无关</td><td colspan="2">与分配利润无关</td></tr>
</table>

### 【考点7.3】收入确认原则（见表7-3）

表7-3　收入确认原则

<table>
<tr><td rowspan="4">收入确认原则</td><td colspan="2">企业应当在履行了合同中的履约义务，即在客户取得相关商品控制权时确认收入</td></tr>
<tr><td rowspan="3">取得商品控制权包括下列三项要素</td><td>（1）客户必须拥有现时权利，能够主导该商品的使用并从中获得几乎全部经济利益</td></tr>
<tr><td>（2）客户有能力主导该商品的使用，即客户有权使用该商品，或者能够允许或阻止其他方使用该商品</td></tr>
<tr><td>（3）客户能够获得几乎全部的经济利益</td></tr>
</table>

**【考点7.4】收入确认的前提条件（见表7-4）**

表7-4　收入确认的前提条件

| | |
|---|---|
| 收入确认的前提条件（五个条件） | 企业与客户之间的合同同时满足下列五个条件的，企业应当在客户取得相关商品控制权时确认收入：<br>（1）合同各方已批准该合同并承诺将履行各自义务<br>（2）该合同明确了合同各方与所转让的商品相关的权利和义务【判断是否具有法律的约束？如：有权单方面终止完全未执行的合同，且无须对合同其他方作出补偿的，企业应当视为该合同不存在】<br>（3）该合同有明确的与所转让的商品相关的支付条款<br>（4）该合同具有商业实质，即履行该合同将改变企业未来现金流量的风险、时间分布或金额<br>（5）企业因向客户转让商品而有权取得的对价很可能收回（信用风险） |

**【单选题】**甲公司向国外乙公司销售一批商品，合同标价为200万元。在此之前，甲公司从未向乙公司所在国家的其他客户进行过销售，乙公司所在国家正在经历严重的经济困难。甲公司预计不能从乙公司收回全部的对价金额，而是仅能收回160万元。尽管如此，甲公司预计乙公司所在国家的经济情况将在未来2年至3年内好转，且甲公司与乙公司之间建立的良好关系将有助于其在该国拓展其他潜在客户。甲公司能够接受乙公司支付低于合同对价的金额，即160万元，且估计很可能收回该对价。甲公司销售该商品的交易价格为（　　）万元。

A.200　　B.160　　C.0　　D.40

**【答案】**B

**【解析】**该合同满足“有权取得的对价很可能收回”的条件；该公司按照收入准则的规定确定交易价格时，应当考虑其向乙公司提供的价格折让的影响。因此，甲公司确定的交易价格不是合同标价200万元，而是160万元。



**【考点7.5】收入确认五步法（见表7-5）**

表7-5　收入确认五步法

| |
|---|
| 第一步，识别与客户订立的合同；（◇与确认有关）<br>第二步，识别合同中的单项履约义务；（◇与确认有关）<br>第三步，确定交易价格；（与计量有关）<br>第四步，将交易价格分摊至各单项履约义务；（与计量有关）<br>第五步，履行各单项履约义务时确认收入（◇与确认有关）（时点？时期？） |

【案例7-1】

甲公司为财务软件开发公司，与乙公司签订价款为7万元的合同：销售软件（单独售价6万元）、1年期软件维护（单独售价4万元）

（注意：时点？时期？）

7万元

销售软件$=7\times\frac{6}{6+4}=4.2$（万元）

1年期软件维护$=7\times\frac{4}{6+4}=2.8$（万元）

（单独售价比例）

## 【考点7.6】收入确认五步法详解（见表7-6）

表7-6　收入确认五步法详解

| | |
|---|---|
| 第一步，识别与客户订立的合同 | 合同：是指双方或多方之间订立有法律约束力的权利义务的协议，包括书面形式、口头形式以及其他形式（如隐含于商业惯例或企业以往的习惯做法中等） |
| 第二步，识别合同中的单项履约义务 | 履约义务：是指合同中企业向客户转让可明确区分商品的承诺<br>企业应当向客户转让可明确区分商品（或商品组合）的承诺以及向客户转让一系列实质相同且转让模式相同的、可明确区分商品的承诺作为单项履约义务<br>【例】销售商品且提供安装服务，如果安装简单，且其他供应商也可以提供此安装服务，则为两项履约义务；如果安装复杂且商品需要按客户定制要求修改，则合同中销售商品和安装服务合并为一项履约义务 |
| 第三步，确定交易价格 | 交易价格是指企业因向客户转让商品而预期有权收取的对价金额<br>企业代第三方收取的款项（如：增值税）以及企业预期将退还给客户的款项，应当作为负债进行会计处理，不计入交易价格<br>合同条款所承诺的对价，可能是固定金额、可变金额或两者兼有 |
| 第四步，将交易价格分摊至各单项履约义务 | 当合同中包含两项或多项履约义务时，企业应当在合同开始日，按照各单项履约义务所承诺商品的单独售价（★★★注意时点：合同开始日）的相对比例，将交易价格分摊至各单项履约义务 |
| 第五步，履行各单项履约义务时确认收入 | 企业将商品控制权转移给客户，可能在某一时间段内（即履行履约义务的过程中）发生，也可能在某一时点（即履约义务完成时）发生。企业应当根据实际情况，首先判断履约义务是否满足某一时段内履行的条件，如不满足，则该履约义务属于在某一时点履行的履约义务 |

## 【考点7.7】收入核算应设置的会计科目（见表7-7）

表7-7　收入核算应设置的会计科目

| | |
|---|---|
| 主营业务收入 | 核算企业确认的销售商品、提供劳务等主营业务的收入。贷方登记收入的实现，借方登记期末转入“本年利润”科目的主营业务收入，结转后，该科目应无余额。该科目可按主营业务的种类进行明细核算 |
| 其他业务收入 | 核算企业主营业务活动以外的其他经营活动，包括出租固定资产、出租无形资产、出租包装物和商品、销售材料实现的收入，贷方登记其他业务活动实现的收入，借方登记期末转入“本年利润”科目的其他业务收入，结转后该科目应无余额。该科目可按其他业务种类进行明细核算 |
| 主营业务成本 | 核算企业确认销售商品、提供劳务等主营业务收入时应结转的成本。该科目借方登记应结转的主营业务成本，贷方登记期末转入“本年利润”科目的主营业务成本，结转后该科目应无余额。该科目可按主营业务的种类进行明细核算 |
| 其他业务成本 | 核算企业确认除主营业务活动以外的其他经营活动所形成的成本。该科目借方登记应结转的其他业务成本，贷方登记期末转入“本年利润”科目的其他业务成本，结转后该科目应无余额。该科目可按其他业务种类进行明细核算 |
| 合同取得成本 | 核算企业取得合同发生的、预计能够收回的增量成本。该科目借方登记发生的合同取得成本，贷方登记摊销的合同取得成本，期末借方余额，反映企业尚未结转的合同取得成本。该科目可按合同明细核算 |
| 合同履约成本 | 核算企业为履行当前或预期取得的合同所发生的、不属于其他企业会计准则规范范围且按照收入准则应当确认为一项资产的成本。该科目借方登记发生的合同履约成本，贷方登记摊销的合同履约成本，期末借方余额反映企业尚未结转的合同履约成本。该科目可按合同分别“服务成本”“工程成本”等进行明细核算 |
| 合同资产 | 核算企业已向客户转让商品而有权收取对价的权利，且该权利取决于时间流逝之外的其他因素（如履行合同中的其他履约义务）。该科目借方登记因已转让商品而有权收取的对价金额，贷方登记取得无条件收款权的金额，期末借方余额反映企业已向客户转让商品而有权收取的对价金额。该科目按合同进行明细核算 |
| 合同负债 | 核算企业已收或者应收客户对价而应向客户转让商品的义务。该科目贷方登记企业在向客户转让商品之前，已经收到的合同对价或已经取得无条件收取合同对价权利的金额；借方登记企业向客户转让商品时冲销的金额；期末贷方余额，反映企业在向客户转让商品之前，已经收到的合同对价或已经取得无条件收取合同对价权利的金额。该科目按合同进行明细核算 |
| 其他科目 | 发生减值的，还应设置“合同履约成本减值准备”“合同取得成本减值准备”“合同资产减值准备”等科目进行核算 |

## 【考点7.8】在某一时点履行履约义务确认收入（见表7-8）

表7-8　在某一时点履行履约义务确认收入

| | |
|---|---|
| 对于某一时点履行的履约义务，企业应当在客户取得相关商品控制权时点确认收入。判断控制权是否转移，应当综合考虑右列迹象 | （1）企业就该商品享有现时收款权利，即客户就该商品负有现时付款义务；<br>（2）企业已将该商品的法定所有权转移给客户，即客户已拥有该商品的法定所有权；<br>（3）企业已将该商品实物转移给客户，即客户已占有该商品实物；<br>（4）企业已将该商品所有权上的主要风险和报酬转移给客户，即客户已取得该商品所有权上的主要风险和报酬；<br>（5）客户已接受该商品；<br>（6）其他表明客户已取得商品控制权的迹象 |
| 一般销售商品收入的账务处理 | （1）确认收入时：<br>借：银行存款/应收账款/应收票据<br>　贷：主营业务收入<br>　　　应交税费——应交增值税（销项税额） |
| | （2）结转成本时：<br>借：主营业务成本<br>　贷：库存商品 |
| | （3）代垫运费时：<br>借：应收账款<br>　贷：银行存款 |
| 现金结算方式的销售业务 | 企业以现金结算方式对外销售商品，在客户取得相关商品控制权时点确认收入 |
| | （1）确认收入时：<br>借：银行存款/库存现金（按实际收到的款项）<br>　贷：主营业务收入<br>　　　应交税费——应交增值税（销项税额）<br>（2）结转成本时：<br>借：主营业务成本<br>　贷：库存商品 |
| 委托收款结算方式销售业务 | 企业以委托收款结算方式对外销售商品，在其办妥委托收款手续且客户取得相关商品控制权时点确认收入 |
| | （1）确认收入时：<br>借：应收账款<br>　贷：主营业务收入<br>　　　应交税费——应交增值税（销项税额）<br>（2）结转成本时：<br>借：主营业务成本<br>　贷：库存商品<br>（3）实际收到款项时<br>借：银行存款<br>　贷：应收账款 |

续表

| | |
|---|---|
| 商业汇票结算方式销售业务 | 企业以商业汇票结算方式对外销售商品，在收到商业汇票且客户取得相关商品控制权时点确认收入 |
| | (1) 确认收入时：<br>借：应收票据<br>　贷：主营业务收入<br>　　　应交税费——应交增值税（销项税额）<br>(2) 结转成本时：<br>借：主营业务成本<br>　贷：库存商品 |
| 赊销方式销售业务 | 企业以赊销方式对外销售商品，在客户取得相关商品控制权时点确认收入 |
| | (1) 确认收入时：<br>借：应收账款<br>　贷：主营业务收入<br>　　　应交税费——应交增值税（销项税额）<br>(2) 结转成本时：<br>借：主营业务成本<br>　贷：库存商品 |
| 销售退回 | (1) 销售确认收入时：<br>借：应收账款<br>　贷：主营业务收入<br>　　　应交税费——应交增值税（销项税额）<br>借：主营业务成本<br>　贷：库存商品 |
| | (2) 收到货款时<br>借：银行存款<br>　贷：应收账款 |
| | (3) 销售退回时：<br>借：主营业务收入<br>　　应交税费——应交增值税（销项税额）<br>　贷：银行存款<br>借：库存商品<br>　贷：主营业务成本 |
| 销售原材料等 | (1) 确认收入时：<br>借：应收账款<br>　贷：其他业务收入<br>　　　应交税费——应交增值税（销项税额） |
| | (2) 结转材料成本<br>借：其他业务成本<br>　贷：原材料 |

【单选题】某企业为增值税一般纳税人，适用的增值税税率为13%。20××年11月1日，对外销售M商品20 000件，每件不含增值税销售价格为15元，给予10%的商业折扣，符合收入确认条件。下列各项中，该企业销售商品会计处理正确的是（　　）。

A.确认应交税费4.8万元　　B.确认主营业务收入27万元

C.确认管理费用3万元　　D.确认财务费用3万元

【答案】B

【解析】相关会计分录为：

借：应收账款　　305 100

　贷：主营业务收入　　270 000［20 000×15×（1-10%）］

　　应交税费——应交增值税（销项税额）　　35 100

## 【考点7.9】合同资产与应收账款比较（见表7-9）

表7-9　合同资产与应收账款比较

| | |
|---|---|
| 合同资产与应收账款 | 合同资产，是指企业已向客户转让商品而有权收取对价的权利，且该权利取决于时间流逝之外的其他因素 |
| | 应收账款是企业无条件收取合同对价的权利。只有在合同对价到期支付之前仅仅随着时间的流逝即可收款的权利，才是无条件的收款权 |
| | 合同资产和应收账款都是企业拥有的有权收取对价的合同权利 |
| | 二者的区别在于，应收账款代表的是无条件收取合同对价的权利，即企业仅仅随着时间的流逝即可收款，而合同资产并不是一项无条件收款权，该权利除了时间流逝之外，还取决于其他条件（例如，履行合同中的其他履约义务）才能收取相应的合同对价 |

## 【考点7.10】合同资产与合同负债比较（见表7-10）

表7-10　合同资产与合同负债比较

| | |
|---|---|
| 合同资产与合同负债 | 合同负债，是指企业已收或应收客户对价而应向客户转让商品的义务。企业在向客户转让商品之前，如果客户已经支付了合同对价或企业已经取得了无条件收取合同对价的权利，则企业应当在客户实际支付款项与到期应支付款项孰早时点，将该已收或应收的款项确认并列示为合同负债 |
| | 合同资产和合同负债应当在资产负债表中单独列示，并按流动性，分别列示为“合同资产”或“其他非流动资产”以及“合同负债”或“其他非流动负债” |
| | 同一合同下的合同资产和合同负债应当以净额列示，不同合同下的合同资产和合同负债不能互相抵销 |

当企业履行两项及以上的单项履约义务并且根据合同约定，全部履行完毕之后，才具有无条件收取合同对价的权利时，企业履行完某单项履约义务之后，应将有权收取的对价先确认为合同资产，待全部履行完毕之后再转入应收账款。

以两项单项履约义务为例（见表7-11）：

表7-11　两项单项履约义务的账务处理

| 时间节点 | 账务处理 |
| --- | --- |
| 履行了单项履约义务A | 借：合同资产<br>　贷：主营业务收入<br>借：主营业务成本<br>　贷：库存商品 |
| 履行了单项履约义务B | 借：应收账款<br>　贷：合同资产<br>　　　主营业务收入<br>　　　应交税费——应交增值税（销项税额）<br>借：主营业务成本<br>　贷：库存商品 |
| 收到货时 | 借：银行存款<br>　贷：应收账款 |
| 合同负债 | 对于尚未向客户履行转让商品的义务而已收或应收客户对价中的增值税部分，不确认为合同负债 |
| | 预收款项时：<br>借：银行存款<br>　贷：合同负债<br>　　　应交税费——待转销项税额 |
| | 按期确认收入：<br>借：合同负债<br>　　应交税费——待转销项税额<br>　贷：主营业务收入<br>　　　应交税费——应交增值税（销项税额） |

**【考点7.11】已经发出商品不符合收入确认条件的处理（见表7-12）**

表7-12　已经发出商品不符合收入确认条件的处理

| | |
|---|---|
| 1.发出商品 | 借：发出商品（成本价）<br>　贷：库存商品（成本价） |
| 2.如果纳税义务已经发生 | 借：应收账款<br>　贷：应交税费——应交增值税（销项税额） |
| 3.客户承诺付款时确认收入 | 借：应收账款<br>　贷：主营业务收入<br>　　应交税费——应交增值税（销项税额）（如果没有2） |
| 4.结转成本 | 借：主营业务成本<br>　贷：发出商品 |

**【多选题】**甲公司于2021年10月19日向乙公司销售一批商品，开出的增值税专用发票上注明售价为10万元，增值税税额为1.3万元；该批商品成本为8万元。甲公司在销售该批商品时已得知乙公司资金流转发生暂时困难，但为了减少存货积压，同时为了维持与乙公司长期以来建立的商业关系，甲公司仍将商品发出。假定甲公司销售该批商品的纳税义务已经发生。不考虑其他因素，则下列说法中不正确的有（　　）。

A.甲公司应在发出商品当日确认主营业务收入10万元

B.甲公司应在发出商品当日确认主营业务成本8万元

C.甲公司在发出商品当日不需确认增值税销项税额

D.甲公司应在发出商品时，借记“发出商品”8万元

**【答案】**ABC

**【解析】**甲公司在销售该批商品时已得知乙公司资金流转发生暂时困难，不符合收入确认条件，因此甲公司在2021年10月19日的分录为：

借：发出商品　　80 000

　贷：库存商品　　80 000

借：应收账款　　13 000

　贷：应交税费——应交增值税（销项税额）　　13 000

## 【考点7.12】委托代销（见表7-13）

表7-13 委托代销

| 委托方 | | 受托方 | |
|---|---|---|---|
| 时点 | 账务处理 | 时点 | 账务处理 |
| 发出商品时（不符合收入确认条件） | 借：发出商品<br>贷：库存商品（成本价） | 收到商品 | 借：受托代销商品<br>贷：受托代销商品款 |
| 收到代销清单、代销手续费发票时 | 借：应收账款<br>贷：主营业务收入<br>应交税费——应交增值税（销项税额）<br>借：主营业务成本<br>贷：发出商品 | 对外销售 | 借：银行存款<br>贷：受托代销商品<br>应交税费——应交增值税（销项税额） |
| | 借：销售费用——代销手续费<br>应交税费——应交增值税（进项税额）<br>贷：应收账款 | 收到委托方开具的增值税专用发票 | 借：受托代销商品款<br>应交税费——应交增值税（进项税额）<br>贷：应付账款 |
| 收到货款时 | 借：银行存款<br>贷：应收账款 | 支付货款并计算代销手续费 | 借：应付账款<br>贷：银行存款<br>其他业务收入——代销手续费<br>应交税费——应交增值税（销项税额） |



## 【考点7.13】销售折让与销售退回（见表7-14）

表7-14 销售折让与销售退回

| | | |
|---|---|---|
| 销售退回 | 尚未确认收入 | 借：库存商品<br>贷：发出商品 |
| | | 若原发出商品时增值税纳税义务已发生，那么：<br>借：应交税费——应交增值税（销项税额）<br>贷：应收账款 |
| | 已确认收入的售出商品 | 借：主营业务收入<br>应交税费——应交增值税（销项税额）<br>贷：银行存款<br>财务费用 |
| | | 借：库存商品<br>贷：主营业务成本 |
| 销售折让 | 尚未确认收入 | 按折让后的金额确认收入 |
| | 已确认收入的售出产品 | 借：主营业务收入<br>应交税费——应交增值税（销项税额）<br>贷：银行存款<br>考试一般不考虑现金折扣产生的财务费用 |

1.【判断题】已确认销售收入的售出商品发生销售折让，且不属于资产负债表日后事项的，企业应在销售折让发生时冲减当期销售商品收入。（　　）

2.【判断题】企业销售商品确认收入后，因质量问题发生的销售折让，应在发生时计入当期损益。（　　）

3.【单选题】企业采用支付手续费方式委托代销商品，委托方确认商品销售收入的时间是（　　）。

A.签订代销协议时

B.发出商品时

C.收到代销清单时

D.收到代销款时

---

1.【答案】√

2.【答案】×

【解析】已确认销售收入的售出商品发生销售折让，且不属于资产负债表日后事项的，应在发生时冲减当期销售商品收入，如按规定允许扣减增值税税额，还应冲减已确认的应交增值税销项税额。

3.【答案】C

【解析】采用支付手续费方式委托代销商品，委托方应于收到代销清单时确认收入。

【考点7.14】可变对价（见表7-15）

表7-15　可变对价

| | | |
|---|---|---|
| （一）可变对价的管理 | 1.可变对价的概念 | 企业与客户的合同中约定的对价金额可能是固定的 |
| | 2.可变对价的情形 | （1）因折扣、价格折让、返利、退款、奖励积分、激励措施、业绩奖金、索赔等因素而变化 |
| | | （2）根据一项或多项或有事项的发生而收取不同对价金额的合同 |
| | 3.可变对价的确认 | 若合同中存在可变对价，企业应当对计入交易价格的可变对价进行估计 |
| | | 确定可变对价的最佳估计数的两种方法：期望值、最有可能发生金额 |
| | | 期望值是按照各种可能发生的对价金额及其相关概率计算确定的金额 |

续表

| | | |
|---|---|---|
| （二）可变对价的账务处理 | 1.销售折让 | 企业发生销售折让的，应冲减当期销售收入和增值税销项税额<br>借：主营业务收入（发生的销售折让金额）<br>应交税费——应交增值税（销项税额）（发生的销售折让金额×增值税税率）<br>贷：应收账款 |
| | 2.商业折扣和现金折扣 | （1）对于商业折扣，企业应按扣除商业折扣后的金额确认收入和增值税销项税额<br>（2）对于现金折扣，一般根据最可能发生的现金折扣率预测其有权获取的对价金额<br>企业应确认的销售商品收入=商品单价×销售数量-商业折扣-现金折扣 |
| | 3.根据期望值预测有权获取的对价金额 | 应确认的销售商品收入=$\sum$（可能发生的对价金额×相关概率）<br>增值税销项税额=销售商品收入×增值税税率 |



## 【考点7.15】在某一时间段内履行履约义务（见表7-16）

表7-16　在某一时间段内履行履约义务

| | |
|---|---|
| 在某一时间段内履行履约义务，应当按照履约进度确认收入，履约进度不能确定的除外。满足右列条件之一的，属于在某一时间段内履行的履约义务 | （1）客户在企业履约的同时即取得并消耗企业履约所带来的经济利益；<br>（2）客户能够控制企业履约过程中在建的商品；<br>（3）企业履约过程中所产出的商品具有不可替代用途，且该企业在整个合同期间内有权就累计至今已完成的履约部分收取款项 |
| 确定履约进度 | （1）应当考虑商品的性质，采用实际测量的完工进度、评估已实现的结果、时间进度、已完工或交付的产品等产出指标；<br>（2）或采用投入的材料数量、花费的人工工时或机器工时、发生的成本和时间进度等投入指标；<br>（3）在确定履约进度时，还应当扣除那些控制权尚未转移给客户的商品和服务 |
| 确认收入 | 在资产负债表日，企业按照合同的交易价格总额乘以履约进度扣除以前会计期间累计已确认的收入后的金额，确认当期收入 |

 


| | |
|---|---|
| 装修等劳务账务处理 | （1）实际发生劳务成本时：<br>借：合同履约成本<br>　贷：应付职工薪酬 |
| | （2）在资产负债表日，按完工进度确认收入，结转成本：<br>借：应收账款/银行存款<br>　贷：主营业务收入<br>　　应交税费——应交增值税（销项税额）<br>借：主营业务成本<br>　贷：合同履约成本 |
| 会员费等账务处理 | （1）收到会员费时：<br>借：银行存款<br>　贷：合同负债 |
| | （2）在资产负债表日，按进度确认收入，同时开具增值税专用发票，收取税款：<br>借：合同负债<br>　银行存款<br>　贷：主营业务收入<br>　　应交税费——应交增值税（销项税额） |

## 【考点7.16】合同取得成本（见表7-17）

表7-17 合同取得成本

| | |
|---|---|
| 合同取得成本 | （1）企业为取得合同发生的增量成本预期能够收回的，应当作为合同取得成本确认为一项资产<br>其中：<br>增量成本是指企业不取得合同就不会发生的成本，如销售佣金等 |
| | （2）企业取得合同发生的增量成本已确认为资产的，应当采用与该资产相关的商品收入确认相同的基础进行摊销，计入当期损益。为简化实务操作，该资产摊销期限不超过一年的，可以在发生时计入当期损益。企业采用该简化处理方法的，应当对所有类似合同一致采用 |
| | （3）企业为取得合同发生的、除预期能够收回的增量成本之外的其他支出，例如，无论是否取得合同均会发生的差旅费、投标费、为准备投标资料发生的相关费用等，应当在发生时计入当期损益，除非这些支出明确由客户承担 |

续表

| | |
|---|---|
| 合同取得成本 | （1）取得合同时，发生一系列费用，应该进行区分，比如取得某咨询合同<br>借：合同取得成本（增量成本，如销售佣金）<br>　　管理费用（尽职调查费）<br>　　销售费用（投标差旅费）<br>　贷：银行存款<br>（2）每月确认服务收入<br>借：应收账款<br>　贷：主营业务收入<br>　　　应交税费——应交增值税（销项税额）<br>（3）按月摊销合同取得成本（销售佣金）<br>借：销售费用<br>　贷：合同取得成本 |

【案例7-2】甲公司是一家咨询公司，其通过竞标赢得一个新客户，为取得该客户的合同，甲公司发生下列支出：

（1）聘请外部律师进行尽职调查的支出为15 000元。（不属于增量成本，计入当期损益）



（2）因投标发生的差旅费为10 000元。（不属于增量成本，计入当期损益）

（3）销售佣金为5 000元。（合同取得成本：确认为一项资产）

甲公司预期这些支出未来能够收回。

（4）甲公司根据其年度销售目标、整体盈利情况及个人业绩等，向销售部门经理支付年度奖金10 000元。（不属于增量成本，计入当期损益）

（5）甲公司为取得新合同支付给员工的提成100元。（属于为取得合同发生的增量成本，且预期能够收回，因此，应当确认为一项资产）

**【考点7.17】合同履约成本（见表7-18）**

【案例7-3】甲公司与乙公司签订合同，为其信息中心提供管理服务，合同期限为5年。在向乙公司提供服务之前，甲公司设计并搭建了一个信息技术平台供其内部使用，该信息技术平台由相关的硬件和软件组成。甲公司需要提供设计方案，将该信息技术平台与乙公司现有的信息系统对接，并进行相关测试。

该平台并不会转让给乙公司，但是将用于向乙公司提供服务。甲公司为该平台的设计、购买硬件和软件以及信息中心的测试发生了成本。

除此之外，甲公司专门指派两名员工，负责向乙公司提供服务。

表7-18　　合同履约成本

| | |
|---|---|
| 企业为履行合同可能发生各种成本，企业在确认收入的同时，应当对成本进行分析，满足右列条件的，应当作为合同履约成本确认为一项资产 | (1) 该成本与一份当前或预期取得的合同直接相关，包括直接人工、直接材料、制造费用或类似费用，明确由客户承担的成本以及仅因该合同而发生的其他成本 |
| | (2) 该成本增加了企业未来用于履行（或持续履行）履约义务的资源 |
| | (3) 该成本预期能够收回 |
| 合同履约成本账务处理 | (1) 发生合同履约成本<br>借：合同履约成本<br>　贷：原材料<br>　　　应付职工薪酬<br>　　　银行存款<br>　　　累计折旧<br>　　　累计摊销<br>(2) 确认收入<br>借：应收账款/银行存款<br>　贷：主营业务收入<br>　　　应交税费——应交增值税（销项税额）<br>(3) 摊销合同履约成本<br>借：主营业务成本<br>　贷：合同履约成本 |
| 企业应当在右列支出发生时，将其计入当期损益 | (1) 管理费用，除非这些费用明确由客户承担 |
| | (2) 非正常消耗的直接材料、直接人工和制造费用（或类似费用），这些支出为履行合同而发生，但未反映在合同价格中 |
| | (3) 与履约义务中已履行（包括已全部履行或部分履行）部分相关的支出，即该支出与企业过去的履约活动相关 |
| | (4) 无法在尚未履行的与已履行（或已部分履行）的履约义务之间区分的相关支出 |

【解析】甲公司为履行合同发生的上述成本中：

①购买硬件和软件的成本应当分别按照固定资产和无形资产进行会计处理。

②设计服务成本和信息中心的测试成本不属于其他准则的范围，但是这些成本与履行该合同直接相关，并且增加了甲公司未来用于履行履约义务（即提供管理服务）的资源，如果甲公司预期该成本可通过未来提供服务收取的对价收回，则甲公司应当将这些成本确认为一项资产。

③甲公司向两名负责该项目的员工支付的工资费用，虽然与向乙公司提供服务有关，但是由于其并未增加企业未来用于履行履约义务的资源，因此，应

当于发生时计入当期损益。

## 【考点7.18】收入与费用对比表（见表7-19）

表7-19　　收入与费用对比表

| 项目 | 收入 | 费用 |
|---|---|---|
| 日常活动 | √ | √ |
| 所有者权益 | 增加 | 减少 |
| 经济利益 | 总流入 | 总流出 |
| 其他 | 与投入资本无关 | 与分配利润无关 |

【多选题】下列各项中，属于工业企业营业收入的有（　　）。

A.债权投资的利息收入

B.出租无形资产的租金收入

C.销售产品取得的收入

D.出售无形资产的净收益

【答案】BC

【解析】选项A记入“投资收益”；选项B记入“其他业务收入”；选项C记入“主营业务收入”；选项D记入“资产处置损益”；选项B、C属于工业企业的营业收入。



## 【考点7.19】营业成本与税金及附加（见表7-20）

表7-20　　营业成本与税金及附加

| | |
|---|---|
| 营业成本内容 | 1.主营业务成本<br>2.其他业务成本 |
| 主营业务成本 | 期末，结转至本年利润<br>借：本年利润<br>　贷：主营业务成本 |
| 其他业务成本 | 出售包装物（单独计价）时：<br>借：银行存款<br>　贷：其他业务收入<br>　　　应交税费——应交增值税（销项税额）<br>结转出售包装物成本：<br>借：其他业务成本<br>　贷：周转材料<br>期末结转成本到本年利润：<br>借：本年利润<br>　贷：其他业务成本 |
| 税金及附加 | 包括消费税、城市维护建设税、教育费附加、资源税和房地产开发企业销售房地产应缴纳的土地增值税等 |
| | 不包括增值税和所得税 |

1.【单选题】下列各项中，制造业企业应记入“其他业务成本”的是（　　）。

A.经营性出租固定资产的折旧费

B.存货盘亏净损失

C.台风造成的财产净损失

D.公益性捐赠支出

2.【多选题】下列各项中，应列入利润表“营业成本”项目的有（　　）。

A.随同商品出售单独计价的包装物成本

B.销售材料的成本

C.商品流通企业销售外购商品的成本

D.随同商品出售不单独计价的包装物成本

3.【多选题】下列各项中，应记入工业企业“其他业务成本”的有（　　）。

A.结转销售原材料的成本

B.结转销售商品的成本

C.经营性出租固定资产的折旧费

D.结转随同产品出售单独计价的包装物成本

4.【多选题】下列各项中，影响利润表“营业成本”项目本期金额的有（　　）。

A.销售原材料的成本

B.转销已售商品相应的存货跌价准备

C.出租非专利技术的摊销额

D.出售商品的成本

5.【多选题】下列各项中，企业应通过“其他业务成本”科目核算的有（　　）。

A.销售原材料所结转的实际成本

B.预计的产品质量保证损失

C.采用成本模式进行后续计量的投资性房地产计提的折旧

D.行政管理部门发生的固定资产修理费

6.【多选题】下列应计入利润表中“税金及附加”项目的有（　　）。

A.制造业企业转让自用房产应缴纳的土地增值税

B.交通运输企业提供运输服务应缴纳的增值税

C.天然气企业对外出售天然气应缴纳的资源税

D.拥有并使用车船的制造业企业应缴纳的车船税

7.【单选题】2020年12月份，某公司发生相关税金及附加如下：城市维护建设税为3.5万元，教育费附加为1.5万元，房产税为20万元，车船税为3万元，不考虑其他因素，2020年12月份利润表“税金及附加”项目本期金额为

（　　）万元。

A.25　　　　B.23

C.28　　　　D.5

1.【答案】A

【解析】选项B管理不善导致的存货盘亏净损失计入管理费用；选项C非常损失如自然灾害等原因造成的财产净损失记入“营业外支出”；选项D公益性捐赠支出记入“营业外支出”。

2.【答案】ABC

【解析】营业成本包括主营业务成本和其他业务成本。选项A、B记入“其他业务成本”；选项C记入“主营业务成本”；选项D随同商品出售不单独计价的包装物，应按实际成本记入“销售费用”。

3.【答案】ACD

【解析】选项B，结转销售商品的成本记入“主营业务成本”。

4.【答案】ABCD

【解析】销售原材料的成本记入“其他业务成本”，影响利润表“营业成本”项目，选项A正确；转销已售商品相应的存货跌价准备记入“主营业务成本”，影响利润表“营业成本”项目，选项B正确；出租非专利技术的摊销额，记入“其他业务成本”，影响利润表“营业成本”项目，选项C正确；出售商品的成本，记入“主营业务成本”，影响利润表“营业成本”项目，选项D正确。

5.【答案】AC

【解析】选项B记入“销售费用”；选项D记入“管理费用”。

6.【答案】CD

【解析】选项A，应记入“固定资产清理”；选项B，应记入“应交税费”等科目。

7.【答案】C

【解析】税金及附加包括消费税、城市维护建设税、教育费附加、资源税、房产税、车船税、城镇土地使用税、印花税等。2020年12月份利润表“税金及附加”项目本期金额=3.5+1.5+20+3=28（万元）。

## 【考点7.20】期间费用（见表7-21）

表7-21　期间费用

<table>
<tr><th>销售费用</th><th colspan="2">管理费用</th><th>财务费用</th><th>账务处理</th></tr>
<tr><td>销售过程和销售机构发生的费用</td><td colspan="2">管理过程和管理机构发生的费用</td><td>筹集生产经营资金发生的筹资费用</td><td rowspan="7">1.发生时：<br>借：销售费用<br>　　管理费用<br>　贷：银行存款<br>　　　应付账款<br>　　　应付职工薪酬<br>　　　累计折旧<br>　　　累计摊销等<br>借：财务费用<br>　贷：银行存款<br>　　　应付利息<br>2.结转费用到本年利润：<br>借：本年利润<br>　贷：销售费用<br>　　　管理费用<br>　　　财务费用</td></tr>
<tr><td rowspan="4">保险费、包装费、展览费和广告费、商品维修费、预计产品质量保证损失、运输费、装卸费等以及为销售本企业商品而专设的销售机构（含销售网点、售后服务网点等）的职工薪酬、业务费、折旧费等经营费用</td><td>筹建期间</td><td>开办费，包括筹建期间人员工资、办公费、培训费、差旅费、印刷费、注册登记费以及不符合资本化条件的借款费用等</td><td>1.利息</td></tr>
<tr><td>管理部门</td><td>包括行政管理部门职工工资及福利费、物料消耗、低值易耗品摊销、办公费和差旅费等</td><td>2.汇兑损益</td></tr>
<tr><td>行政管理部门负担的工会经费、董事会费</td><td>包括董事会成员津贴、会议费和差旅费等</td><td>3.相关金融机构的手续费</td></tr>
<tr><td>其他</td><td>技术转让费、研究费用等；<br>企业生产车间和行政管理部门发生的固定资产修理费用</td><td>4.发生或收到的现金折扣</td></tr>
<tr><td>销售时，销售方代（购货方）垫运费<br>借：应收账款<br>　贷：银行存款</td><td colspan="2" rowspan="2">对于国家规定了计提基础和计提比例的医疗、工伤保险费、生育保险费等社会保险费和住房公积金，以及按规定提取的工会经费和职工教育经费，按照受益对象计入当期损益或相关资产成本，借记“生产成本”“制造费用”“销售费用”“管理费用”等科目</td><td rowspan="2">注意：利息资本化支出记入“在建工程”等</td></tr>
<tr><td>销售方承担的运费<br>借：销售费用<br>　贷：银行存款</td></tr>
</table>

1.【单选题】下列各项中，应记入企业“管理费用”的是（　　）。

A.收回应收账款发生的现金折扣

B.处置无形资产净损失

C.生产车间机器设备的折旧费

D.生产车间发生的排污费

2.【单选题】企业将持有的不带息商业汇票向银行申请贴现，支付给银行的贴现利息应记入的会计科目是（　　）。

A.“财务费用”　　B.“管理费用”

C.“投资收益”　　D.“营业外支出”

3.【单选题】下列各项中，不属于“财务费用”科目核算内容的是（　　）。

A.短期借款利息支出

B.销售商品发生的现金折扣

C.办理银行承兑汇票支付的手续费

D.发生的业务招待费

4.【单选题】企业为采购存货签发银行承兑汇票而支付的手续费应计入（　　）。

A.管理费用　　B.财务费用

C.营业外支出　　D.采购存货成本



5.【多选题】下列各项中，应记入“销售费用”的有（　　）。

A.预计产品质量保证损失

B.销售产品为购货方代垫的运费

C.结转随同产品出售不单独计价的包装物成本

D.专设销售机构固定资产折旧费

6.【多选题】下列各项中，资产的净损失报经批准应记入“管理费用”的有（　　）。

A.火灾事故造成的库存商品毁损

B.自然灾害造成的包装物毁损

C.属于一般经营损失的原材料毁损

D.无法查明原因的现金短缺

7.【单选题】企业为建造固定资产发行债券，在固定资产达到预定可使用状态前发生的不符合资本化条件的债券利息，应记入的会计科目是（　　）。

A.“财务费用”　　B.“研发支出”

C.“制造费用”　　D.“在建工程”

8.【单选题】下列各项中，应记入“销售费用”的是（　　）。

A.推广新产品的宣传费

B.销售商品发生的商业折扣

C.销售商品发生的销售折让

D.销售产品发生的现金折扣

9.【判断题】企业对外转让国有土地使用权、地上建筑物及附着物并取得增值性收入应缴纳的土地增值税应列入利润表“管理费用”项目。（ ）

10.【多选题】下列各项中，应记入“财务费用”的有（ ）。

A.银行承兑汇票手续费　　B.购买交易性金融资产手续费

C.外币应收账款汇兑损失　　D.商业汇票贴现发生的贴现息

11.【单选题】甲公司在2019年2月份处置资产的情况如下：处置固定资产获得的净收益为20万元，处置无形资产获得的净收益为2万元，处置交易性金融资产获得的净收益为10万元，出售库存商品获得的净收益为5万元。则甲公司本月应记入“资产处置损益”科目的金额为（ ）万元。

A.20　　B.22

C.32　　D.37

---

1.【答案】D

【解析】选项A记入“财务费用”，选项B记入“资产处置损益”，选项C记入“制造费用”。

2.【答案】A

【解析】商业汇票的贴现息记入“财务费用”。

3.【答案】D

【解析】财务费用是指企业为筹集生产经营所需资金等而发生的筹资费用，包括利息支出（减利息收入）（选项A）、汇兑损益以及相关的手续费（选项C）、企业发生的现金折扣（选项B）等。业务招待费属于管理费用的内容，故选择选项D。

4.【答案】B

【解析】签发银行承兑汇票而支付的手续费应记入“财务费用”。

5.【答案】ACD

【解析】销售商品为购货方代垫的运费，记入“应收账款”。

6.【答案】ACD

【解析】自然灾害造成的包装物毁损，计入营业外支出。

7.【答案】A

【解析】由于债券利息不符合资本化条件，所以债券利息应记入“财务费用”。

8.【答案】A

【解析】选项B，发生的商业折扣直接从售价中扣减；选项C，发生的销售折让冲减发生当期的收入；选项D，发生的现金折扣增加财务费用。

9.【答案】×

【解析】记入“固定资产清理”。

10.【答案】ACD

【解析】选项B，记入“投资收益”。

11.【答案】B

【解析】甲公司本月应记入“资产处置损益”科目的金额=20+2=22（万元）。

## 【考点7.21】营业外收支

营业外收入与营业外支出对比见表7-22。

表7-22　营业外收入与营业外支出对比表

| 营业外收入 | 营业外支出 |
|---|---|
| 与其日常活动无直接关系的各项利得 | 与其日常活动无直接关系的各项损失 |
| 非流动资产（固定资产、无形资产）报废利得 | 非流动资产（固定资产、无形资产）报废损失 |
| 政府补助 | 罚款支出 |
| 盘盈（现金）利得 | 盘亏（固定资产）损失 |
| 捐赠利得 | 公益性捐赠支出 |
| 确实无法支付的应付账款 | 非常损失 |



1.【单选题】下列各项中，应计入营业外支出的是（　　）。

A.合同违约金　　B.法律诉讼费

C.出租无形资产的摊销额　　D.广告宣传费

2.【单选题】下列各项中，应通过“营业外支出”科目核算的是（　　）。

A.采购人员差旅费　　B.销售部门业务招待费

C.外币存款汇兑损失　　D.公益性捐赠支出

3.【单选题】甲企业2018年度实现主营业务收入200万元，其他业务收入120万元，计提的资产减值损失为48万元，计提的消费税、城市维护建设税和教育费附加共计15万元，发生的生产车间固定资产日常修理费用8万元、广告费12万元、行政罚款8万元、国债利息收入51万元，则甲企业2018年度税前会计利润为（　　）万元。

A.296　　　　B.280

C.260　　　　D.237

---

1.【答案】A

【解析】选项B计入管理费用；选项C计入其他业务成本；选项D计入销售费用。

2.【答案】D

【解析】选项A计入管理费用；选项B计入管理费用；选项C计入财务费用。

3.【答案】B

【解析】行政罚款计入营业外支出，国债利息收入计入投资收益。甲企业2018年度税前会计利润=200+120−48−15−8−12−8+51=280（万元），选项B正确。

## 【考点7.22】所得税费用（见表7-23）

表7-23　所得税费用

<table>
<tr><td colspan="2">内容</td><td colspan="2">应纳税所得额＝税前会计利润（利润表：利润总额）+纳税调整增加额-纳税调整减少额</td></tr>
<tr><td>1.当期所得税</td><td>应交所得税＝应纳税所得额×所得税税率</td><td>纳税调整增加额</td><td>纳税调整减少额</td></tr>
<tr><td>2.递延所得税</td><td>递延所得税负债、递延所得税资产</td><td>职工福利费、工会经费、职工教育经费、业务招待费、公益性捐赠支出、广告费和业务宣传费</td><td>前五年内未弥补的亏损</td></tr>
<tr><td colspan="2">所得税费用＝当期所得税+递延所得税</td><td>税收滞纳金、罚款、罚金</td><td>国债利息收入</td></tr>
<tr><td colspan="4">借：所得税费用<br>　贷：应交税费——应交所得税<br>　　　递延所得税负债（可能在借方）<br>　　　递延所得税资产（可能在借方）</td></tr>
</table>

1.【单选题】2021年某企业取得债券投资利息收入15万元，其中国债利息收入5万元，全年税前利润总额为150万元，所得税税率为25%，不考虑其

他因素，2021年该企业的净利润为（　　）万元。

A.112.5　　B.113.75

C.116.75　　D.111.25

2.【判断题】利润表中“所得税费用”项目的本期金额等于当期所得税，而不应考虑递延所得税。（　　）

3.【单选题】甲公司2018年度利润总额为800万元，所得税税率为25%，当年实际分配并发放给职工的工资为300万元，拨付的工会经费是5万元，递延所得税资产年初余额为20万元，年末余额为30万元，递延所得税负债年初余额是50万元，年末余额为80万元，假定甲公司无其他纳税调整项目，并且递延所得税资产和递延所得税负债均与所得税费用相关，则甲公司的所得税费用为（　　）万元。

A.200　　B.250

C.220　　D.280

---

1.【答案】B

【解析】2021年该企业的净利润=150−（150−5）×25%=113.75（万元）。

2.【答案】×

【解析】根据企业会计准则的规定，计算确定的当期所得税和递延所得税之和，即为应从当期利润总额中扣除的所得税费用。



3.【答案】C

【解析】准予扣除的工会经费=300×2%=6（万元）>实际发生的工会经费5万元，不需要纳税调整，当期应交所得税=800×25%=200（万元），递延所得税=（80−50）−（30−20）=20（万元），甲公司2018年的所得税费用=200+20=220（万元），选项C正确。

**【考点7.23】结转本年利润（见表7-24）**

表7-24　　结转本年利润

| | | |
|---|---|---|
| 方法 | 表结法 | 各损益类科目每月月末只需结计出本月发生额和月末累计余额，不结转到“本年利润”科目 |
| | | 每月月末要将损益类科目的本月发生额合计数填入利润表的本月数栏 |
| | | 将本月月末累计余额填入利润表的本年累计数栏，通过利润表计算反映各期的利润（或亏损） |

<table>
<tr><td rowspan="4">方法</td><td rowspan="4">账结法</td><td colspan="2">每月月末均需编制转账凭证，将在账上结计出的各损益类科目的余额结转入“本年利润”科目</td></tr>
<tr><td colspan="2">结转后“本年利润”科目的本月余额反映当月实现的利润或发生的亏损</td></tr>
<tr><td colspan="2">年度终了，将“本年利润”科目的本年累计余额转入“利润分配——未分配利润”科目</td></tr>
<tr><td colspan="2">结转后“本年利润”科目应无余额</td></tr>
<tr><td rowspan="3">会计处理</td><td colspan="2">（1）将各损益类科目年末余额结转入“本年利润”科目：</td><td>（2）确认所得税费用：<br>借：所得税费用<br>贷：应交税费——应交所得税</td></tr>
<tr><td rowspan="2">①结转各项收入、利得类科目：<br>借：主营业务收入<br>其他业务收入<br>公允价值变动损益<br>投资收益<br>营业外收入<br>贷：本年利润</td><td rowspan="2">②结转各项费用、损失类科目：<br>借：本年利润<br>贷：主营业务成本<br>其他业务成本<br>税金及附加<br>销售费用<br>管理费用<br>财务费用<br>资产减值损失<br>营业外支出</td><td>（3）将所得税费用结转入“本年利润”科目：<br>借：本年利润<br>贷：所得税费用</td></tr>
<tr><td>（4）将“本年利润”科目年末余额转入“利润分配——未分配利润”科目：<br>借：本年利润<br>贷：利润分配——未分配利润</td></tr>
</table>

1.【单选题】某工业企业2021年度主营业务收入为3 000万元，营业成本为2 500万元，其他业务收入为20万元，其他业务成本为10万元，销售商品发生现金折扣10万元，营业外收入为20万元，支付税收滞纳金10万元，所得税税率为25%。该企业2018年度的净利润应为（　　）万元。

A.375　　B.382.5

C.386.2　　D.387.5

2.【单选题】下列各项中，关于结转本年利润的方法表述不正确的是（　　）。

A.表结法减少了月末转账环节工作量，且不影响利润表的编制

B.账结法无须每月编制转账凭证，仅在年末一次性编制

C.表结法下每月月末需将损益类科目本月发生额合计数填入利润表的本月数栏

D.期末结转本年利润的方法有表结法和账结法两种

1.【答案】D

【解析】该企业2021年企业所得税=（3 000−2 500+20−10+20）×25%=132.5（万元），净利润=（3 000−2 500+20−10+20−10）−132.5=387.5（万元）。因为本题给出了营业成本为2 500（万元），其中包括了其他业务成本10万元，所以不单独减去其他业务成本10万元。本题中：销售商品发生现金折扣计入财务费用，支付税收滞纳金计入营业外支出，在计算所得税时，税收滞纳金是纳税调增项目，不得减去。

2.【答案】B

【解析】账结法需要每月末都编制转账凭证，而表结法不需要每月月末编制，仅在年末一次性编制。

## 不定项选择题

### 收入的确认

（一）

艾翰公司为增值税一般纳税人，确认收入的同时结转成本。为促进销售，该公司承诺客户购买3 000件以上给予10%的商业折扣。



2021年11月份，艾翰公司发生如下经济业务：

（1）5日，向承德公司销售产品4 000件，不含税单价为500元，单位成本为300元，符合收入确认条件。合同规定的现金折扣条件为“2/10，1/20，N/30”，计算现金折扣不考虑增值税。16日，收到承德公司支付的购货款项。

（2）18日，接受星驰公司委托为其代销M商品150件，每件成本为1万元。合同约定艾翰公司应按每件不含税售价1.2万元销售M商品，按照不含税售价的5%收取手续费。28日，艾翰公司已对外实际销售M商品100件，开出的增值税专用发票上注明的价款为120万元，增值税税额为15.6万元，款项已收存银行。30日，艾翰公司向星驰公司开具代销清单，同时收到星驰公司开具的一张相同金额的增值税专用发票，发票已通过税务机关认证。提供代销服务的艾翰公司向星驰公司开具的增值税专用发票上注明的价款为6万元，增值税税额为0.36万元。艾翰公司与星驰公司之间的结算款项均以银行存款支付。

（3）20日，收到10月份已确认销售收入但因质量问题被退回的500件产品，该产品不含税单价为500元，单位成本为300元。艾翰公司同意退货，当日办妥了相关手续，并开具了增值税专用发票（红字）。该批商品在销售时买方未享受商业折扣。

（4）30日，销售材料一批，开具的增值税专用发票上注明的价款为18万元，增值税税额为2.34万元，款项已存入银行，该批材料的成本为15万元。

要求：根据上述资料，不考虑其他因素，分析回答下列小题。

1.【单选题】根据期初资料及资料（1），艾翰公司11月5日销售产品应确认的主营业务收入是（　　）万元。

A.200　　B.180

C.178.2　　D.198

2.【多选题】根据资料（2），下列各项中，艾翰公司受托代销商品会计处理正确的是（　　）。

A.收到代销商品时：

借：受托代销商品　　1 800 000

　贷：应付账款　　1 800 000

B.支付货款并计算代销手续费时：

借：应付账款　　1 392 000

　贷：银行存款　　1 328 400

　　其他业务收入　　60 000

　　应交税费——应交增值税（销项税额）　　3 600

C.对外销售代销商品时：

借：银行存款　　1 392 000

　贷：受托代销商品　　1 200 000

　　应交税费——应交增值税（销项税额）　　192 000

D.收到星驰公司开具的增值税专用发票时：

借：应付账款　　192 000

　贷：应交税费——应交增值税（销项税额）　　192 000

3.【多选题】根据期初资料和资料（3），下列各项中，艾翰公司收到退回产品会计处理表述正确的是（　　）。

A.增加库存商品15万元　　B.冲减主营业务成本15万元

C.冲减主营业务收入25万元　　D.冲减增值税销项税额3.25万元

4.【多选题】根据资料（4），下列各项中，艾翰公司销售原材料会计处理结果正确的是（　　）。

A.结转主营业务成本15万元　　B.确认主营业务收入18万元

C.确认其他业务收入18万元　　D.结转其他业务成本15万元

5.【单选题】根据期初资料和资料（1）至（4），艾翰公司列入11月份利润表中“营业收入”项目本期金额的是（　　）万元。

A.155　　B.179

C.175　　D.199

1.【答案】B

【解析】销售产品应确认的主营业务收入=500×4 000×（1−10%）=1 800 000（元）=180（万元）。

2.【答案】BC

【解析】

收到受托代销商品时：

借：受托代销商品　　1 800 000（12 000×150）

　贷：受托代销商品款　　1 800 000

对外销售时：

借：银行存款　　1 392 000

　贷：受托代销商品　　1 200 000

　　　应交税费——应交增值税（销项税额）　　192 000

收到星驰公司开具的增值税专用发票时：

借：应交税费——应交增值税（进项税额）　　192 000

　贷：应付账款　　192 000

借：受托代销商品款　　1 200 000

　贷：应付账款　　1 200 000

支付货款并计算代销手续费时：

借：应付账款　　1 392 000

　贷：银行存款　　1 328 400

　　　其他业务收入　　60 000

　　　应交税费——应交增值税（销项税额）　　3 600

3.【答案】ABCD

【解析】

借：主营业务收入　　250 000

　　应交税费——应交增值税（销项税额）　　32 500

　贷：应收账款/银行存款　　282 500

借：库存商品　　150 000

　贷：主营业务成本　　150 000

4.【答案】CD

【解析】

借：银行存款　　203 400

贷：其他业务收入　　180 000

　　应交税费——应交增值税（销项税额）　　23 400

借：其他业务成本　　150 000

　　贷：库存商品　　150 000

5.【答案】B

【解析】艾翰公司列入11月份利润表中“营业收入”项目本期金额=180+6−25+18=179（万元）。

**（二）**

艾致公司为一家制造业企业，商品销售全部符合收入确认条件，销售成本月末一次结转，M产品的单位成本为80元。2021年7月份该公司发生下列业务：

（1）1日，向承德公司销售M产品8 000件，开具的增值税专用发票上注明的价款为80万元，增值税税额为10.4万元。商品当日已发出，艾致公司上月份已预收承德公司30万元货款，余款于当日收讫并存入银行。

（2）3日，与元恺公司签订一份劳务合同，期限为9个月，合同总收入225万元（不含增值税），已预收135万元，该项劳务交易结果能够可靠估计，艾致公司采用完工百分比法确认劳务收入。完工进度按照已发生成本占估计总成本的比例确定。截至7月31日已发生成本32万元，预计完成该合同义务还将发生成本128万元。

（3）5日，采用托收承付方式向德华公司销售M产品7 500件，开具的增值税专用发票上注明的价款为75万元，增值税税额为9.75万元。销售合同中规定的现金折扣条件为“2/10，1/20，N/30”。10日，收到德华公司支付的款项存入银行，计算现金折扣不考虑增值税。

（4）6日，按照与戊公司签订的租赁合同，以经营租赁方式将上月初取得的一台拟自用的生产设备出租给戊公司。31日收取当月租金2万元（不含增值税）存入银行。该设备原价60万元，预计净残值为零，采用年限平均法按10年计提折旧，未计提减值准备。

要求：根据上述资料，不考虑其他因素，分析回答下列小题。

1.【多选题】根据期初资料和资料（1），下列各项中，艾致公司会计处理正确的是（　　）。

A.借：银行存款　　300 000

　　贷：主营业务收入　　258 600

　　　　应交税费——应交增值税（销项税额）　　41 400

B.借：银行存款　　628 000

　　贷：主营业务收入　　541 400

　　　　应交税费——应交增值税（销项税额）　　86 600

C.上月收到预收货款时

借：银行存款　　300 000

　贷：合同负债　　300 000

D.1日发出商品收到余款时

借：合同负债　　300 000

　　银行存款　　604 000

　贷：主营业务收入　　800 000

　　　应交税费——应交增值税（销项税额）　　104 000

2.【单选题】根据资料（2），2018年7月艾致公司应确认的劳务收入是（　）万元。

A.45　　B.225

C.32　　D.135

3.【多选题】根据期初资料和资料（3），下列各项中，关于艾致公司会计处理结果表述正确的是（　）。

A.5日，确认商品销售收入75万元

B.10日，确认财务费用1.5万元

C.5日，确认商品销售收入73.5万元

D.10日，确认财务费用0.75万元



4.【多选题】根据资料（4），下列各项中，关于艾致公司会计处理结果表述正确的是（　）。

A.当月出租设备计提折旧确认制造费用6万元

B.当月出租设备计提折旧确认其他业务成本0.5万元

C.当月收取租金确认营业外收入2万元

D.当月收取租金确认其他业务收入2万元

5.【多选题】根据期初资料和资料（1）至（4），2018年7月艾致公司利润表中下列项目本期金额计算结果正确的是（　）。

A.营业收入为202万元

B.营业收入为200万元

C.营业成本为156万元

D.营业成本为156.5万元

---

1.【答案】CD

【解析】上月收到预收货款时：

借：银行存款　　300 000

　贷：合同负债　　300 000

向承德公司销售商品的账务处理：

借：合同负债　300 000

　　银行存款　604 000

　贷：主营业务收入　800 000

　　　应交税费——应交增值税（销项税额）　104 000

借：主营业务成本　640 000

　贷：库存商品　640 000

2.【答案】A

【解析】截至7月31日的完工进度=32÷（32+128）×100%=20%；应确认的劳务收入=225×20%=45（万元）。

3.【答案】AB

【解析】5日向德华公司销售M产品时：

借：应收账款　847 500

　贷：主营业务收入　750 000

　　　应交税费——应交增值税（销项税额）　97 500

借：主营业务成本　600 000

　贷：库存商品　600 000

10日收到款项时：

借：银行存款　832 500

　　财务费用　15 000（750 000×2%）

　贷：应收账款　847 500

4.【答案】BD

【解析】31日出租设备收取租金时，确认其他业务收入2万元，计提折旧计入其他业务成本=60÷10÷12=0.5（万元）。

5.【答案】AD

【解析】2021年7月利润表项目中：

营业收入=80（资料1）+45（资料2）+75（资料3）+2（资料4）=202（万元）；

营业成本=64（资料1）+32（资料2）+60（资料3）+0.5（资料4）=156.5（万元）。

（三）

艾凯公司为增值税一般纳税人，适用的增值税税率为13%，该公司主营业务为经销W产品并按实际成本核算。W产品的售价中不包含增值税，确认收入的同时结转销售成本。2021年该公司发生的经济业务如下：

（1）3月1日，收到敏才公司预付货款1 100万元。3月2日，向敏才公司

发出一批W产品，按产品价目表上的标价计算其总价为1 000万元，由于是成批销售，艾凯公司给予敏才公司10%的商业折扣，当日开出增值税专用发票。发出的商品符合收入确认条件，该批产品成本总额为800万元。

（2）5月1日，向安澜公司赊销W产品一批，合同约定的现金折扣条件为“2/10，1/20，N/30”（计算现金折扣时不考虑增值税），开出的增值税专用发票上注明价款为1 000万元，增值税税额为130万元，该批产品成本总额为700万元。W产品已发出，符合收入确认条件，艾凯公司于5月7日收到安澜公司上述款项。

（3）9月10日，向德华公司赊销W产品一批，开出的增值税专用发票上注明价款为2 000万元，增值税税额为260万元，款项尚未收到，该批产品成本为1 500万元。由于德华公司财务状况不稳定，收回款项存在较大的不确定性，不符合收入确认条件。

（4）10月15日，德华公司发现上述产品存在质量问题，要求给予10%的销售折让，艾凯公司同意后开出增值税专用发票（红字）。德华公司承诺近期付款，收入确认条件已经满足。

要求：根据上述资料，不考虑其他因素，分析回答下列小题。

1.【多选题】根据资料（1），下列各项中，关于艾凯公司向敏才公司销售产品的会计处理正确的是（　　）。



A.3月1日收到预付款项时

借：银行存款　　10 170 000

　贷：主营业务收入　　9 000 000

　　应交税费——应交增值税（销项税额）　　1 170 000

B.3月2日发出商品时

借：合同负债　　10 170 000

　贷：主营业务收入　　9 000 000

　　应交税费——应交增值税（销项税额）　　1 170 000

C.3月1日收到预付款项时

借：银行存款　　11 000 000

　贷：合同负债　　11 000 000

D.3月2日发出商品时

借：主营业务成本　　8 000 000

　贷：库存商品　　8 000 000

2.【多选题】根据资料（2），下列各项中，艾凯公司向安澜公司赊销W产品相关科目的会计处理结果正确的是（　　）。

A.5月1日，贷记“主营业务收入”科目1 000万元

B.5月7日，借记“财务费用”科目20万元

C.5月7日，借记“银行存款”科目1 110万元

D.5月1日，借记“应收账款”科目1 130万元

3.【多选题】根据资料（3），下列各项中，关于艾凯公司向德华公司赊销W产品，相关科目的会计处理结果正确的是（　　）。

A.“主营业务成本”科目1 500万元

B.“发出商品”科目2 000万元

C.“应收账款”科目260万元

D.“发出商品”科目1 500万元

4.【多选题】根据资料（4），下列各项中，关于艾凯公司同意销售折让并确认收入，相关科目的会计处理结果正确的是（　　）。

A.“主营业务收入”科目2 000万元

B.“发出商品”科目1 500万元

C.“库存商品”科目1 500万元

D.“主营业务成本”科目1 500万元

5.【多选题】根据资料（1）至（4），下列各项中，艾凯公司2019年销售W产品在“利润表”相关项目列示正确的是（　　）。

A.营业成本为3 020万元　　B.营业收入为3 680万元

C.营业收入为3 700万元　　D.营业成本为3 000万元

---

1.【答案】BCD

【解析】3月1日，收到预付货款：

借：银行存款　　11 000 000

　贷：合同负债　　11 000 000

3月2日，向敏才公司发出销售商品：

借：合同负债　　10 170 000

　贷：主营业务收　　9 000 000

　　应交税费——应交增值税（销项税额）　　1 170 000

借：主营业务成本　　8 000 000

　贷：库存商品　　8 000 000

2.【答案】ABCD

【解析】5月1日赊销商品：

借：应收账款　　11 300 000

　贷：主营业务收入　　10 000 000

　　应交税费——应交增值税（销项税额）　　1 300 000

借：主营业务成本　　7 000 000

　贷：库存商品　　7 000 000

5月7日收到上述赊销商品款：

借：银行存款　　11 100 000

　财务费用　　200 000

　贷：应收账款　　11 300 000

3.【答案】CD

【解析】9月10日，向德华公司赊销商品不符合收入确认条件：

借：发出商品　　15 000 000

　贷：库存商品　　15 000 000

借：应收账款　　2 600 000

　贷：应交税费——应交增值税（销项税额）　　2 600 000

4.【答案】BD

【解析】10月15日，德华公司承诺付款，艾凯公司确认销售：

借：应交税费——应交增值税（销项税额）　　260 000

　贷：应收账款　　260 000

借：应收账款　　18 000 000

　贷：主营业务收入　　18 000 000

借：主营业务成本　　15 000 000

　贷：发出商品　　15 000 000



5.【答案】CD

【解析】营业收入=900（资料1）+1 000（资料2）+1 800（资料3、4）=3 700（万元），营业成本=800（资料1）+700（资料2）+1 500（资料3、4）=3 000（万元）。

**（四）**

安澜企业为增值税一般纳税人，适用的增值税税率为13%，销售商品和提供劳务均为主营业务。发出商品成本按月末一次加权平均法计算，原材料采用计划成本核算。2021年12月该企业发生如下经济业务：

（1）1日，库存商品结存数量为1 000件，单位生产成本为21元；本月生产完工验收入库商品2 000件，单位生产成本为24元；本月发出商品2 800件，其中2 000件符合收入确认条件并已确认收入，其余部分未满足收入确认条件。

（2）15日，将仓库积压的一批原材料出售，开具的增值税专用发票上注明的售价为20 000元，增值税税额为2 600元，款项已存入银行。该批原材料的计划成本为18 000元，材料成本差异率为-2%。

（3）20日，将自产的空气净化器作为福利发放给专设销售机构的30名职工，每人1台，每台不含增值税的市场售价为15 000元，生产成本为10 000元。

（4）31日，确认劳务收入，本月月初与乙企业签订一项安装工程合同，合同总价款为160 000元，合同签订时预收劳务款50 000元，至月末累计发生劳务支出60 000元，工程尚未完工，预计至完工还需要发生劳务支出40 000元，年末乙企业发生财务困难，余款能否支付难以确定（假定不考虑增值税）。

要求：根据上述资料，不考虑其他因素，分析回答下列小题。

1.【多选题】根据资料（1），安澜企业会计处理结果正确的是（　　）。

A.月末结转的商品销售成本为64 400元

B.本月发出商品的单位成本为23元

C.本月发出商品的单位成本为21元

D.月末结转的商品销售成本为46 000元

2.【单选题】根据资料（2），安澜企业应结转的原材料实际成本是（　　）元。

A.18 000　　　　B.17 640

C.18 360　　　　D.20 000

3.【多选题】根据资料（3），安澜企业会计处理正确的是（　　）。

A.确认空气净化器产品作为福利时：

借：销售费用　　358 500

　贷：应付职工薪酬——非货币性福利　　358 500

B.实际发放空气净化器产品时：

借：应付职工薪酬——非货币性福利　　358 500

　贷：库存商品　　300 000

　　应交税费——应交增值税（销项税额）　　58 500

C.实际发放空气净化器产品时：

借：应付职工薪酬——非货币性福利　　508 500

　贷：主营业务收入　　450 000

　　应交税费——应交增值税（销项税额）　　58 500

借：主营业务成本　　300 000

　贷：库存商品　　300 000

D.确认空气净化器产品作为福利时：

借：销售费用　　508 500

　贷：应付职工薪酬——非货币性福利　　508 500

4.【多选题】根据资料（4），安澜企业安装工程业务的会计处理正确的是（　　）。

A.结转劳务成本60 000元　　　　B.确认主营业务收入50 000元

C.确认劳务收入96 000元　　　　D.结转劳务成本31 250元

5.【单选题】根据资料（1）至（4），安澜企业2018年12月当月利润表中“营业成本”项目的本期金额是（ ）元。

A.395 610　　B.423 640

C.442 760　　D.442 040

---

1.【答案】BD

【解析】本月发出商品的单位成本=（月初结存商品成本+本月完工入库商品成本）÷（月初结存商品数量+本月完工入库商品数量）=（1 000×21+2 000×24）÷（1 000+2 000）=23（元），月末结转的商品销售成本=2 000×23=46 000（元）。

2.【答案】B

【解析】安澜企业应结转的原材料实际成本=计划成本×（1+材料成本差异率）=18 000×（1−2%）=17 640（元）。

3.【答案】CD

【解析】将自产空气净化器作为福利发放给专设销售机构职工，应作视同销售处理。

确认空气净化器产品作为福利时：

借：销售费用　　508 500

　贷：应付职工薪酬——非货币性福利　　508 500



实际发放空气净化器产品时：

借：应付职工薪酬——非货币性福利　　508 500

　贷：主营业务收入　　450 000（15 000×30）

　　应交税费——应交增值税（销项税额）　　58 500（15 000×30×13%）

借：主营业务成本　　300 000（10 000×30）

　贷：库存商品　　300 000

4.【答案】AB

【解析】安装工程业务确认收入、结转成本的相关会计处理为：

借：合同负债　　50 000

　贷：主营业务收入　　50 000

借：主营业务成本　　60 000

　贷：劳务成本　　60 000

5.【答案】B

【解析】12月利润表中“营业成本”项目的本期金额=46 000+17 640+300 000+60 000=423 640（元）。

## （五）

艾璞公司为增值税一般纳税人，适用的增值税税率为13%，商品售价中均不含增值税。销售商品和提供劳务均符合收入确认条件，其成本在确认收入时逐笔结转。2021年12月，艾璞公司发生如下交易或事项：

（1）1日，与浩漫公司签订为期3个月的劳务合同，合同总价款为300万元。至12月31日，已经预收合同款220万元，实际发生劳务成本140万元，估计为完成该合同还将发生劳务成本60万元，该公司按实际发生的成本占估计总成本的比例确定完工进度。

（2）5日，向项禹公司销售商品一批，该批商品的标价为200万元（不含增值税），实际成本为160万元，由于成批销售，艾璞公司给予项禹公司10%的商业折扣，并在销售合同中规定现金折扣条件为“2/10，1/20，N/30”。艾璞公司于当日发出商品同时开具增值税专用发票，符合商品销售收入确认条件，于当月20日收到项禹公司支付的货款，计算现金折扣时考虑增值税。

（3）10日，向温瑜公司转让一项专利权的使用权，一次性收取使用费30万元存入银行（不考虑增值税），且不再提供后续服务，不考虑相关税费，该专利权本月应计提摊销15万元。

（4）15日，因商品质量原因，艾璞公司对本年9月销售给客户的一批商品按售价给予5%的销售折让，该批商品原售价为200万元，增值税税额为26万元，实际成本为180万元，货款已结清，经认定，艾璞公司同意给予折让并开具红字增值税专用发票，以银行存款退还折让款。

（5）25日，收到非关联方的捐赠10万元并存入银行。

要求：根据上述资料，不考虑其他因素，分析回答下列小题。

1.【多选题】根据资料（1），下列各项中，关于艾璞公司12月31日会计处理结果正确的是（　　）。

A.结转营业成本140万元　　B.确认营业收入220万元

C.确认营业收入210万元　　D.结转营业成本154万元

2.【多选题】根据资料（2），下列各项中，关于艾璞公司会计处理结果正确的是（　　）。

A.20日，“财务费用”科目借方登记2.32万元

B.20日，“财务费用”科目借方登记2.034万元

C.5日，“主营业务收入”科目贷方登记200万元

D.5日，“主营业务收入”科目贷方登记180万元

3.【多选题】根据资料（3），艾璞公司转让专利使用权的会计处理正确的是（　　）。

A.收取使用费时：

借：银行存款　　300 000

　贷：其他业务收入　　300 000

B.结转摊销时：

借：其他业务成本　　150 000

　贷：累计摊销　　150 000

C.收取使用费时：

借：银行存款　　300 000

　贷：营业外收入　　300 000

D.结转摊销时：

借：主营业务成本　　150 000

　贷：累计摊销　　150 000

4.【多选题】根据资料（4），下列各项中，艾璞公司会计处理的说法中正确的是（　　）。

A.主营业务收入减少10万元

B.主营业务成本减少9万元

C.营业收入增加10万元

D.发生销售折让不影响主营业务成本



5.【单选题】根据资料（1）至（5），艾璞公司本期应确认的“营业收入”的金额是（　　）万元。

A.390　　B.400

C.410　　D.420

---

1.【答案】AC

【解析】2018年年末的完工进度=140÷（140+60）×100%=70%，则2018年应确认营业收入=300×70%=210（万元），应结转营业成本=（140+60）×70%=140（万元）。

2.【答案】BD

【解析】由于计算现金折扣时考虑增值税，所以应计入财务费用的金额=200×（1-10%）×（1+13%）×1%=2.034（万元），应确认的主营业务收入=200×（1-10%）=180（万元）。

3.【答案】AB

【解析】让渡资产使用权收取的使用费收入，一般通过“其他业务收入”科目核算；让渡资产使用权计提的摊销额等，一般通过“其他业务成本”科目核算。

4.【答案】AD

【解析】已确认销售收入的售出商品发生销售折让，且不属于资产负债表日后事项的，应在发生时冲减当期销售商品收入，不影响营业成本，如按规定允许扣减增值税税额的，还应冲减已确认的应交增值税销项税额，选项A、D正确，选项B、C不正确。

5.【答案】C

【解析】艾璞公司本期应确认的“营业收入”金额=210+180+30-10=410(万元)。

（六）

SN公司为增值税一般纳税人，适用的销售货物增值税税率为13%，提供建筑劳务增值税税率为9%，转让无形资产增值税税率为6%，无特殊说明价款均不含增值税。2021年12月发生如下经济业务：

（1）3日，与甲公司签订代销协议，甲公司为SN公司代销A产品，该产品成本600万元，与甲公司约定的结算价格为650万元，当日产品已经发出。根据代销协议约定无论A产品是否能够出售，甲公司均不得退回。

（2）10日，将B产品销售给乙公司，产品成本为120万元，标价为200万元，SN公司给予乙公司15%的商业折扣。SN公司已按折扣后的金额开具了增值税专用发票。根据合同规定乙公司有权在6个月内无条件退货。由于B产品是新开发产品，所以SN公司无法合理估计退货率。

（3）26日，SN公司为丙公司建造厂房，已知建筑工程累计已发生成本900万元（均以银行存款支付），预计还将发生成本600万元，合同约定结算价格为2 300万元，SN公司已预收1 900万元。SN公司采用已发生成本占估计总成本比例确认完工进度。已知上年度已确认收入480万元，成本260万元。

（4）30日，将一项专利权出售给丁公司，转让价款为800万元。该专利权于2019年1月31日购入，原值1 002万元，预计使用年限为10年，预计净残值为零，采用直线法计提摊销。

要求：根据上述资料，不考虑其他因素，分析回答下列问题。（计算结果保留小数点后两位）

1.【多选题】根据资料（1），下列会计处理正确的是（　　）。

A.增加委托代销商品600万元

B.增加应交税费——应交增值税（销项税额）84.5万元

C.增加应收账款734.5万元

D.确认主营业务成本600万元

2.【单选题】根据资料（2），下列各项说法中正确的是（　　）。

A.SN公司应确认收入200万元

B.SN公司应确认收入170万元

C.SN公司不应确认收入

D.此项业务对SN公司当期损益的影响金额为50万元

3.【多选题】根据资料（3），下列会计处理中正确的是（　　）。

A.借：劳务成本　　6 400 000

　　贷：银行存款　　6 400 000

B.借：合同负债　　15 042 000

　　贷：主营业务收入　　13 800 000

　　　　应交税费——应交增值税（销项税额）　　1 242 000

C.借：主营业务成本　　6 400 000

　　贷：劳务成本　　6 400 000

D.借：合同负债　　9 810 000

　　贷：主营业务收入　　9 000 000

　　　　应交税费——应交增值税（销项税额）　　810 000

4.【多选题】根据资料（4），下列会计处理中正确的是（　　）。

A.银行存款应增加848万元

B.结转无形资产的账面价值为701.4万元

C.应确认应交税费48万元

D.应确认资产处置损益98.6万元



5.【多选题】根据上述资料，下列计算结果中正确的是（　　）。

A.营业收入1 550万元　　B.营业成本1 240万元

C.资产处置损益90.25万元　　D.销售费用30万元

---

1.【答案】BCD

【解析】根据代销协议的约定，无论甲公司是否能够出售均不得退回，说明该商品的控制权已经转移给甲公司，符合收入确认条件。SN公司应编制的会计分录为：

借：应收账款　　7 345 000

　　贷：主营业务收入　　6 500 000

　　　　应交税费——应交增值税（销项税额）　　845 000

借：主营业务成本　　6 000 000

　　贷：库存商品　　6 000 000

2.【答案】C

【解析】根据合同约定，乙公司有权在6个月内无条件退货且SN公司无法合理估计退货率，说明商品控制权并未转移，所以不符合收入确认条件，不能确认收入，选项A、B、D错误。

3.【答案】ACD

【解析】本年度完工进度=900÷（900+600）×100%=60%，本年应确认收入=2 300×60%-480（以前年度确认）=900（万元）；本年应确认的成本=（900+600）×60%-260（以前年度确认）=640（万元），选项B错误。

4.【答案】AC

【解析】转让无形资产时应编制的会计分录为：

借：银行存款　　8 480 000

　　累计摊销　　2 922 500（1 0020 000÷10÷12×35）

　贷：无形资产　　1 0020 000

　　　应交税费——应交增值税（销项税额）　　480 000（8 000 000×6%）

　　　资产处置损益　　902 500

5.【答案】ABC

【解析】营业收入=650（1）+900（3）=1 550（万元）；营业成本=600（1）+640（3）=1 240（万元），资产处置损益=90.25（万元）（4），商业折扣不涉及销售费用，选项D错误。

# 第8章 财务报告

本章思维导图如图8-1所示：

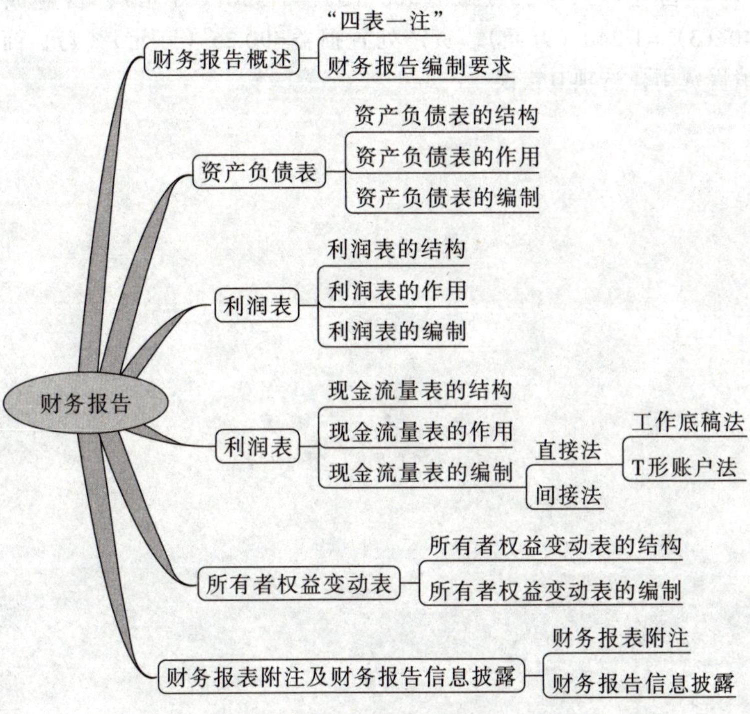


图8-1　本章思维导图

## 记账流程

### 1.原始凭证

原始凭证也叫原始单据，它是经济业务发生的证明，比如我们平时买东西的时候，会有增值税发票；出差报销的时候，会有飞机票、火车票等。

考试出题的时候，一般不会给我们原始单据，而是直接告诉我们经济业务，比如：20××年6月1日，公司收到上月向丙公司销售M产品的货款共11 600元（含增值税），存入了中国银行。

实践中不会这样直白地告诉我们，而是直接给我们相关的原始单据，我们会收到支票，然后填制进账单等相应的资料，通过阅读这些单据才明白，原来上个月销售给丙公司的货款到账了。

这个经济业务涉及的会计科目有两个：银行存款和应收账款，银行存款增加了11 600元，应收账款减少了11 600元，银行存款和应收账款都是资产类科目，增加记借方，减少记贷方，会计分录如下：

借：银行存款　　　　11 600

　贷：应收账款　　　　11 600

2.填制记账凭证（见表8-1）

表8-1

记账凭证

20××-06-01　　　　记字11号

| 摘要 | 总账科目 | 明细科目 | √ | 借方金额 | | | | | | | | | | | √ | 贷方金额 | | | | | | | | | | | |
|---|---|---|---|---|---|---|---|---|---|---|---|---|---|---|---|---|---|---|---|---|---|---|---|---|---|---|---|
| | | | | 亿 | 千 | 百 | 十 | 万 | 千 | 百 | 十 | 元 | 角 | 分 | | 亿 | 千 | 百 | 十 | 万 | 千 | 百 | 十 | 元 | 角 | 分 | |
| 收回货款 | 银行存款 | 中国银行 | | | | | | 1 | 1 | 6 | 0 | 0 | 0 | 0 | | | | | | | | | | | | | 附单据2张 |
| 收回货款 | 应收账款 | 丙公司 | | | | | | | | | | | | | | | | | | 1 | 1 | 6 | 0 | 0 | 0 | 0 | |
| | | | | | | | | | | | | | | | | | | | | | | | | | | | |
| | | | | | | | | | | | | | | | | | | | | | | | | | | | |
| | | | | | | | | | | | | | | | | | | | | | | | | | | | |
| 合计 | | | | | | | ¥ | 1 | 1 | 6 | 0 | 0 | 0 | 0 | | | | | ¥ | 1 | 1 | 6 | 0 | 0 | 0 | 0 | |

会计主管：　　记账：　　出纳：　　审核：　　制单：

考试的时候，直接给出经济业务，然后要求把分录写在考试卷上，初级会计职称考试比较简单，全部都是选择题，因此你只要写在草稿纸上即可，如果对分录非常熟悉，你心里知道就可以了，但是在实践中，我们的分录都是写在记账凭证模板上的。

在记账凭证模板上我们不但要写总账科目，还要写明细科目，银行存款到账了，是到账到中国银行，应收账款收回了，收回的是丙公司的。还要写摘要、日期，还有“记字11号”，表示这个是2019年6月份的第11笔业务。

同时数一下后面附的原始单据有几张，有进账单，有支票存根，附单据2张。

记账凭证有收款凭证、付款凭证和转账凭证，但是在实践中，目前都统一使用通用记账凭证。收款凭证、付款凭证和转账凭证，相当于把所有的记账凭

证分成了三类，在以前没有电脑的时代，这样区分，登账的时候，会方便很多，但是随着电脑应用的普及，经济业务特繁杂的企业一般都使用软件记账了。如果这样区分，反而变得复杂。

经济业务简单的企业，不管是手工账、电脑账，直接使用通用记账凭证更简单。

### 3.登记明细账和日记账

根据记账凭证登记明细账和总账。

银行存款科目要登记银行存款——中国银行日记账，应收账款登记应收账款——丙公司明细账。

找到对应的账页，按照账页格式把记账凭证上面的相关信息逐笔抄过去，也可以直接理解为抄账，相当于把凭证上面的信息再抄一遍。

### 4.登记总账

就是把总账科目相同的凭证放到一起，然后把金额汇总后，按照账页上面的格式，把相关信息再抄一遍，只不过，这个金额是汇总的金额。

也就是每个科目都有一个汇总的借方金额和贷方金额，比如应收账款，这个月收回了很多客户的应收账款，那最后本期回款总金额是多少，把记账凭证汇总一下，做一张表，叫科目汇总表。然后根据科目汇总表把相关的信息抄到总账上面。



这种登记总账的方法叫科目汇总表账务处理程序。

最后总账和明细账、日记账要核对相符。

我们可以设想一下，明细账是由同事A逐笔根据记账凭证抄过去的，抄过去后，再汇总；日记账是由同事B逐笔根据记账凭证抄过去的，然后再汇总；而总账是由我们自己先汇总，然后再抄过去的；最后拿我的总账跟对应的明细账一核对，发现汇总的金额不符，这说明肯定是有人抄错了，或者是汇总错了。因为你是先抄，再汇总，我是先汇总，然后再抄。这其实是手工账的一种相互监督程序，当然软件账基本上不会出现这种问题。

手工账下还有另一种程序，叫汇总记账凭证账务处理程序。科目汇总表账务处理程序，是根据记账凭证上的科目进行汇总，然后列出一张表，叫科目汇总表，再把相关的汇总金额抄到总账上。汇总记账凭证，是按记账凭证汇总，然后再抄，比如1-15日记账凭证汇总金额是多少，填制汇总记账凭证1，16-30日凭证汇总金额是多少，填制对应的汇总记账凭证2，然后根据汇总记账凭证登记总账。

记账凭证账务处理程序，就更简单了，明细账会计根据记账凭证逐笔抄一遍，总账会计根据记账凭证再逐笔抄一遍，最后金额分别汇总，明细账会计跟总账会计再一核对，如果金额相符，说明两个人都没抄错。

我们实践中常用的是科目汇总表账务处理程序。

5.编制财务报告

找到财务报告的标准模板，然后根据总账和明细账等相关信息填表。

比如短期借款这个项目，就找到短期借款总账，看总账上面的余额是多少，直接填上去。

货币资金这个项目，就找到库存现金、银行存款、其他货币资金这三个总账科目，把它们的合计金额填上去。

## 本章考点笔记精华

### 【考点8.1】财务报告的管理（见表8-2）

表8-2　财务报告的管理

| | |
|---|---|
| 1.财务报告的概念 | 财务报告，是指企业对外提供的反映企业某一特定日期的财务状况和某一会计期间的经营成果、现金流量等会计信息的文件 |
| 2.财务报告管理的意义 | 财务报告所提供的关于企业财务状况、经营成果和现金流量等信息是企业投资者、债权人、政府管理者和社会公众等利益相关者评价、考核、监督企业管理者受托经管责任履行状况的基本手段，是企业投资者、债权人等作出投资或信贷决策的重要依据；真实、完整、有用的财务报告是经济社会诚信的重要内容和基石；提供虚假的财务报告是违法行为，构成犯罪的应依法追究刑事责任 |
| 3.财务报告体系 | 财务报告包括财务报表和其他应当在财务报告中披露的相关信息和资料，共同构成财务报告体系 |
| | 财务报表，又称财务会计报表，是指对企业财务状况、经营成果和现金流量的结构性表述 |
| | 财务报表列报，是指交易和事项在报表中的列示和在附注中的披露。其中，“列示”通常反映资产负债表、利润表、现金流量表和所有者权益（或股东权益）变动表等报表中的信息；相对于“列示”而言，“披露”通常主要反映附注中的信息 |

### 【考点8.2】财务报告的分类（见表8-3）

表8-3　财务报告的分类

| 分类标准 | 具体内容 | |
|---|---|---|
| 编报时间 | 财务报告 | （1）年报<br>（2）中期报告。中期财务报告至少应当包括资产负债表、利润表、现金流量表和附注 |
| | 财务报表 | （1）年度财务报表<br>（2）中期财务报表。中期财务报表分为月度、季度和半年度财务报表 |
| 编制主体 | 财务报表 | （1）个别财务报表<br>（2）合并财务报表 |

## 【考点8.3】财务报告的编制要求（见表8-4）

表8-4 财务报告的编制要求

| | |
|---|---|
| 财务报告的编制要求 | 1.依据各项会计准则确认和计量的结果编制财务报表 |
| | 2.列报基础。企业应当以持续经营为基础编制财务报表 |
| | 3.权责发生制。除现金流量表按照收付实现制编制外，企业应当按照权责发生制编制其他财务报表 |
| | 4.列报的一致性。财务报表项目的列报应当在各个会计期间保持一致，不得随意变更<br>在下列情况下，企业可以变更财务报表项目的列报：<br>一是会计准则要求改变财务报表项目的列报<br>二是企业经营业务的性质发生重大变化或对企业经营影响较大的交易或事项发生后，变更财务报表项目的列报能够提供更可靠、更相关的会计信息 |
| | 5.依据重要性原则单独或汇总列报项目。企业在进行重要性判断时，从项目的性质和金额大小两方面予以判断。企业对于各个项目的重要性判断标准一经确定，不得随意变更 |
| | 6.总额列报。财务报表项目应当以总额列报，资产和负债、收入和费用、直接计入当期利润的利得项目和损失项目的金额不能相互抵销，即不得以净额列报，但另有规定的除外<br>以下三种情况不属于抵销：<br>（1）一组类似交易形成的利得和损失以净额列示的，不属于抵销<br>（2）资产或负债项目按扣除备抵项目后的净额列示的，不属于抵销<br>（3）非日常活动产生的利得和损失，以同一交易形成的收益扣减相关费用后的净额列示更能反映交易实质的，不属于抵销 |
| | 7.比较信息的列报 |
| | 8.财务报表表首的列报要求 |



## 【考点8.4】资产负债表概述（见表8-5）

表8-5 资产负债表概述

| | |
|---|---|
| 资产负债表 | 资产负债表是反映企业在某一特定日期的财务状况的报表，是对企业特定日期的资产、负债和所有者权益的结构性表述。它反映企业在某一特定日期所拥有或控制的经济资源、所承担的现时义务和所有者对净资产的要求权 |
| | 资产负债表采用账户式结构，分为左右两方，左方为资产项目，大体按资产的流动性强弱排列，流动性强的资产如“货币资金”“交易性金融资产”等排在前面，流动性弱的资产如“长期股权投资”“固定资产”等排在后面 |
| | 右方为负债及所有者权益项目，一般按要求清偿期限长短的先后顺序排列，“短期借款”“应付票据”“应付账款”等需要在1年内或者长于1年的一个正常营业周期内偿还的流动负债排在前面，“长期借款”等在1年以上才需偿还的非流动负债排在中间，在企业清算之前不需要偿还的所有者权益项目排在后面 |

## 【考点8.5】资产负债表简表（见表8-6）

表8-6　资产负债表简表

| 资产 | 期末余额 | 年初余额 | 负债和所有者权益（或股东权益） | 期末余额 | 年初余额 |
|---|---|---|---|---|---|
| 流动资产： | | | 流动负债： | | |
| 货币资金 | | | 短期借款 | | |
| 交易性金融资产 | | | 应付票据 | | |
| 应收票据 | | | 应付账款 | | |
| 应收账款 | | | 预收款项 | | |
| 预付款项 | | | 应付职工薪酬 | | |
| 其他应收款 | | | 应交税费 | | |
| 存货 | | | 其他应付款 | | |
| 一年内到期的非流动资产 | | | 一年内到期的非流动负债 | | |
| 其他流动资产 | | | 其他流动负债 | | |
| 流动资产合计 | | | 流动负债合计 | | |
| 非流动资产： | | | 非流动负债： | | |
| 长期应收款 | | | 长期借款 | | |
| 固定资产 | | | 递延所得税负债 | | |
| 在建工程 | | | 其他非流动负债 | | |
| 无形资产 | | | 非流动负债合计 | | |
| 开发支出 | | | 负债合计 | | |
| 长期待摊费用 | | | 所有者权益（或股东权益）： | | |
| 递延所得税资产 | | | 实收资本（或股本） | | |
| 其他非流动资产 | | | 其他权益工具 | | |
| 非流动资产合计 | | | 资本公积 | | |
| | | | 其他综合收益 | | |
| | | | 盈余公积 | | |
| | | | 未分配利润 | | |
| | | | 所有者权益（或股东权益）总计 | | |
| 资产总计 | | | 负债和所有者权益（股东权益）总计 | | |

1.【多选题】下列各项中，属于企业流动资产的有（　　）。

A.为交易目的而持有的资产

B.预计自资产负债表日起一年内变现的资产

C.自资产负债表日起一年内清偿负债的能力不受限制的现金

D.预计在一个正常营业周期中变现的资产

2.【单选题】下列项目中，属于资产负债表中非流动资产项目的是（　　）。

A.应收票据　　B.存货

C.合同资产　　D.在建工程

3.【单选题】资产负债表中作为流动负债列示的是（　　）。

A.其他权益工具　　B.预计负债

C.一年内到期的非流动负债　　D.应付债券

---

1.【答案】ABCD

【解析】流动资产是指预计在一个正常营业周期中变现、出售或耗用，或者主要为交易目的而持有，或者预计在资产负债表日起一年内（含一年）变现的资产，或者自资产负债表日起一年内交换其他资产或清偿负债的能力不受限制的现金或现金等价物。

2.【答案】D

【解析】选项A、B、C，均属于流动资产项目。

3.【答案】C

【解析】选项C是反映企业各种非流动负债在一年之内到期的金额，计入流动负债中。



## 【考点8.6】资产负债表的填列方法（见表8-7、表8-8、表8-9和表8-10）

表8-7　资产负债表项目的填列方法

| 填列方法 | 举例 |
| --- | --- |
| 1.根据总账科目余额填列 | （1）根据总账科目的余额直接填列<br>如“以公允价值计量且其变动计入当期损益的金融资产”“短期借款”“应付票据”“应付职工薪酬”等项目 |
| | （2）根据几个总账科目的期末余额计算填列<br>如“货币资金”项目，需要根据“库存现金”“银行存款”“其他货币资金”三个总账科目的期末余额的合计数填列 |
| 2.根据有关明细科目的余额计算填列 | 如“应付账款”项目，根据“应付账款”和“预付账款”两个科目所属的相关明细科目的期末贷方余额计算填列 |
| 3.根据总账科目和明细账科目的余额分析计算填列 | 如“长期借款”项目，根据“长期借款”总账科目余额扣除“长期借款”科目所属的明细科目中将在一年内到期且企业不能自主地将清偿义务展期的长期借款后的金额计算填列 |
| 4.根据有关科目余额减去其备抵科目余额后的净额填列 | 如“应收账款”“长期股权投资”“在建工程”“投资性房地产”“固定资产”“无形资产”等项目 |
| 5.综合运用上述填列方法分析填列 | 如“存货”项目 |

资产负债表各项目均需要填列“年初余额”和“期末余额”两栏。

“年初余额”栏内各项数字，应根据上年末资产负债表“期末余额”栏内所列数字填列。

“期末余额”栏主要有以下几种填列方法：

表 8-8　资产项目期末余额填列说明

| 资产项目 | 期末余额填列说明 |
| --- | --- |
| (1) 货币资金 | “库存现金”科目的期末余额+“银行存款”科目的期末余额+“其他货币资金”科目的期末余额 |
| (2) 交易性金融资产 | “交易性金融资产”科目的期末余额+在初始确认时指定为“以公允价值计量且其变动计入当期损益的金融资产”科目的期末余额 |
| (3) 应收票据 | “应收票据”科目的期末余额－“坏账准备”科目中计提的相关坏账准备期末余额 |
| (4) 应收账款 | “应收账款”“预收账款”明细科目的期末借方余额－“坏账准备”科目中计提的相关坏账准备期末余额 |
| (5) 预付款项 | “预付账款”明细科目的期末借方余额＋“应付账款”明细科目的期末借方余额－“坏账准备”科目中有关预付账款计提的坏账准备期末余额<br>【提示】“预付账款”科目所属各明细科目期末有贷方余额的，应在资产负债表“应付账款”项目内填列 |
| (6) 其他应收款 | “应收利息”科目的期末余额+“应收股利”科目的期末余额+“其他应收款”科目的期末余额－“坏账准备”科目中计提的相关坏账准备期末余额 |
| (7) 存货 | “材料采购”“原材料”“库存商品”“周转材料”“委托加工物资”“发出商品”“委托代销商品”“生产成本”“受托代销商品”等科目的期末余额合计减去“受托代销商品款”和“存货跌价准备”科目期末余额<br>【提示】材料采用计划成本核算，以及库存商品采用计划成本核算或售价核算的企业，应按加或减材料成本差异、商品进销差价后的净额填列 |
| (8) 合同资产 | 根据“合同资产”科目的相关明细科目期末余额分析填列。同一合同下的合同资产和合同负债应当以净额列示，其中净额为借方余额的，应当根据其流动性在“合同资产”或“其他非流动资产”项目中填列，已计提减值准备的，还应以减去“合同资产减值准备”科目中相关的期末余额后的金额填列<br>其中净额为贷方余额的，应当根据其流动性在“合同负债”或“其他非流动负债”项目中填列 |
| (9) 持有待售资产 | “持有待售资产”科目的期末余额减去“持有待售资产减值准备”科目的期末余额 |
| (10) 一年内到期的非流动资产 | 反映企业将于一年内到期的非流动资产项目金额。本项目应根据有关科目的期末余额分析填列 |

续表

| 资产项目 | 期末余额填列说明 |
|---|---|
| (11) 债权投资 | ①根据“债权投资”科目的相关明细科目期末余额，减去“债权投资减值准备”科目中相关减值准备的期末余额后的金额分析填列；<br>②自资产负债表日起一年内到期的长期债权投资的期末账面价值，在“一年内到期的非流动资产”项目反映；<br>③企业购入的以摊余成本计量的一年内到期的债权投资的期末账面价值，在“其他流动资产”项目反映 |
| (12) 其他债权投资 | ①根据“其他债权投资”科目的相关明细科目期末余额分析填列；<br>②自资产负债表日起一年内到期的长期债权投资的期末账面价值，在“一年内到期的非流动资产”项目反映；<br>③企业购入的以公允价值计量且其变动计入其他综合收益的一年内到期的债权投资的期末账面价值，在“其他流动资产”项目反映 |
| (13) 长期应收款 | 根据“长期应收款”科目的期末余额，减去相应的“未实现融资收益”科目和“坏账准备”科目所属相关明细科目期末余额后的金额填列 |
| (14) 长期股权投资 | 根据“长期股权投资”科目的期末余额，减去“长期股权投资减值准备”科目的期末余额后的金额填列 |
| (15) 其他权益工具投资 | 根据“其他权益工具投资”科目的期末余额填列 |
| (16) 固定资产 | “固定资产”科目的期末余额-“累计折旧”科目期末余额-“固定资产减值准备”科目的期末余额+“固定资产清理”科目借方余额 |
| (17) 在建工程 | “在建工程”科目的期末余额-“在建工程减值准备”科目的期末余额+“工程物资”科目的期末余额-“工程物资减值准备”科目的期末余额 |
| (18) 无形资产 | “无形资产”科目的期末余额-“累计摊销”科目的期末余额-“无形资产减值准备”科目的期末余额 |
| (19) 使用权资产 | 反映资产负债表日承租企业持有的使用权资产的期末账面价值。本项目应根据“使用权资产”科目的期末余额，减去“使用权资产累计折旧”和“使用权资产减值准备”科目的期末余额后的金额填列 |
| (20) 开发支出 | 根据“研发支出”科目中所属的“资本化支出”明细科目期末余额填列 |
| (21) 长期待摊费用 | 根据“长期待摊费用”科目的期末余额减去将于一年内（含一年）摊销的数额的金额分析填列<br>但长期待摊费用的摊销年限只剩一年或不足一年的，或预计在一年内（含一年）进行摊销的部分，不得归类为流动资产，仍在该非流动资产项目中填列，不转入“一年内到期的非流动资产”项目 |
| (22) 递延所得税资产 | 根据“递延所得税资产”科目的期末借方余额填列 |
| (23) 其他非流动资产 | 根据有关科目的期末余额填列 |

表 8-9　　负债项目期末余额填列说明

| 负债项目 | 期末余额填列说明 |
|---|---|
| (1) 短期借款 | 根据“短期借款”科目的期末余额填列 |
| (2) 交易性金融负债 | 根据“交易性金融负债”相关明细科目的期末余额填列 |
| (3) 应付票据 | 根据“应付票据”科目期末余额填列 |
| (4) 应付账款 | 根据“应付账款”明细科目的期末贷方余额+“预付账款”明细科目的期末贷方余额填列<br>【提示】“应付账款”科目所属各明细科目期末有借方余额的，应在资产负债表“预付账款”项目内填列 |
| (5) 预收款项 | 根据“预收账款”明细科目的期末贷方余额+“应收账款”明细科目的期末贷方余额填列<br>【提示】“预收账款”科目所属各明细科目期末有借方余额的，应在资产负债表“应收账款”项目内填列 |
| (6) 合同负债 | 根据“合同负债”相关明细科目期末余额分析填列 |
| (7) 应付职工薪酬 | 根据“应付职工薪酬”科目所属各明细科目的期末贷方余额分析填列<br>【提示】外商投资企业按规定从净利润中提取的职工奖励及福利基金，也在本项目列示 |
| (8) 应交税费 | 根据“应交税费”科目的期末贷方余额填列<br>【提示】企业所缴纳的税金不需要预计应缴数的，如印花税、耕地占用税等，不在本项目列示<br>企业代扣代缴的个人所得税也通过本项目列示 |
| (9) 其他应付款 | 根据“应付股利”“应付利息”“其他应付款”科目的期末余额合计数填列 |
| (10) 持有待售负债 | 根据“持有待售负债”科目的期末余额填列 |
| (11) 一年内到期的非流动负债 | 根据有关科目的期末余额分析填列 |
| (12) 长期借款 | 根据期末余额减去一年内到期且不能自主地将清偿义务展期的长期借款填列 |
| (13) 应付债券 | 根据期末余额减去一年内到期且不能自主地将清偿义务展期的应付债券填列 |
| (14) 长期应付款 | 根据“长期应付款”科目的期末余额减去“未确认融资费用”科目的期末余额减去“专项应付款”科目的期末余额减去所属相关明细科目中将于一年内到期的部分后的金额填列 |
| (15) 预计负债 | 根据“预计负债”科目的期末余额填列 |
| (16) 递延收益 | 根据“递延收益”科目的期末余额填列 |
| (17) 递延所得税负债 | 根据“递延所得税负债”科目的期末余额填列 |
| (18) 其他非流动负债 | 根据有关科目的期末余额减去将于一年内（含一年）到期偿还数后的余额分析填列 |

表 8-10　　所有者权益项目期末余额填列说明

| 所有者权益项目 | 期末余额填列说明 |
| --- | --- |
| (1) 实收资本（或股本） | 反映企业各投资者实际投入的资本（或股本）总额。本项目应根据“实收资本（或股本）”科目的期末余额填列 |
| (2) 其他权益工具 | 反映资产负债表日企业发行在外的除普通股以外分类为权益工具的金融工具的期末账面价值，并下设“优先股”和“永续债”两个项目，分别反映企业发行的分类为权益工具的优先股和永续债的账面价值 |
| (3) 资本公积 | 反映企业收到投资者出资超出其在注册资本或股本中所占的份额以及直接计入所有者权益的利得和损失等。本项目应根据“资本公积”科目的期末余额填列 |
| (4) 其他综合收益 | 反映企业其他综合收益的期末余额。本项目应根据“其他综合收益”科目的期末余额填列 |
| (5) 专项储备 | 反映高危行业企业按国家规定提取的安全生产费的期末账面价值。本项目应根据“专项储备”科目的期末余额填列 |
| (6) 盈余公积 | 反映企业盈余公积的期末余额。本项目应根据“盈余公积”科目的期末余额填列 |
| (7) 未分配利润 | 反映企业尚未分配的利润。本项目应根据“本年利润”科目和“利润分配”科目的余额计算填列。未弥补的亏损在本项目内以“-”号填列 |



【提示】填列时应遵循的原则：

(1) 资产类项目：借方余额为加数，贷方余额为减数；

(2) 负债类项目和所有者权益类项目：借方余额为减数，贷方余额为加数。

## 【考点8.7】资产负债表编制（见表8-11）

1.【单选题】2020年12月31日，某企业“固定资产”科目借方余额为3 000万元，“累计折旧”科目贷方余额为1 400万元，“固定资产减值准备”科目贷方余额为200万元。2020年12月31日，该企业资产负债表中“固定资产”项目期末余额应列示的金额为（　　）万元。

A.3 000　　B.1 600

C.1 400　　D.2 800

表8-11 资产负债表编制

| 项目 | 编制说明 |
| --- | --- |
| 货币资金 | 库存现金+银行存款+其他货币资金 |
| 交易性金融资产 | 根据总账直接填写 |
| 应收票据 | 应收票据账面余额-坏账准备 |
| 应收账款 | （应收账款+预收账款）明细账借方余额-坏账准备 |
| 预付款项 | （应付账款+预付账款）明细账借方余额-坏账准备 |
| 存货 | 原材料、在途物资、周转材料、委托加工物资、库存商品、发出商品、生产成本、委托代销商品等<br>材料成本差异：借加贷减<br>存货跌价准备：减 |
| 长期股权投资 | 账面余额-减值准备 |
| 固定资产 | 账面余额-累计折旧-固定资产减值准备 |
| 在建工程 | 账面余额-减值准备 |
| 无形资产 | 账面余额-累计摊销-无形资产减值准备 |
| 一年内到期的非流动资产 | 一年内到期的长期待摊费用等 |
| 短期借款 | 根据总账直接填写 |
| 应付票据 | 应付票据贷方余额 |
| 应付账款 | （应付账款+预付账款）明细账贷方余额 |
| 预收款项 | （应收账款+预收账款）明细账贷方余额 |
| 应付职工薪酬 | 根据总账直接填写 |
| 应交税费 | 根据总账直接填写 |
| 应付利息 | 根据总账直接填写 |
| 一年内到期的非流动负债 | 一年内到期的长期借款等 |
| 实收资本 | 根据总账直接填写 |
| 盈余公积 | 根据总账直接填写 |
| 未分配利润 | 本年利润 ± 利润分配 |

2.【单选题】下列资产负债表项目中，根据有关科目余额减去其备抵科目余额后的净额填列的是（　　）。

A.预收款项　　B.短期借款

C.无形资产　　D.长期借款

3.【多选题】下列各项中，导致企业资产负债表“存货”项目期末余额发生变动的有（　　）。

A.计提存货跌价准备

B.用银行存款购入修理用备件（备品备件）

C.已经发出但不符合收入确认条件的商品

D.收到受托代销的商品

4.【判断题】年末，企业应将于一年内（含一年）摊销的长期待摊费用，列入资产负债表“一年内到期的非流动资产”项目。（　　）

5.【单选题】下列各项中，应根据相关总账科目的余额直接在资产负债表中填列的是（　　）。

A.应付账款　　B.固定资产

C.长期借款　　D.短期借款

6.【单选题】2021年12月31日，某企业“材料采购”总账科目借方余额为20万元，“原材料”总账科目借方余额为25万元，“材料成本差异”总账科目贷方余额为3万元。不考虑其他因素，该企业资产负债表中“存货”项目期末余额为（　　）万元。



A.48　　B.45

C.42　　D.22

7.【单选题】下列各项中，不会使期末存货账面价值发生变动的是（　　）。

A.已确认销售收入但尚未发出的商品

B.尚未确认销售收入但已发出的商品

C.已收到发票账单并付款的在途物资

D.尚未收到发票账单月末暂估入账的材料

8.【多选题】下列各项中，应在资产负债表“预付款项”项目列示的有（　　）。

A.“应付账款”科目所属明细账科目的借方余额

B.“应付账款”科目所属明细账科目的贷方余额

C.“预付账款”科目所属明细账科目的借方余额

D.“预付账款”科目所属明细账科目的贷方余额

9.【单选题】2021年7月1日，某企业开始研究开发一项技术，当月共发生研发支出1 600万元，其中，费用化的金额1 300万元，符合资本化条件的金额300万元。7月末，研发活动尚未完成。该企业2021年7月31日，应计入资产负债表“开发支出”项目的金额为（　　）万元。

A.0　　B.300

C.1 300　　D.1 600

10.【单选题】某企业2021年12月31日“无形资产”账户余额为800万元，“累计摊销”账户余额为200万元，“无形资产减值准备”账户余额为200万元。该企业2020年12月31日资产负债表中“无形资产”项目的金额为（　　）万元。

A.1 000　　B.600

C.800　　D.400

11.【单选题】某企业2021年12月31日“固定资产”账户余额为3 000万元，“累计折旧”科目贷方余额为1 400万元，“固定资产减值准备”科日贷方余额为200万元，“在建工程”账户余额为400万元，“工程物资”账户余额为100万元，“固定资产清理”科目借方余额为50万元。2021年12月31日，该企业资产负债表中“固定资产”项目期末余额应列示的金额为（　　）万元。

A.3 000　　B.1 950

C.1 850　　D.1 450

12.【单选题】企业于2021年12月31日分别借入2年期300 000元借款、5年期960 000元借款。两项借款均为单利计算利息，分次付息，到期还本，年利率为6%。该企业在2022年年末资产负债表中，“长期借款”项目应为（　　）元。

A.1 260 000　　B.1 017 600

C.1 335 600　　D.960 000

13.【单选题】年度终了前，据以填列资产负债表中的“未分配利润”项目的是（　　）。

A.“利润分配”科目余额

B.“本年利润”科目余额

C.“利润分配”科目中所属的“未分配利润”明细科目期末余额

D.“应付股利”科目余额

14.【判断题】资产负债表中“长期待摊费用”项目应根据总账余额直接填列。（　　）

15.【单选题】2021年12月31日，某企业“工程物资”科目的借方余额为300万元，“发出商品”科目的借方余额为40万元，“原材料”科目的借方余额为70万元。“材料成本差异”科目的借方余额为5万元，不考虑其他因素，该企业12月31日资产负债表中“存货”项目的期末余额为（　　）万元。

A.115　　B.105

C.405　　D.365

16.【判断题】资产负债表中“货币资金”项目根据银行存款、库存现金

和其他货币资金三个总账科目余额填列。 （ ）

17.【多选题】下列会计科目中，不在资产负债表上单独列示的有（ ）。

A.工程物资　　B.银行存款

C.坏账准备　　D.固定资产减值准备

---

1.【答案】C

【解析】固定资产账面价值=固定资产账面余额-累计折旧-固定资产减值准备=3 000-1 400-200=1 400（万元）。

2.【答案】C

【解析】“预收款项”项目，需要根据“应收账款”科目贷方余额和“预收账款”科目贷方余额计算填列，选项A错误；“短期借款”项目直接根据有关总账科目的期末余额填列，选项B错误；“无形资产”项目，应当根据“无形资产”科目的期末余额，减去“累计摊销”“无形资产减值准备”备抵科目余额后的净额填列，选项C正确；“长期借款”项目，根据“长期借款”总账科目余额扣除“长期借款”科目所属的明细科目中将在一年内到期且企业不能自主地将清偿义务展期的长期借款后的金额计算填列，选项D错误。

3.【答案】AB

【解析】“存货”项目，反映企业期末在库、在途和在加工中的各种存货的可变现净值或成本（成本与可变现净值孰低）。本项目应根据“材料采购”“原材料”“低值易耗品”“库存商品”“周转材料”“委托加工物资”“委托代销商品”“生产成本”“受托代销商品”等科目的期末余额合计数，减去“受托代销商品款”“存货跌价准备”科目期末余额后的净额填列。选项A，计提存货跌价准备，期末余额减少；选项B，购入修理用备件，期末余额增加；选项C，发出不符合收入确认条件的商品，借记“发出商品”科目，贷记“库存商品”科目，二者均属于“存货”项目，余额不变；选项D，收到受托代销商品，借记“受托代销商品”科目，贷记“受托代销商品款”科目，二者均属于“存货”项目，余额不变。



4.【答案】√

5.【答案】D

【解析】选项A，根据明细账科目余额计算填列；选项B，根据有关科目余额减去备抵科目余额后的净额填列；选项C，根据总账科目和明细账科目余额分析计算填列。

6.【答案】C

【解析】该企业资产负债表中“存货”项目期末余额=20+25-3=42（万元）。

7.【答案】B

【解析】选项A，已确认销售收入同时要结转相应的成本，因此导致存货账面价值减少；选项B，尚未确认销售收入但已发出的商品，记入“发出商品”科目，其仍属于存货项目，因此不会引起期末存货账面价值发生变动；选项C，已收到发票账单并付款的在途物资，会导致存货账面价值增加；选项D，尚未收到发票账单月末暂估入账的材料，会导致存货账面价值增加。

8.【答案】AC

【解析】资产负债表“预付款项”项目，应当根据“应付账款”“预付账款”等科目所属明细科目期末借方余额合计填列，减去“坏账准备”科目中有关预付账款计提的坏账准备期末余额后的净额填列。

9.【答案】B

【解析】本项目应根据“研发支出”科目中所属的“资本化支出”明细科目期末余额填列。本题中符合资本化条件的金额为300万元，所以，“开发支出”项目的金额为300万元。

10.【答案】D

【解析】资产负债表中的“无形资产”项目，应当根据“无形资产”科目的期末余额减去“累计摊销”和“无形资产减值准备”等备抵科目余额后的净额填列，因此“无形资产”项目的金额=800-200-200=400（万元），选项D正确。

11.【答案】D

【解析】“固定资产”项目期末余额=固定资产账面价值+（-）固定资产清理，该企业资产负债表中“固定资产”项目期末余额=固定资产账面余额-累计折旧-固定资产减值准备+固定资产清理=3 000-1 400-200+50=1 450（万元）。

12.【答案】D

【解析】“长期借款”项目应根据有关科目期末余额，扣除将于一年内（含一年）到期偿还数后的余额填列。借入的2年期的300 000元借款应在2020年年末资产负债表中的“一年内到期的非流动负债”项目中反映，“长期借款”项目的金额应为960 000元。

13.【答案】C

【解析】“未分配利润”项目，需要根据“利润分配”科目中所属的“未分配利润”明细科目期末余额填列。

14.【答案】×

【解析】根据“长期待摊费用”科目的期末余额减去将于一年内（含一年）摊销的数额后分析填列。

15.【答案】A

【解析】“存货”项目=40+70+5=115（万元）。

16.【答案】√

【解析】货币资金=库存现金+银行存款+其他货币资金。

17.【答案】ABCD

【解析】选项A，应该列示在“在建工程”项目；选项B，应该列示在“货币资金”项目；选项C、D，各项资产减值准备在资产负债表中均不单独列示。

## 【考点8.8】利润表（见表8-12和表8-13）

表8-12 利润表 会企02表

编制单位： ____年 单位：

| 项　目 | 本期金额 | 上期金额 |
| --- | --- | --- |
| 一、营业收入 | | |
| 减：营业成本 | | |
| 税金及附加 | | |
| 销售费用 | | |
| 管理费用 | | |
| 研发费用 | | |
| 财务费用 | | |
| 加：其他收益 | | |
| 投资收益（损失以“-”号填列） | | |
| 净敞口套期收益 | | |
| 公允价值变动收益（损失以“-”号填列） | | |
| 信用减值损失 | | |
| 资产减值损失 | | |
| 资产处置收益（损失以“-”号填列） | | |
| 二、营业利润（亏损以“-”号填列） | | |
| 加：营业外收入 | | |
| 减：营业外支出 | | |
| 三、利润总额（亏损总额以“-”号填列） | | |
| 减：所得税费用 | | |
| 四、净利润（净亏损以“-”号填列） | | |
| 五、其他综合收益的税后净额 | | |
| 六、综合收益总额 | | |
| 七、每股收益 | | |

表 8-13 利润表公式

| 格式 | 多步式格式 |
| --- | --- |
| 营业利润 | 主营业务收入+其他业务收入-（主营业务成本+其他业务成本）-税金及附加-销售费用-管理费用-研发费用-财务费用-资产减值损失-信用减值损失+其他收益+投资收益（-投资损失）+净敞口套期收益（-净敞口套期损失）+公允价值变动收益（-公允价值变动损失）+资产处置收益（-资产处置损失） |
| 利润总额 | 营业利润+营业外收入-营业外支出 |
| 净利润 | 利润总额-所得税费用 |

## 【考点8.9】利润表的填列（见表8-14）

表 8-14 利润表的填列

| | |
| --- | --- |
| (1)“营业收入” | “营业收入”项目，反映企业经营主要业务和其他业务所确认的收入总额。本项目应根据“主营业务收入”和“其他业务收入”科目的发生额分析填列 |
| (2)“营业成本” | “营业成本”项目，反映企业经营主要业务和其他业务所发生的成本总额。本项目应根据“主营业务成本”和“其他业务成本”科目的发生额分析填列 |
| (3)“税金及附加” | “税金及附加”项目，反映企业经营业务应负担的消费税、城市维护建设税、教育费附加、资源税、土地增值税、房产税、车船税、城镇土地使用税、印花税、环境保护税等相关税费。本项目应根据“税金及附加”科目的发生额分析填列 |
| (4)“销售费用” | “销售费用”项目，反映企业在销售商品过程中发生的包装费、广告费等费用和为销售本企业商品而专设的销售机构的职工薪酬、业务费等经营费用。本项目应根据“销售费用”科目的发生额分析填列 |
| (5)“管理费用” | “管理费用”项目，反映企业为组织和管理生产经营发生的管理费用。本项目应根据“管理费用”科目的发生额分析填列 |
| (6)“研发费用” | “研发费用”项目，反映企业进行研究与开发过程中发生的费用化支出以及计入管理费用的自行开发无形资产的摊销。本项目应根据“管理费用”科目下的“研发费用”明细科目的发生额以及“管理费用”科目下“无形资产摊销”明细科目的发生额分析填列 |
| (7)“财务费用” | “财务费用”项目，反映企业为筹集生产经营所需资金等而发生的应予费用化的利息支出。本项目应根据“财务费用”科目的相关明细科目发生额分析填列。其中：“利息费用”项目，反映企业为筹集生产经营所需资金等而发生的应予费用化的利息支出，本项目应根据“财务费用”科目的相关明细科目的发生额分析填列。“利息收入”项目，反映企业应冲减财务费用的利息收入，本项目应根据“财务费用”科目的相关明细科目的发生额分析填列 |

续表

| | |
|---|---|
| (8)“其他收益” | “其他收益”项目，反映计入其他收益的政府补助，以及其他与日常活动相关且计入其他收益的项目。本项目应根据“其他收益”科目的发生额分析填列。企业作为个人所得税的扣缴义务人，根据《中华人民共和国个人所得税法》收到的扣缴税款手续费，应作为其他与日常活动相关的收益在本项目中填列 |
| (9)“投资收益” | “投资收益”项目，反映企业以各种方式对外投资所取得的收益。本项目应根据“投资收益”科目的发生额分析填列，如为投资损失，本项目以“-”号填列 |
| (10)“净敞口套期收益” | “净敞口套期收益”项目，反映净敞口套期下被套期项目累计公允价值变动转入当期损益的金额或现金流量套期储备转入当期损益的金额。本项目应根据“净敞口套期损益”科目的发生额分析填列，如为套期损失，本项目以“-”号填列 |
| (11)“公允价值变动收益” | “公允价值变动收益”项目，反映企业应当计入当期损益的资产或负债公允价值变动收益。本项目应根据“公允价值变动损益”科目的发生额分析填列，如为净损失，本项目以“-”号填列 |
| (12)“信用减值损失” | 本项目应根据“信用减值损失”科目的发生额分析填列 |
| (13)“资产减值损失” | “资产减值损失”项目，反映企业有关资产发生的减值损失。本项目应根据“资产减值损失”科目的发生额分析填列 |
| (14)“资产处置收益” | 本项目应根据“资产处置损益”科目的发生额分析填列，如为处置损失，本项目以“-”号填列 |
| (15)“营业利润” | “营业利润”项目，反映企业实现的营业利润，如为亏损，本项目以“-”号填列 |
| (16)“营业外收入” | “营业外收入”项目，反映企业发生的除营业利润以外的收益，主要包括非流动资产毁损报废收益、与企业日常活动无关的政府补助、盘盈利得、捐赠利得（企业接受股东或股东的子公司直接或间接的捐赠，经济实质属于股东对企业的资本性投入的除外）等。本项目应根据“营业外收入”科目的发生额分析填列 |
| (17)“营业外支出” | “营业外支出”项目，反映企业发生的除营业利润以外的支出，主要包括公益性捐赠支出、非常损失、盘亏损失、非流动资产毁损报废损失等。本项目应根据“营业外支出”科目的发生额分析填列 |
| (18)“利润总额” | “利润总额”项目，反映企业实现的利润，如为亏损，本项目以“-”号填列 |
| (19)“所得税费用” | “所得税费用”项目，反映企业应从当期利润总额中扣除的所得税费用。本项目应根据“所得税费用”科目的发生额分析填列 |
| (20)“净利润” | “净利润”项目，反映企业实现的净利润，如为亏损，本项目以“-”号填列 |
| (21)“其他综合收益的税后净额” | “其他综合收益的税后净额”项目，反映企业根据企业会计准则规定未在损益中确认的各项利得和损失扣除所得税影响后的净额 |
| (22)“综合收益总额” | “综合收益总额”项目，反映企业净利润与其他综合收益（税后净额）的合计金额 |
| (23)“每股收益” | “每股收益”项目，包括基本每股收益和稀释每股收益两项指标，反映普通股或潜在普通股已公开交易的企业，以及正处在公开发行普通股或潜在普通股过程中的企业的每股收益信息 |

1.【单选题】下列各项中，属于利润表列示项目的是（　　）。

A.预计负债　　　　B.资产处置收益

C.递延所得税资产　　　　D.递延所得税负债

2.【单选题】下列各项中，不影响企业当期营业利润的是（　　）。

A.销售原材料取得的收入

B.资产负债表日持有的交易性金融资产的公允价值变动

C.无法查明原因的现金溢余

D.资产负债表日计提的存货跌价准备

3.【多选题】下列会计事项中，能够影响企业当期利润表中营业利润的有（　　）。

A.计提所得税费用

B.出售原材料取得的收入

C.随同产品出售但不单独计价的包装物成本

D.无法支付的应付账款

4.【多选题】下列各项，影响当期利润表中利润总额的有（　　）。

A.固定资产盘盈

B.所得税费用

C.对外捐赠固定资产

D.无形资产处置利得

5.【多选题】下列各项中，既影响企业营业利润又影响利润总额的有（　　）。

A.出租包装物取得的收入

B.经营租出固定资产的折旧额

C.接受公益性捐赠利得

D.所得税费用

---

1.【答案】B

【解析】选项A、C、D，均属于资产负债表项目。

2.【答案】C

【解析】选项A，计入其他业务收入；选项B，计入公允价值变动损益，影响营业利润；选项C，计入营业外收入，不影响营业利润；选项D，计入资产减值损失，影响营业利润。

3.【答案】BC

【解析】选项A，所得税费用影响净利润，不影响营业利润；选项B，出售原材料取得的收入计入其他业务收入；选项C，随同产品出售但不单独计价的包装物成本计入销售费用；选项D，无法支付的应付账款计入营业外收入。

选项B和选项C影响营业利润。

4.【答案】CD

【解析】利润总额=营业利润+营业外收入-营业外支出，净利润=利润总额-所得税费用，选项A，先计入以前年度损益调整，最终转入未分配利润和盈余公积，不影响利润总额；选项B，影响净利润，不影响利润总额；选项C，计入资产处置损益；选项D，计入资产处置损益。所以选项C、D影响利润总额。

5.【答案】AB

【解析】选项C，计入营业外收入；选项D，所得税费用是在利润总额确认后计算的，不影响营业利润和利润总额。

### 【考点8.10】现金流量相关概念（见表8-15）

表8-15 现金流量相关概念

| | |
|---|---|
| 现金流量表 | 是指反映企业在一定会计期间现金和现金等价物流入和流出的报表。它是以资产负债表和利润表等会计核算资料为依据，按照收付实现制会计基础要求对现金流量的结构性表述，揭示企业在一定会计期间获取现金及现金等价物的能力 |
| 现金流量 | 指现金和现金等价物的流入和流出 |
| 现金 | 指企业库存现金以及可以随时用于支付的存款。不能随时用于支付的存款不属于现金 |
| 现金等价物 | 指企业持有的期限短、流动性强、易于转换为已知金额现金、价值变动风险很小的投资。期限短，一般是指从购买日起三个月内到期。现金等价物通常包括三个月内到期的债券投资等。权益性投资变现的金额通常不确定，因而不属于现金等价物 |



### 【考点8.11】现金流量表的结构

1.现金流量表的基本结构根据“现金流入量-现金流出量=现金净流量”公式设计。

2.现金流量包括现金流入量、现金流出量、现金净流量。

3.根据企业业务活动的性质和现金流量的功能，主要现金流量可以分为三类并在现金流量表中列示（见表8-16）。

除上述三类主要现金流量外，企业持有除记账本位币外的以外币为计量单位的资产、负债及往来款项时，现金流量表应列示汇率变动对现金及现金等价物的影响。

表8-16　主要现金流量可以分为三类

| | |
|---|---|
| (1) 经营活动产生的现金流量 | 经营活动产生的现金流量，是指与销售商品、提供劳务有关的活动产生的现金流量，包括企业投资活动和筹资活动以外的所有交易和事项产生的现金流量 |
| | 如销售商品收到现金、购买商品支付现金、经营性租赁、制造产品、广告宣传、缴纳税款等 |
| | 经营活动产生的现金流量分为经营活动产生的现金流入量、经营活动产生的现金流出量以及经营活动产生的现金净流量 |
| (2) 投资活动产生的现金流量 | 投资活动产生的现金流量，是指与非流动资产的取得或处置有关的活动产生的现金流量，包括企业长期资产的购建和不包括在现金等价物范围内的投资及其处置活动产生的现金流量 |
| | 如购买股票或债券支付现金、销售长期投资收回现金、购建或处置固定资产、无形资产等 |
| | 投资活动产生的现金流量分为投资活动产生的现金流入量、投资活动产生的现金流出量以及投资活动产生的现金净流量 |
| (3) 筹资活动产生的现金流量 | 筹资活动产生的现金流量，是指涉及企业财务规模的更改或财务结构组成变化的活动，也就是指导致企业资本及债务规模和构成发生变动的活动产生的现金流量 |
| | 如向银行借入款项收到现金、归还银行借款支付现金、吸收投资、发行股票、分配利润等 |
| | 筹资活动产生的现金流量分为筹资活动产生的现金流入量、筹资活动产生的现金流出量以及筹资活动产生的现金净流量 |

## 【考点8.12】现金流量表格式（见表8-17）

表8-17　现金流量表格式

| | | |
|---|---|---|
| 现金流量表格式 | 概念 | 现金流量表的格式，是指现金流量表结构内容的编排顺序和方式 |
| | 基本原理 | 以权责发生制为基础编制的资产负债表和利润表资料按照收付实现制基础调整计算编制现金流量表 |
| | 调整计算方法 | 调整计算方法通常有直接法和间接法两种<br>(1) 直接法，是指通过现金收入和现金支出的主要类别列示企业经营活动现金流量的一种方法<br>(2) 间接法，是指将净利润调整为经营活动现金流量的一种方法 |
| | 准则规定 | 按照我国现行会计准则规定，企业应当采用直接法列示经营活动产生的现金流量<br>同时规定，企业应当在附注中披露将净利润调整为经营活动现金流量的信息 |
| | 格式分类 | 现金流量表的格式分为直接法格式和间接法格式两种 |

**【考点8.13】现金流量表的编制要求**

现金流量表应当根据经营活动、投资活动和筹资活动情况分别列报现金流量。现金流量应当按照现金流入和现金流出总额分别列报。可以按照净额列报的项目见表8-18：

表8-18 可以按照净额列报的项目

| | |
|---|---|
| 下列各项可以按照净额列报： | (1) 代客户收取或支付的现金<br>(2) 周转快、金额大、期限短项目的现金流入和现金流出<br>(3) 金融企业的有关项目，包括短期贷款发放与收回的贷款本金、活期存款的吸收与支付、同业存款和存放同业款项的存取、向其他金融企业拆借资金，以及证券的买入与卖出等<br>(4) 自然灾害损失、保险索赔等特殊项目，应当根据其性质，分别归并到经营活动、投资活动和筹资活动现金流量类别中单独列报<br>(5) 外币现金流量以及境外子公司的现金流量，应当采用现金流量发生日的即期汇率或按照系统合理的方法确定的、与现金流量发生日即期汇率近似的汇率折算 |
| | 汇率变动对现金的影响额应当作为调整项目，在现金流量表中单独列报"汇率变动对现金及现金等价物的影响" |

**【考点8.14】直接法编制现金流量表**

运用直接法编制现金流量表可采用工作底稿法或T型账户法，也可以根据有关会计科目记录分析填列（见表8-19）。



表8-19 工作底稿法和T型账户法

| 方法 | 工作底稿法 | T型账户法 |
|---|---|---|
| 内容 | 工作底稿法是以工作底稿为手段，以资产负债表和利润表数据为基础，分别对每一项目进行分析并编制调整分录，进而编制现金流量表的一种方法 | T型账户法是以T型账户为手段，以资产负债表和利润表数据为基础，分别对每一项目进行分析并编制调整分录，进而编制现金流量表的一种方法 |
| 步骤 | 第一步，将资产负债表的期初数和期末数分别过入工作底稿的期初数栏和期末数栏<br>第二步，对当期业务进行分析并编制调整分录。编制调整分录时，以利润表项目为基础，从"营业收入"项目开始，结合资产负债表项目逐一进行分析调整<br>借方表示现金流入，贷方表示现金流出，借方余额表示现金流入量净额，贷方余额表示现金流出量净额<br>第三步，将调整分录过入工作底稿中的相应部分<br>第四步，核对工作底稿中各项目的借方、贷方合计数是否相等，若相等一般表明调整分录无误。资产负债表中各项目期初数额加减调整分录中的借贷金额后的金额应等于期末金额；工作底稿中调整分录借方金额合计应等于贷方金额合计<br>第五步，根据工作底稿中的现金流量表项目部分编制正式的现金流量表 | 第一步，为所有非现金项目（包括资产负债表项目和利润表项目）分别开设T型账户，并将各项目的期末期初变动数额过入各该账户<br>第二步，开设一个大的"现金及现金等价物"T型账户，分设"经营活动""投资活动""筹资活动"三个二级T型账户，左方为借方登记现金流入，右方为贷方登记现金流出，借方余额为现金流入量净额，贷方余额为现金流出量净额<br>第三步，对当期业务进行分析并编制调整分录。编制调整分录时，以利润表项目为基础，从"营业收入"项目开始，结合资产负债表项目对非现金项目逐一进行分析调整<br>第四步，将调整分录过入各T型账户，并进行核对<br>第五步，根据T型账户编制正式的现金流量表 |

## 【考点8.15】利用工作底稿法编制现金流量表

假设某公司20××年资产负债表（见表8-20）和利润表（见表8-21）及其他相关资料如下，利用工作底稿法编制现金流量表。

表8-20　　资产负债表（20xx年12月31日）　　单位：万元

| 资产 | 期末余额 | 年初余额 | 负债和所有者权益（或股东权益） | 期末余额 | 年初余额 |
|---|---|---|---|---|---|
| 流动资产： | | | 流动负债： | | |
| 货币资金 | 315.6 | 500 | 短期借款 | 0 | 300 |
| 交易性金融资产 | | | 应付票据 | | |
| 应收票据 | | | 应付账款 | 608 | 500 |
| 应收账款 | 2 050 | 2 000 | 预收款项 | | |
| 预付款项 | | | 应付职工薪酬 | 77 | 35 |
| 其他应收款 | | | 应交税费 | 108.85 | 320 |
| 存货 | 1 449 | 1 800 | 其他应付款 | | |
| 一年内到期的非流动资产 | | | 一年内到期的非流动负债 | | |
| 其他流动资产 | | | 其他流动负债 | | |
| 流动资产合计 | 3 814.6 | 4 300 | 流动负债合计 | 793.85 | 1 155 |
| 非流动资产： | | | 非流动负债： | | |
| 长期股权投资 | 1 905 | 1 700 | 长期借款 | | |
| 固定资产 | 7 050 | 5 600 | 递延所得税负债 | | |
| 在建工程 | | | 其他非流动负债 | | |
| 无形资产 | 360 | 400 | 非流动负债合计 | | |
| 开发支出 | | | 负债合计 | | |
| 长期待摊费用 | | | 所有者权益（或股东权益）： | | |
| 递延所得税资产 | | | 实收资本（或股本） | 9 000 | 8 000 |
| 其他非流动资产 | | | 其他权益工具 | | |
| 非流动资产合计 | 9 315 | 7 700 | 资本公积 | 2 400 | 2 000 |
| | | | 其他综合收益 | | |
| | | | 盈余公积 | 813.6125 | 800 |
| | | | 未分配利润 | 122.1375 | 45 |
| | | | 所有者权益（或股东权益）总计 | 12 335.75 | 10 845 |
| 资产总计 | 13 129.6 | 12 000 | 负债和所有者权益（股东权益）总计 | 13 129.6 | 12 000 |

表 8-21　　**利润表**

20××年12月　　单位：万元

| 项　目 | 本期金额 |
|---|---|
| 一、营业收入 | 3 000 |
| 减：营业成本 | 1 950 |
| 税金及附加 | 53 |
| 销售费用 | 263.64 |
| 管理费用 | 657.36 |
| 研发费用 | |
| 财务费用 | 10 |
| 加：其他收益 | |
| 投资收益（损失以“-”号填列） | 205 |
| 净敞口套期收益 | |
| 公允价值变动收益（损失以“-”号填列） | |
| 资产处置收益（损失以“-”号填列） | |
| 信用减值损失（损失以“-”号填列） | -150 |
| 资产减值损失（损失以“-”号填列） | |
| 二、营业利润（亏损以“-”号填列） | 121 |
| 加：营业外收入 | |
| 减：营业外支出 | |
| 三、利润总额（亏损总额以“-”号填列） | 121 |
| 减：所得税费用 | 30.25 |
| 四、净利润（净亏损以“-”号填列） | 90.75 |

其他相关资料：

（1）其中年末坏账准备余额是250万元，年初坏账准备余额是100万元。

（2）销售的产品，增值税税率为13%，增值税销项税额为390万元。

（3）本期增值税进项税额是207.87万元。

（4）本期财务费用为短期借款利息。

（5）本期取得的投资收益采用权益法核算，确认为长期股权投资。

（6）固定资产累计折旧年初数1 400万元，年末数1 750万元。

本期计提的固定资产累计折旧，计入管理费用的为280万元，计入销售费用的为70万元，固定资产购进增值税税率为13%。

（7）无形资产累计摊销年末数120万元，年初数是80万元，本期计提摊销40万元。

（8）本期计提的应付职工薪酬是478.8万元，均计入销售费用或管理费用。

（9）按15%计提盈余公积。

【分析】利用工作底稿法编制现金流量表最核心的就是编制调整分录。以利润表项目为基础，从“营业收入”项目开始，结合资产负债表分析。

利润表相关项目的调整分录见表8-22：

表8-22　利润表相关项目的调整分录

| | | |
|---|---|---|
| （1）调整营业收入 | 资料分析 | ①利润表中“营业收入”金额是3 000万元，资产负债表中列示的应收账款年末数是2 050万元，年初数是2 000万元，其中年末坏账准备余额是250万元，年初坏账准备余额是100万元<br>②由于资产负债表是按应收账款减去坏账准备后的金额列示的，因此应收账款年末账面余额应该是2 050+250=2 300（万元），应收账款年初账面余额应该是2 000+100=2 100（万元）<br>③应收账款本年增加金额=2 300−2 100=200（万元）<br>④销售的产品，增值税税率为13%，销项税额为3 000×13%=390（万元） |
| | 调整分录 | 借：经营活动产生的现金流量——销售商品收到的现金　28 000 000<br>——支付的各项税费　3 900 000<br>应收账款　2 000 000<br>贷：营业收入　30 000 000<br>应交税费——应交增值税（销项税额）　3 900 000 |
| | 分录理解 | 本期我卖了3 000万元的收入，增值税销项税额是390万元，我应该收回现金3 390万元，但是其中有200万元没有收回，实际我收回的现金是3 190万元，这是经营活动产生的现金流量。其中2 800万元是销售商品收到的现金，390万元是我应该支付给国家的增值税，相当于代收的 |

续表

| | | |
|---|---|---|
| (2)调整“营业成本” | 资料分析 | ①利润表中“营业成本”项目金额是1 950万元，资产负债表，“应付账款”项目期末数是608万元，期初数是500万元，本期增加108万元（608-500）<br>②资产负债表“存货”项目期末数是1 449万元，期初数是1 800万元，本期减少351万元（1 800-1 449）<br>③本期增值税进项税额是207.87万元 |
| | 调整分录 | 借：营业成本　19 500 000<br>　应交税费——应交增值税（进项税额）　2 078 700<br>　贷：应付账款　1 080 000<br>　　存货　3 510 000<br>　　经营活动产生的现金流量——购进商品支付的现金　14 910 000<br>　　——支付的各项税费　2 078 700 |
| | 分录理解 | 本期营业成本是1 950万元，那进货应该是1 950万元，进项税额是207.87万元，按理应该支付（1 950+207.87）万元，但是没有支付这么多，原因之一是没进1 950万元的货，其中有351万元的货是期初库存有的，实际进了（1 950-351）的货。原因之二，有些进货没有支付现金，而是增加了应付账款108万元，所以，实际支付的现金是（1 491+207.87）万元 |
| (3)调整“税金及附加” | 资料分析 | 利润表“税金及附加”项目金额是53万元，都是通过“应交税费”科目计提的，然后才支付 |
| | 调整分录 | 借：税金及附加　530 000<br>　贷：应交税费　530 000 |
| | 分录理解 | 此分录不影响现金流量 |
| (4)调整“销售费用” | 资料分析 | 利润表“销售费用”项目金额是263.64万元 |
| | 调整分录 | 借：销售费用　2 636 400<br>　贷：经营活动产生的现金流量——支付其他与经营活动有关的现金　2 636 400 |
| | 分录说明 | 对于销售费用等期间费用在调整时需要全额调整“经营活动产生的现金流量——支付其他与经营活动有关的现金”项目，对于其中不需要支付现金的部分，如应付职工薪酬、计提折旧或摊销等调整相应项目时，调整计入“经营活动产生的现金流量——支付其他与经营活动有关的现金”项目的相反方向 |

续表

| | | |
|---|---|---|
| (5) 调整“管理费用” | 资料分析 | 利润表“管理费用”项目金额是657.36万元 |
| | 调整分录 | 借：管理费用 6 573 600<br>贷：经营活动产生的现金流量——支付其他与经营活动有关的现金 6 573 600 |
| | 分录说明 | 同“销售费用” |
| (6) 调整财务费用 | 资料分析 | 利润表“财务费用”项目金额是10万元 |
| | 调整分录 | 借：财务费用 100 000<br>贷：筹资活动产生的现金流量——分配股利、利润或偿付利息支付的现金 100 000 |
| | 分录说明 | 本期财务费用为短期借款利息 |
| (7) 调整“投资收益” | 资料分析 | 利润表“投资收益”项目金额是205万元 |
| | 调整分录 | 借：投资活动产生的现金流量——取得投资收益收到的现金 2 050 000<br>贷：投资收益 2 050 000<br>因此，要把上面的分录中的投资活动产生的现金流量冲掉：<br>借：长期股权投资 2 050 000<br>贷：投资活动产生的现金流量——投资支付的现金 2 050 000 |
| | 分录说明 | 长期股权投资收益的确认的相关分录讲解见长期股权投资这一节 |
| (8) 调整“信用减值损失” | 资料分析 | 利润表“信用减值损失”项目金额是-150万元 |
| | 调整分录 | 借：信用减值损失 1 500 000<br>贷：坏账准备 1 500 000 |
| | 分录说明 | 信用减值损失并没有付出去，是坏账准备计提引起的 |
| (9) 调整“所得税费用” | 资料分析 | 利润表“所得税费用”项目金额是30.25万元 |
| | 调整分录 | 借：所得税费用 302 500<br>贷：应交税费——应交所得税 302 500 |
| | 分录说明 | 所得税费用还没支付，已经通过“应交税费”科目计提，因此不影响现金流量 |

续表

| | | |
|---|---|---|
| (10) 调整净利润 | 资料分析 | 利润表“净利润”项目金额是90.75万元 |
| | 调整分录 | 借：净利润 907 500<br>贷：未分配利润 907 500 |
| | 分录说明 | 净利润如果没有分配，进入资产负债表“未分配利润”项目，此处不影响现金流量表 |

资产负债表相关项目调整分录见表8-24：

表8-24 资产负债表相关项目调整分录

| | | |
|---|---|---|
| (11) 调整“固定资产累计折旧” | 资料分析 | 固定资产累计折旧年初数1 400万元，年末数1 750万元，本期计提数为350万元（1 750-1 400），其中计入管理费用的为280万元，计入销售费用的为70万元 |
| | 调整分录 | 借：经营活动产生的现金流量——支付其他与经营活动有关的现金 3 500 000<br>贷：累计折旧 3 500 000 |
| | 分录说明 | 前面【见调整分录（4）、（5）】调整的时候，把管理费用和销售费用默认为都支付了现金，而实际折旧这部分没有支付现金，因此调回一部分经营活动的现金流量 |
| (12) 调整“固定资产” | 资料分析 | ①资产负债表项目“固定资产”年末数是7 050万元，年初数是5 600万元<br>②固定资产累计折旧年初数1 400万元，年末数1 750万元<br>③固定资产账面余额年末数是8 800万元（7 050+1 750），年初数是7 000万元（5 600+1 400）<br>④本期固定资产增加1 800万元（8 800-7 000），增值税税率13%，那增值税进项税额为234万元（1 800×13%） |
| | 调整分录 | 借：固定资产 18 000 000<br>应交税费——应交增值税（进项税额） 2 340 000<br>贷：投资活动产生的现金流量——购建固定资产等长期资产支付的现金 18 000 000<br>——支付的各项税费 2 340 000 |

| | | |
|---|---|---|
| | 分录理解 | 本期新增购买固定资产1 800万元，税费234万元，共支付现金（1 800+234）万元 |
| (13) 调整无形资产摊销 | 资料分析 | ①资产负债表中无形资产项目年初数是400万元，年末数是360万元<br>②累计摊销年初数是80万元，年末数是120万元，本期计提40万元<br>③无形资产账面余额年末数是480万元（360+120），年初数是480万元（400+80），本期没有新增，也没有减少 |
| | 调整分录 | 借：经营活动产生的现金流量——支付其他与经营活动有关的现金 400 000<br>贷：累计摊销 400 000 |
| | 分录理解 | 前面【见调整分录（4）、（5）】调整的时候，把管理费用和销售费用默认为都支付了现金，而实际摊销这部分没有支付现金，因此调回一部分经营活动的现金流量 |
| (14) 调整“短期借款” | 资料分析 | 资产负债表“短期借款”项目金额，年末数是0，年初数是300万元，本期减少300万元，说明已经偿还 |
| | 调整分录 | 借：短期借款 3 000 000<br>贷：筹资活动产生的现金流量——偿还债务支付的现金 3 000 000 |
| (15) 调整计提的“应付职工薪酬” | 资料分析 | 本期计提的应付职工薪酬是478.8万元，均计入销售费用或管理费用 |
| | 调整分录 | 借：经营活动产生的现金流量——支付其他与经营活动有关的现金 4 788 000<br>贷：应付职工薪酬 4 788 000 |
| | 分录理解 | 前面【见调整分录（4）、（5）】调整的时候，把管理费用和销售费用默认为都支付了现金，而计提的应付职工薪酬没有支付现金，需要实际支付时，才支付现金，因此调回一部分经营活动的现金流量 |

续表

| | | |
|---|---|---|
| (16) 调整支付的“应付职工薪酬” | 资料分析 | 资产负债表项目“应付职工薪酬”年初数是35万元，年末数是77万元，本期计提数是478.80万元，那本期支付数是436.80万元（35+478.80−77） |
| | 调整分录 | 借：应付职工薪酬 4 368 000<br>贷：经营活动产生的现金流量——支付给职工以及为职工支付的现金 4 368 000 |
| (17) 调整缴纳或支付的增值税及其他税费 | 资料分析 | 资产负债表项目“应交税费”年初数是320万元，年末数是108.85万元，借方调整金额是441.87万元【（2）207.87+（12）234】，贷方调整金额是473.25万元【（1）390+（3）53+（9）30.25】，那本期支付数=320−441.87+473.25−108.85=242.53（万元） |
| | 调整分录 | 借：应交税费 2 425 300<br>贷：经营活动产生的现金流量——支付的各项税费 2 425 300 |
| (18) 调整“实收资本”“资本公积” | 资料分析 | ①资产负债表项目实收资本年末数是9 000万元，年初数是8 000万元，本期增加1 000万元<br>②资本公积年末数是2 400万元，年初数是2 000万元，本期增加400万元 |
| | 调整分录 | 借：筹资活动产生的现金流量——吸收投资收到的现金 14 000 000<br>贷：实收资本 10 000 000<br>资本公积 4 000 000 |
| (19) 调整利润分配 | 资料分析 | 按净利润的15%计提盈余公积，为90.75×15%=13.6125（万元） |
| | 调整分录 | 借：未分配利润 136 125<br>贷：盈余公积 136 125 |
| (20) 调整现金及现金等价物 | 资料分析 | 资产负债表项目“货币资金”年末数是315.60万元，年初数是500万元，本期减少184.40万元（500−315.60） |
| | 调整分录 | 借：现金及现金等价物净减少额 1 844 000<br>贷：货币资金 1 844 000 |

我们把资产负债表、利润表及现金流量表相关项目按下表（见表8-25）格式排列，并且把资产负债表的期初数填入，同时，把上述调整分录填入借贷栏，最后算出期末数。

表8-25　　三表合一　　单位：万元

| 项目 | 年初数 | 调整分录 | | 期末数 |
|---|---|---|---|---|
| | | 借方 | 贷方 | |
| 一、资产负债表项目 | | | | |
| 流动资产： | | | | |
| 货币资金 | 500 | | （20）184.40 | 315.6 |
| 交易性金融资产 | | | | |
| 应收票据 | | | | |
| 应收账款 | 2 000 | （1）200 | （8）150 | 2 050 |
| 预付款项 | | | | |
| 其他应收款 | | | | |
| 存货 | 1 800 | | （2）351 | 1 449 |
| 一年内到期的非流动资产 | | | | |
| 其他流动资产 | | | | |
| 流动资产合计 | 4 300 | | | 3 814.6 |
| 非流动资产： | | | | |
| 长期股权投资 | 1 700 | （7）205 | | 1 905 |
| 固定资产 | 5 600 | （12）1 800 | （11）350 | 7 050 |
| 在建工程 | | | | |
| 无形资产 | 400 | | （13）40 | 360 |
| 开发支出 | | | | |
| 长期待摊费用 | | | | |
| 递延所得税资产 | | | | |
| 其他非流动资产 | | | | |
| 非流动资产合计 | 7 700 | | | 9 315 |
| 资产总计 | 12 000 | | | 13 129.6 |

续表

| 项目 | 年初数 | 调整分录 | | 期末数 |
|---|---|---|---|---|
| | | 借方 | 贷方 | |
| 流动负债： | | | | |
| 短期借款 | 300 | （14）300 | | 0 |
| 应付票据 | | | | |
| 应付账款 | 500 | | （2）108 | 608 |
| 预收款项 | | | | |
| 应付职工薪酬 | 35 | （16）436.80 | （15）478.80 | 77 |
| 应交税费 | 320 | （2）207.87<br>（12）234<br>（17）242.53 | （1）390<br>（3）53<br>（9）30.25 | 108.85 |
| 其他应付款 | | | | |
| 一年内到期的非流动负债 | | | | |
| 其他流动负债 | | | | |
| 流动负债合计 | 1 155 | | | 793.85 |
| 非流动负债： | | | | |
| 长期借款 | | | | |
| 递延所得税负债 | | | | |
| 其他非流动负债 | | | | |
| 非流动负债合计 | 0 | | | 0 |
| 负债合计 | 1 155 | | | 793.85 |
| 所有者权益（或股东权益）： | | | | |
| 实收资本（或股本） | 8 000 | | （18）1 000 | 9 000 |
| 其他权益工具 | | | | |
| 资本公积 | 2 000 | | （18）400 | 2 400 |
| 其他综合收益 | | | | |
| 盈余公积 | 800 | | （19）13.6125 | 813.6125 |
| 未分配利润 | 45 | （19）13.6125 | （10）90.75 | 122.1375 |

续表

| 项目 | 年初数 | 调整分录 | | 期末数 |
| --- | --- | --- | --- | --- |
| | | 借方 | 贷方 | |
| 所有者权益（或股东权益）合计 | 10 845 | | | 12 335.75 |
| 负债和所有者权益（股东权益）总计 | 12 000 | | | 13 129.6 |
| 二、利润表项目 | | | | |
| （一）营业收入 | | | （1）3 000 | 3 000 |
| 减：营业成本 | | （2）1950 | | 1 950 |
| 税金及附加 | | （3）53 | | 53 |
| 销售费用 | | （4）263.64 | | 263.64 |
| 管理费用 | | （5）657.36 | | 657.36 |
| 研发费用 | | | | |
| 财务费用 | | （6）10 | | 10 |
| 加：公允价值变动收益 | | | | |
| 投资收益 | | | （7）205 | 205 |
| 净敞口套期收益 | | | | |
| 资产处置收益 | | | | |
| 其他收益 | | | | |
| 资产减值损失 | | | | |
| 信用减值损失 | | （8）150 | | 150 |
| （二）营业利润 | | | | 121 |
| 加：营业外收入 | | | | |
| 减：营业外支出 | | | | |
| （三）利润总额 | | | | 121 |
| 减：所得税费用 | | （9）30.25 | | 30.25 |
| （四）净利润 | | （10）90.75 | | 90.75 |
| 三、现金流量表项目 | | | | |

续表

| 项目 | 年初数 | 调整分录 | | 期末数 |
|---|---|---|---|---|
| | | 借方 | 贷方 | |
| (一) 经营活动产生的现金流量: | | | | |
| 销售商品、提供劳务收到的现金 | | (1) 2 800 | | 2 800 |
| 收到的税费返还 | | | | |
| 收到其他与经营活动有关的现金 | | | | |
| 经营活动现金流入小计 | | | | 2 800 |
| 购买商品、接受劳务支付的现金 | | | (2) 1 491 | 1 491 |
| 支付给职工以及为职工支付的现金 | | | (16) 436.80 | 436.8 |
| 支付的各项税费 | | (1) 390 | (2) 207.87<br>(12) 234<br>(17) 242.53 | 294.4 |
| 支付其他与经营活动有关的现金 | | (11) 350<br>(13) 40<br>(15) 478.80 | (4) 263.64<br>(5) 657.36 | 52.2 |
| 经营活动现金流出小计 | | | | 2 274.4 |
| 经营活动产生的现金流量净额 | | | | 525.6 |
| (二) 投资活动产生的现金流量: | | | | |
| 收回投资收到的现金 | | | | |
| 取得投资收益收到的现金 | | (7) 205 | | 205 |
| 处置固定资产、无形资产和其他长期资产收回的现金净额 | | | | |
| 处置子公司及其他营业单位收到的现金净额 | | | | |
| 收到其他与投资活动有关的现金 | | | | |
| 投资活动现金流入小计 | | | | 205 |
| 购建固定资产、无形资产和其他长期资产支付的现金 | | | (12) 1 800 | 1 800 |
| 投资支付的现金 | | | (7) 205 | 205 |

续表

| 项目 | 年初数 | 调整分录 | | 期末数 |
|---|---|---|---|---|
| | | 借方 | 贷方 | |
| 取得子公司及其他营业单位支付的现金净额 | | | | |
| 支付其他与投资活动有关的现金 | | | | |
| 投资活动现金流出小计 | | | | 2 005 |
| 投资活动产生的现金流量净额 | | | | −1 800 |
| （三）筹资活动产生的现金流量： | | | | |
| 吸收投资收到的现金 | | （18）1 400 | | 1 400 |
| 取得借款收到的现金 | | | | |
| 收到其他与筹资活动有关的现金 | | | | |
| 筹资活动现金流入小计 | | | | 1 400 |
| 偿还债务支付的现金 | | | （14）300 | 300 |
| 分配股利、利润或偿付利息支付的现金 | | | （6）10 | 10 |
| 支付其他与筹资活动有关的现金 | | | | |
| 筹资活动现金流出小计 | | | | 310 |
| 筹资活动产生的现金流量净额 | | | | 1 090 |
| （四）现金及现金等价物净减少额 | | （20）184.40 | | 184.4 |
| 四、调整分录借贷合计 | | 12 693.0125 | 12 693.0125 | |

接着，进行核对，首先，调整分录借贷合计金额都是12 693.0125万元，借贷合计相等。

然后，核对资产负债表的期末数、利润表的期末数是不是跟我们原来资产负债表、利润表相关数据相等，显然核对一致，相等。

最后，把现金流量表（见表8-26）相关项目的期末数填入正式的现金流量表。

表 8-26 **现金流量表**

20××年12月　　　　单位：万元

| 项目 | 本期金额 | 上期金额（略） |
|---|---|---|
| 一、经营活动产生的现金流量： | | |
| 销售商品、提供劳务收到的现金 | 2 800 | |
| 收到的税费返还 | | |
| 收到其他与经营活动有关的现金 | | |
| 经营活动现金流入小计 | 2 800 | |
| 购买商品、接受劳务支付的现金 | 1 491 | |
| 支付给职工以及为职工支付的现金 | 436.8 | |
| 支付的各项税费 | 294.4 | |
| 支付其他与经营活动有关的现金 | 52.2 | |
| 经营活动现金流出小计 | 2 274.4 | |
| 经营活动产生的现金流量净额 | 525.6 | |
| 二、投资活动产生的现金流量： | | |
| 收回投资收到的现金 | | |
| 取得投资收益收到的现金 | 205 | |
| 处置固定资产、无形资产和其他长期资产收回的现金净额 | | |
| 处置子公司及其他营业单位收到的现金净额 | | |
| 收到其他与投资活动有关的现金 | | |
| 投资活动现金流入小计 | 205 | |
| 购建固定资产、无形资产和其他长期资产支付的现金 | 1 800 | |
| 投资支付的现金 | 205 | |
| 取得子公司及其他营业单位支付的现金净额 | | |
| 支付其他与投资活动有关的现金 | | |
| 投资活动现金流出小计 | 2 005 | |
| 投资活动产生的现金流量净额 | −1 800 | |
| 三、筹资活动产生的现金流量： | | |
| 吸收投资收到的现金 | 1 400 | |
| 取得借款收到的现金 | | |
| 收到其他与筹资活动有关的现金 | | |
| 筹资活动现金流入小计 | 1 400 | |
| 偿还债务支付的现金 | 300 | |
| 分配股利、利润或偿付利息支付的现金 | 10 | |
| 支付其他与筹资活动有关的现金 | | |
| 筹资活动现金流出小计 | 310 | |
| 筹资活动产生的现金流量净额 | 1 090 | |
| 四、汇率变动对现金及现金等价物的影响 | | |
| 五、现金及现金等价物净增加额 | −184.4 | |
| 加：期初现金及现金等价物余额 | 500 | |
| 六、期末现金及现金等价物余额 | 315.6 | |

## 【考点8.16】间接法编制现金流量表

现金流量表的编制除了上述的直接法，还有间接法，间接法编制则是根据上述资料分析后，填列现金流量表补充资料（见表8-27）。

表8-27　现金流量表补充资料

编制单位：×××公司　　20××年12月　　单位：万元

| 项目 | 本期金额 | 上期金额 |
|---|---|---|
| 1.将净利润调节为经营活动现金流量 | | |
| 净利润 | | |
| 加：资产减值准备 | | |
| 信用损失准备 | | |
| 固定资产折旧、油气资产折耗、生产性生物资产折旧 | | |
| 无形资产摊销 | | |
| 长期待摊费用摊销 | | |
| 处置固定资产、无形资产和其他长期资产（收益以“-”号填列） | | |
| 固定资产报废损失（收益以“-”号填列） | | |
| 净敞口套期损失（收益以“-”号填列） | | |
| 公允价值变动损失（收益以“-”号填列） | | |
| 财务费用（收益以“-”号填列） | | |
| 投资损失（收益以“-”号填列） | | |
| 递延所得税资产减少（增加以“-”号填列） | | |
| 递延所得税负债增加（减少以“-”号填列） | | |
| 存货的减少（增加以“-”号填列） | | |
| 经营性应收项目的减少（增加以“-”号填列） | | |
| 经营性应付项目的增加（减少以“-”号填列） | | |
| 其他 | | |
| 经营活动产生的现金流量净额 | | |
| 2.不涉及现金收支的重大投资和筹资活动 | | |
| 债务转为资本 | | |
| 一年内到期的可转换公司债券 | | |
| 融资租入固定资产 | | |
| 3.现金及现金等价物净变动情况： | | |
| 现金的期末余额 | | |
| 减：现金的期初余额 | | |
| 加：现金等价物的期末余额 | | |
| 减：现金等价物的期初余额 | | |
| 现金及现金等价物净增加额 | | |

间接法编制步骤及具体内容见表8-28：

表8-28　间接法编制步骤及具体内容

| 间接法编制步骤 | 具体内容 | |
|---|---|---|
| 第一步，将报告期利润表中净利润调节为经营活动产生的现金流量 | 具体方法为以净利润为起算点，加上编制利润表时作为净利润减少而报告期没有发生现金流出的填列项目，减去编制利润表时作为净利润增加而报告期没有发生现金流入的填列项目，以及不属于经营活动的现金流量 | |
| | 1. 应加回的项目 | 本类项目属于净利润中没有实际支付现金的费用，需要在净利润的基础上分析调整的项目<br>案例资料分析：根据利润表，净利润：90.75万元 |
| | | （1）“资产减值准备”项目，反映企业报告期计提的存货跌价准备、投资性房地产减值准备、长期股权投资减值准备、债权投资减值准备、使用权资产减值准备、固定资产减值准备、在建工程减值准备、无形资产减值准备、商誉减值准备等对现金流量的影响<br>本项目可根据利润表中“资产减值损失”项目的填列金额直接填列 |
| | | （2）“信用损失准备”项目，反映企业报告期计提的坏账准备对现金流量的影响。本项目可根据利润表中“信用减值损失”项目的填列金额直接填列<br>案例资料分析：年末坏账准备余额是250万元，年初坏账准备余额是100万元，本期计提坏账准备是150万元<br>利润表信用减值损失为150万元，因此信用损失准备为150万元 |
| | | （3）“固定资产折旧、油气资产折耗、生产性生物资产折旧”项目，反映企业报告期计提的固定资产折旧、油气资产折耗、生产性生物资产折旧、使用权资产折旧、投资性房地产折旧等对现金流量的影响<br>本项目可根据资产负债表及其报表附注或“累计折旧”“累计折耗”“生产性生物资产累计折旧”“使用权资产累计折旧”“投资性房地产累计折旧”科目的贷方发生额等分析计算填列<br>案例资料分析：固定资产累计折旧年初数1 400万元，年末数1 750万元，本期计提数为350万元 |
| | | （4）“无形资产摊销”项目，反映企业报告期计提的无形资产摊销对现金流量的影响<br>本项目可根据资产负债表及其报表附注或“累计摊销”科目的贷方发生额等分析计算填列<br>案例资料分析：无形资产累计摊销年末数120万元，年初数是80万元，本期计提摊销40万元 |
| | | （5）“长期待摊费用摊销”项目，反映企业报告期计提的长期待摊费用摊销对现金流量的影响<br>本项目可根据资产负债表及其报表附注或“长期待摊费用累计摊销”科目的贷方发生额等分析计算填列 |

续表

| 间接法编制步骤 | 具体内容 | |
| --- | --- | --- |
| 第一步，将报告期利润表中净利润调节为经营活动产生的现金流量 | 2. 应加回或减去的项目 | 本类项目属于净利润中没有实际支付现金的费用或没有实际收到现金的收益，需要在净利润的基础上分析调整 |
| | | （1）“处置固定资产、无形资产和其他长期资产的损失（收益以‘-’号填列）”项目。反映企业报告期内发生的处置固定资产、无形资产和其他长期资产的净损益对现金流量的影响<br>本项目内容属于计入净利润项目的投资活动产生的现金流量，在列报经营活动产生的现金流量时应予以扣除，对于发生的处置固定资产、无形资产和其他长期资产的净损失应予以加回；反之，对于实现的处置固定资产、无形资产和其他长期资产的净收益应予以减去<br>本项目可根据“资产处置损益”科目分析计算填列 |
| | | （2）“固定资产报废损失（收益以‘-’号填列）”项目。反映企业报告期内发生的固定资产报废净损益对现金流量的影响<br>本项目内容属于计入净利润项目的投资活动产生的现金流量，在列报经营活动产生的现金流量时应予以扣除，对于发生的固定资产报废净损失应予以加回；反之，对于实现的固定资产报废净收益应予以减去<br>本项目可根据利润表中“营业外收入”项目和“营业外支出”项目或“营业外收入”科目和“营业外支出”科目分析计算填列 |
| | | （3）“公允价值变动损失（收益以‘-’号填列）”项目。反映企业报告期内公允价值变动损益对现金流量的影响<br>本项目内容属于计入企业净利润项目的投资活动产生的现金流量，同时公允价值变动收益也未产生现金流量，在列报经营活动产生的现金流量时应予以扣除，对于发生的公允价值变动损失应予以加回；反之，对于发生的公允价值变动收益应予以减去<br>本项目可根据利润表中“公允价值变动收益（损失以‘-’号填列）”项目分析计算填列 |

续表

| 间接法编制步骤 | | 具体内容 |
|---|---|---|
| 第一步，将报告期利润表中净利润调节为经营活动产生的现金流量 | 2. 应加回或减去的项目 | (4)“财务费用（收益以‘-’号填列）”项目。反映企业报告期内发生的财务费用（或收益）对现金流量的影响<br>本项目内容的性质较为复杂，可能分别归属于经营活动、投资活动或筹资活动产生的现金流量。各种借款利息等属于筹资活动的现金流量项目，应收票据贴现利息、办理银行转账结算的手续费等属于经营活动产生的现金流量项目。对于属于筹资活动或投资活动的财务费用应予以加回；反之，对于属于筹资活动或投资活动的财务收益应予以减去；对于属于经营活动产生的现金流量项目应根据利息费用或利息收入等具体情况分析计算调整<br>本项目可根据“财务费用”和“其他应收款——应收利息”“其他应付款——应付利息”等项目的具体内容分析计算填列<br>案例资料分析：利润表项目“财务费用”金额为10万元，且本期财务费用为短期借款利息 |
| | | (5)“投资损失（收益以‘-’号填列）”项目。反映企业报告期内发生的投资损失（或收益）对现金流量的影响<br>本项目内容属于计入净利润项目的投资活动产生的现金流量，在列报经营活动产生的现金流量时应予以扣除，对于发生的投资损失应予以加回；反之，对于发生的投资收益应予以减去<br>本项目应根据利润表中“投资收益（损失以‘-’号填列）”项目分析计算填列<br>案例资料分析：利润表项目“投资收益”金额为205万元，那投资损失则为-205万元 |
| | | (6)“递延所得税资产减少（增加以‘-’号填列）”项目。反映企业报告期内产生的递延所得税资产减少（或增加）对现金流量的影响。递延所得税资产属于企业未来期间的应纳税所得额及应交所得税，不构成报告期的现金流量<br>具体而言，本项目内容属于计入净利润项目中“所得税费用”项目的内容，在计算“所得税费用”时，递延所得税资产减少额计入“所得税费用”科目的增加额，减少了报告期利润表中的净利润，应予以加回；反之，递延所得税资产增加额计入“所得税费用”科目的减少额，增加了报告期利润表中的净利润，应予以减去<br>本项目可根据资产负债表中“递延所得税资产”项目的期末期初金额的差额分析计算填列 |

续表

| 间接法编制步骤 | | 具体内容 |
| --- | --- | --- |
| 第一步，将报告期利润表中净利润调节为经营活动产生的现金流量 | 2. 应加回或减去的项目 | (7)“递延所得税负债增加（减少以‘-’号填列）”项目。反映企业报告期内产生的递延所得税负债增加（或减少）对现金流量的影响。递延所得税负债属于企业未来期间的应纳税所得额及应交所得税，不构成报告期的现金流量<br>具体而言，本项目内容属于计入净利润项目中“所得税费用”项目的内容，在计算“所得税费用”时，递延所得税负债增加额计入“所得税费用”科目的增加额，减少了报告期利润表中的净利润，应予以加回；反之，递延所得税负债减少额计入“所得税费用”科目的减少额，增加了报告期利润表中的净利润，应予以减去<br>本项目可根据资产负债表中“递延所得税负债”项目的期末期初金额的差额分析计算填列 |
| | | (8)“存货的减少（增加以‘-’号填列）”项目。反映企业报告期内产生的存货减少（或增加）对现金流量的影响。资产负债表中“存货”项目的年末较年初减少的差额，说明报告期消耗或发出了期初存货，这部分存货在报告期不需要支付现金，但按报告期营业成本等计算的净利润已经减去了这部分不需要支付的现金，应予以加回；反之，资产负债表中“存货”项目的年末较年初增加的差额，这部分存货在报告期已经支付了现金，但按报告期营业成本计算的净利润并未减去这部分需要支付的现金，应予以减去<br>此外，存货减少可能有属于投资活动或筹资活动的现金流量部分，填列该项目时需要分析计算调整非经营活动的现金流量<br>本项目可根据资产负债表中“存货”项目期末期初数的差额和报表附注中“存货跌价准备”项目的期末期初数的差额分析计算填列<br>案例资料分析：资产负债表项目“存货”年初数为1 800万元，年末数为1 449万元，存货减少351万元 |
| | 3. 经营性应收应付项目的增减变动 | 本类项目属于不直接影响净利润的经营活动产生的现金流入量或流出量，需要在净利润的基础上分析调整的项目 |

续表

| 间接法编制步骤 | 具体内容 | |
|---|---|---|
| 第一步，将报告期利润表中净利润调节为经营活动产生的现金流量 | 3. 经营性应收应付项目的增减变动 | （1）“经营性应收项目的减少（增加以‘-’号填列）”项目。反映企业报告期内发生的经营性应收项目减少（或增加）对现金流量的影响。经营性应收项目包括应收票据、应收账款、预付款项、合同资产、其他应收款和长期应收款等项目中与经营活动有关的部分<br>本项目可根据资产负债表中“经营性应收项目”期末期初数的差额和报表附注中“坏账准备”项目的期末期初数的差额分析计算填列。<br>案例资料分析：<br>①资产负债表中列示的应收账款年末数是2 050万元，年初数是2 000万元，其中年末坏账准备余额是250万元，年初坏账准备余额是100万元<br>②由于资产负债表是按应收账款减去坏账准备后的金额列示的，因此应收账款年末账面余额应该是2 050+250=2 300（万元），应收账款年初账面余额应该是2 000+100=2 100（万元）<br>③应收账款本年增加金额=2 300-2 100=200（万元） |
| | | （2）“经营性应付项目的增加（减少以‘-’号填列）”项目。反映企业报告期内发生的经营性应付项目增加（或减少）对现金流量的影响。经营性应付项目包括应付票据、应付账款、预收款项、合同负债、其他应付款和长期应付款等项目中与经营活动有关的部分<br>本项目可根据资产负债表中“经营性应付项目”期末期初数的差额分析计算填列<br>案例资料分析：<br>①应付账款年末数-年初数=608-500=108（万元）<br>②应付职工薪酬年末数-年初数=77-35=42（万元）<br>③应交税费年末数-年初数=108.85-320=-211.15（万元）<br>经营性应付项目的增加=108+42-211.15=-61.15（万元） |
| 第二步，分析调整不涉及现金收支的重大投资和筹资活动项目 | 本项目反映企业一定会计期间内影响资产或负债但不形成该期现金收支的各项投资或筹资活动的信息资料 | |

续表

<table>
<tr><th>间接法编制步骤</th><th colspan="2">具体内容</th></tr>
<tr><td rowspan="3">第二步，分析调整不涉及现金收支的重大投资和筹资活动项目</td><td>（1）债务转为资本</td><td>反映企业报告期内转为资本的债务金额。本项目可根据资产负债表中“应付债券”“长期应付款”“实收资本”“资本公积”等项目分析计算填列</td></tr>
<tr><td>（2）一年内到期的可转换公司债券</td><td>反映企业报告期内到期的可转换公司债券的本息。本项目可根据资产负债表中“应付债券——优先股”等项目分析计算填列</td></tr>
<tr><td>（3）融资租入固定资产</td><td>反映企业报告期内融资租入的固定资产。本项目可根据资产负债表中“使用权资产”“长期应付款”“租赁负债”等项目分析计算填列</td></tr>
<tr><td>第三步，分析调整现金及现金等价物净变动情况</td><td colspan="2">本项目反映现金及现金等价物增减变动及其净增加额。本项目可根据资产负债表中“货币资金”项目及现金等价物期末期初余额及净增额分析计算填列<br>案例资料分析：资产负债表货币资金项目期初数为500万元，期末数为315.6万元</td></tr>
<tr><td>第四步，编制正式的现金流量表补充资料</td><td colspan="2">可采用前述工作底稿法或T型账户法，也可以根据有关会计科目记录分析填列</td></tr>
</table>

根据案例资料分析数据，填表如下（见表8-29）：

表8-29　　现金流量表补充资料

编制单位：×××公司　　20××年12月　　单位：万元

| 项目 | 本期金额 | 上期金额 |
|---|---|---|
| 1.将净利润调节为经营活动现金流量 | | |
| 净利润 | 90.75 | |
| 加：资产减值准备 | | |
| 信用损失准备 | 150 | |
| 固定资产折旧、油气资产折耗、生产性生物资产折旧 | 350 | |
| 无形资产摊销 | 40 | |
| 长期待摊费用摊销 | | |
| 处置固定资产、无形资产和其他长期资产（收益以“-”号填列） | | |

续表

| 项目 | 本期金额 | 上期金额 |
|---|---|---|
| 固定资产报废损失（收益以“-”号填列） | | |
| 净敞口套期损失（收益以“-”号填列） | | |
| 公允价值变动损失（收益以“-”号填列） | | |
| 财务费用（收益以“-”号填列） | 10 | |
| 投资损失（收益以“-”号填列） | -205 | |
| 递延所得税资产减少（增加以“-”号填列） | | |
| 递延所得税负债增加（减少以“-”号填列） | | |
| 存货的减少（增加以“-”号填列） | 351 | |
| 经营性应收项目的减少（增加以“-”号填列） | -200 | |
| 经营性应付项目的增加（减少以“-”号填列） | -61.15 | |
| 其他 | | |
| 经营活动产生的现金流量净额 | 525.6 | |
| 2.不涉及现金收支的重大投资和筹资活动 | | |
| 债务转为资本 | | |
| 一年内到期的可转换公司债券 | | |
| 融资租入固定资产 | | |
| 3.现金及现金等价物净变动情况： | | |
| 现金的期末余额 | 315.6 | |
| 减：现金的期初余额 | 500 | |
| 加：现金等价物的期末余额 | | |
| 减：现金等价物的期初余额 | | |
| 现金及现金等价物净增加额 | -184.4 | |

考试出题的时候，一般不会让我们编制完整的现金流量表，但是可能会要求我们分析，截取部分小细节来考核我们。

1.【单选题】在现金流量表中，以下导致间接法下经营活动现金流量减少的是（　　）。

A.流动资产减少

B.流动负债增加

C.折旧增加

D.流动资产增加

2.【单选题】采用间接法编制现金流量表，下列选项中将会导致经营活动现金流量增加的是（　　）。

A.处置固定资产产生的利得

B.应付账款的增加

C.发行普通股收到的款项

D.存货增加

3.【单选题】下列业务发生后将引起现金及现金等价物总额变动的是（　　）。

A.用银行存款清偿债务

B.用银行存款购买1个月到期的债券

C.赊购固定资产

D.用库存商品抵偿债务

4.【单选题】甲公司2020年产生的交易现金流量如下：支付银行借款利息10万元，购买设备50万元；支付以前年度货款500万元，现金流量表中经营活动现金流出量为（　　）万元。

A.50

B.70

C.500

D.560

5.【多选题】以下属于筹资活动产生的现金流量的有（　　）。

A.银行借入款项收到现金

B.购买股票或债券支付现金

C.发行股票收到的现金

D.处置无形资产收到的现金

6.【判断题】现金流量表应按照收付实现制会计基础要求编制。（　　）

1.【答案】D

【解析】流动资产最典型的比如存货项目，存货减少了，即卖出了，现金肯定增加，所以选项A不对，选项D对，因为是单选题，选项B、C肯定不对。

流动负债，比如应付账款，净利润不变的情况下，它增加了，就意味

着我可以少付钱，因此会导致现金流量增加，而不是减少，题中要选的是减少。

折旧增加，折旧是费用，但是这个费用我并没有付出去，所以，现金流量没有减少，而是增加了，相当于我生产了产品，但是当期没有付钱。

2.【答案】B

【解析】A.处置固定资产产生的利得，显然不是经营活动，与固定资产相关的活动对于企业来说是投资活动，所以选项A不对。

B.应付账款的增加，应该付的钱没有付出去，肯定导致企业经营活动现金增加，选项B正确。

C.发行普通股收到的款项，发行普通股也不是经营活动，而是筹资活动，所以选项C不对。

D.存货增加，即买存货，肯定要付钱，所以会导致现金流量减少。

因此，我们尽量结合生活常识去理解记忆，然后向答案靠拢，不需要死记硬背现金流量表的编制规则。

3.【答案】A

【解析】A.用银行存款清偿债务，现金减少，有变动；

B.用银行存款购买1个月到期的债券，1个月到期的债券是现金等价物，一增一减，没有变动；



C.赊购固定资产，没有付钱，没有变动；

D.用库存商品抵偿债务，不涉及现金，没有变动。

4.【答案】C

【解析】银行借款是筹资活动，购买设备是投资活动，货款是经营活动，现金流量表中经营活动现金流出量为500万元。

5.【答案】AC

【解析】银行借款是筹资活动，购买股票和债券是投资活动，发行股票是筹资活动，处置或购建无形资产、固定资产等长期资产是投资活动。

6.【答案】√。

【解析】资产负债表、利润表、所有者权益变动表应按照权责发生制会计基础要求编制，现金流量表应按收付实现制会计基础要求编制。

要掌握现金流量表相关的知识点，最根本的就是理解并熟记现金流量表及其补充资料各个项目。

## 【考点8.17】所有者权益变动表（见表8-30和表8-31）

表8-30 所有者权益变动表

单位：元

| 项目 | 本年金额 | | | | | | | | | |
|---|---|---|---|---|---|---|---|---|---|---|
| | 实收资本（或股本） | 其他权益工具 | | | 资本公积 | 减：库存股 | 其他综合收益 | 盈余公积 | 未分配利润 | 所有者权益合计 |
| | | 优先股 | 永续债 | 其他 | | | | | | |
| 一、上年年末余额 | | | | | | | | | | |
| 加：会计政策变更 | | | | | | | | | | |
| 前期差错更正 | | | | | | | | | | |
| 其他 | | | | | | | | | | |
| 二、本年年初余额 | | | | | | | | | | |
| 三、木年增减变动金额（减少以“-”号填列） | | | | | | | | | | |
| （一）综合收益总额 | | | | | | | | | | |
| （二）所有者投入和减少资本 | | | | | | | | | | |
| 1.所有者投入的普通股 | | | | | | | | | | |
| 2.其他权益工具持有者投入资本 | | | | | | | | | | |
| 3.股份支付计入所有者权益的金额 | | | | | | | | | | |
| 4.其他 | | | | | | | | | | |
| （三）利润分配 | | | | | | | | | | |
| 1.提取盈余公积 | | | | | | | | | | |
| 2.对所有者（或股东）的分配 | | | | | | | | | | |
| 3.其他 | | | | | | | | | | |
| （四）所有者权益内部结转 | | | | | | | | | | |
| 1.资本公积转增资本（或股本） | | | | | | | | | | |
| 2.盈余公积转增资本（或股本） | | | | | | | | | | |
| 3.盈余公积弥补亏损 | | | | | | | | | | |
| 4.设定受益计划变动额结转留存收益 | | | | | | | | | | |
| 5.其他综合收益结转留存收益 | | | | | | | | | | |
| 6.其他 | | | | | | | | | | |
| 四、本年年末余额 | | | | | | | | | | |

表 8-31　　所有者权益变动表的相关概念和内容

| | | | |
|---|---|---|---|
| (一) 所有者权益变动表的概念 | 所有者权益变动表，是指反映构成所有者权益各组成部分当期增减变动情况的报表 | | |
| (二) 所有者权益变动表的内容 | 在所有者权益变动表中，企业至少应当单独列示反映下列信息的项目：<br>(1) 综合收益总额<br>(2) 会计政策变更和差错更正的累积影响金额<br>(3) 所有者投入资本和向所有者分配利润等<br>(4) 提取的盈余公积<br>(5) 实收资本、其他权益工具、资本公积、其他综合收益、专项储备、盈余公积、未分配利润的期初和期末余额及其调节情况 | | |
| 1.“上年年末余额”项目 | “上年年末余额”项目反映企业上年资产负债表中实收资本（或股本）、其他权益工具、资本公积、库存股、其他综合收益、专项储备、盈余公积、未分配利润的年末余额 | | |
| 2.“会计政策变更”“前期差错更正”项目 | “会计政策变更”“前期差错更正”项目分别反映企业采用追溯调整法处理的会计政策变更的累积影响金额和采用追溯重述法处理的会计差错更正的累积影响金额 | | |
| 3.“本年增减变动金额”项目 | (1)“综合收益总额”项目 | 反映净利润和其他综合收益扣除所得税影响后的净额相加后的合计金额 | |
| | (2)“所有者投入和减少资本”项目 | 反映企业当年所有者投入的资本和减少的资本 | |
| | | ①“所有者投入的普通股”项目 | 反映企业接受投资者投入形成的实收资本（或股本）和资本溢价或股本溢价 |
| | | ②“其他权益工具持有者投入资本”项目 | 反映企业发行的除普通股以外分类为权益工具的金融工具的持有者投入资本的金额 |
| | | ③“股份支付计入所有者权益的金额”项目 | 反映企业处于等待期中的以权益结算的股份支付当年计入资本公积的金额 |
| | (3)“利润分配”项目 | 反映企业当年的利润分配金额 | |
| | (4)“所有者权益内部结转”项目 | 反映企业构成所有者权益的组成部分之间当年的增减变动情况 | |
| | | ①“资本公积转增资本（或股本）”项目 | 反映企业当年以资本公积转增资本或股本的金额 |

续表

| | | | |
|---|---|---|---|
| 3."本年增减变动金额"项目 | (4)"所有者权益内部结转"项目 | ②"盈余公积转增资本(或股本)"项目 | 反映企业当年以盈余公积转增资本或股本的金额 |
| | | ③"盈余公积弥补亏损"项目 | 反映企业当年以盈余公积弥补亏损的金额 |
| | | ④"设定受益计划变动额结转留存收益"项目 | 反映企业因重新计量设定受益计划净负债或净资产所产生的变动计入其他综合收益,结转至留存收益的金额 |
| | | ⑤"其他综合收益结转留存收益"项目 | 主要反映:<br>第一,企业指定为以公允价值计量且其变动计入其他综合收益的非交易性权益工具投资终止确认时,之前计入其他综合收益的累计利得或损失从其他综合收益中转入留存收益的金额<br>第二,企业指定为以公允价值计量且其变动计入当期损益的金融负债终止确认时,之前由企业自身信用风险变动引起而计入其他综合收益的累计利得或损失从其他综合收益中转入留存收益的金额等 |
| (三)所有者权益变动表的结构 | 所有者权益变动表结构为纵横交叉的矩阵式结构 | | |
| | 1.纵向结构 | 四栏 | 上年年末余额<br>本年年初余额<br>本年增减变动金额<br>本年年末余额 |
| | | 本年年初余额 | 上年年末余额+会计政策变更、前期差错更正及其他变动 |
| | | 本年年末余额 | 本年年初余额+本年增减变动金额 |
| | | 本年增减变动金额 | 综合收益总额±所有者投入和减少资本±利润分配±所有者权益内部结转 |
| | 2.横向结构 | 两栏 | 本年金额<br>上年金额 |
| | | 所有者权益合计 | 实收资本(或股本)+其他权益工具+资本公积−库存股+其他综合收益+未分配利润 |
| | 纵横填列结果归结到本年年末所有者权益合计数,保持所有者权益变动表的表内填列数额的平衡 | | |

续表

| | |
|---|---|
| (四)所有者权益变动表的填列方法 | 1.上年金额栏的填列方法<br>所有者权益变动表“上年金额”栏内各项数字，应根据上年度所有者权益变动表“本年金额”栏内所列数字填列<br>上年度所有者权益变动表规定的各个项目的名称和内容同本年度不一致的，应对上年度所有者权益变动表各项目的名称和数字按照本年度的相关规定进行调整，填入所有者权益变动表的“上年金额”栏内 |
| | 2.本年金额栏的填列方法<br>所有者权益变动表“本年金额”栏内各项目金额一般应根据资产负债表所有者权益项目金额或“实收资本（或股本）”“其他权益工具”“资本公积”“库存股”“其他综合收益”“专项储备”“盈余公积”“利润分配”“以前年度损益调整”等科目及其明细科目的发生额分析填列 |

对于所有者权益变动表，我们应该结合表的样式，记住表的结构及项目。

1.【单选题】下列各项中，在企业所有者权益变动表中单独列示反映的信息有（　　）。

A.所有者投入资本

B.会计差错更正的累积影响金额



C.向所有者分配利润

D.会计政策变更的累积影响金额

2.【单选题】2019年初，某公司所有者权益合计为500万元。本年度所有者权益变动表有关项目情况如下：综合收益总额增加360万元，提取盈余公积30万元，分配现金股利100万元。不考虑其他因素，该公司2019年度所有者权益变动表中“所有者权益”项目的本年年末余额为（　　）万元。

A.760　　B.860

C.830　　D.730

3.【多选题】下列各项中，属于所有者权益变动表“本年增减变动金额”项目的有（　　）。

A.盈余公积转增资本

B.提取盈余公积

C.盈余公积弥补亏损

D.资本公积转增资本

---

1.【答案】ABCD

【解析】

在所有者权益变动表上，企业至少应当单独列示反映下列信息的项目：

（1）综合收益总额；

（2）会计政策变更和差错更正的累积影响金额；

（3）所有者投入资本和向所有者分配利润等；

（4）提取的盈余公积；

（5）实收资本、其他权益工具、资本公积、其他综合收益、专项储备、盈余公积、未分配利润的期初和期末余额及其调节情况。

2.【答案】A

【解析】综合收益增加，“所有者权益”项目金额增加；

提取盈余公积，盈余公积增加，未分配利润减少，一增一减，“所有者权益”项目金额不变；

分配现金股利，“所有者权益”项目金额减少。

该公司2019年度所有者权益变动表中“所有者权益”项目的本年年末余额 =500+360-100=760（万元）

3.【答案】ABCD

【解析】见表格“3.‘本年增减变动金额’项目”。

【考点8.18】附注的作用与内容及披露（见表8-32）

表8-32　附注的作用与内容及披露

<table>
<tr><td rowspan="3">附注的作用</td><td colspan="2">第一，附注的编制和披露，是对资产负债表、利润表、现金流量表和所有者权益变动表列示项目含义的补充说明，以帮助财务报表使用者更准确地把握其含义</td></tr>
<tr><td colspan="2">第二，附注提供了对资产负债表、利润表、现金流量表和所有者权益变动表中未列示项目的详细或明细说明</td></tr>
<tr><td colspan="2">第三，通过附注与资产负债表、利润表、现金流量表和所有者权益变动表列示项目的相互参照关系，以及对未能在财务报表中列示项目的说明，可以使财务报表使用者全面了解企业的财务状况、经营成果和现金流量以及所有者权益的情况</td></tr>
<tr><td rowspan="2">附注的主要内容</td><td colspan="2">附注是财务报表的重要组成部分。根据企业会计准则的规定，企业应当按照如下顺序编制披露附注的主要内容</td></tr>
<tr><td>1.企业简介和主要财务指标</td><td>（1）企业名称、注册地、组织形式和总部地址<br>（2）企业的业务性质和主要经营活动<br>（3）母公司以及集团最终母公司的名称<br>（4）财务报告的批准报出者和财务报告的批准报出日<br>（5）营业期限有限的企业，还应当披露有关营业期限的信息<br>（6）截至报告期末公司近3年的主要会计数据和财务指标</td></tr>
</table>

续表

| | | |
|---|---|---|
| 附注的主要内容 | 2.财务报表的编制基础 | 财务报表的编制基础是指财务报表是在持续经营基础上还是在非持续经营基础上编制的。企业一般是在持续经营基础上编制财务报表，清算、破产属于非持续经营基础 |
| | 3.遵循企业会计准则的声明 | 企业应当声明编制的财务报表符合企业会计准则的要求，真实、完整地反映了企业的财务状况、经营成果和现金流量等有关信息，以此明确企业编制财务报表所依据的制度基础 |
| | 4.重要会计政策和会计估计 | 企业应当披露采用的重要会计政策和会计估计，不重要的会计政策和会计估计可以不披露 |
| | 5.会计政策和会计估计变更以及差错更正的说明 | 企业应当按照会计政策、会计估计变更和差错更正会计准则的规定，披露会计政策和会计估计变更以及差错更正的有关情况 |
| | 6.报表重要项目的说明 | 企业对报表重要项目的说明，应当按照资产负债表、利润表、现金流量表、所有者权益变动表及其项目列示的顺序，采用文字和数字描述相结合的方式进行披露 |
| | 7.或有和承诺事项、资产负债表日后非调整事项、关联方关系及其交易等需要说明的事项 | |
| | 8.有助于财务报表使用者评价企业管理资本的目标、政策及程序的信息 | |
| 财务报告信息披露的要求 | 1.财务报告信息披露的概念 | 财务报告信息披露，又称会计信息披露，是指企业对外发布有关其财务状况、经营成果、现金流量等财务信息的过程。按照我国会计准则的规定，披露主要是指会计报表附注的披露。就上市公司而言，信息披露也是企业的法定义务和责任 |
| | 2.财务报告信息披露的基本要求 | 财务报告信息披露基本要求，又称财务报告信息披露的基本质量，主要有真实、准确、完整、及时和公平五个方面 |



1.【单选题】下列各项中，关于财务报表附注的表述不正确的是（　　）。

A.附注中包括财务报表重要项目的说明

B.附注包含未在财务报表中列示的项目的说明

C.如果没有需要披露的重大事项，企业不必编制附注

D.附注中包括重要的会计政策和会计估计变更以及差错更正的说明

2.【判断题】企业采用的重要会计政策和会计估计属于财务报表附注披露的内容。（　　）

1.【答案】C

【解析】一套完整的财务报表至少应当包括资产负债表、利润表、现金流量表、所有者权益（或股东权益）变动表以及附注，所以附注是不可或缺的。选项C的表述不正确。

2.【答案】√

【解析】企业应当披露采用的重要会计政策和会计估计，不重要的会计政策和会计估计可以不披露。

## 【考点8.19】所有者权益变动表和附注（见表8-33）

表8-33　所有者权益变动表和附注

| 所有者权益变动表列示项目 | 附注 |
| --- | --- |
| (1) 综合收益总额 | 附注是对在资产负债表、利润表、现金流量表和所有者权益变动表等报表中列示项目的文字描述或明细资料，以及对未能在这些报表中列示项目的说明等 |
| (2) 会计政策变更和差错更正的累积影响金额 | |
| (3) 所有者投入资本和向所有者分配利润等 | |
| (4) 提取的盈余公积 | |
| (5) 实收资本、其他权益工具、资本公积、其他综合收益、专项储备、盈余公积、未分配利润的期初和期末余额及其调节情况 | |

1.【判断题】所有者权益变动表是反映企业当期所有者权益各构成部分增减变动情况的报表。（　　）

2.【多选题】下列各项中，属于“所有者权益内部结转”项目的有（　　）。

A.宣告分配现金股利　　B.资本公积转增资本

C.盈余公积转增资本　　D.盈余公积弥补亏损

3.【多选题】下列各项中，属于附注内容的有（　　）。

A.企业的基本情况

B.重要会计政策和会计估计

C.会计政策和会计估计变更以及差错更正的说明

D.报表重要项目的说明

1.【答案】√

2.【答案】BCD

【解析】所有者权益变动表中“所有者权益内部结转”项目包括的内容有：资本公积转增资本（或股本）、盈余公积转增资本（或股本）和盈余公积弥补亏损等。

3.【答案】ABCD

【解析】附注的主要内容包括：企业的基本情况；财务报表的编制基础；遵循企业会计准则的声明；重要会计政策和会计估计；会计政策和会计估计变更以及差错更正的说明；报表重要项目的说明；或有和承诺事项、资产负债表日后非调整事项、关联方关系及其交易等需要说明的事项；有助于财务报表使用者评价企业管理资本的目标、政策及程序的信息。

## 不定项选择题

### 报表的编制

（一）

某企业为增值税一般纳税人，2021年3月发生有关固定资产业务如下：

（1）3月1日，企业对经营租入的厂部办公楼采用出包工程方式进行装修改造，以银行存款支付全部工程款，取得的增值税专用发票上注明的价款为60万元，增值税税额5.4万元。当月31日工程完工达到预定可使用状态并交付使用。按租赁合同的规定租赁期为5年，租赁开始日为2021年2月28日，年租金48万元（不含增值税）每年年末支付。



（2）3月20日，基本生产车间一台设备由于自然灾害报废，原值40万元（不考虑增值税），已计提折旧24万元（含本月应计提折旧额0.67万元），未计提减值准备。报废取得残值变价收入2万元，增值税税额为0.26万元。报废清理发生自行清理费用0.5万元。有关收入、支出均通过银行存款办理结算。

（3）3月31日，计算确认本月基本生产车间固定资产折旧。其中厂房本月应计提折旧费16万元，除本月报废设备应计提折旧额0.67万元外，车间正常使用设备的原价为600万元，预计净残值为30万元，该设备于2020年6月达到预定可使用状态，并投入使用。预计使用年限为5年，采用双倍余额递减法计提折旧。

要求：根据上述资料，不考虑其他因素，分析回答下列小题。

1.【单选题】根据资料（1），下列各项中，关于装修改造办公楼的会计处理正确的是（　　）。

A.借：固定资产　　600 000

　　贷：在建工程　　600 000

B.借：长期待摊费用　　600 000
　　应交税费——应交增值税（进项税额）　　54 000
　贷：银行存款　　654 000

C.借：长期待摊费用　　654 000
　贷：银行存款　　654 000

D.借：在建工程　　600 000
　　应交税费——应交增值税（进项税额）　　54 000
　贷：银行存款　　654 000

2.【多选题】根据资料（1），下列各项中，关于计提本月应付租金相关科目的会计处理正确的是（　　）。

A.“管理费用”科目借方增加4万元

B.“其他应付款”科目贷方增加4万元

C.“长期待摊费用”科目贷方增加4.44万元

D.“管理费用”科目借方增加4.44万元

3.【多选题】根据资料（2），下列各项中，关于设备报废相关项目和科目的会计处理结果表述正确的是（　　）。

A.利润总额减少14.5万元

B.“应交税费——应交增值税”科目贷方增加0.26万元

C.“营业外支出”科目借方增加14.5万元

D.“累计折旧”科目借方增加24万元

4.【单选题】根据资料（3），基本生产车间3月应计提的折旧费是（　　）万元。

A.16　　B.36

C.20　　D.36.67

5.【单选题】根据资料（2）和（3），3月31日资产负债表“固定资产”项目期末余额减少的金额应为（　　）万元。

A.76.67　　B.40

C.36.67　　D.52.67

---

1.【答案】B

【解析】根据资料（1），相关会计分录为：

借：长期待摊费用　　600 000
　　应交税费——应交增值税（进项税额）　　54 000
　贷：银行存款　　654 000

2.【答案】AB

【解析】根据资料（1），相关会计分录为：

借：管理费用　　40 000

　贷：其他应付款　　40 000

3.【答案】ABCD

【解析】根据资料（2），相关会计分录为：

借：固定资产清理　　160 000

　　累计折旧　　240 000

　贷：固定资产　　400 000

借：银行存款　　22 600

　贷：固定资产清理　　20 000

　　　应交税费——应交增值税（销项税额）　　2 600

借：固定资产清理　　5 000

　贷：银行存款　　5 000

借：营业外支出　　145 000

　贷：固定资产清理　　145 000

计入营业外支出14.5万元，因其是损益类科目，导致利润总额减少14.5万元。



4.【答案】D

【解析】设备第一年应计提折旧额=600×2÷5=240（万元），3月应计提折旧额=240÷12=20（万元），基本生产车间3月应计提折旧费=16+0.67+20=36.67（万元）。

5.【答案】D

【解析】3月31日资产负债表“固定资产”项目期末余额减少的金额=16+36.67=52.67（万元）。

（二）

甲公司为增值税一般纳税人，适用的增值税税率为13%，20××年1—11月损益类科目发生额见表8-34：

表8-34　损益类科目发生额汇总表

20××年1—11月　　单位：万元

| 科目名称 | 借方 | 科目名称 | 贷方 |
|---|---|---|---|
| 主营业务成本 | 1 350 | 主营业务收入 | 1 500 |
| 税金及附加 | 125 | 其他业务收入 | 500 |
| 管理费用 | 200 | 投资收益 | 30 |
| 销售费用 | 100 | 营业外收入 | 65 |
| 财务费用 | 20 | | |
| 合计 | 1 795 | 合计 | 2 095 |

20××年12月甲公司发生有关业务如下：

（1）6日，向乙公司销售M商品一批，增值税专用发票注明的价款为150万元，增值税税额为19.5万元，为乙公司代垫运杂费2万元，全部款项已办妥托收手续。该批商品成本为100万元，商品已经发出。

（2）15日，向丙公司销售H商品一批，增值税专用发票注明的价款为30万元，增值税税额为3.9万元，该批商品成本为25万元。合同规定的现金折扣条件为2/10，1/20，N/30。23日，收到丙公司扣除享受现金折扣后的全部款项存入银行。计算现金折扣不考虑增值税。

（3）20日，收到丁公司退回商品一批。该批商品系上月所售，质量有瑕疵，不含增值税的售价为60万元，实际成本为50万元，增值税专用发票已开具并交付丁公司。该批商品未确认收入，也未收取货款。经核查，甲公司同意退货，已办妥退货手续，并向丁公司开具了红字增值税专用发票。

（4）31日，“应收账款”科目余额为183万元（“坏账准备”科目期初余额为零）。当日经信用评估，应计提坏账准备8万元。本月共发生财务费用5万元，销售费用10万元，管理费用12万元。

要求：根据上述资料，不考虑其他因素，分析回答下列小题。

1.【多选题】下列各项中，关于甲公司1—11月收入、费用及经营成果的计算结果正确的是（　　）。

A.期间费用为320万元

B.营业收入为2 000万元

C.利润总额为300万元

D.营业利润为235万元

2.【多选题】根据资料（1），下列各项中，关于甲公司向乙公司销售M商品的会计处理正确的是（　　）。

A.确认应收账款171.5万元

B.结转商品销售成本100万元

C.确认其他应收款2万元

D.确认主营业务收入152万元

3.【单选题】根据资料（2），甲公司23日收到丙公司货款的会计处理正确的是（　　）。

A.借：银行存款　　332 000
　　财务费用　　7 000
　　贷：应收账款　　339 000

B.借：银行存款　　336 000
　　财务费用　　3 000

贷：应收账款　339 000

C.借：银行存款　339 000

贷：应收账款　339 000

D.借：银行存款　333 000

财务费用　6 000

贷：应收账款　339 000

4.【多选题】根据资料（3），下列各项中，关于甲公司收到丁公司退货的会计处理表述正确的是（　　）。

A.按销售价格计算的增值税贷记“应收账款”科目

B.按商品成本贷记“发出商品”科目

C.按销售价格计算的增值税借记“应交税费”科目

D.按商品成本借记“库存商品”科目

5.【单选题】根据1—11月份资料、资料（1）至（4），甲公司2××年的利润总额是（　　）万元。

A.318　　B.320

C.310　　D.319.4

---



1.【答案】ABCD

【解析】期间费用=200+100+20=320（万元），选项A正确；营业收入=1 500+500=2 000（万元），选项B正确；利润总额=235+65=300（万元），选项C正确；营业利润=（1 500+500+30）-（1 350+125+200+100+20）=235（万元），选项D正确。

2.【答案】AB

【解析】资料（1）分录如下：

借：应收账款　1 695 000

贷：主营业务收入　1 500 000

应交税费——应交增值税（销项税额）　195 000

借：应收账款　20 000

贷：银行存款　20 000

借：主营业务成本　1 000 000

贷：库存商品　1 000 000

销货企业代垫的运杂费应计入应收账款，所以应确认应收账款的金额=150+19.5+2=171.5（万元），选项A正确，选项C错误；结转的销售成本为100万元，选项B正确；确认主营业务收入150万元，选项D错误。

3.【答案】D

【解析】资料（2）分录如下：

15日销售：

借：应收账款　　339 000

　贷：主营业务收入　　300 000

　　　应交税费——应交增值税（销项税额）　　39 000

借：主营业务成本　　250 000

　贷：库存商品　　250 000

23日收到货款：

借：银行存款　　333 000

　　财务费用　　6 000（300 000×2%）

　贷：应收账款　　339 000

所以选项D正确。

4.【答案】ABCD

【解析】发生销售退回的时候没有确认收入、结转成本，直接冲减发出商品即可。资料（3）分录如下：

借：库存商品　　500 000

　贷：发出商品　　500 000

借：应交税费——应交增值税（销项税额）　　78 000

　贷：应收账款　　78 000

5.【答案】B

【解析】甲公司20××年的利润总额=300（1—11月利润总额）+（150-100）（资料1）+（30-25-0.6）（资料2）-8（资料4应收账款计提的信用减值损失）-（5-0.6）（资料4财务费用，5万元是本月共计发生的财务费用，包含资料2中发生的现金折扣）-10（资料4销售费用）-12（资料4管理费用）=320（万元），选项B正确。

（三）

黄河公司（增值税一般纳税人）2021年11月30日资产负债表部分项目金额见表8-35：

表8-35　资产负债表部分项目金额　单位：万元

| 项目 | 期末余额 |
| --- | --- |
| 货币资金 | 2 890 |
| 存货 | 789 |
| 交易性金融资产 | 880 |
| 应付职工薪酬 | 20 |

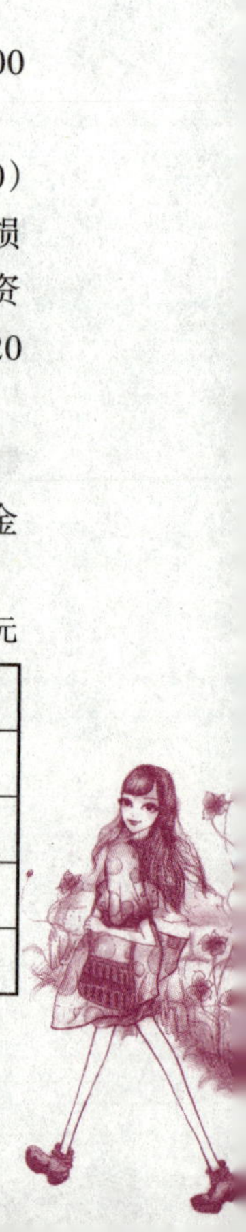

12月份，黄河公司发生的部分经济业务如下：

（1）4日，销售商品给甲公司，取得销售价款226万元（含税，税率为13%），款项已存入银行，该批商品成本150万元。

（2）9日，购入一批商品，取得的增值税专用发票注明的价款为500万元，增值税税额为65万元，该批商品已验收入库，以上货款尚未支付。

（3）18日，签订一项于2022年开工的安装劳务工程合同，预收工程款500万元。

（4）22日，以存出投资款购入乙公司股票，支付购买价款550万元（包括已宣告但尚未发放的现金股利50万元），另支付交易费用5万元。黄河公司将其作为交易性金融资产核算（不考虑增值税）。

（5）31日，计提当月工资及社会保险费，其中生产车间生产工人工资45万元，车间管理人员工资13万元，行政管理人员工资55万元，销售人员工资30万元，社会保险费计提比例为工资的30%。

（6）31日，乙公司股票公允价值为580万元；计提存货跌价准备20万元。

要求：根据上述资料，不考虑其他相关因素，分析回答下列问题。

1.【多选题】根据上述资料，下列说法中正确的是（　　）。

A.4日销售商品给甲公司应确认收入200万元，并结转成本150万元



B.9日购入商品导致应付账款增加565万元

C.18日签订劳务工程合同，当年不应确认收入

D.18日收到预收工程款导致预收款项增加

2.【单选题】黄河公司购入乙公司股票作为交易性金融资产核算，则其入账价值为（　　）万元。

A.500　　B.505

C.455　　D.450

3.【多选题】下列关于黄河公司计提工资及社会保险费的计算结果正确的是（　　）。

A.制造费用增加16.9万元　　B.管理费用增加71.5万元

C.销售费用增加39万元　　D.应付职工薪酬增加143万元

4.【多选题】根据资料（6），下列表述中正确的是（　　）。

A.应确认公允价值变动损益80万元

B.应确认资产减值损失20万元

C.应确认其他综合收益80万元

D.应确认存货跌价准备20万元

5.【多选题】下列关于黄河公司12月31日资产负债表项目填列正确的是（　　）。

A.货币资金 3 061 万元　　　　B.存货 1 119 万元

C.交易性金融资产 1 460 万元　　　　D.应付职工薪酬 205.9 万元

---

1.【答案】ABCD

2.【答案】A

【解析】黄河公司应编制的会计分录为：

借：交易性金融资产——成本　　5 000 000
　　应收股利　　500 000
　　投资收益　　50 000
　贷：其他货币资金　　5 550 000

3.【答案】ABC

【解析】黄河公司应编制的会计分录为：

借：生产成本　　585 000
　　制造费用　　169 000
　　管理费用　　715 000
　　销售费用　　390 000
　贷：应付职工薪酬——工资　　1 430 000
　　　　　　　　——社会保险费　　429 000

4.【答案】ABD

【解析】黄河公司应编制的会计分录为：

借：交易性金融资产——公允价值变动
　　800 000（5 800 000−5 000 000）
　贷：公允价值变动损益　　800 000
借：资产减值损失　　200 000
　贷：存货跌价准备　　200 000

5.【答案】ACD

【解析】货币资金=2 890+226+500−555=3 061（万元）；存货=789−150+500−20+58.5+16.9=1 194.4（万元）；交易性金融资产=880+500+80=1 460（万元）；应付职工薪酬=20+143+42.9=205.9（万元）。